中国煤炭资源潜力评价丛书

中国煤炭资源赋存规律与资源评价

China Occurrence Regularity of Coal Resources and Resource Evaluation

中国煤炭地质总局 著

科学出版社

北 京

内 容 简 介

本书是在国土资源部重大项目"全国煤炭资源潜力评价"研究成果的基础上编写而成。全书以现代地质学和资源评价理论为指导,在含煤地层多重划分、沉积环境、聚煤规律、构造控煤作用和煤岩煤质研究等方面取得一系列新成果,提出了煤炭资源多目标综合评价法和预测新理论,全面评价了我国煤炭资源现状和潜力,丰富了我国煤田地质理论。

本书可供从事能源地质、沉积学、构造地质学、资源评价等研究的科技工作者使用,也可供政府资源管理和规划编制部门参考。

图书在版编目(CIP)数据

中国煤炭资源赋存规律与资源评价 = China Occurrence Regularity of Coal Resources and Resource Evaluation / 中国煤炭地质总局著. —北京:科学出版社,2016

(中国煤炭资源潜力评价丛书)

ISBN 978-7-03-050861-4

Ⅰ.①中… Ⅱ.①中… Ⅲ.①煤炭资源–资源预测–中国 ②煤炭资源–资源评价–中国 Ⅳ.① F426.21

中国版本图书馆 CIP 数据核字(2016)第 283545 号

责任编辑:吴凡洁 / 责任校对:桂伟利
责任印制:张 倩 / 封面设计:无极书装

科 学 出 版 社 出版
北京东黄城根北街 16 号
邮政编码:100717
http://www.sciencep.com

中国科学院印刷厂 印刷
科学出版社发行 各地新华书店经销
*
2016 年 11 月第 一 版 开本:787×1092 1/16
2016 年 11 月第一次印刷 印张:22 1/2
字数:530 000
定价:288.00 元
(如有印装质量问题,我社负责调换)

前　　言

"全国煤炭资源潜力评价"（项目编码：1212010633908）是国土资源部重大项目"全国矿产资源潜力评价"的重要组成部分，负责单位为中国煤炭地质总局，承担单位为中国煤炭地质总局第一勘探局、中国矿业大学（北京）、中国煤炭地质总局航测遥感局、中国煤炭地质总局勘查研究总院。

该项目 2006 年 10 月开始启动，2007 年正式开展，2013 年全面完成，历时 7 年。项目涉及 35 个省、自治区、直辖市、特别行政区（包括台湾地区），30 个省级煤炭、地矿地质勘查单位和多所院校 1000 余名工程技术人员参加了该项工作。该项目分煤田（矿区）级、省级、全国级三级开展煤炭资源潜力评价工作，以煤田（矿区）级煤炭资源预测为单元，以省级评价为基础，以全国汇总为关键，编写各类煤炭地质研究和煤炭资源潜力评价报告 159 部，编制各级各类图件 5175 套，附表 1003 册，对全国已探获煤炭资源量和预测资源量进行了全面评价，建立了基于"全国煤炭资源潜力评价"的全国煤炭资源信息系统，数据量超过 100GB。

通过本次煤炭资源潜力评价，重新厘定全国煤炭资源总量为 5.90 万亿 t，其中，已探获煤炭资源量为 2.02 万亿 t，预测资源量 3.88 万亿 t，应用煤炭资源预测成果，取得普查找煤新突破，新查明煤炭资源量 1900 余亿吨。同时，在煤田地质研究和资源评价方面取得诸多创新，编制了矿区级、省级、国家级煤炭资源系列图件，建立了全国煤炭资源信息系统，完成了规定的各项任务，取得了突出成果，为我国煤炭工业宏观决策乃至国民经济社会发展提供了重要依据。中国地质调查局组成了以陈毓川院士为组长，裴荣富、彭苏萍院士为副组长的评审委员会对项目进行了评审，评委会对项目成果给予了高度评价。

为了进一步提高项目研究水平、向全社会展示研究成果，课题组成员在项目总报告和专题报告的基础上，对我国含煤地层、沉积环境、煤田构造、煤质、聚煤规律、煤炭资源预测评价理论方法和煤炭资源分布规律等进行了深入研究，编著了"中国煤炭资源潜力评价丛书"。该丛书共 5 部，包括《中国煤炭资源赋存规律与资源评价》《中国煤地层多重划分与对比》《中国含煤岩系沉积环境及聚煤规律》《中国煤田构造格局与构造控煤作用研究》《中国煤质特征及煤变质规律》。该丛书由孙升林任总编，程爱国、曹代勇、袁同兴、邵龙义、郑柏平、唐跃刚、马施民等任副总编。

《中国煤炭资源赋存规律与资源评价》是在课题总报告的基础上撰写而成，反映了课题的主要成果。本书主编为程爱国，副主编为曹代勇、袁同兴。第一章、第六章由程爱国撰写，第二章由马施民撰写，第三章由邵龙义撰写，第四章由曹代勇撰写，第五章由唐跃刚撰写，第七章由宋红柱、王景山撰写，第八章由宁树正、袁同兴撰写，第九章由张贵涛撰写，第十章由程爱国、曹代勇、袁同兴等撰写，程爱国对全书进行了统稿。陈美英、严群、孙杰对插图进行了修编。孙升林审阅了全稿。

项目实施过程中，得到了国土资源部项目领导小组、项目办公室领导和专家的悉心指导，得到了国家能源局、中国煤炭工业协会领导和专家的关注和指导，与此同时，也得到了各省（区、市）国土资源厅（局）、煤田地质局、地质矿产勘查开发局领导和专家的大力支持，在此一并表示衷心的感谢。

由于该项目周期长、工作量大，限于作者的水平，难免存在一些不妥之处，敬请读者提出宝贵意见，以便修改完善。

目　　录

第一章　绪　　论

煤炭是我国主体能源，是能源安全的基石。煤炭地质勘查是煤炭工业的先行，煤炭资源预测是开展煤炭地质勘查工作的基础，是实现找煤突破的关键。开展煤炭资源潜力评价，对于我国煤炭工业健康发展乃至国民经济可持续发展，都有十分重要的现实意义和深远的历史意义。

第一节　煤炭的战略地位

一、能源结构和能源消费

煤炭在我国一次能源消费结构中的比例一直占 70% 左右（图 1-1）。20 世纪 50～70年代煤炭的比例达到 80% 以上，从 80 年代开始，煤炭的比例一直在 75% 左右，2000年降到 67%；2005 年以后有所回升并超过 70%。

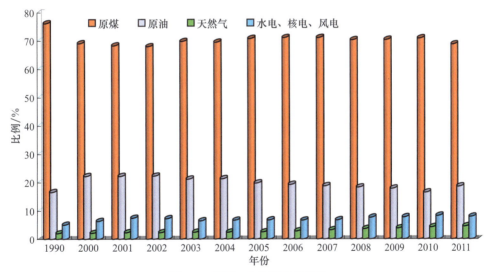

图 1-1　我国一次能源消费结构

煤炭作为主体能源是由我国化石能源条件决定的。我国煤炭资源丰富，约占化石能源资源的 95%，占储量的 90%，这是石油、天然气等其他生物能源所无法比拟的。截至 2009 年年底，查明原油地质储量 299.63 亿 t，技术可采储量 82.22 亿 t，经济可采储量 74.19 亿 t，采出量 51.86 亿 t，剩余经济可采储量 22.33 亿 t，约占全球的 0.87%，储采比 10 年，对外依存度为 50% 以上。天然气地质储量 7.15 万亿 m^3，技术可采储量

4.21 万亿 m³，经济可采储量 3.29 万亿 m³，采出量 0.72 万亿 m³，剩余经济可采储量 2.57 万亿 m³，约占全球的 1.4%，储采比 28.3 年。同时，非常规天然气勘查开发技术有待提高。核能资源贫乏，资源量很难增加。过去 30 年，中国能源消费量快速增长，目前已经成为能源消费第二大国，以煤炭为主的消费结构没有改变，2012 年全国煤炭消费量达到 36.5 亿 t，消费量占全球的一半以上。

新能源产业短期难以取代煤炭的主导地位。《国务院关于加快培育和发展战略性新兴产业的决定》将新能源产业作为战略新型产业。开发核能、风能、太阳能等清洁能源，发展可再生能源产业等支持新能源发展的方针，被明确写进了我国政府工作报告。到"十二五"末期，非化石能源占一次能源消费比例达 11.4%。受制于核心技术水平、安全问题、经营成本及政策机制等因素，新能源产业发展规模难以较快取得质的突破，核能和可再生能源等新能源在中国能源消费结构中大规模推广和应用还有待时日，近中期只能作为常规能源的补充。

二、煤炭在我国能源安全和经济发展中的战略地位

煤炭行业是我国国民经济的支柱产业，是关系国计民生的基础性行业，在国民经济中具有重要的战略地位。作为中国工业化进程的主要基础能源，煤炭对全国经济发展起着举足轻重的作用。

随着新能源发展和节能减排政策的强制执行，未来煤炭消费总量的比例将呈缓慢下降趋势，但国民经济的稳定健康发展对煤炭的需求总量仍将保持平稳增长。

煤炭对国民经济发展具有重大贡献。长期以来，煤炭不仅作为我国的主体能源，还作为重要的工业原料，直接或间接地应用于国民经济各个部门和行业。国民经济与煤炭自始至终保持着一种唇齿相依的密切关系。煤炭生产及利用行业的发展，保障了国家经济发展对能源资源的大量需求，支撑了国民经济的快速发展，为我国国民经济建设做出了卓越的贡献。通过对 GDP 增速与煤炭消费增速这两组历史数据进行相关性分析，计算表明，煤炭消费与国民经济的发展相关性极为密切，相关系数高达 0.5～0.90，国民经济对煤炭的依赖性很强。

根据有关权威机构和专家预测，到 2020 年，煤炭在一次能源消费构成的比例将保持在 60% 以上，到 2050 年仍将达到 50% 以上。

三、洁净煤技术发展为煤炭利用提供了有效途径

煤炭利用给环境带来严重影响。但是，随着洁净煤技术的发展，煤炭不仅可转变为油气等洁净高效能源，还将成为重要的工业原料。

洁净煤技术（clean coal technology）是指从煤炭开发到利用的全过程中旨在减少污染排放与提高利用效率的加工、燃烧、转化及污染控制等新技术。现代洁净煤技术是指高技术含量的洁净煤技术，发展的主要方向是煤炭的气化、液化、煤炭高效燃烧与发电技术等，是当今世界各国解决环境问题的主导技术之一，也是高新技术国际竞争的一个

重要领域。

洁净煤技术包括选煤、型煤、水煤浆、超临界火力发电、先进的燃烧器、流化床燃烧、煤气化联合循环发电、烟道气净化、煤炭气化、煤炭液化、燃料电池。洗选、型煤加工、水煤浆、净化燃烧和燃烧后的净化处理等传统的洁净煤技术日臻成熟。

煤转化为洁净燃料技术是洁净煤技术的核心，包括煤的气化技术、液化技术、煤气化联合循环发电技术和燃煤磁流体发电技术。气化技术是在常压或加压条件下，通过气化剂（空气、氧气和蒸汽）与煤炭反应生成一氧化碳、氢气、甲烷等可燃气体。煤的液化技术包括间接液化和直接液化两种。间接液化是先将煤气化，然后再把煤气液化，如煤制甲醇，可替代汽油。直接液化是把煤直接转化成液体燃料，包括汽油、柴油等。煤气化联合循环发电技术先把煤制成煤气，再用燃气轮机发电，排出高温废气烧锅炉，再用蒸汽轮机发电，整个发电效率可达 45%。目前，神华集团 60 万 t 煤制油项目正式投产。煤制天然气技术已经成熟，新疆煤制天然气项目正式投入运营。清华大学煤基多联产技术可生产多种化工产品。因此，洁净煤技术及其产业化具有广阔的前景，煤化工用煤将大幅增加，据有关机构和专家估计，近期将达到 6 亿 t，到 2020 年，广义煤化工用煤总量将比 2012 年增加一倍，达到 14.6 亿 t。

总之，石油作为一种战略物资，仍然是各种国际势力争夺的对象。西方国家凭借经济和军事实力，通过各种手段控制着大部分石油资源。随着我国进口石油数量的不断增加，国际突发事件和石油市场的剧烈波动，将危及我国石油安全供应。煤炭是我国主体能源，具有资源和价格优势，洁净煤技术的迅速发展及推广应用，为煤炭洁净开发和利用提供了新的途径。高效、低污染地开采、加工、利用煤炭已成为可能。煤炭液化、气化技术已经成熟，煤炭可转化为高效的汽油、柴油和煤制燃料甲醇，并具有与石油竞争的价格优势，煤炭将成为后石油时代的替代能源。因此，在未来 30 多年内，煤炭作为我国主体能源的地位不会改变，随着洁净煤技术的发展将进一步强化。

第二节 煤炭地质研究和勘查工作现状

我国煤炭地质勘查工作始于 19 世纪，李希霍芬、丁文江、李四光、翁文灏、谢家荣、王竹泉等老一辈地质学家开展了大量的煤炭地质调查工作。但是，真正大规模开展煤炭地质工作是在新中国成立后。新中国成立 60 余年来，煤炭地质勘查和科学研究取得了丰硕成果，为煤炭资源预测和评价奠定了坚实的基础。

一、煤炭地质勘查

60 多年来，全国煤炭地质系统累计完成钻探工程量 2 亿余米，地震工程量 2000 余万物理点，累计探获煤炭资源量 20245 亿 t。其中，可供建井的煤炭资源储量约 6000

亿 t。通过煤炭资源勘查，发现了鄂尔多斯、华北、华南、吐鲁番、准噶尔、伊犁和塔里木七个 5000 亿 t 以上级的聚煤盆地，500 多个大型煤田，积累了丰富的煤炭地质勘查资料，为煤炭资源预测提供了丰富的资料。

二、煤炭地质研究

中国煤田地质学研究始于 20 世纪初，经过几代人的努力，尤其是改革开放以来，通过"华北盆地晚古生代聚煤规律与找煤研究""鄂尔多斯盆地聚煤规律及资源评价""华南二叠纪沉积特征与聚煤规律""中国东部煤田滑脱构造研究"等区域性重大课题研究，从整体上提高了含煤地层、沉积环境、煤田构造、煤质和聚煤规律的研究程度。围绕国家大型煤炭基地建设、煤炭国家规划区的设定、煤炭工业规划，组织了"国家大型煤炭基地煤炭资源、水资源和生态环境综合评价""首批煤炭国家规划矿区资源评价""中国洁净煤地质研究""全国煤层气资源评价""煤中微量元素研究"等 20 多项重点课题，编写并出版了《中国煤田地质学》（第一版、第二版）、《中国煤岩学》、《中国煤炭资源预测与评价》等一批学术专著，逐渐形成了具有鲜明特色的中国煤田地质理论体系，在含煤地层、聚煤规律、构造控煤作用、煤岩学和煤地球化学等方面取得突出进展，为煤炭资源潜力评价和勘查开发提供了坚实的地质理论基础。

（一）含煤地层

中国含煤地层研究近年来取得重要进展。一是历经 10 年建立的乐平统精细的生物地层序列和牙形石带，使中国的乐平统及所含吴家坪阶和长兴阶成为国际上二叠统年代地层划分的国际层型。二是现代地层学和《国际地层指南》（1976 年和 2004 年）所倡导的"多重地层划分与对比理论"成为地层研究的指导思想。《中国地层典》厘定了各岩石地层单位的含义，建立了多重地层划分对比方案。含煤地层的研究范围拓宽，与相邻学科融会交叉，综合性、代表性研究成果不断涌现，全面深化了中国含煤地层研究。

（二）含煤岩系沉积学与聚煤规律研究

（1）对中国含煤岩系进行了系统的沉积学研究，提出了中国各聚区不同时代的聚煤模式。如中国南方早石炭世障壁岛 - 潟湖聚煤模式、晚二叠世三角洲 - 潮坪 - 碳酸盐岩台地聚煤模式、华北石炭纪—二叠纪的多堡岛聚煤模式及河流 - 三角洲聚煤模式、西北侏罗纪湖盆及湖泊三角洲聚煤模式、东北白垩纪的断陷湖盆聚煤模式（李思田，1988；刘焕杰等，1987；彭苏萍等，1991；张鹏飞等，1993，1997）。

（2）层序地层学理论的出现进一步深化了人们对聚煤作用及聚煤规律的认识。在层序地层学理论的指导下，幕式聚煤作用（邵龙义，1989；邵龙义等，1992）、海侵过程成煤（李宝芳等，1999）、突发性海侵事件成煤（李增学，1994；李增学等，2001）、海相灰岩层滞后时段聚煤（Shao et al.，2003，2008）等理论相继被提出，出现了基于层序地层格架的聚煤作用模式，极大地促进了含煤岩系沉积学的发展（程爱国和魏振岱，2001）。

（三）煤田构造与构造控煤作用

1. 煤田滑脱构造研究取得重大突破

20 世纪 70 年代中期以来，国际上兴起的逆冲推覆构造和伸展（滑覆）构造研究热潮（McClay et al.，1981；马杏垣，1982；Wernicke and Burchfiel，1983），被视为板块构造理论成功地应用于大陆地质的标志。80 年代以来，我国学者对中国煤田滑脱构造进行了广泛、深入的研究，对多样化的煤田滑脱构造进行了系统分类，建立了包括"推、滑"叠加型滑脱构造在内的若干典型构造模式，丰富、发展了滑脱构造理论和我国煤田构造理论（曹代勇，1990；王桂梁等，1992；王文杰和王信，1993），在中国东部，尤其是南方构造复杂区，开辟了新的找煤方向。

2. 煤盆地构造分析研究不断深入

20 世纪 80 年代后期以来，深入研究了中国大陆动力作用对煤盆地演化的制约关系和控煤规律，分别从煤盆地构造演化、板块构造格局和地洼学说等角度提出中国煤盆地分类。基于中国东部中生代两大构造体制的转换作用以及岩石圈减薄机制的研究成果，探讨不同时期、不同体制下构造作用对煤层的控制作用，受到人们的关注（王桂梁等，2007；潘结南等，2008）。

3. 构造控煤作用研究取得进展

我国煤田地质学家早已认识到基底构造对聚煤作用的控制、聚煤期同沉积构造对富煤带的控制，以及成煤期后构造变动对煤系和煤层赋存的控制（杨起和韩德馨，1979）。20 世纪 80 年代以来，相继对伸展掀斜、重力滑动、逆冲推覆等控煤构造样式进行了深入的研究（高文泰等，1986；曹代勇，1990；王桂梁等，1992；王文杰和王信，1993）。黄克兴和夏玉成（1991）认为，构造控煤泛指构造作用对煤的聚集和赋存的控制关系。构造控煤研究应包括三个方面，即聚煤作用的构造控制，改造作用的构造控制，以及赋煤状态的构造控制。构造控煤概念的完善，增强了构造地质学与煤田地质学之间的联系。

（四）煤岩和煤质

20 世纪 90 年代，我国陆续出版了《中国煤质论评》《中国煤的煤岩煤质特征及变质规律》《中国煤岩学》《中国煤变质作用》《中国煤岩学图鉴》《中国煤岩图鉴》等专著。到 21 世纪，中国煤炭标准委员会和各行业标准委员会为我国煤岩煤质分析制定了中国煤炭分类（2009 年）等一系列标准。依据中国煤种资源数据库，总结出中国煤中灰分、硫分、挥发分、发热量以及微量元素的分布特征，开展了中国洁净煤地质研究（唐书恒等，2006）。杨起（1996）提出了我国煤的多阶段演化和热源叠加变质理论。韩德馨（1996）将我国已发现的变质作用类型划分为 6 种。《中国煤中微量元素》（唐修义和黄文辉，2004）和《煤的微量元素地球化学》（任德贻，2006）两书系统总结了我国煤田勘探与煤矿煤的微量元素赋存特点与分布规律。同时，在洁净煤利用和煤基材料利用的煤质基础研究、煤成气页岩的研究及化石燃料新能源的基础研究等方面也取得了新成果。

第三节 煤炭资源预测与评价研究现状

煤炭资源潜力评价是指在分析煤田地质研究、勘查、开发地质资料和其他地质成果的基础上，通过对煤炭资源聚集和赋存规律的研究，预测新的含煤区并评价其勘查潜力的全过程。

煤炭资源预测是煤炭地质勘查前期的基础性工作，煤炭资源评价是煤炭地质工作重要组成部分，贯穿于煤炭地质勘查始终。煤炭资源预测、评价理论和技术伴随着煤炭地质工作发展而发展，已经形成一套比较完善的理论和方法体系。

一、煤炭资源预测与评价理论和方法

（一）煤炭资源预测

煤炭资源预测也称煤田预测，是指通过地质、物探、遥感等各种地质资料和研究成果的收集、分析和整理，研究煤炭资源聚集和赋存规律，预测新的含煤区，估算区内煤炭资源的数量，对煤炭资源潜力进行评价的全过程。

煤炭资源预测包括资料收集、含煤地层划分和对比，沉积环境、古地理和聚煤规律研究，聚煤古构造、煤田构造样式和控煤作用分析，煤质分布特征和煤变质规律研究，煤炭资源勘查开发现状分析，地质、物探、遥感等多元信息综合研究和煤田预测，预测资源分类研究和潜力评价等内容。根据研究区域不同，又分为矿区煤炭资源预测、省级煤炭资源预测、全国煤炭资源预测、盆地煤炭资源预测。

（二）煤炭资源评价

它是以地质学、数学、经济学、技术学和系统工程理论为基础的边缘学科，对煤炭资源赋存的地质条件、开采条件、外部社会经济条件进行分析，建立评价系统和模型，从而对煤炭资源开发条件和可利用性进行综合评价，为煤炭资源勘探、开发、规划和管理提供决策依据。从广义上讲，煤炭资源评价涉及的内容较广，包括煤炭资源形势分析、煤炭资源经济评价、煤炭资源资产评估、煤炭资源可行性评价和煤炭资源综合评价。

1. 煤炭资源形势分析

它是从地质条件、技术经济条件及社会政治因素等方面综合分析区域或国家煤炭资源状况，为制定资源政策和国民经济规划提供依据。内容包括煤炭资源现状分析、远景分析、供求关系分析和政治、经济、社会因素分析。

2. 煤炭资源经济评价

它是按照市场经济准则，以现阶段宏观经济环境、平均生产力及平均管理水平为前提，对我国煤炭建设、生产、流通各环节的投入产出规律进行系统科学总结，建立价

格、投资、生产经济成本模型及综合评价经济模型，对井田或勘探区资源进行评价，划分经济合理性，为煤炭资源勘探、开发和规划提供依据的一种评价方法。

3. 煤炭资源资产评估

它是将煤炭资源作为一种资产，对煤炭资源价值进行评定和估计。煤炭资源资产评估包括煤炭资源物资资产评估和煤炭资源资本资产评估，煤炭资源物资资产评估是依据矿产资源地租和价格理论，对煤炭资源物资资产未来收益和矿产资源资本的现实价值作出科学评定和估计；煤炭资源资产评估是在充分考虑矿产资源资本投资的风险因素基础上，对勘探、可行性评价等资金的投入和效益进行评估。

4. 煤炭资源可行性评价

它是对煤炭资源开发的经济意义的评价，其结果可以评价拟建项目的技术经济可靠性，可作为投资决策和是否进一步勘探的依据。现行的《固体矿产资源/储量分类》明确地将可行性评价及其评价结果作为分类的主要依据，将资源的经济合理性划分为经济的、边界经济的、次边界经济的和内蕴经济的。可行性评价一般分为概略研究、预可行性研究和可行性研究三个阶段。

5. 煤炭资源综合评价

它是将煤炭资源评价作为一个系统，对煤炭资源的地质条件、开采技术条件、开发的自然、社会、经济、环境进行综合评价的一种煤炭资源评价方法，属技术-经济-环境综合评价的范畴。

二、煤炭资源预测技术发展历程和现状

煤炭资源预测与煤炭地质勘查、煤炭工业发展密切相关，制订找煤工作计划、煤炭地质勘查规划和煤炭工业规划均需要开展煤炭资源预测工作。为了摸清我国煤炭资源的"家底"，新中国成立以来，在我国煤炭工业主管部门和中国煤炭地质总局的主持下，已经开展了三次全国性的煤炭资源预测工作，为我国普查找煤和煤炭工业规划提供了重要的决策依据，同时，也发展了煤炭地质理论。

（一）第一次全国煤田预测

1958～1959年，煤炭工业部组织了我国第一次全国性的煤田预测，编制了1:200万的中国煤田地质图及其他图件，预测的全国煤炭资源总量为9.38万亿t，并在此基础上，于1961年编写出版了《中国煤田地质学》。这是一件具有重要意义的研究成果，对于指导我国煤炭工业建设的规划布局，发挥了极其重要的作用。但限于当时的资料基础和客观条件，这次预测的资源量数据有待进一步查证。

（二）第二次全国煤田预测

煤炭工业部地质局（中国煤炭地质总局前身）于1973～1980年组织开展了第二次全国煤田预测。这次煤田预测以地质力学理论为指导，运用沉积相分析的方法，充分研究了构造控煤、古地理环境对煤层沉积、煤质变化的影响，以及不同时代含煤地层的含

煤性变化规律，获得了对聚煤规律的新认识，提高了煤田预测的科学性。

预测工作从矿区开始，进而到煤田和省（自治区），从大行政区的汇总到全国的汇总，基本摸清了全国的煤炭资源远景。预测垂深2000m以浅的煤炭资源量为44927亿t（其中垂深1000m以浅的预测资源量为21040亿t），加上到1975年年末已探明的煤炭资源储量5665亿t，全国煤炭资源总量为5.06万亿t。编制完成了《中华人民共和国煤田预测说明书》和1:200万中国煤田地质图、煤炭资源预测图、煤类分布图等一整套图件，成为新中国成立以来比较系统地反映我国煤田地质条件和煤炭资源状况的资料。在第二次全国煤田预测的基础上，编写出版了新的《中国煤田地质学》（1979年），进一步从理论上对我国煤田地质特征进行研究和总结，这次预测成果对煤炭工业的发展，乃至整个国民经济规划和宏观决策都发挥了重要作用，是一项具有战略意义的研究成果。

（三）第三次全国煤田预测

为了做好21世纪初煤炭工业发展的资源保障工作，1992~1997年，中国煤炭地质总局组织开展了第三次全国煤田预测（全国煤炭资源预测和评价）。

第三次全国煤田预测主要成果包括《中国煤炭资源预测和评价（第三次全国煤田预测）研究报告》（上、下两册）；1:200万中国煤田地质图、中国煤炭资源分布和煤田预测图、中国煤类分布图、不同成煤期古地理和聚煤规律图等系列图件；出版了《中国煤炭资源预测与评价》（毛节华和许惠龙，1999）、《中国聚煤作用系统分析》和《中国煤质论评》等专著；提交了省区级相应的成果，建立了全国煤炭资源数据库。第三次全国煤田预测结果显示：截至1992年年底，我国埋藏在2000m以浅的煤炭预测资量共有45521亿t，其中，预测可靠级为19138亿t。按资源埋藏深度统计则为：小于1000m的18440亿t，1000~2000m的27081亿t。煤炭资源总量为5.57万亿t。

（四）全国煤炭资源远景调查

1983~1988年，地质矿产部（以下简称地矿部）组织开展了全国煤炭资源远景调查，取得了丰硕的成果：①出版中国煤炭资源丛书一套七册（包括《中国煤炭资源总论》（钱大都等，1996）、《中国的含煤地层》《中国煤盆地构造》《中国主要聚煤期沉积环境与聚煤规律》《中国煤的煤岩煤质特征及变质规律》《中国煤炭资源远景预测》《中国煤炭资源形势分析及合理开发利用》）；②中国煤田地质图（1:250万挂图）及说明书一册；③中国煤田预测图（1:250万挂图）及说明书一册。通过全国煤炭资源远景调查，预测我国埋藏在2000m以浅的煤炭资源量5.33万亿t。

三、煤炭资源评价理论方法发展现状和趋势

煤炭资源评价属矿产资源评价的范畴，是矿产资源评价的重要组成部分。煤炭资源评价贯穿于煤炭资源勘查、开发全过程，每一份煤炭资源勘查报告和可行性研究报告都是一份煤炭资源评价报告。过去我国长期处于计划经济时期，所开展煤炭资源评价主要是技术评价。我国相继开展了三次全国性的煤炭资源预测，前两次主要是对全国煤炭资源量进行预测，第三次煤田预测不仅对煤炭资源量进行新一轮预测，还对全国尚未利用煤炭资源进行综合评价，应该说这种评价还是技术评价，对经济、环境问题所涉及的内容较少。

煤炭资源评价理论和方法目前尚处在起步和探索阶段，由于评价的目的和着眼点不同，评价的方法也具有明显差异。目前，评价方法主要有《煤炭资源技术经济评价方法——层次分析法在煤炭资源评价中的应用》（王熙曾，1990）、《煤炭资源的分类模糊综合评价系统（CRCVS）》（吴冲龙，1995）、《煤炭资源经济评价的理论与方法研究》（王立杰，1996）、《中国煤炭资源综合评价的基本思路和方法》（许惠龙等，1996）、《矿产资源评价及其应用研究》（汪云甲和黄宇文，1998）、《煤炭资源评价探析》（田山岗等，1999）等。上述煤炭资源评价的理论和方法，无疑对我国煤炭资源评价理论和方法的形成和发展起到了重要作用，但是，仍然存在一些问题。一是煤炭资源评价的概念、理论和方法体系尚未建立，对煤炭资源评价的研究领域认识不一；二是煤炭资源经济评价中，如何建立地质条件、开发条件和投资、价格、生产经营成本的关系和模型，这是经济评价的关键，目前尚无成熟的办法可借鉴；三是一个矿区是否开发，不仅要考虑经济效益，还要考虑生态环境、水资源、交通等外部条件，以往的评价方法中，对上述问题考虑不足或方法不当，尤其是西部生态环境问题比较突出的地区，忽略这一重要因素将可能导致评价结果的失真；四是煤炭资源评价模型是否正确，要在评价实践中进行验证和调整，才能更加完善，以往很多方法仅局限于理论研究和建模阶段，尚未运用于资源评价的实践，缺乏必要的检验和调整。

从总体上看，煤炭资源预测的理论方法比较成熟，煤炭资源评价的理论和方法尚处在探索阶段，需要进一步完善和创新。一要加强煤炭资源预测理论和方法的总结，在历次全国煤炭资源预测的基础上，总结预测工作经验，提炼、归纳煤炭资源预测理论和方法，编写煤炭资源预测理论和方法方面的专著，用以指导今后煤炭资源预测工作；二要建立基于社会主义市场经济和"美丽中国"条件下的煤炭资源综合评价理论和方法体系，总结以往煤炭资源评价方法，综合考虑煤炭资源地质条件、开采技术条件、资源经济属性、外部开发条件、生态环境建设等评价指标，研究煤炭资源综合评价方法，建立煤炭资源综合评价模型。

第四节 煤炭资源评价的目的任务和工作思路

一、目标

在摸清我国煤炭资源现状的基础上，充分应用现代矿产资源预测评价的理论方法和以地理信息系统（GIS）技术为核心的多种技术手段、多种地学信息集成研究方法，以聚煤规律和构造控煤作用研究为切入点，对我国煤炭资源潜力开展科学预测，对其勘查开发前景做出综合评价，提出煤炭资源勘查近期及中长期部署建议及方案；建立全国煤炭资源信息系统，实现煤炭资源管理的信息化，为我国煤炭工业乃至能源工业、国民经济的可持续发展提供动态的资源数据和科学的依据。

二、主要任务

（一）煤炭资源赋存规律研究

以地球动力学和煤田地质理论为指导，深入开展全国各赋煤区煤炭资源赋存规律研究。从主要成煤期含煤地层、层序地层、煤质特征入手，建立典型成煤模式；以构造控煤作用研究为核心，恢复煤盆地构造 - 热演化历史，分析含煤岩系后期改造和煤变质作用，揭示不同构造背景中煤炭资源的赋存规律，为煤炭资源潜力评价和勘查前景评价提供依据。

（二）煤炭资源勘查开发现状分析

研究煤炭资源现状调查的方法，统一资源数据指标，以煤炭资源储量数据库为基础，分析各省（自治区、直辖市）现有煤矿（生产井、在建井）资源现状以及尚未利用的资源状况和分布，通过编制煤炭资源勘查开发现状图，反映我国煤炭资源现状，为煤炭资源预测评价打好基础。

（三）煤炭资源预测

在煤炭资源赋存规律研究的基础上，研究煤炭资源预测评价理论和方法，根据近十多年来新的地质资料和地质成果，充分利用区域地质、物探、遥感、矿产勘查等多源信息，对第三次全国煤炭资源预测和原地矿部全国煤炭资源远景预测工作提出的预测区及其资源量进行筛选、再认识，同时，提出预测新的含煤区，采用科学的方法估算资源量，摸清煤炭资源潜力及其空间分布。

（四）煤炭资源勘查开发潜力评价

从资源开采技术条件、煤质特征、外部开发条件、生态环境和潜在的经济意义等方面，进行预测资源量的分级分类研究，对预测资源的勘查开发利用前景作出初步评估；综合分析地区能源形势和煤炭资源供需状况，结合国内和国际煤炭资源开发利用态势，评价各省（自治区、直辖市）煤炭资源潜力，提出煤炭资源勘查近期及中长期部署建议及方案。

（五）煤炭资源潜力预测评价信息系统

利用地理信息系统技术、数据库技术等先进技术手段，在统一的煤炭资源信息标准与规范下，统一属性和图形数据格式，建立煤炭资源数据模型，收集、整理煤炭资源预测潜力评价的基础数据，建立各省（自治区、直辖市）煤炭预测资源数据库，汇总建立全国煤炭资源信息系统，为各级管理部门以及其他用户提供实时、有序度高的资源数据及辅助决策支持。

三、技术流程

总体流程包括 6 个技术环节（图 1-2）。

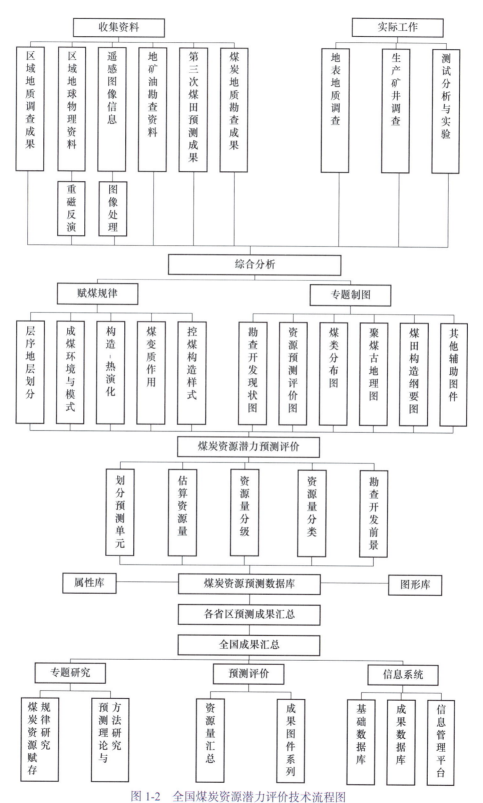

图 1-2 全国煤炭资源潜力评价技术流程图

（一）充分收集各类地质资料

充分收集各种比例尺的区域地质调查资料，区域地球物理调查资料，遥感图像及其地质解释成果，地矿、石油等部门的地质勘查资料、成果，原地矿部开展的全国煤炭资源远景调查评价成果，原煤炭工业部（以下简称煤炭部）开展的第三次煤田预测成果，煤炭地质勘查成果，煤炭地质专题研究成果，煤炭生产资料等。

（二）地质调查

开展重要聚煤盆地地质调查、重要煤矿区的生产矿井调查和一些样品的采集、分析、实验。

（三）综合分析研究

以收集的各类地质资料为基础，运用新的地质理论和方法，进行深入、全面的综合分析，开展煤炭资源赋存规律研究。重点研究层序地层、成煤环境与模式、构造 - 热演化史、煤变质作用、控煤构造样式等。

编制煤田地质图、聚煤岩相古地理图、煤田构造纲要图、煤类分布图、煤炭资源勘查开发现状图、煤炭资源潜力评价图及其他辅助性分析研究图件。

（四）煤炭资源潜力评价

重点是划分煤炭资源预测单元，估算煤炭资源量，对煤炭资源量进行分类分级，评价资源的勘查开发前景，提出煤炭资源勘查近期及中长期工作部署方案建议。

（五）省（自治区、直辖市）煤炭资源潜力评价信息系统建设

在统一的煤炭资源潜力评价数据模型下，收集、整理煤炭资源潜力评价属性和图形数据，建立省（自治区、直辖市）煤炭资源潜力评价数据模型。

（六）全国汇总

各省（自治区、直辖市）提交预测评价报告、专题图件和基础数据库，进行全国煤炭资源潜力预测评价成果汇总。建立全国煤炭资源信息系统，提交煤炭资源赋存规律、煤炭资源预测理论和方法等专题研究报告。

第二章　含煤地层的多重划分与对比

第一节　概　　述

一、地球历史中的成煤期

含煤岩系是指一套含有煤层的沉积岩系，又称含煤沉积、含煤地层、煤系、含煤建造等。煤的发育离不开其物质基础——成煤植物，地史上多次出现聚煤的强盛期和衰退期，这种盛衰相间的现象则与植物的演化密切相关，植物的演化和发展一般可分成以下几个阶段。

1. 菌藻植物阶段

地球上最早出现的成形的生物体是有细胞结构的原核生物——细菌和蓝藻，它们生存在原始海洋中。经过 10 亿～20 亿年的漫长时间，进化出了真核生物。由于营养方式的不同，真核生物发生了分化，单细胞动物体出现了。在菌、藻植物阶段，各种丝状藻类生活在海洋中，除细菌外，蓝藻最为繁盛，叠层石化石的形成是藻类活动的结果，在我国北方震旦纪地层中就产有极其丰富的藻叠层石。

2. 早期维管植物阶段

志留纪末至泥盆纪初，植物开始登陆。植物的生存环境发生了很大变化，致使植物体的形态和结构也产生了各种适应和改变，有了根、茎、叶的分化，输导系统维管束也出现了。此时的植物仍很低级，植物体矮小，仅适宜生存在滨海潮湿低地，代表性的化石有瑞尼蕨、库逊蕨、工蕨等。过去，早期维管植物统称为裸蕨，因此，这一阶段也称为裸蕨植物阶段。

3. 蕨类植物阶段

自晚泥盆世至早二叠世，裸蕨植物的后代壮大发展，出现了石松植物、真蕨植物等，它们开始有明显的根、茎、叶的分化，输导系统进一步发展为管状中柱和网状中柱。有些植物（如种子蕨）具有大型叶，从而扩大了光合作用的面积。晚泥盆世地球上已出现大面积的植物群，乔木型植物比较普遍。石炭纪为全球最重要的成煤时期，开始出现了植物的地理分区。

4. 裸子植物阶段

晚二叠世至早白垩世，由于地壳运动加剧，古气候、古地理环境发生明显变化，蕨类植物衰减，裸子植物得到空前发展。它们一般都具有大型羽状复叶，树干高大。在所发现的松柏类化石中，科达树高度可达 20～30m，树顶浓密的枝叶组成茂盛、庞大的树冠。这一时期也成为地史上重要的聚煤阶段。

5. 被子植物阶段

可靠的被子植物化石见于早白垩世的晚期，到晚白垩世时，被子植物化石已很普遍，说明它们对陆地环境有很强的适应能力，进入古近纪，被子植物占有绝对统治地位。被子植物有 27 万多种，数量占整个植物界的一半以上。

从地表生物界的演化来说，地球表面从伊迪卡拉纪出现藻类植物开始就有聚煤作用发生，早古生代植物演化处于低级阶段，只有水生菌藻类植物，只形成高灰分、低热值的"石煤"。泥盆纪开始，植物在陆地繁衍与积累，才产生具真正意义的腐殖煤。我国地史上的成煤期众多，其中早石炭世、晚石炭世—早二叠世、晚二叠世、晚三叠世、早—中侏罗世、早白垩世和古近纪、新近纪为 8 个主要成煤期。在这些主要成煤期中，以晚石炭世—早二叠世、晚二叠世、早—中侏罗世和早白垩世 4 个成煤期最为重要，其形成的煤炭资源占我国煤炭资源总量的 98% 以上。不同地质时期聚煤作用的强度分布与成煤植物群的关系如图 2-1 所示。

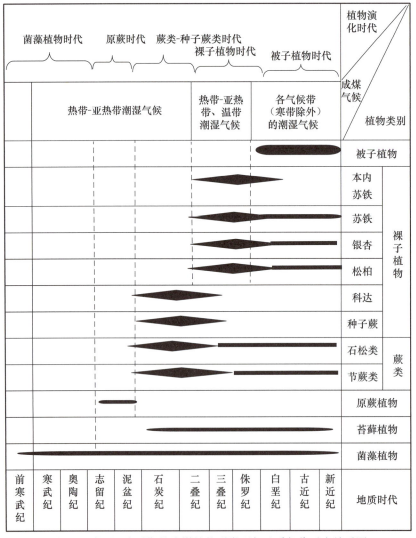

图 2-1　中国地史时期的成煤植物群类型与地质年代对应关系图

二、含煤地层的多重地层划分与对比

以《国际地层指南》为标志的现代地层学的基本理论体系，其核心是强调地层的多重划分和对比，认为岩层有多少种能够用来作为划分地层的依据，地层就有多少种类的划分类别。一种特征的变化不一定非和另一种特征的变化相一致不可。也就是说，每类地层单位只根据一种标准来建立。一类单位的界线不一定与另一类单位的界线相吻合或平行，它们往往斜交（萨尔瓦多，2000；全国地层委员会，2001）。**根据不同特征所建立的单位大都不是等时体，其界线也不是等时面。这些单位及其界线构成多重划分概念和理论的实际物质基础。因此，现代地层学的核心是多重地层划分与对比理论，现代地层学是相对传统地层学提出的，传统地层学的核心是"统一"，现代地层学的核心是"多重"**（图 2-2）。

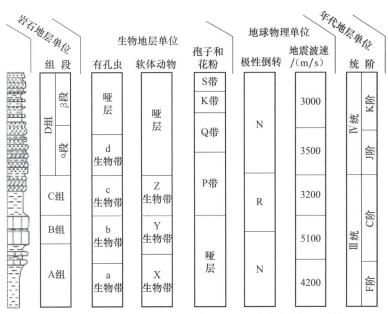

图 2-2　依据多重地层属性所建立的地层单位之间的差异性

多重地层分类理论强调地层"对比"的多样性，如岩石地层对比、生物地层对比、年代地层对比等。"对比"一词并不只意味着地质年代的等同。多重地层划分与对比强调组、带、阶三种基本地层单位的实质性及其彼此关系，尤其是组的穿时性、带的多样性和复杂性以及阶的等时性。其中，组的形成取决于沉积环境而不是时间。生物带的深入研究和分类赋予生物地层以丰富的内容。阶应具有全球或大区域等时性。另外，多重地层划分与对比概念鼓励地层划分对比的新手段和新方法的应用，如磁性地层学、事件地层学、地震地层学、化学地层学等（陈克强等，2001；王泽九和黄枝高，2006）。

本章以"多重地层划分对比理论"为指导，归纳和总结含煤地层的岩石地层学、生物地层学和年代地层学特征，阐述主要聚煤盆地含煤地层序列的时空展布规律，从而为煤炭资源预测与潜力评价提供依据。

第二节 晚古生代含煤地层多重划分与对比

一、含煤地层区划

石炭纪—二叠纪是世界性的成煤时期，中国的石炭系—二叠系发育良好、分布广泛，沉积类型复杂多样，是全球石炭系—二叠系的重要组成部分。依据"构造单元 - 沉积类型 - 古植物群 - 成煤期"四位一体的方法，将中国石炭纪—二叠纪含煤地层划分为4个一级含煤地层区，即西北含煤地层区、华北含煤地层区、华南含煤地层区、滇藏含煤地层区。各地层区范围如图 2-3 所示，其基本特征如下。

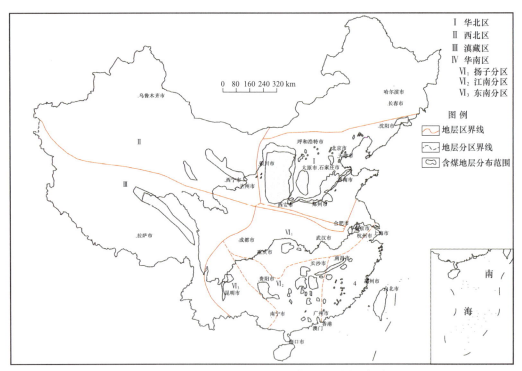

图 2-3　我国石炭纪—二叠纪含煤地层区划示意图

（1）华北含煤地层区。缺失中奥陶世至早石炭世地层。晚石炭世至早二叠世广泛发育海陆交互相和以陆相为主的近海型含煤沉积，含煤性好，是我国石炭纪—二叠纪最主要的含煤地层。该区及塔里木区、祁连区均属华夏植物群分布区，太原组产 *Neuropteris pseudovata-Lepidodendron posthumii* 植物群，山西组产 *Emplectopteris triangularis-Emplectopteridium* 为代表的中期华夏植物群。

（2）西北含煤地层区。实为北祁连构造带的东延部分，相当于任纪舜（1991）所划的北秦岭加里东褶皱带和礼县 - 柞水海西褶皱带，区内发育海陆交互相羊虎沟组和太原组等。

（3）滇藏含煤地层区。喀喇昆仑山以南，四川龙门山、雪山—云南元江、红河以西和西藏改则—怒江以北地区，发育特提斯动物群和华夏植物群。沉积类型复杂，东北部的甘孜—松潘及三江地区主要发育槽盆相沉积，东南部主要发育台地相碳酸盐沉积。区内下二叠统不含煤，上二叠统局部为海陆交互相或陆相含煤地层，含煤性极差，多不可采。

（4）华南含煤地层区。包括秦岭—大别山以南，四川龙门山、雪山—云南元江、红河以东地区，属华夏植物区。二叠纪为稳定 - 较稳定的板块发展阶段，广泛发育海陆交互相含煤沉积，是我国南方的主要含煤地层区。根据茅口期和龙潭期的沉积特点可划分为扬子分区（Ⅷ₁）、江南分区（Ⅷ₂）和东南分区（Ⅷ₃）。

二、岩石地层

（一）南方早石炭世含煤岩石地层

华南是我国早石炭世含煤地层主要分布区。区内早石炭世含煤地层名称众多，主要有万寿山组、祥摆组、寺门组、测水组、忠信组、梓山组、林地组、叶家塘组、高骊山组和马查拉组等。

1. 主要含煤地层岩石地质特征

1）万寿山组

标准剖面位于云南宜良县明良煤矿万寿山，由边兆祥于 1940 年命名，为一套海陆交互相的含煤沉积，该组假整合于上泥盆统宰格组之上，与上覆地层下石炭统旧司组连续沉积，总厚约 60m，含煤 1～11 层，一般 2～6 层，煤厚 0.8～6.51m，局部含较稳定的可采煤 1～3 层，含煤性较好地区主要有滇东北彝良—贵州威宁一带。

2）测水组

测水组旧称测水煤系，由田奇㻪于 1932 年创名，命名地点位于湖南双峰县城北约 7.5km 的梓门桥测水西岸，可代表中南分区的含煤地层。该区是南方早石炭世含煤地层的主要分布区。测水组属海陆交互相含煤沉积，含煤较好，以湘中地区最优，上段局部见可采煤层一层（称反龙炭），一般厚 0.80m，最厚可达 3m，层位稳定，但常相变为碳质泥岩或煤线，属不稳定煤层。下段含煤 1～9 层，其中 3、5 煤层为主要可采煤层，煤层总厚 0.4～5.48m，可采煤层总厚 0.6～5.26m，一般为 2m 左右，煤层较稳定，结构简单。

3）马查拉组

由四川第三区域地质测量大队（1974 年）命名，由灰岩、含煤碎屑岩组成，含煤 30 多层，厚度大于 1000m。整合于下石炭统乌青纳组之上，与上覆地层上石炭统鳌曲组呈连续沉积，整个剖面呈现海侵序列特征。马查拉组中的煤层主要赋存于中、下部，由南东向北西含煤层位逐渐抬升，含煤性变好，形成了自家浦、马查拉、曲登等地含煤性相对较好的聚煤中心。

2. 含煤地层时代与年代地层对比

湘中测水组为南方石炭纪的主要含煤地层，研究较详，该组所含主要植物化石有 *Cardiopteridium spetsbergense*, *Triphyllopteris collombiana*, *Archaeocalamites* cf. *scrobiculagus*, *A. prolxu*, *Lepidodendron* cf. *robertii*, *Adiantites gothani*, *Rodeopteridium hsinghsiangense*, *Lepidodendron* spp., *Stigmaria* sp.；在新化县测水组尚有 *Bothrodendron* sp., *Lepidodendron shanyangense*, *L. rhodeanum*. 上述分子大都是西欧韦宪期标准的或常见的植物分子，大致可与德国的 Doberlug—Kichhain 地区韦宪期植物群相比。此外，湘中测水组整合于大塘早期含 *Kueichouphyllum sinense*—*Thysanophyllum shaoyangense* 带动物群的石磴子组之上，又位于含 *Arachnolasma sinense*—*Heterocaninia tholusitabulata* 带动物群的梓门桥组之下，故测水组的时代无疑属于大塘中期。

滇东万寿山组生物化石以植物为主，上部偶见动物化石。常见的植物化石有 *Lepidodendron shanyangense*, *L. rimosam*, *Lepidostrobophyllum* sp.。*Sublepi-dodendron* cf. *mirabile*, *Stigmaria* sp.。此外有珊瑚化石 *Siphonophyllia* cf. *caninoides*. *Syringopora*. sp. 和腕足类化石 *Megacttondes zimmermanni*, *Echinoconchus elegans*, *Chonefes semicircularis* 等。上述植物化石组合，具有岩关晚期至大塘早期的色彩，且区内北部万寿山组位于含 *Pseudouralinia* 带的汤耙沟组之上、含 *Kueichoulbhyllum sinense-Thysanophylloides* 组合的旧司组之下，故万寿山组的时代归属为早石炭世大塘早期。

粤东忠信组上段为浅海相沉积，含 *Lithostrotion asiaticum*, Var *minor*, *Archanolasma* sp., *EostaffelIa* sp. 等；中段为海陆交互相沉积，含 *Neuropteris giganea*, *Arachnolasma sinense*, *Marginifera viseeniana* 等化石；下段以陆相碎屑岩为主，产 *Lepidodendropsis hirmeri*, *Archaeocalamites* sp. 等植物化石，显然忠信组为大塘期沉积。

浙西叶家塘组以陆相碎屑岩为主，下部为主要含煤层段，含 *Arehaeoecalamites scrobieulazus*, *Lepidodendron rhodeanum* 等；中部常见 *Neuropteris giganlea*, *Mesocalamites* sp., *Sphenophyllum tenerrimum* 等。在相邻的江西省境内，曾发现 *Yaunophyllum* sp.，故该组大致与邻区的江西梓山组类似，也应是跨大塘期和威宁期的沉积。

高骊山组古生物群以珊瑚、腕足和植物为主。其上部含有大塘早期分子 *Kuichouphyllum sinense*, *Pugilis hunanensis*。该组的植物组合属 *Lepidodendron gaolishanensis-Eolepidodendron* spp.-*Sublepidodendron mirabile* 组合，强烈地显示了岩关晚期至大塘早期的植物特征。其下部整合于含 *Pseudouralinia* 的金陵组之上，故高骊山组应代表自岩关晚期至大塘早期的海陆交互相沉积。

西藏马查拉中部含煤碎屑岩段产植物化石 *Asterocalamites* cf. *sorobiculatus*, *Lepido-dendron* sp., *Cardiopteridium* cf. *spetsbergens*, *Rhodea hsianghsiangensis* 等，为我国华南湘中、粤北、赣西测水组的重要属种，故马查拉组中部与湘中测水组相当。

综上所述，含煤地层的时代属早石炭世无疑，但含煤岩石地层具有穿时性，由西南往北东层位逐渐升高。南方及西部地区早石炭世含煤地层划分与区域对比见表 2-1。

表2-1　中国南方及西部地区早石炭世含煤地层划分对比

统	阶	西藏	云南西部	云南东部	贵州	广西	粤中粤北	粤东	湘中南	赣西	赣中南	福建	浙西	湖北	浙北安徽	江苏	新疆准噶尔东北部	新疆塔里木	青海柴达木北缘	甘肃	宁夏贺兰山以西	陕西南部	河南南部
上石炭统（C₂）	逍遥阶	骔曲组	威宁群	威宁群	威宁组	大埔组	壶天群	壶天群	壶天群	壶天群	黄龙组	黄龙组	上新桥组	黄龙组	黄龙组	黄龙组	石钱滩组	小海子组	克鲁克组	羊虎沟组	羊虎沟组	草凉驿群／二岭河群	田冲岑组
	达拉阶	骔曲组	威宁群	威宁群	威宁组	大埔组	壶天群	壶天群	壶天群	壶天群	黄龙组	黄龙组	上新桥组	黄龙组	黄龙组	黄龙组	石钱滩组	小海子组	克鲁克组	羊虎沟组	羊虎沟组	草凉驿群／二岭河群	田冲岑组
	滑石板阶		威宁群	威宁群	滑石板组	罗城组	壶天群	壶天群	壶天群	壶天群	黄龙组	黄龙组	上新桥组	黄龙组	黄龙组	和州组	石钱滩组	小海子组	克鲁克组	羊虎沟组	羊虎沟组	草凉驿群／二岭河群	田冲岑组
	罗苏阶		威宁群	威宁群	滑石板组	罗城组	壶天群	壶天群	壶天群	壶天群	黄龙组	黄龙组	上新桥组	黄龙组	黄龙组	和州组	石钱滩组	小海子组	克鲁克组	羊虎沟组	羊虎沟组	草凉驿群／二岭河群	田冲岑组
下石炭统（C₁）	德坞阶	马奎拉组	马奎拉组	上司组	德坞组	寺门组	梓门桥段	忠信组	梓门桥组	梓门桥组	梓山组（上段）	林地组	叶家塘组（煤上段）	大塘组	高骊山组	高骊山组	南明水组	卡拉乌易组	怀头他拉组	臭牛沟组	臭牛沟组	杨山组	杨山组
	大塘阶	马奎拉组	马奎拉组	万寿山组	上司组／旧司组／详磨组	黄金组	测水组／石磴子段	忠信组	测水组／石磴子组	测水组／石磴子段／横龙组	梓山组（中段）	林地组	叶家塘组（C段／B段／A段）	大塘组	高骊山组	高骊山组	南明水组	卡拉沙依组	怀头他拉组	臭牛沟组	臭牛沟组	杨山组	杨山组
	岩关阶	羌格组	乌青纳组	乌青纳组	汤耙沟组	十字呼组	孟公坳组	忠信组	刘家塘组	华山岑组	梓山组（下段）／华山岑组	林地组	珠藏坞组	岩关组	高骊山组	高骊山组	黑山头组	卡拉沙依组	城墙沟组	前黑山组	臭牛沟组	杨山组	杨山组
上泥盆统		卓戈洞组	上泥盆统	上泥盆统	上泥盆统	融县组	帽子峰组	南靖组	锡矿山组	锡矿山组	锡矿山组	南靖组	西湖组	写经寺组	五道组	五道组	上泥盆统	上泥盆统	上泥盆统	上泥盆统	上泥盆统	上泥盆统	花园墙组

区划：滨-藏地层区（西藏、云南）；华南地层区（贵州至江苏）；西北地层区（新疆至河南）。

注：图中竖线阴影表示地层缺失，全书同。

19

（二）北方石炭系—二叠系含煤岩石地层

华北型石炭纪—二叠纪含煤地层以山西太原西山剖面为代表，自下而上的岩石地层单位依此为本溪组、太原组、山西组、下石盒子组、上石盒子组和孙家沟组。

1. 本溪组

该组命名地在辽宁本溪。该组底部为厚约10m的泥岩，假整合于中奥陶统石灰岩之上，下部为砂岩、泥岩和砂质泥岩互层，夹石灰岩。灰岩中产以 *Eostaffellasubsolana* 为代表的蜓类化石群，泥岩内产 *Neuropterisgigantea* 等植物化石；中部为厚层状泥岩夹砂岩；上部为砂岩、砂质泥岩、泥岩及灰岩的韵律层，组成4个旋回，灰岩中产出以 *Fusuina* 及 *Fusulinella* 为代表的蜓类化石群。本溪组一般仅含薄煤，可采煤层仅分布于河北、山西等少数地段，层数为1~3层。全组总厚164m。

2. 太原组

该组为翁文灏于1922年命名，标准剖面在太原西山，分两个岩性段，下段称"晋祠砂岩段"，包括晋祠砂岩、吴家峪灰岩等，由砂岩、泥岩与灰岩组成，产丰富的动、植物化石，有植物群 *Neruopteris ovata - lepidodendron posthumii* 组合，底部发育一主要可采煤层。上段从斜道灰岩顶板到北岔沟砂岩，包括东大窑灰岩、七里沟砂岩、泥岩和煤层，为一套海陆交互相含煤地层。太原组在华北盆地不同地区岩性有所变化，北部以碎屑岩为主，南部以石灰岩为主，西部在宁夏、内蒙古一带以碎屑岩和泥岩为主，大部分为海陆交替相。太原组含煤较丰富，河南济源、山东兖州一线以北地区煤层层数不多但厚度大，厚度大于5m，局部可达30m，该线以南煤层层数增多但厚度减少到5m以下。

3. 山西组

由 Blackwelder、Willis 于1907年创名，始称山西系，1956年，李星学、盛金章改称为山西统，1957年，刘鸿允称山西组。它是指华北最上一层灰岩之顶至骆驼脖子砂岩之底的以灰黑色为主的，并含主要煤层的一段砂、泥岩含煤地层。由灰白色砂岩、深灰色粉砂岩、泥岩和煤层组成，以过渡相为主。山西组沉积时继承了太原组沉积时华北盆地的轮廓，乌兰格尔 - 平凉隆起继续存在，盆地内部地形平坦，山西组的厚度变化不大，整个华北地区山西组的含煤性比较稳定，煤层厚度达3~20m，煤层厚度变化不大，几乎在全盆地分布，具有由南向北变薄的趋势。

4. 下石盒子组

石盒子组是 Norin 于1922年所创，后人改称上、下石盒子组。下石盒子组为一套黄绿色、灰绿色砂岩、粉砂岩、砂质泥岩夹煤层的碎屑岩组合。华北盆地北部主要为河流沉积体系，中南部逐步过渡为三角洲、潟湖海湾沉积。华北盆地南部逐步相变为一套中 - 细粒碎屑岩含煤岩系，主要为灰白色中 - 细粒砂岩和深灰色、灰色粉砂岩、泥岩和煤组成。可采煤层一般分布于侯马—兖州以南的地区，大致从山东南部到苏北、皖北，煤层的总厚度逐渐增加。

5. 上石盒子组

上二叠统下部的上石盒子组在华北大部分地区都是不含煤的地层，仅在安徽、江苏北部、河南等地局部含有煤层。当时苏皖一带与外海间仍保持着一定的联系，只形成了几次短暂的海侵。上石盒子组中可采煤层在区域分布上的北界大致在郑州—徐州一线，可采煤层的总厚度是由北向南逐渐增加，到淮南、豫西一带厚度约 10m，甚至 10m 以上，煤层层数亦同时由北向南逐渐增加。由于干旱气候带由北向南扩展，晚期豫皖地区也变为灰紫色、紫红色泥岩和砂岩。

此外，西部地层区（甘肃东部一带）含煤地层还有靖远组、羊虎沟组和太原组。这些含煤地层都是海陆交互相沉积，地层厚度不大，仅数十米至百余米，少数地区数百米，煤层少而薄。

中国北方（华北）石炭纪—二叠纪含煤地层划分对比见表 2-2。

（三）南方二叠纪含煤岩石地层

二叠纪尤其是晚二叠世早期是我国华南地区重要成煤期，岩石地层主要有梁山组、童子岩组和龙潭组。

1. 梁山组

它由细砂岩、粉砂岩、铝土质泥岩等组成，夹 1～3 层碳质泥岩或薄煤层，煤厚很不稳定，地层厚度一般为 10～30m，薄者仅数米，厚者可超过 200m。该组地层常超覆于各老地层之上，呈假整合或不整合接触。

2. 童子岩组

童子岩组由王绍于 1930 年命名，用于代表东部地区闽西南和广东的中二叠世晚期含煤地层，可以以龙岩、永定为代表，童子岩组岩性可分为三段，下段为细砂岩、粉砂岩及煤层，厚 240m，含可采煤层 6 层；中段为海相段，由粉砂岩及黑色泥岩组成，厚 130m，不含煤；上段由砂岩、粉砂岩及煤层组成，厚 400m，含可采煤层 6 层。

3. 龙潭组

龙潭组，原称"龙潭煤系"，丁文江于 1919 年命名，最初命名地点在中国江苏江宁县龙潭镇一带。该组为海陆交互相含煤沉积，是中国南方的重要含煤地层。中部以赣中的乐平、丰城为代表，称为乐平组。西部以黔西的六盘水地区为代表，这是华南最重要的含煤区，龙潭组可以分为三段，下段以粉砂岩、泥岩为主。其中，细砂岩由玄武岩岩屑和凝灰岩岩屑组成，并有生物灰岩夹层，含煤多层，但厚度不大；中段以砂岩、粉砂岩为主，是主要含煤段，含煤几十层，包括 1～2 层厚煤层，在泥岩及泥灰岩夹层中含小个体海相动物化石；上段由砂岩、粉砂岩和泥岩组成，夹薄层灰岩及黑色泥岩，含煤几十层，薄及中厚煤层均有，一般较稳定。黔西龙潭组下伏地层为峨眉山玄武岩，上覆地层为飞仙关组。由六盘水向西，沿盐津、宣威、个旧一线西侧，二叠纪含煤地层称宣威组，为陆相含煤地层，由砂岩、粉砂岩、泥岩组成，夹菱铁矿，局部发育有砾岩及砂砾岩，厚度变化，10～300m，一般为 100m，东厚西薄，含煤一层至数十层不等。由

表2-2　中国北方（华北）石炭纪—二叠纪含煤地层划分对比

系	统	国际	国内	内蒙古 昭盟伊克	陕西 韩城	山西 太原	北京 西山	河北 唐山	辽宁 本溪	吉林 浑江	山东 淄博	河南 鹤壁	江苏 铜山	安徽 两淮
二叠系	上统	长兴阶	长兴阶	下三叠统	石千峰组	和尚沟组 / 刘家沟组	下侏罗统 双泉组	第四系	林家组 T_1	北山组 T_3	坊子组（J_{1+2}）	二马营群	侏罗系—白垩系	第四系
二叠系	上统	吴家坪阶	吴家坪阶	石千峰组		孙家沟组	红庙岭组	石千峰组	石千峰组	石千峰组	凤凰山组	石千峰组 / 平顶山组	孙家沟组	孙家沟组
二叠系	中统	卡匹敦阶	冷坞阶	上石盒子组	上石盒子组	上石盒子组	杨家屯群	上石盒子组 / 古冶组	上石盒子组	上石盒子组	上石盒子组	上石盒子组	上石盒子组	上石盒子组
二叠系	中统	沃德阶	茅口阶											
二叠系	中统	罗德阶		下石盒子组	下石盒子组	下石盒子组		下石盒子组	下石盒子组	下石盒子组	下石盒子组	下石盒子组 / 黑山组	下石盒子组	下石盒子组
二叠系	下统	空谷阶	祥播阶											
二叠系	下统	亚丁斯阶	栖霞阶	山西组	山西组	山西组	山西组	山西组	山西组	山西组	山西组	山西组	山西组	山西组
二叠系	下统	萨克马尔阶	隆林阶											
二叠系	下统	阿瑟尔阶	紫松阶	太原组	太原组	太原组	太原组	太原组	太原组	太原组	太原组	太原组	太原组	太原组
石炭系	上统	格舍尔阶	道遥阶											
石炭系	上统	卡西莫夫阶	达拉阶	本溪组	本溪组	本溪组	本溪组	本溪组	本溪组	本溪组	本溪组	本溪组	本溪组	本溪组

黔中向东，在黔东、川东南、鄂西北一带，晚二叠世地层称吴家坪组，以灰岩为主，仅在底部有 10m 左右的砂泥岩段，含不稳定薄煤层。桂中、桂西晚二叠世地层称合山组，也是以灰岩及硅质岩为主，底部含煤，与前者不同的是上部还增加一个含煤组，均为薄煤层。

梁山组所含植物化石为三角织羊齿 - 多脉带羊齿组合，大致可以和华北的山西组相当，属中期华夏植物群 A 期，时代为早二叠世晚期或萨克马尔阶。

在年代地层意义上，华南中、晚二叠世含煤岩石地层贯穿了茅口阶（卡赞阶）、吴家坪阶及长兴阶（尚庆华等，2004）。童子岩组动植物化石均极丰富，上、下段中也富含海相动物化石，从所含菊石 *Shouchangoceras*, *Altudoceras*, *Polydiexodina*，以及植物 *Taeniopteris multioruis* 等可以得知，其时代属中二叠世晚期，即茅口期，相当于卡赞阶。

从龙潭组所含菊石、珊瑚和腕足类看，均指示其时代为晚二叠世早期。在苏南、湘南等地曾在龙潭组下部发现属于中二叠世晚期的生物分子，可以说明作为岩石地层单位的龙潭组在一些地区是穿时的。在六盘水地区龙潭组上段地层含菊石 *Pseudotirolites*，类 *Palaeofusulina* 等，年代地层属长兴阶，也有人将此段地层另立组名，实际上仍属岩石地层单位龙潭组的穿时现象（表 2-3）。

表 2-3　中国南方（华南地层区）中、晚二叠世含煤地层划分对比

地区			福建	浙江	赣东北	广东 曲仁兴梅	广东 连阳	湖南	皖南	苏南	苏北	湖北	广西	贵州	云南	四川
年代地层			大治组	大治组	大治组	大治组		大治组	下三叠统	青龙群	新生界	大治组	下三叠统	飞仙关组	飞仙关组	飞仙关组
二叠系	上统	长兴阶	长兴组	长兴组	大隆组	大隆组		大隆组	大隆组	长兴组	大隆组	大隆组	长兴组	宣威组	峨眉山组	兴文组
		吴家坪阶	翠屏山组	杂色层组	乐平组	翠屏山组 / 东组	九坡组	龙潭组	龙潭组	龙潭组	龙潭组	龙潭组	龙潭组	龙潭组 / 峨眉山组		龙潭组 / 黑泥哨组
	中统	冷乌阶	童子岩组	雾林山组	狮子山组	童子岩组	谷田组	当冲组	孤峰组	堰桥组	丁家山组	孤峰组	孤峰组	花贡组	茅口组	
		茅口阶										阳新群				茅口组
		祥播阶	文笔山组	茅口组	茅口组	茅口组		茅口组	孤峰组	孤峰组	孤峰组	茅口组	茅口组	茅口组		
		栖霞阶									梁山组				梁山组	梁山组
下伏地层			船山组	船山组	马平组	船山组		船山组	黄龙组	黄龙组	船山组	上石炭统	马平组	沙子塘组	沙子塘组	中泥盆统

三、生物地层

目前，国际上用于确定年代地层单位界限的化石类型均为产于单一岩相中的大洋生物，如笔石、牙形石、菊石、浮游有孔虫等，其特点是演化快、分布广，可进行洲际对比（表2-4），我国含煤地层沉积类型以海陆过渡相、陆相为主，岩性、岩相复杂多样，所含化石类群多为地方型、底栖型、固着型、演化慢的化石类群，其年代地层学意义不太大。因此，充分发掘煤系地层各类古生物门类化石及其组合的年代地层学意义对于区域范围内含煤地层的划分与对比具有重要的参考价值。表2-4汇总列举了自晚古生代以来不同时代煤系地层沉积类型、主导化石门类与煤系地层中重要化石门类的对比关系。

表 2-4　中国晚古生代—新生代含煤地层的主导化石门类及重要化石门类

代	系	地层类型	主导化石门类	重要化石门类
新生界	第四系	陆相	钙质超微化石，浮游有孔虫，介形类	哺乳动物，孢粉，介形类
	新近系		钙质超微化石，浮游有孔虫	哺乳动物，孢粉，介形类，沟边藻
	古近系		钙质超微化石，浮游有孔虫	哺乳动物，孢粉，介形类，轮藻，双壳类
中生界	白垩系	陆相	菊石，浮游有孔虫	孢粉，介形类，轮藻，双壳类，鱼，鸟，爬行类，钙质超微化石
	侏罗系		菊石	有孔虫，放射虫，腕足类，双壳类，孢粉，介形类等
	三叠系		牙形石，菊石	浮游有孔虫，孢粉，叶肢介，双壳类，介形类等
上古生界	二叠系	陆相，海陆交互相，海相	牙形石	菊石，蜓，非蜓有孔虫
	石炭系		牙形石	菊石，蜓，非蜓有孔虫
	泥盆系		牙形石	笔石，竹节石，牙形石，三叶虫，腕足类

鉴于煤层或含煤地层的发育都离不开其物质基础——成煤植物，故本书将重点概述含煤地层中植物化石及孢粉组合特征，以便反映含煤地层单元的"标记"特征和古气候控制因素。

（一）植物地层学特征

就石炭纪成煤植物群而言，石炭纪以欧美植物群所代表的全球性分布的高等植物在中国同时期的聚煤区域里也广泛发育，二者之间具有相似性和可对比性。孙克勤等（2000）将中国石炭纪高等植物群从老到新分为以下几类。

1. 中国早石炭世植物群

中国早石炭世植物群属于全球早石炭世拟鳞木植物群（*Lepidodendropsis flora*），含 *Lepidodendropsis hirmeri Lutz* 等代表性分子。该植物群的时代为维宪期至纳缪尔早期。

2. 中国晚石炭世植物群

中国晚石炭世植物群主要分布于我国北方的华北、西北和东北地区，包括山西、河北、内蒙古、山东、宁夏、甘肃、辽宁等地，其时代包括纳缪尔晚期（Namurian C）至格舍尔期（Gzhelian）。代表性的植物化石组合自上而下为：*Cathaysiodendron nanpiaoense - Alethopyeris huiana* 组合；*Lepidodendron galeatum-Tingia* sp. - *Conchophyllum richthofenii* 组合；*Lepidodendron lukense-Retica yuanii - Eusphenopteris parabaeurrderi* 组合。

　　3. 中国二叠纪植物群

中国二叠纪植物群在北方和南方均有分布，包括山西、河北、内蒙古、宁夏、甘肃、陕西、新疆、山东、安徽、河南、辽宁、湖南、贵州、福建、江西、广东、江苏、浙江、云南和四川等地，以大量特征性的华夏型属和种为主。例如，*Cathaysiodedron incertuim* (Sze et Lee) Lee, *Lobatannularia ensifolia* (Halle) Halle, *Tingia carbonica* (Schenk) Halle, *Fascipteris densata* Gu et Zhi, *Emplectopteris triangularis* Halle, *Emplecto pteridium alatum* Kawasaki, *Cathaysiopteris whitei* (Halle) Koidzumi, *Gigantonoclea lagrelii* Halle, *Gigantopteris dictyophylloides* Gu et Zhi, *Yuania chinensis* Zhu et Du, 等。

　　（二）孢粉地层学特征

众所周知，孢粉化石由于个体小、数量多、分布广泛，目前已成为含煤地层类型及其划分对比的重要参考依据。朱怀诚系统总结了我国石炭系孢粉植物群特征，并将其自下而上分为 15 个带，包括早石炭世杜内期早期的 *Cymbosporites* spp. - *Retusotriletes incohatus* (SI) 孢子带演化至晚石炭世的 *Florinites junior - Laevigatosporites vulgaris* (JV) 孢子带。我国二叠纪含煤地层中汇总的代表性孢粉组合分子如下。

　　1. 长兴组（宣威组上部或石千峰组）

Nixispora, Annulisaccus。

　　2. 龙潭组（或上石盒子组）

Patellisporites, Bactrosporites, Hunnanospora, Auroserisporites, Yunnanosp。

　　3. 下石盒子组

Balteusispora, Collarisporites, Schansisporites, Perocanoidosp ora Ouyang et。

　　4. 山西组和太原组上部（或梁山组）

Gulisporites, Pericutosporites, Tuberculatosporites, Kaipingispora。

　　5. 太原组

Pectosporites, Crassotriletes, Pseudolycospora, Glyptispora, Pachetisportites, Shanxispora。

　　四、年代地层

依据《国际年代地层表》，晚古生代从老到新依次分为三个纪，即泥盆纪（Devonian：419～358Ma）、石炭纪（Carboniferous：358～298Ma）和二叠纪（Permian：298～252Ma）。晚古生代以鱼类、两栖类和蕨类植物的高度繁盛为特征，但年代地层基本单元的生物识别标志主要以海相牙形石为主，其中，泥盆纪采用三分、石炭纪采用二分、二叠纪采用三分方案。本书中所采用年代地层系统方案见表 2-5、表 2-6。

表 2-5　中国石炭系年代地层划分方案以及与国际标准年代地层系统对比

国际石炭系标准年代地层系、统及阶级单位底界识别标志					中国区域年代地层表 （全国地层委员会，2001）		
系	亚系	统	阶	各阶底界的定义（牙形石和有孔虫）	系	统	阶
石炭系	宾夕法尼亚系	上统	格舍尔阶	*Idiognathodus similatus*	石炭系	上统（C_2）	逍遥阶
			卡西莫夫阶	*Idiognathodus sagtalisi*			达拉阶
		中统	莫斯科阶	*Idiognathodus pastsulcatus*			滑石板阶
		下统	巴什基尔阶	*Declingnathodus noduliferus*			罗苏阶
	密西西比亚系	上统	谢尔普霍夫阶	*Lochiriea ziegleri*		下统（C_1）	德坞阶
		中统	维宪阶	*Eoparastaffella simplex*			大塘阶
		下统	杜内阶	*Idiognathodus pastsulcatus*			岩关阶

表 2-6　中国二叠系年代地层划分方案以及与国际标准年代地层系统对比

国际二叠系标准年代地层系、统及阶级单位底界识别标志				中国区域年代地层表（全国地层委员会，2001）		
系	统	阶	各阶底界的定义（牙形石的首现）	系	统	阶
二叠系	乐平统	长兴阶	*Clakina wangi*	二叠系	上统（P_3）	长兴阶
		吴家坪阶	*Clakina postbineri podyniyyrti*			吴家坪阶
二叠系	瓜达鲁普统	卡匹敦阶	*Jinognondolella postsserate*	二叠系	中统（P_2）	冷坞阶
		沃德阶	*Jinognondolella asserate*			茅山阶
		罗德阶	*Jinognondolella nankingensis*			祥摆阶
	乌拉尔统	空谷阶	*Neostreptognathodus pnevi*		下统（P_1）	栖霞阶
		亚丁斯克阶	*Sweetognathus whitei*			隆林阶
		萨克马尔阶	*Sweetognathus merritui*			紫松阶

第三节　中生代含煤地层的多重划分与对比

一、含煤地层区划

中生代聚煤作用主要发生在晚三叠世和早、中侏罗世，在年代属性上具有连续性。可将晚三叠世与早、中侏罗世含煤地层合并进行区划，划分为华北、华南、西北、东北和滇藏五个一级含煤地层区（图 2-4）。

西北含煤地层区：以发育大型内陆含煤盆地及山间含煤盆地为特征。晚三叠世发育延长植物群。侏罗纪发育 *Coniopteris - Phoenicopsis* 植物群。聚煤时代主要为早、中侏罗世，次为晚三叠世，可划分为北疆、南疆、甘青。

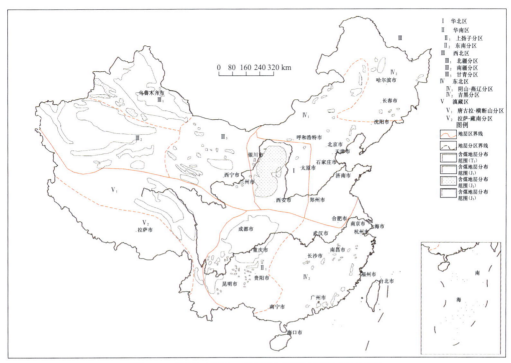

图 2-4　我国三叠纪—侏罗纪含煤地层区划示意图

华北含煤地层区：以陕晋地区的大型内陆含煤盆地及山间含煤盆地为特征。晚三叠世属延长植物群。侏罗纪为 *Coniopteris - Phoenicopsis* 植物群。聚煤时代主要为早、中侏罗世，次为晚三叠世。

东北含煤地层区：聚煤时代主要为侏罗纪，晚三叠世的煤基本不具工业价值。除黑龙江东部有海陆交互相沉积外，其余皆为陆相盆地沉积。区内早、中侏罗世发育 *Coniopteris-Phoenicopsis* 植物群，晚侏罗世发育早期热河动物群及 *Ruffordia-Onychiopsis* 植物群。根据含煤层位的差异，该区划分为两个分区，即阴山—燕辽分区下、中侏罗统含煤，吉黑分区上侏罗统含煤。

滇藏含煤地层区：属特提斯生物区系，三叠纪至侏罗纪以地槽型海相碎屑岩和台地相碳酸盐沉积为主，含煤性差，可划分为唐古拉 - 横断山和拉萨—藏南两个分区。

华南含煤地层区：主要发育陆相盆地含煤沉积，少量滨浅海、潟湖、海陆交互相沉积。聚煤时代主要为晚三叠世，可划分为上扬子和东南两个分区。

白垩纪含煤地层主要分布在东北及华北北部小型陆相含煤盆地中，可划分为东北和滇藏两个含煤地层区。含煤地层区范围及一般特征如图 2-5 所示。

东北含煤地层区：包括内蒙古、东北和华北北部，产晚期热河动物群及 *Acanthopteris-Ruffordia* 植物群（早期组合），沉积类型以断陷盆地含煤沉积为主，多成群出现，含煤性好。

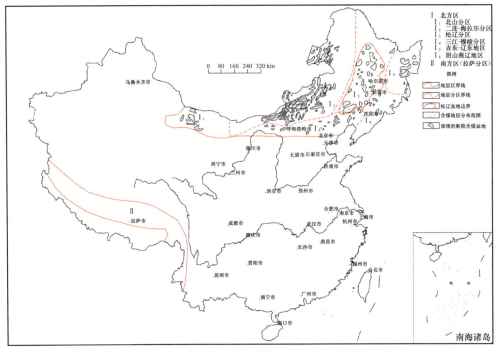

图 2-5 我国早白垩世含煤地层区划示意图

二、岩石地层

（一）晚三叠世含煤岩石地层

中国三叠纪含煤地层主要分布于南方，多为近海盆地及海陆交互沉积，其次为陆相盆地的含煤沉积。重要的含煤岩石地层单位有四川的须家河组，鄂西的沙镇溪组，滇中的大荞地组、罗家大山组、干海子组，江西的安源组，湘东南的出炭垅组、杨梅垅组，闽西的大坑组、焦坑组，粤北的红卫坑组及藏北的土门格拉群，昌都地区的巴贡组等。

1. 须家河组

须家河组由赵亚曾、黄汲清于 1931 年命名。命名地点在四川广元须家河煤矿，用来代表西南地区的三叠纪含煤地层。该组在四川盆地中分布面积最广，厚 500～600m，可分为 6 个岩性段，1、3、5 段为砂岩段，2、4、6 段为含煤段。含煤段为粉砂岩、泥岩、碳质泥岩及煤层，含煤 10 余层，可采煤 2～3 层。在四川盆地西北部，须家河组之下还有一个含煤组，称小塘子组，厚 150m，由黄灰色砂岩、粉砂岩组成，下部含煤，含煤数十层，可采总厚达 30～50m。大部分地区小塘子组缺失，须家河组超覆于中三叠统雷口坡组之上。须家河组及小塘子组所含植物化石为叉羽叶 - 大网羽叶组合，并产诺利期双壳类，时代为晚三叠世中期。此外，在川西的渡口、盐边以及滇北的永仁一带，含煤地层厚度大，含煤层数多，也是最重要的三叠纪含煤区，主要含煤地层为大荞地组，由砾岩、含砾砂岩、砂岩、粉砂岩、泥岩和煤组成，具明显的韵律交替，煤层赋存于中部。川西渡口一带地层总厚可达 2260m，含煤近百层，可采 37 层，总厚 30 余米。上覆地层宝鼎组亦有煤层，但含煤性差。

2. 安源组

旧称"安源煤系"，由高平和徐克勤于 1940 年命名，最初命名地点在中国江西萍乡市安源镇，可代表东南区晚三叠世的含煤地层。该组可以分为三个岩性段，下段称紫家冲段，为主要含煤段，底部为砾岩或砂砾岩，向上以砂岩、粉砂岩为主，一般含煤 7～8 层；中段称三家冲段，以黑色泥岩为主，夹粉砂岩，富含海相瓣鳃类化石；上段称三丘田段，以石英砂岩及粉砂岩为主，夹数层砂砾岩，含局部可采煤 1～4 层。安源组总厚约 700m，植物化石仍以中华叉羽叶及粗脉大网羽叶为主，瓣鳃类化石丰富，以类贝莱蛤、江西蛤、偏顶蛤为代表，为诺利期至瑞替期。我国南方（华南地层区）晚三叠世含煤地层单位的划分与区域对比见表 2-7。

华北含煤地层区晚三叠世含煤地层主要发育于鄂尔多斯盆地，代表性的含煤地层为瓦窑堡组。

3. 瓦窑堡组

由潘钟祥于 1933 年命名，命名地点在子长县清涧河。该组以灰黄、灰黑色泥质岩与粉 - 细砂岩互层为主，以发育多层煤线、薄煤层或黑色泥岩为主要特征。该组与上覆富县组为平行不整合接触，与下伏延长组为整合接触，厚 150～200m。在安塞、子长县含 7 个煤段，最多含薄煤 32 层。

4. 谭庄组

由河南省地质局石油队于 1960 年创名，标准剖面位于济源西承留的椿树腰至谭庄村一带，可代表鄂尔多斯 - 济源大型拗陷盆地东段晚三叠世的含煤地层。中国北方晚三叠世含煤地层划分对比见表 2-8。

（二）侏罗纪

侏罗纪是我国最主要的成煤时代之一，以早、中侏罗世含煤地层为主，主要分布于西北，包括鄂尔多斯盆地和新疆的四个大型煤盆地以及柴达木、祁连山中小型盆地群。

新疆的早中侏罗世含煤地层以准噶尔盆地作为代表，称水西沟群，水西沟群由袁复礼于 1928 年命名，最初命名地点在新疆乌鲁木齐水西沟，水西沟群是中国西部地区最具代表性的含煤地层，主要发育在准噶尔和吐—哈盆地，自下而上分为三个组。

1. 八道湾组

底部为砾岩及砂砾岩，向上为砂、泥岩及煤层，以盆地南缘发育最好，地层厚 800m 以上，含煤 8～55 层，煤层总厚在 50m 以上，向东至吐 - 哈盆地，以北缘含煤最好，可采煤层 14 层，总厚 3～43m。伊宁盆地北缘煤层发育，含煤 2～9 层，煤层 4～63m。

2. 三工河组

一套细碎屑沉积，一般不含煤，盆地南缘的地层厚度为 500～700m。

表2-7　中国南方晚三叠世含煤地层划分与区域对比

分区	地区	上覆地层	上三叠统（T₃）	下伏地层
东南分区	粤东	金鸡组	头木冲组／小水组／红卫坑组（良口组）	龙江组 C₁
	闽西南	梨山组	文宾山组／大坑组	石炭系
	闽北	梨山组	焦坑组	石炭系
	湘东南	唐垄组	相梅垅组／出炭垅组	大冶组
	湘东	灶上组	三丘田组／三家冲组／紫家冲组	大冶组
	湘西南	观音滩组	杨柏冲段	大冶组
	赣西	灶上组	三丘田段／三家冲段／紫家冲段	二叠系
	赣中	灶上组	三丘田段／三家冲段／紫家冲段	二叠系
	赣东		三丘田段／三家冲段／紫家冲段	二叠系
	浙西	马涧组		太古界
	浙南	枫坪组	乌灶组	太古界
	苏南	象山组	范家塘组／黄马青组	黄马青群 或元古界 T₂
	皖南	磨山组	黄马青组	黄马青群 或元古界 T₂
	鄂东南	香溪组	范家塘组	黄马青群 或元古界 T₂
	鄂西	香溪组	沙镇溪组	巴东组 T₂
上扬子分区	桂东南	百姓组	扶隆坳组／平洞组	马脚岭组 或石炭系—二叠系 T₂
	四川盆地	白田坝组 J₁₊₂	须家河组	马脚岭组—二叠系
	盐源		须家河组／小坝子组／跨洪洞组；大荞地组／宝鼎组	雷口坡组 T₂
	西昌／会理		二桥组；火把冲组／把南组	法郎组 T
	黔西南	禄丰群	舍资组；干海子组／普家村组	
	滇中	冯家河组	白土田组；花果山组／罗家大山组	Pt

表2-8 中国北方晚三叠世含煤地层划分对比

地层系统		西北区					东北区	
		南疆分区	甘青分区			鄂尔多斯盆地分区	阴山—燕辽分区	吉黑分区
		塔北	北祁连—河西走廊	南祁连	唐古拉山	陕北子长	豫西济源	辽西	吉中
上覆地层		阿合组（J₁）	大雨沟群（J₁）	木里组（J₁）	雁石萍群（J₁）	富县组（J₁）	义马组（J₂）	兴隆沟组（J₁）	板石顶子组（J₁）
上三叠统（T₃）	瓦窑堡阶（T₃³）	塔里奇克组	南营儿群	尕勒德寺组	结扎群	瓦窑堡组	谭庄组	老虎沟组	大酱缸组
	永坪阶（T₃²）	黄山街组		阿塔寺组		永坪组	椿树腰组		
	胡家村阶（T₃¹）					胡家村组			
下伏地层		克拉玛依组（T₂）	丁家窑组（T₂）	郡子河组（T₂）	（T₂）	铜川组（T₂）	油房庄组（T₂）	后富隆山组（T₂）	鹿圈屯组（C₂）

注：灰色块表示主要煤系，棕色表示次要煤系。

3. 西山窑组

由中粗粒砂岩、粉砂岩、泥岩和煤组成，岩性比八道湾组细且较稳定，地层厚达800m，准噶尔盆地含煤4～58层，总厚20～130m；吐哈盆地含煤3～13层，总厚17～100m；伊犁盆地含煤3～9层，总厚10～47m。

水西沟群各组均含丰富的植物化石及淡水瓣鳃类化石。其中，植物为锥叶蕨-拟刺葵组合，不同之处在于西山窑组 *Caniopteris* 的种群更为发育和繁盛；瓣鳃类为珠蚌-费尔干蚌组合。西山窑组出现了 *Pseudocerdinia* 属分子。

鄂尔多斯盆地的早、中侏罗世含煤地层可分为上、下两部分：下部为富县组，分布范围局限于盆地东部及东北部，仅含薄煤层；上部为延安组。由王尚文于1950年命名，命名剖面位于陕西延安西杏子河，是鄂尔多斯盆地主要含煤地层，底部以灰白色砂岩为主，向上为具韵律结构的碎屑含煤沉积。盆地北部榆林、神木、东胜一带含可采煤层6～7层，总厚20m以上；盆地西部和西南部是另一个富煤区段，煤层总厚亦可达20多米。延安组所含植物化石为锥叶蕨-拟刺葵组合，银杏类数量很多，锥叶蕨中以 *Caniopteris hymenophylloides* 为代表。瓣鳃类为珠蚌-费尔干蚌组合，上部含假铰蚌。延安组常超覆于晚三叠世延长统之上，上覆地层为直罗组。

除西北区外，北京的侏罗纪含煤地层也很著名，称为门头沟煤系或门头沟群，厚700～1000m，自下而上包括杏石口组、南大岭组、窑坡组和龙门组，其中，南大岭组为火山岩系，窑坡组为主要含煤层组。窑坡组一般厚400m，含可采煤层4～9层，总厚约10m。所含植物化石仍为锥叶蕨-拟刺葵组合，下部所含瓣鳃类包括侏罗纪早期的分子，时代仍为早、中侏罗世。

中国北方地区早、中侏罗世含煤地层单位的划分与区域对比见表2-9。

表2-9　中国北方早、中侏罗世含煤地层划分对比

地层	新疆 北疆南缘马纳斯河	新疆 南疆库车	青海 柴达木北缘	青海 祁连山	甘肃	宁夏	陕西	山西	河南	山东	河北	北京	辽宁 北票锦峰	辽宁 本溪	内蒙古 大青山白云鄂博	内蒙古 锡林郭勒	吉林 安图东部江泽西部	黑龙江兴安岭
上覆地层	齐古组 J2³	七克台组 J2+3	采石岭组	杂色泥岩砂岩 J2+3	享堂群 J2+3	缺台沟组 / 木葫芦组	安定组	天池河组 J2	马凹组	三台组	九龙山组	九龙山组 / 龙门组	蓝旗组	三个岭子组	石拐子群	长汉沟组 / 召沟组	巨宝组	兴安岭组 / 颜家沟组
中侏罗统（J₂）	头屯河组 J2² / 西山窑组 J2¹	克孜勒努尔组 / 阿霞组（克拉苏群）	小煤沟组 / 大煤沟组	木里群	窑街组	汝箕沟组	直罗组 / 延安组	云冈组 / 大同组	义马组	坊子组	哈拉沟组 / 门头沟群 下花园组	门头沟群 / 窑坡组	海房沟组 / 北票组	大堡组		五当沟组	万宝组	查依河组
中侏罗统（J₁）	三工河组 J1² / 八道湾组 J1¹	阿合组（克拉苏群）	饮马沟组 / 甜水沟组 / 火烧山组 / 小煤沟组		炭洞沟组		富县组	永定庄组			门头沟组 / 下花园组	长梁子组 / 北庙组	兴隆沟组	长梁子组 / 北庙组	太古界	阿拉坦合力群	小营子组 / 红旗组	
下覆地层	小泉沟群 T3	塔里奇奇群 T2-3	震旦系	前震旦系 / 震旦系	前震旦系 / 震旦系	延长群	延长群	铜川组或上石盒子组 T2 / 延长群	延长群 / 鞍腰组 T3 / 铜川组或上石盒子组 T2	凤凰山组或太古界 / 寒武系 P2	粗碎屑岩 / 震旦亚界	蔡家岭组 / 南大岭组 / 杏石口组 / 双泉组 P2 / 震旦亚界	震旦亚界	林家组 / 冰家组	凝灰岩	火山岩 P2	北山组或石千峰组 / 凝灰岩	二叠系

南方早侏罗世含煤地层主要分布于华南东部，以鄂西、南的香溪组和武昌组，江苏的象山群，广东的金鸡组，湘赣的门口山组为代表；中侏罗世含煤地层仅见于喜马拉雅山北坡定日县，属海陆交互相含煤沉积，称普那组，含有局部可采的劣质煤层。

（三）白垩纪

白垩纪含煤岩石地层比较重要的有内蒙古二连—海拉尔盆地群中的霍林河群、巴彦花群和扎赉诺尔群；辽西的阜新组；吉林的沙河子组、奶子山组、长财组；黑龙江东部的城子河组、穆棱组、珠山组；甘肃北山的新民堡群；阴山固阳盆地的固阳组；冀北的青石砬组等。

1. 扎赉诺尔群

它包括下部大磨拐河组及上部伊敏组。大磨拐河组可分为下段粗碎屑岩，中段砂泥岩和煤层，上段厚层泥岩、砂岩夹砂砾岩，在伊敏煤田含 13~17 个含煤组，煤层总厚达 123m。伊敏组由细砂岩、粉砂岩、泥岩和煤层组成，主要在下段含煤，可采者 4~6 层组，总厚 100 多米。扎赉诺尔群与二连一带的巴彦花群以及哲里木盟一带的霍林河群相当。

2. 沙海组及阜新组

沙海组可分为三段，下段为砂砾岩及砾岩；中段为含煤段，由泥岩、砂岩及煤层组成；上段为泥岩。含煤段共含七个煤层组，一般 3~4 层可采。阜新组由砂砾岩、砂岩、粉砂岩、泥岩和煤层组成，含六个煤层组，总厚可为 10~80m。除阜新盆地外，铁法、元宝山、平庄等盆地阜新组含煤性也很好。早白垩世含煤地层中的植物化石为鲁福德蕨 - 类金粉蕨组合（*Ruffoudia-Onychiopsis*），动物化石则以东方叶肢介（*Eosestheria*）及拟蜉蝣（*Ephemeropsis*）为代表，鱼类中的 *Kunrulania* 已较狼鳍鱼进化。这一生物群面貌完全可以和扎赉诺尔群、霍林河群及巴彦花群对比，时代为早白垩世早期或尼欧克姆期。

3. 鸡西群

自下而上包括滴道组、城子河组和穆棱组。其中，滴道组包括火山岩系，属晚侏罗世；城子河组和穆棱组为含煤岩系，属早白垩世。城子河组厚 600~1400m，底部为砾岩，中部为碎屑岩和煤层，上部以细碎屑岩为主夹凝灰岩。一般含可采煤层 20 余层，单层厚一般 1~2m。穆棱组厚 300~1000m，以细砂岩、粉砂岩为主夹多层凝灰岩，含可采煤层 1~9 层，总厚 3~8m。城子河组、穆棱组所含植物化石与前述各区完全一致，属早白垩世早期。在三江—穆棱盆地东部虎林、密山、宝清一带发育海陆交互相的含煤地层，称龙爪沟群。下部含北极菊石及海相瓣腮类，上部称珠山组，所含化石包括海相及淡水瓣腮类以及植物、孢粉等，从所含化石看，珠山组与城子河组及穆棱组相当。

我国南方早白垩世含煤地层分布零星，主要有怒江中游地区的多尼组，拉萨一带的林布宗组和改则一带的川巴组，含煤性均较差。

中国早白垩世含煤地层单位的划分与区域对比见表 2-10。

表 2-10　中国早白垩世含煤地层对比

地层		西北地层区—东北地层区										华北地层区	滇藏地层区	
		甘肃北山	甘肃酒泉	内蒙古阴山	二连盆地群	海拉尔盆地群	霍林河盆地	辽宁凌源	辽宁阜新	吉林中部西	鸡西盆地	冀北丰宁	拉萨盆地	藏东
上覆地层		苦泉组	新生界	新生界	N_2	新生界	第四系	新生界	新生界			N_2		拉萨组
早白垩世 K_1	泉头阶	新民堡群	老树窝群	李三沟组	白彦花群	扎赉诺尔群	霍林河组			青山口组 泉头组	东山组		楚木龙组	拉乌拉组
	孙家湾阶								孙家湾组	登娄库组				
	阜新阶			固阳组		伊敏组			阜新组	营城组	穆棱组			
	沙海阶			白女羊盘组	兴安岭群	大磨拐河组		水沟群	沙海组	沙河子组	城子河组		林布宗组	多尼组
	九佛堂阶							九佛堂组	九佛堂组	火石岭组	滴道组	青石砬组		
	义县阶						宝石组	义县组	义县组			九佛堂组		拉贡塘组
下伏地层		未见底	未见底	大青山组 J	马尼特庙组 J_{1+2}	马尼特庙组 J_{1+2}	付家洼子组 J_2	土城子组 J_2	震旦系	Pz	彦家沟群 J_2		多底沟组 J_3	J_1

三、生物地层

我国中生代含煤地层以陆相为主，植物和哺乳动物化石组合逐渐成为了各纪含煤地层划分与对比的重要参考依据。

（一）三叠纪

中国陆相三叠系几个重要门类（植物、孢粉、脊椎、介形类、双壳类）的生物组合序列特征如下（杨基瑞等，1990）。

1. 孢粉

西北地区孢粉组合从晚二叠世—三叠纪非常系统，晚二叠世晚期以 *Limatulasporites-Lueckisporites* 为代表的组合，早三叠世为 *Limatulasporites-Lundbladisporites-Taeniaesporites* 组合，中三叠世是以 *Punctatisporites-Caytonipollenites-Colpectopollis* 为特征的组合，晚三叠世则以 *Dictyophyllidites-Apiculartisporis-Minutosaccus* 为特征的组合。南方区的孢粉组合亦比较丰富，早三叠世的组合是以 *Leiotriletes-Pteruchpollenites* 为代表，中三叠世则为 *Verrucosisporites-Corisaccites* 为代表的组合，晚三叠世早期以 *Corrolisporites-Micrhstridiumy* 为代表的组合，晚三叠世晚期则以 *Kyrtomisporis-Riccicsporites* 为代表的组合。

2. 古植物群

北方早、中三叠世为 *Pleuromeia-Voltzia* 植物群，中、晚三叠世以 *Danaeopsis-Bernoullia* 为代表。南方早三叠世则为 *Neroupteridium-Voltzia* 植物群，中三叠世为 *Annalepis-Neocalamites merriani* 组合，晚三叠世为 *Ptilozamites-Lepidopteris*。

3. 哺乳动物

三叠纪煤系地层中的重要化石有四川上三叠统须家河组发现的蜀鳕（*Shuniseus*）和鄂尔多斯盆地中三叠统铜川组中发现的延长三叠婚鳕（*Triassodus yanchuangensis*）。

4. 介形类

它产在我国北方和南方的许多地区，在鄂尔多斯盆地中的中、晚三叠世煤系地层中常见 *Lutkevichinella* 和地方属种 *Shensinella*，*Tungchuania*。

5. 双壳类

湖相淡水在鄂尔多斯盆地发育了 *Shaanxiconcha*（*Utchamilla*）和 *Sibereconcha* 为特征的组合。

（二）侏罗纪

新疆准噶尔盆地、吐—哈盆地发育得早、中侏罗世含煤地层研究程度较高，已建立了年代地层系统，其中所含的生物化石组合对其他地区的早、中侏罗世含煤地层的划分与对比具有重要参考价值。

1. 植物地层学

据最新研究资料显示，吐哈盆地侏罗系植物群化石含 25 个属 71 个种（杨殿中和于漫，2006），多为我国早、中侏罗世地层中常见的种属，群落构成以蕨类和裸子植物为主，属于我国中、下侏罗统广泛分布的 *Coniopteris-Phoenicopsis* 植物群。根据钻孔中揭露的植物化石所反映出的植物演化特点，可以将这一地区的植物化石分成三个组合：① *Neocalamites hoerensis-Ginkgoites sibiricus* 组合；② *Equisetites brevidentatus-Cladophlebis kaxgerensis* 组合；③ *Cladophlebis fangtzuensis-Raphaelia diamensis* 组合。

以上三个植物化石组合主要特点分别是：早侏罗世早期含有重要特征分子 *Neocalamites carrerei*，*Ginkgoites sibiricus* 等，植物化石较贫乏，丰度小，分异度低，代表植物初期发展阶段；早侏罗世晚期植物化石丰度开始增大，分异度增高，组合中仍然存在早侏罗世常见分子，同时又出现一些新的种属，预示着一个植物繁盛期的到来；中侏罗世早期层位含有重要分子 *Equisetites lateralis*，*Raphaelia diamensis*，*Czekanowskia rigida* 等，植物高度分异，丰度很大，植物达到繁盛期。

2. 孢粉地层学

吐 - 哈盆地作为中国北方重要的含煤盆地，侏罗纪孢粉学的研究取得了较大进展，已系统地建立了该地区侏罗纪一系列的孢粉组合，自上而下的组合为：中统，*Cyathidites-Callialasporites-Classopollis* 组合带；*Cyathidites minor-Neoraistrickia-Piceaepollenites* 组合带。下统，*Cyathidites-Cycadopites-Quadraeculina-Classopollis* 组合带；*Cyathidites-Dictyophyllidites-Cycadopites* 组合带。

3. 双壳类

吐 - 哈盆地中、下侏罗统含煤地层所产的淡水双壳类可分为上、下两个组合：*Lamprotula (Eol)-Pseudocardibia-Ferganoconcha* 组合带；*Ferganoconcha-Qiyangia-Lilingella* 组合带。两个组合中都有我国西北地区中、下侏罗统淡水湖相沉积中广泛分布的 *Ferganoconcha*（费尔干蚌）。

（三）白垩纪

1. 植物地层学

中国早白垩世可划分出北方、南方和藏南 3 个植物地理区。北方植物地理区可归入瓦赫拉梅耶夫的西伯利亚 - 加拿大植物地理区，发育有热河、阜新和大磴子 3 个植物群。

1）热河植物群

产于辽西义县组和九佛堂组及其他相当地层，时代为早白垩世早期，以苏铁纲和松柏纲占主导地位。

2）阜新植物群

赋存于辽西的沙海组和阜新组及相当地层，以真蕨纲、银杏纲和松柏纲共同繁盛，苏铁纲和木贼目较丰富为特点。由早到晚可以进一步划分为 *Acanthopteris-Ginkgo coriacea* 组合、*Ruffordia goepperti-Dryopterites* 组合、*Ctenislyrata-Chilinia* 组合，分别产于辽西的沙海组、阜新组中下部和阜新组上部。

3）大砬子植物群

产于吉林延吉盆地的大砬子组和松辽盆地的泉头组，被子植物占优势且掌鳞杉科丰富。

2. 孢粉地层学

孢粉化石也十分丰富，各组均有分布，自下而上有 7 个孢粉组合，主要以海金砂科与桫椤科孢子、古松柏类花粉繁盛为特征。

3. 微古植物

沟鞭藻主要为 *Vesperopsis zhaodongensis*, *Australisphaera crucicata*, *Balmula granorugosa* 等 8 属 10 种，分布于沙河子组、营城组。大孢子有：*Minerisporites*, *Ricinospora leavigata*, *Calamospora*, *Arcellites* 等 9 属 11 种，分布于火石岭组、沙河子组、营城组。

4. 介形类

介形类以 *Cyprideauni costata*, *Mongolocy prislimpida*, *Limnocypridea abscondida* 等为主，分布于沙河子组。

四、年代地层系统

依据《国际年代地层表》，中生代始于二叠纪—三叠纪生物灭绝事件，结束于白垩纪—古近纪生物灭绝事件，由全球 GSSP 确定为 252～66.0Ma，前后横跨 1.9 亿年。中生代从老到新依次分为三个纪，即三叠纪（252～201Ma）、侏罗纪（201～145Ma）和白垩纪（145～66Ma）。三纪总共包括九个世级单位。中生代以爬行动物和裸子植物的高度繁盛为特征。表 2-11～表 2-13 分别列出了适用于我国三叠纪、侏罗纪和白垩纪的年代地层系统，以及与国际标准年代地层系统的对比及其识别标志（王成源，2005）。

表 2-11　中国三叠系年代地层划分方案以及与国际标准年代地层系统对比

国际三叠系标准年代地层系统及阶级单位底界标志				中国区域年代地层表（全国地层委员会，2001）		
系	统	阶	各阶底界的定义（牙形石和菊石的首现）	海相地层		陆相地层
三叠系	上统	瑞替阶	*Cochoceras* 或 *Misikella posthernstseini Epignondolella mosheri*	上统（T₃）	土隆阶	瓦窑堡阶
		诺利阶	*Klamathits macrolobatus*, *Strinkinoceras kerri* 或 *Metapolygnathus communisiti/M. primitius*			永坪阶
		卡尼阶	*Daxatina* 或 *Trachyceras Metapolygnathus polygnathuformis*		亚智梁阶	胡家村阶
	中统	拉丁阶	*Eoprotrachyceras curionll*	中统（T₂）	待建	铜川阶
		安尼阶	*Chiocella timorenisi*		青岩阶	二马营阶
	下统	奥伦尼克阶	*Neospathodus waageni*	下统（T₁）	巢湖阶	和尚沟阶
		印度阶	*Hindeodus parvus*		殷坑阶	大龙口阶

表 2-12　中国侏罗系年代地层划分方案以及与国际标准年代地层系统对比

国际侏罗系标准年代地层系统及阶级单位底界标志				中国区域年代地层表（全国地层委员会，2001）		
系	统	阶	各阶底界的定义（菊石的首现）	系	统	阶
侏罗系	上统	提塘阶	*Hybonticera hybonotum* 或 *Gravesia*	侏罗系	上统（J₃）	大北沟阶
		基末里阶	*Pictoniabaylei*			待建阶
		牛津阶	*Quenstedtoceras marine*			土城子阶
	中统	卡洛夫阶	*Kepplerites*		中统（J₂）	头屯河阶
		巴通阶	*Pakinsonia*			
		巴柔阶	*Hyperliocera discites*			西山窑阶
		阿林阶	*Leiroceras*			
侏罗系	下统	土阿辛阶	*Eodactylites* 动物群	侏罗系	下统（J₁）	三工河阶
		普林斯巴阶	*Biferoceras* 和 *Gleviceras*			
		辛涅缪尔阶	*Vermiceras* 和 *Metophioceras*			八道湾阶
		赫塘阶	*Osiloceras planorbis*			

表 2-13　中国白垩系年代地层划分方案以及与国际标准年代地层系统对比

国际白垩系标准年代地层系统及阶级单位底界识别标志				中国区域年代地层表（全国地层委员会，2001）		
系	统	阶	各阶底界的标识化石	系	统	阶
白垩系	上统	马斯特里赫特阶	*Pachydiscus tesdudinarius*	白垩系	上统（K₂）	富饶阶
						明水阶
		坎潘阶	海百合 *Marsupites testunarius* 的灭绝			四方台阶
		三冬阶	*Cladoceramus undulalopicutus*			恒曲阶
		康尼亚克阶	*Cremunoceramus rotundatus*			
		土仑阶	*Watinoceras devonense* 的首现			姚家阶
		塞诺曼阶	*Ratalipora glotoruncanoides* 的首现			青山口阶
	下统	阿尔布阶	*Praediscophaera calumnata*		下统（K₁）	泉头阶
		阿普特阶	地磁极性带 MOr 之底			孙家湾阶
		巴雷姆阶	*Spitidiscus hugii- Spitidiscus vandectell* 的首现			阜新阶
		欧特里夫阶	*Acanthodiscus radiatus* 的首现			沙海阶
		凡兰吟阶	*Calpionellites darderi* 的首现			九佛堂阶
		贝利阿斯阶	菊石 *Berriasella jacobi* 的首现			义县阶

第四节 新生代含煤地层的多重划分与对比

我国新生代含煤地层分布广泛，主要含煤地层集中分布在云南、辽宁、吉林、黑龙江等省的几个盆地群。

一、含煤地层区划

中国新生代含煤地层均为陆相沉积，可分为东北含煤地层区和华南含煤地层区，如图 2-6 和表 2-14 所示。

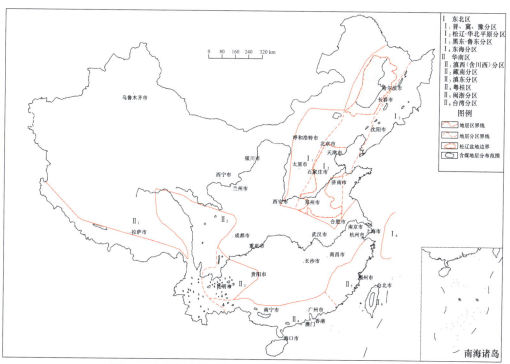

图 2-6 中国新生代（古、新近纪）含煤地层区划示意图

表 2-14 中国古、新近纪含煤地层区划及特征

地层区	地层分区	聚煤时代、沉积类型、含煤层和含煤性
东北区	晋冀豫	发育零星山间含煤盆地，北部发育火山含煤沉积，含煤性差
	松辽 - 华北	含煤地层主要发育在巨型拗陷盆地边缘地带，含煤性较差
	黑东 - 鲁东	发育受北东向断裂控制的小型含煤盆地群，含巨厚层褐煤及油泥岩，是北方古近纪褐煤的主要分布区
	东海	以陆相为主的近海盆地含煤沉积，含煤地层主要为古近纪

地层区	地层分区	聚煤时代、沉积类型、含煤层和含煤性
华南区	藏南	内陆山前磨拉石类型的粗碎屑含煤沉积，含煤性差
	滇西	产双河植物群，为内陆山间谷地碎屑岩含煤组合
	滇东	内陆山间盆地含煤碎屑岩沉积，含煤性最好，是南方主要含煤区
	粤桂	湖泊碎屑岩夹油泥岩沉积，含煤性差
	闽浙	火山含煤沉积，玄武岩夹含煤碎屑岩沉积组合，含煤性差
	台湾	属海陆交互相碎屑岩夹碳酸盐岩沉积，煤层多而薄，含煤性差

二、岩石地层

（一）古近纪

中国古近纪含煤地层主要分布于东北—华北东部。主要含煤地层称抚顺群，厚880～1050m，自下而上分为老虎台组、栗子沟组、古城子组、计军屯组、西露天组和耿家街组。下部老虎台组、栗子沟组以玄武岩、凝灰岩为主，夹砂砾岩、泥岩及不稳定煤层；中部古城子组、计军屯组为含主要煤层及厚层油泥岩层位；上部西露天组、耿家街组夹泥灰岩，不含煤。抚顺群主煤层厚约120m，是巨厚煤层，油页岩为50～190m。据植物及孢粉化石显示，下部属古新世，中部及上部属始新世。依兰盆地的达连河组、梅湖组、桦甸组、虎林组、舒兰组、宝泉岭组、珲春组，孙吴盆地的乌云组，下辽河盆地的杨连屯组，鲁东的黄县组、五图组，冀北的灵山组含煤也较好。

中国南方古近纪含煤地层主要有广东茂名的油柑窝组，广西百色盆地的那读组、百岗组，西藏的秋乌组、门土组等，以广东茂名和广西百色盆地含煤较好。另据近年来我国海上石油钻井资料显示，在东海陆架盆地的浙东、台北拗陷中均发现了古近纪含煤地层。

中国东北部地区古近纪含煤地层单位的划分与区域对比见表2-15。

（二）新近纪

新近纪中新世含煤地层以云南先锋、开远等地最为发育，含煤地层是开远的小龙潭组，其次有广东茂名盆地的黄牛岭组，海南的长坡组，滇西的双河组，台湾的石底组。上新世是中国南方新近纪聚煤的高峰期，著名的含煤地层为云南昭通盆地的昭通组，云南古近纪含煤地层分布在上百个小型盆地中，以滇东最为重要。

1. 小龙潭组

厚500～720m，自下而上为黏土岩段、薄煤段、主煤段、泥灰岩段。煤层巨厚且结构复杂，主煤段厚4.4～223m，平均139m，含夹矸37～163层。从脊椎动物、植物及孢粉化石分析，小龙潭组当属中新世晚期。

2. 昭通组

厚350～500m，自下而上分为三段，下段砾岩，中段松散黏土夹砂砾石，上段为煤层夹黏土，共含可采煤层三层，总厚一般为40～100m，最厚194m。据哺乳动物及孢粉化石研究，昭通组时代主要为上新世晚期，顶部也可能包括一部分更新世在内（表 2-16）。

表 2-15　中国东北部古近纪含煤地层划分对比

地层系统			辽宁	吉黑					环渤海		
			抚顺	舒兰	桦甸	珲春	虎林	乌云	黄县	河北	山东
			西露天组	水曲柳组	土门子组	第四纪	富锦组	孙吴组	新近纪	灵山	黄骅群馆陶组
古近系	渐新统	塔本布鲁克阶			桦甸组		虎林组			蔚县组	东营组
		乌兰布拉各阶									沙河街组
	始新统	蔡家冲阶	耿家街组	吉舒组		珲春组			黄县组	灵山组	
		垣曲阶	西露天组								
		卢氏阶	计军屯组								
		岭茶阶	古城子组								孔店组
	古新统	池江阶	栗子沟组								
		上胡阶	老虎台组	新安村组				乌云组			
下伏地层			Ar（片麻岩）	花岗岩	范家屯组	屯田营组	麻山群	北学合组	？	中生界	中生界

表 2-16　中国东部新近纪含煤地层划分对比

地层系统			川西分区	滇东—闽浙分区					东南海—环渤海分区			
			川西（阿坝盆地）	滇西洱源	滇东开远	滇东昭通	粤东茂名	闽西佛昙	浙东嵊县	海南长坡	山东	山东（渤海湾盆地）
上覆地层			未见顶	第四系	第四系	第四系	第四系		第四系			第四系
新近系	上新统（N2）	麻则沟阶	昌台组	三营组	河头组	昭通组	高棚苓组		灯流角组		饶山组	明化镇组
		高庄阶										
	中新统（N1）	保德阶阶					老虎岭组 / 尚林组	佛昙组	嵊县组			
		通古尔阶阶			小龙谭组						山旺组	馆陶组
		山旺阶					黄牛岭组			长坡组		
		谢家阶									牛山组	
下伏地层			曲嘎寺组	T3灰岩	个旧组	飞仙关组	油柑窝组		K1朝川组	鹿母湾组		东营组

41

三、生物地层

(一) 古近纪

张一勇 (1995) 系统总结了我国古近纪孢粉植物群的纵向演化和横向分异，大致可划分出早古新世榆科花粉发育期、晚古新世正型粉扩展期、早始新世榆科-桦科-胡桃科繁盛期、中始新世壳斗科花粉发育期、晚始新世羡蔡科花粉扩展期和渐新世松科花粉发育期 6 个发展时期。

综合考虑孢粉植物群的组成和它们所反映的古气候特征，与中国古近纪煤系地层赋存区关系最为密切的是东北暖温带至亚热带湿生孢粉植物区，这一古近纪孢粉植物群在辽宁抚顺盆地、吉林至黑龙江的依兰-伊通地堑、吉林珲春盆地和黑龙江三江盆地及富饶地区等地都有产出，以被子植物桦科、榆科、壳斗科和胡桃科花粉发育为主要标志。

(二) 新近纪孢粉地层学

王伟铭 (1992) 系统总结了中国新近纪孢粉植物群的演化。该植物群大致可划分出四个阶段，即早中新世早期、早中新世晚期至中中新世早期、中中新世至早上新世及晚上新世，各阶段的主要特征如下。

早中新世早期含一定数量的裸子植物花粉，数量较渐新世晚期植物群有所下降；含多种常绿阔叶 *Quercoidites* 及 *Cyclobalanopisis* 或 *Cupuliferoipollenites* 含量常居优势；见有一定数量的 *Chenopodiaceae* 及少量其他草本植物花粉的出现；蕨类孢子单缝类型已超过三缝类型。

早、中新世晚期至中中新世早期被子植物花粉大量增加，占组合的绝对优势，代表干旱的 *Chenopodiaceae* 等草本植物花粉明显减少；裸子植物花粉一般含量较低，个别地区见有丰富的 *Dacrydiumites*。

中中新世至早上新世的孢粉植物群也有不少发现，它们的变化特征反映气候较前期有所变冷，草本植物相对较裸子植物花粉的含量突出。

晚上新世气候一般较早上新世更加干冷，早上新世孢粉植物群很可能还延续到本阶段。

四、年代地层系统

新生代是指地球历史的最近 66Ma 的地质时代，是显生宙以来自古生代、中生代之后最新的一个代级地质年代单位。依据 2012 年国际地质科学联合会（以下简称国际地科联）公布的国际年代地层表，新生代由全球 GSSP 确定的 66.0Ma 起始年代开始一直持续至今，并从老到新依此分为三个纪，即古近纪、新近纪和第四纪。

三纪总共包括七个世：古新世、始新世、渐新世、中新世、上新世、更新世和全新世。新生代以哺乳动物和被子植物的高度繁盛为特征，由于生物界逐渐呈现了现代的面貌，故名新生代，即现代生物的时代。始于 2.58Ma 以来的第四纪（含更新世和全新世）

的成煤作用以泥炭为主，不在本书的研究之列，因此，仅就古近纪和、新近纪年代地层系统做一简单介绍。表 2-17、表 2-18 分别列出了适用于我国古近纪和和新近纪的年代地层系统以及与国际标准年代地层系统的对比关系（据王成源，2005，简化）。

表 2-17　中国古近系年代地层划分方案及与国际标准年代地层系统对比

国际古近系标准地质年代				中国区域年代地层表（全国地层委员会，2001）
系	统	阶	各阶底界的化石标志和绝灭事件	中国陆相阶
古近系	渐新统	夏特阶	*Chlloguembelina* 的灭绝	塔本布鲁克阶
		鲁培尔阶	*Hantenian* 的灭绝	乌兰布拉格阶
古近系	始新统	普利亚本阶	*Chiasmalithus aamurnensis* 最低层位	蔡家冲阶
		巴尔通阶	*Reticulafensira reticulata* 的灭绝	恒曲阶
		鲁帝特阶	*Hantenian* 的最低层位	卢氏阶
		伊普里斯阶	深海有孔虫灭绝事件	岭茶阶
	古新统	坦尼特阶	地磁极性带 C26n 之底	池江阶
		塞兰特阶	超微化石带 NP5 的底界	
		丹尼阶	界线黏土岩、有孔虫、钙质超微化石、恐龙集群绝灭	上湖阶

表 2-18　中国新近系年代地层划分方案以及与国际标准年代地层系统对比

国际古近系标准地质年代				中国区域年代地层表（全国地层委员会，2001）
系	统	阶	各阶底界的生物地层标志	
新近系	上新统	格拉斯阶	*Discoaster pentaradiantus* 和 *Dsurculus* 的灭绝	麻则沟阶
		皮亚森兹阶	*Globorotalia margaritae* 和 *Pulleniatina primalis* 的灭绝	
		赞克尔阶	*Triguetrorhabdulus rugosus* 的灭绝和 *Ceratolithus actus* 的最低层面	高庄阶
	中新统	梅辛阶	*Globorotalla conomiosea* 的最低层面	保德阶
		托尔通阶	*Discoaster kingler* 和 *Globigernoides subquadratus* 的最低出现面	
		塞拉瓦尔阶	*Sphenolithus heteromorphus* 的最低出现面	通古尔阶
		兰哥阶	*Priaesrbulina glomerosa* 的首现	
		布尔迪加尔阶	*Globigernoides altiaperinus* 的首现	山旺阶
		阿启坦阶	*Paraglobortulla kingleri* 的最低出现面	谢家阶

第三章　沉积环境与聚煤规律

我国沉积环境与聚煤规律研究比较深入（张韬，1995；中国煤田地质总局，2001）。本章应用现代沉积学、层序地层学新理论和新方法，开展含煤岩系体系和沉积环境研究，划分成煤环境类型，建立高分辨率层序地层格架，研究层序地层格架中的泥炭沼泽类型及成煤可容空间变化规律，分析煤厚及煤质变化规律及原因；绘制各聚煤期岩相古地理图，研究聚煤规律。

第一节　石炭纪—二叠纪含煤岩系沉积环境及聚煤规律

我国石炭纪—二叠纪含煤岩系分布于天山—阴山以南，主要分布在华北聚煤区及华南聚煤区，在东北、西北、青藏地区亦有零星分布。本章主要论述华北、华南石炭纪—二叠纪含煤岩系沉积环境及聚煤规律。

一、华北盆地

华北石炭纪—二叠纪含煤岩系广泛发育，自晚石炭世开始形成广阔的聚煤拗陷，其北界为阴山、燕山；南界为秦岭、伏牛山、大别山及张八岭；西界为贺兰山、六盘山；东临黄海、渤海，遍及 14 个省份。

（一）沉积体系与沉积相特征

根据研究区内淄博、京西灰峪、潭柘寺，以及唐山刘官屯、临城沙坝沟、峰峰北大峪、太原西山、柳林成家庄、保德扒楼沟等野外露头剖面及钻孔岩心等资料得知，华北盆地石炭系—二叠系岩石类型多样，沉积构造丰富，可识别出 7 种沉积体系和 26 种沉积相类型（表 3-1）。

表 3-1　华北石炭系—二叠系沉积体系与沉积相分类

沉积环境	沉积体系		沉积相	微相
大陆环境	河流体系	曲流河	河床相	河床滞留沉积、边滩沉积
			堤岸相	天然堤、决口扇沉积
			牛轭湖相	
			泛滥盆地相	河漫滩、岸后沼泽、河漫湖泊沉积
		辫状河	河床相	河床滞留沉积、心滩沉积
			泛滥盆地相	河漫滩沉积

续表

沉积环境	沉积体系	沉积相	微相
大陆环境	湖泊体系	滨、浅湖相	滨岸砂坝、湖滨沼泽沉积
		滨湖三角洲相	
	冲积扇体系	扇根、扇中、扇端相	
过渡环境	扇三角洲体系	前扇三角洲、扇三角洲前缘、扇三角洲平原相	
	三角洲体系	三角洲平原相	分流河道、天然堤、决口扇、泛滥盆地、分流间湾、间湾沼泽
		三角洲前缘相	河口坝、远砂坝
		前三角洲相	前三角洲泥
陆表海环境	障壁-潟湖-潮坪体系	滨外泥质陆棚相	
		障壁砂坝相	下临滨、上临滨
		冲越扇相	
		潮道相	
		潟湖相	潟湖泥、沼泽、障后沼泽
		潮坪相	砂坪、混合坪、泥坪
	碳酸盐岩台地体系	局限台地相、开阔台地相	局限台地、开阔台地、风暴沉积等

（二）层序地层学划分与对比

根据华北地台石炭纪—二叠纪层序地层界面的识别，并结合研究区层序界面的特征，可将石炭系—二叠系划分为一个盆地级层序，早期主要为陆表海障壁海岸体系，晚期为近海河流、三角洲、湖泊体系，总体表现为海平面下降、盆地进积的沉积层序。根据区域不整合面和区域的构造应力转换面将研究区划分为两个二级构造层序，第一个二级构造层序时间为晚石炭世至早二叠世早期（相当于太原组顶界），该层序为盆地转换层序，即陆表海沉积转换为河流、三角洲、湖泊沉积；第二个二级构造层序为早二叠世（相当于山西组底界）至晚二叠世。二级构造层序可进一步划分为7个三级层序（图3-1）。

构造层序Ⅰ包含SⅢ1和SⅢ2。SⅢ1的底界面为奥陶系顶部的风化面之底，顶界面为太原西山的9煤底、南华北的一1煤之底、山东地区为17煤之底等，时间范围为晚石炭世巴什基尔期至格泽尔期；SⅢ2为SⅢ1的顶界面至山西组北岔沟砂岩之底界，时间为阿赛尔期至亚丁斯克期早期。构造层序Ⅱ包含SⅢ3至SⅢ7，SⅢ3的底界面为北岔沟砂岩之底，顶界面为骆驼脖子砂岩底界，时间为亚丁斯克期中期至空谷期；SⅢ4底界面与SⅢ3的顶界面相同，为桃花泥岩之顶，相当于中二叠世早期下石盒子组沉积地层；SⅢ5的顶界面为上石盒子组中部的下切谷砂体（太原西山为K7砂岩），时间相当于中二叠世晚期；SⅢ6顶界为石千峰组底部砂岩之底，时间为255~260.5Ma，即吴家坪期，为二叠系上部沉积；SⅢ7相当于石千峰组（孙家沟组），顶界为三叠系之底，为二叠系顶部沉积，时间与长兴期对应。

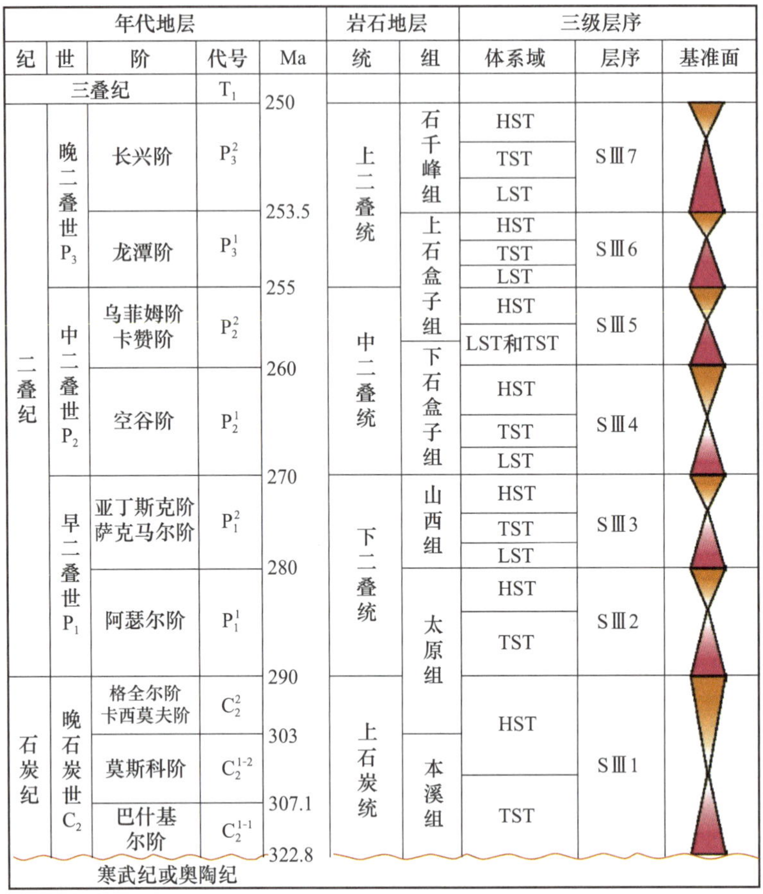

年代地层					岩石地层		三级层序		
纪	世	阶	代号	Ma	统	组	体系域	层序	基准面
三叠纪			T_1	250					
二叠纪	晚二叠世 P_3	长兴阶	P_3^2		上二叠统	石千峰组	HST	S Ⅲ 7	
				253.5			TST		
							LST		
		龙潭阶	P_3^1	255		上石盒子组	HST	S Ⅲ 6	
							TST		
							LST		
	中二叠世 P_2	乌菲姆阶 卡赞阶	P_2^2		中二叠统	下石盒子组	HST	S Ⅲ 5	
				260			LST和TST		
		空谷阶	P_2^1				HST	S Ⅲ 4	
				270			TST		
							LST		
	早二叠世 P_1	亚丁斯克阶 萨克马尔阶	P_1^2		下二叠统	山西组	HST	S Ⅲ 3	
				280			TST		
							LST		
		阿瑟尔阶	P_1^1			太原组	HST	S Ⅲ 2	
				290			TST		
石炭纪	晚石炭世 C_2	格舍尔阶 卡西莫夫阶	C_2^2	303	上石炭统	本溪组	HST	S Ⅲ 1	
		莫斯科阶	C_2^{1-2}	307.1					
		巴什基尔阶	C_2^{1-1}	322.8			TST		
寒武纪或奥陶纪									

图 3-1 华北地区石炭纪—二叠纪三级层序划分图（邵龙义等，2014a）

（三）基于层序地层格架的岩相古地理及聚煤规律

1. S Ⅲ 1 古地理特征

S Ⅲ 1 时期，华北盆地北部以河流三角洲体系为主，发育三角洲平原相和三角洲前缘相，向南过渡为潟湖、潮坪体系，发育若干障壁岛，在潮坪与碳酸盐岩台地之间起关键的障壁作用。北部承德一带发育冲积扇体系。西部石嘴山、银川等地以碳酸盐岩台地体系为主，受鄂尔多斯盆地中央隆起的影响，乌审旗以南的碳酸盐岩台地与西缘碳酸盐岩台地被潮坪分开。华北东北部的辽东半岛以碳酸盐岩台地体系为主，向北过渡为潮坪与河流、三角洲体系。南部豫东、皖南亦以碳酸盐岩台地体系为主，向西北方向过渡为潟湖、潮坪体系（图 3-2）。

S Ⅲ 1 时期，华北盆地聚煤作用较差，全区形成五个聚煤中心，从煤层单层厚度和可采性分析，五个聚煤中心依次为渭北煤田铜川 - 韩城矿区、保德扒楼沟—山西七里沟—朔州原平轩—带、豫东周口—两淮以西、鄂尔多斯盆地子洲、鄂尔多斯盆地鄂托克旗以南伊 25—苏 118 井一带，以上五个聚煤中心在横向及纵向上连续性差（图 3-3）。除渭北煤田以外，其他地区煤层赋存条件均较差。根据岩相古地理分析，煤主要形成于潮坪 - 潟湖相，少量形成于三角洲平原相。

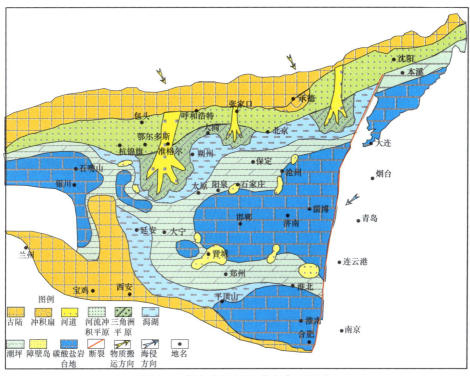

图 3-2 华北盆地 SⅢ1 岩相古地理图

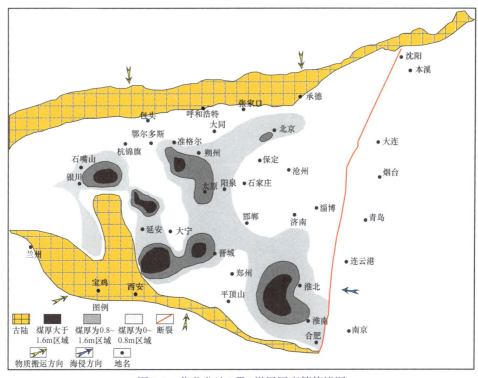

图 3-3 华北盆地 SⅢ1 煤层厚度等值线图

2. SⅢ2 古地理特征

SⅢ2 时期，华北盆地北部以河流三角洲体系为主，向南过渡为潟湖、潮坪体系，发育若干障壁岛。中部石嘴山—榆林—离石—阳泉—衡水—滨州—东营一线以南至庆阳—侯马一线和豫东、安徽等地广泛发育碳酸盐岩台地体系。西部石嘴山、银川等地仍以碳酸盐岩台地体系为主。辽东半岛以碳酸盐岩台地体系为主，向北过渡为潮坪 - 障壁 - 潟湖与河流、三角洲体系。秦岭中条古陆此时已开始提供少量物源，西南鄂尔多斯盆地南部平凉、铜川与豫西三门峡等地发育河流三角洲体系（图 3-4）。

SⅢ2 时期，华北盆地聚煤作用较强，全区形成大面积分布的可采煤层，煤层总厚度为 0~38m，平均厚度为 7.6m。总体分布趋势为北厚南薄，北部煤层平均总厚度为 10m，煤层最厚处位于内蒙古准格尔煤田，其次为大同、平朔矿区、京西煤田、天津—沧州一带。南部煤层平均总厚度为 4.6m，煤层厚度变化趋势明显，连续性较好，多层煤层可以进行全区对比（图 3-5）。综合岩相古地理分析可知，煤炭主要形成于三角洲体系三角洲平原相、潮坪 - 潟湖相，少量形成于碳酸盐岩台地相。

3. SⅢ3 古地理特征

早二叠世 SⅢ3 时期，主要以河流三角洲体系为主，鄂尔多斯志丹—延安—大宁—吉县一带存在大规模的湖泊体系，东南部淄博、济南、鹤壁、晋城一带向南过渡为潟湖、潮坪体系。南部秦岭中条古陆继续提供物源，渭北煤田、豫东三门峡等地依然为河流 - 三角洲体系（图 3-6）。

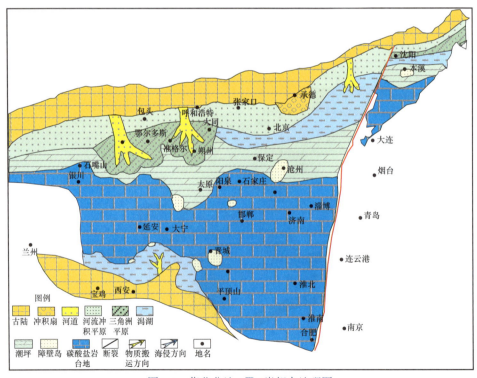

图 3-4　华北盆地 SⅢ2 岩相古地理图

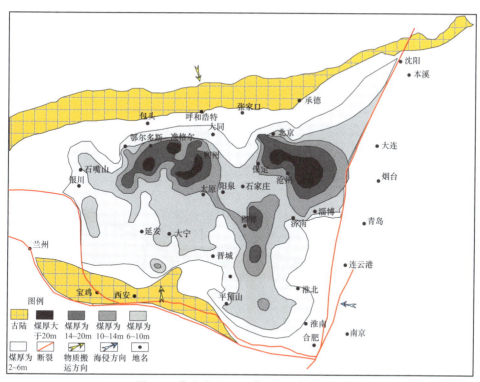

图 3-5　华北盆地 SⅢ2 煤层厚度等值线图

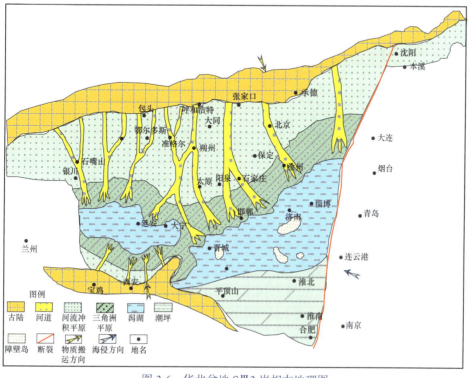

图 3-6　华北盆地 SⅢ3 岩相古地理图

49

SⅢ3 时期，华北盆地聚煤作用依然较强，全区除北缘和南缘以外基本都有煤层赋存，但是规模和厚度均不及 SⅢ2 时期。全区煤层总厚度为 0～31m，平均为 4.7m。总体分布趋势为北厚南薄，北部煤层平均总厚度为 4.9m，煤层最厚处位于天津—沧州中间地带，厚约 30m，其次为沧州西南方向石油钻井泊古 1 井处，为 18.5m，鄂尔多斯盆地东缘府谷—保德一带和西部桌子山—鄂托克旗一带煤层也较厚，平均总厚度分别为 8.5m、7.7m。其他地区煤层厚度较为均一，一般为 0～10m（图 3-7）。此时，两淮地区亦有较厚煤层产出。

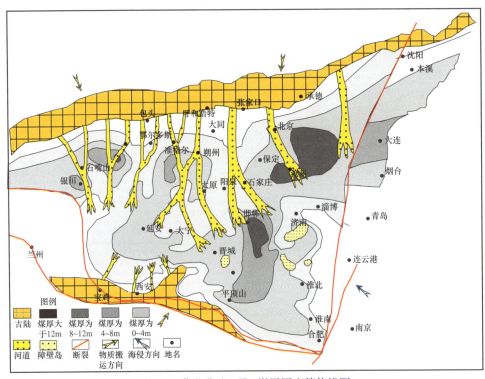

图 3-7　华北盆地 SⅢ3 煤层厚度等值线图

SⅢ3 时期华北盆地煤层发育较好，总体表现为北部煤层发育优于南部，综合岩相古地理分析可知，该时期煤炭主要形成于三角洲体系三角洲平原相，其次为河流体系、潮坪 - 潟湖体系，少量形成于湖泊体系。

4. SⅢ4 古地理特征

中二叠世 SⅢ4 时期，华北盆地主要以河流体系为主，河道及冲积平原、泛滥盆地十分发育，其次为湖泊体系、三角洲体系。鄂尔多斯盆地中部定边、延安、志丹、大宁、吉县以及榆林南部和天津—沧州一带以湖泊体系为主，湖泊向外渐变为湖泊三角洲平原相和前缘相，一般少有泥炭堆积；华北盆地南部济宁、鹤壁、焦作、郑州、漯河、驻马店一带以南地区发育河流三角洲体系，形成具有工业价值的煤层；华北盆地大部分地区则为河流体系，发育河道、冲积平原、泛滥盆地等沉积相单元（图 3-8）。

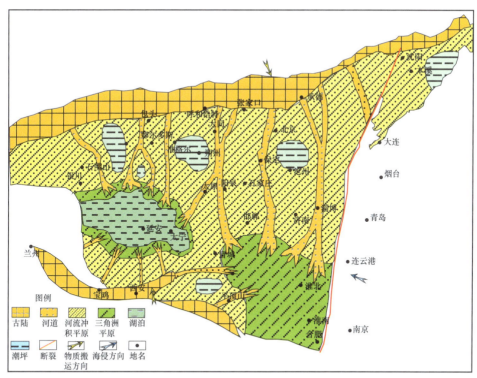

图 3-8　华北盆地 SⅢ4 岩相古地理图

SⅢ4 时期，聚煤作用比较局限，德州—石家庄—阳泉—离石—延安—三门峡—平顶山一线以南有聚煤作用发生，其他地区基本无聚煤作用，很少具有工业价值煤层产出。厚煤层主要集中于徐州—商丘—郑州—洛阳—平顶山—驻马店以南的区域，聚煤中心位于淮南一带，煤层总厚度达 17m 以上（图 3-9）。煤层聚积主要与三角洲平原相和三角洲前缘相相关，河流体系和湖泊体系聚煤作用十分微弱，不足以形成厚煤层。

5. SⅢ5 古地理特征

中晚二叠世 SⅢ5 时期，华北盆地主要以河流体系为主，河道、泛滥盆地异常发育，其次为湖泊体系、三角洲体系。鄂尔多斯盆地中部、辽东半岛和华北东部发育湖泊体系。华北东南部豫东和徐州及两淮等地以南则发育河流三角洲体系，三角洲平原和三角洲前缘发育，泥炭堆积形成具有工业价值的煤层。华北其他大部地区则以河流体系为主（图 3-10）。

SⅢ5 时期，聚煤区域进一步缩小，临沂—菏泽—焦作—三门峡—平顶山一线以南有聚煤作用，其他地区基本无聚煤作用，也没有具有工业价值的煤层。厚煤层主要集中于徐州—商丘—郑州—洛阳—平顶山—驻马店以南的区域，聚煤中心位于阜阳—淮南一带，淮南丁集、顾桥、谢家集等地煤层总厚度可达 25m 以上（图 3-11）。煤层主要与三角洲平原相和三角洲前缘相相关，河流体系和湖泊体系聚煤作用十分微弱。

51

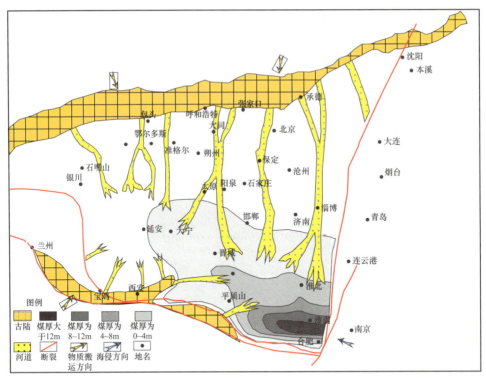

图 3-9 华北盆地 SⅢ4 煤层厚度等值线图

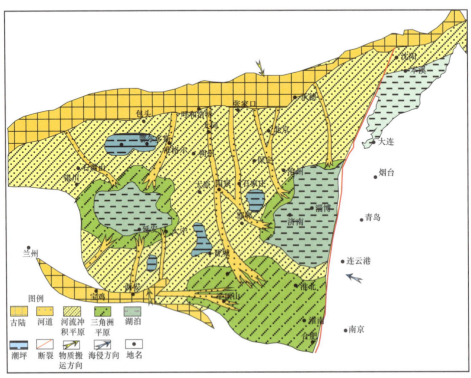

图 3-10 华北盆地 SⅢ5 岩相古地理图

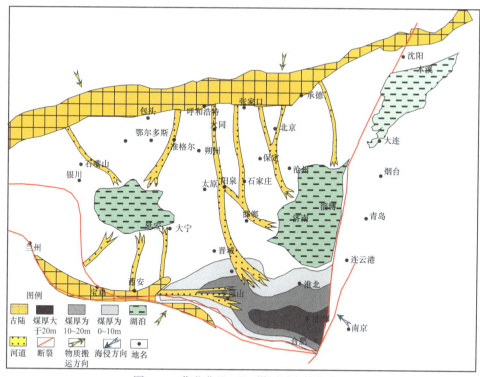

图 3-11 华北盆地 SⅢ5 煤层厚度等值线图

6. SⅢ6 古地理特征

晚二叠世 SⅢ6 时期，华北盆地主要以河流体系为主，其次为湖泊体系。华北东北部辽东半岛、东部及南部的沧州—德州—菏泽—漯河—阜阳以东的地区、西部鄂托克旗—石嘴山—定边—志丹—延安—离石等地发育大规模的湖泊体系，其他地区则为河流体系（图 3-12）。

7. SⅢ7 古地理特征

SⅢ7 顶界为三叠系之底，为二叠系顶部沉积，时间与长兴期对应。华北晚二叠世地层为一套陆相红色沉积，全区处于氧化环境，地层总厚度较大，主要以河流体系、湖泊体系为主（图 3-13）。

SⅢ6 和 SⅢ7 时期虽然盆地内部沉积环境依然以河流体系和湖泊体系为主，但是，盆地逐渐转变为干旱气候，不利于煤炭聚集，聚煤作用结束。

二、华南盆地

华南盆地是指龙门山 - 红河断裂以东，秦岭—大别山以南的广大华南地区，是在陆缘海、陆表海的总背景下发育起来的近海型聚煤盆地。晚二叠世含煤岩系是华南最重要的含煤岩系。华南盆地聚煤作用受基底构造的控制，其基底可进一步划分为扬子地台、赣湘桂裂陷带、华夏地块等三个构造单元。这种三分格局一直影响着华南聚煤盆地的演化过程（中国煤田地质总局，1999）。石炭纪—二叠纪聚煤期可分为早石炭世、中二叠

53

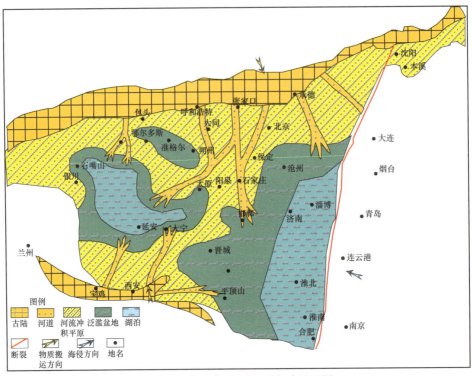

图 3-12　华北盆地 SⅢ6 岩相古地理图

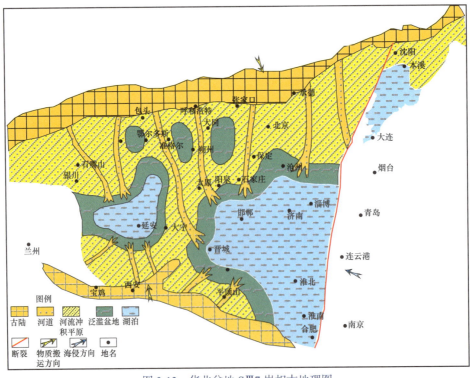

图 3-13　华北盆地 SⅢ7 岩相古地理图

世和晚二叠世三个时期，重要聚煤期为晚二叠世。

（一）早石炭世含煤岩系沉积环境及聚煤规律

测水组是华南早石炭世主要含煤岩系，属于海陆过渡相沉积。同期沉积的粤东的忠信组、赣中南的梓山组、福建的林地组、浙西的叶家塘组、下扬子地区的高骊山组等属于陆相碎屑岩沉积。

华南早石炭世含煤岩系沉积体系类型丰富，主要有冲积扇 - 辫状河沉积体系、曲流河 - 湖泊沉积体系、障壁 - 潟湖沉积体系、障壁 - 潟湖沉积体系、三角洲沉积体系、潮坪 - 海滩沉积体系、海湾沉积体系、浅海沉积体系等。

本章在沉积相研究的基础上，重点对含煤性最好的湘中地区测水组进行旋回性、层序界面、准层序等的研究，建立了湘中地区测水组层序地层格架，将测水组划分为 2 个三级层序、5 个体系域（邵龙义，1997）。

总体上测水组在湘中的北部发育较厚，而南部较薄。从沉积相对比剖面中可以看出，层序 I 为障壁岛 - 潟湖 - 潮坪沉积。低位体系域主要为潟湖沉积，海侵体系域为潟湖沼泽沉积，发育可采煤层。高位体系域主要为潮坪沼泽和潟湖沼泽沉积。层序 II 可以识别出海侵体系域和高位体系域，海侵体系域发育障壁砂坝，高位体系域为滨外泥质陆棚相和滨外碳酸盐陆棚相。

测水组煤层主要发育于下段，从绘制的测水组早期的岩相古地理图（图 3-14）可以看出，研究区西北部为雪峰古陆，物源来自北部，海水从西南方向入侵湘中地区，区内存在花桥、娄底及吉庆 3 个水下古隆起，古地理单元有泥炭沼泽、海湾潮坪、海湾潟湖沼泽相区、海湾潟湖相区等。煤层发育最厚的位置，与含煤地层厚度有一定的相关性，即富煤带只存在于一定厚度的含煤地层区或称斜坡地段。在西部地区，煤系下段厚度大于 30m 的区间与富煤带分布面积相吻合，在东部地区当煤系下段厚度为 20～30m 的地段，煤层发育较好。总体而言，形成了西部金竹山及东部太平寺两个聚煤中心，聚煤中心基本上就是沉积中心，呈北东向分布，由聚煤中心向四周下段地层沉积厚度减小，煤层层数减少，煤层总厚减小。

（二）华南中二叠世沉积环境及聚煤规律分析

1. 华南中二叠世梁山组沉积环境及聚煤规律分析

中二叠世早期含煤岩系梁山组在华南分布较广。由于成煤环境演化迅速，延续的时间短，加上陆源碎屑供应不够充足，造成了梁山组厚度小、岩性较复杂、旋回结构数目少甚至发育不全、煤层层数少、稳定性差的特点。梁山期有利于聚煤的古地理环境均出现在滨海地带（中国煤田地质总局，1999）。梁山组在快速海侵条件下形成，保持聚煤环境的时间较短。因此，形成的煤一般较薄，厚度变化很大（图 3-15）。含煤 1～3 层，常常只有一层可采，可采煤层厚度一般为 1～2m，局部地区煤层厚度可达 20m，但往往结构复杂。由于泥炭沼泽在快速海侵的背景下发育，所形成的煤层一般具有硫分高（多数煤层全硫含量大于 4%）和镜质组组分含量高的特点。有利于聚煤作用进行的环境为

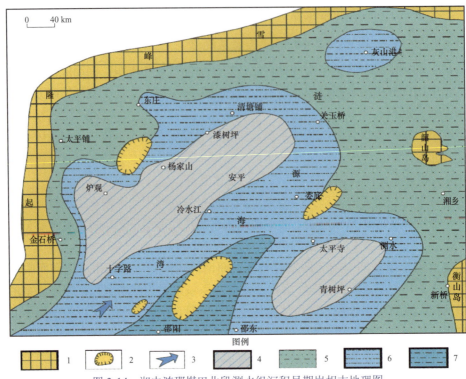

图 3-14　湘中涟邵煤田北段测水组沉积早期岩相古地理图

1.古隆起；2.水下隆起；3.海侵方向；4.泥炭沼泽相区；5.海湾滨岸砂泥岩相区；

6.海湾湖泊沼泽相区；7.海湾沙泥相区

潟湖海湾、滨海冲积平原及滨海平原。梁山组含煤较好的地区分布在华南盆地的西北部。以湖北南部含煤性最好，构成中二叠世梁山期的富煤带（图 3-15）。

2. 华南中二叠世晚期童子岩组沉积环境及聚煤规律

中二叠世早期，我国南方海水广布，大部分地区形成碳酸盐岩或硅质岩沉积；中二叠世晚期，华夏古陆缓慢抬升，大体以武夷—云开古陆一线为界，东南部地势较高，而西北部较低，在闽西南、赣东北、粤东、浙西等地形成了海陆交互相含煤沉积，向北西方向过渡为海相碳酸盐岩和硅质岩沉积；华南西部地区在中二叠世晚期则形成茅口组浅海碳酸盐岩沉积，滇西、川西地区仍为海相沉积（图 3-16）。

聚煤作用主要发生于华夏古陆与武夷古陆之间地带，在闽西南、赣东北、赣南、粤东、粤中、浙西地区形成茅口晚期陆源碎屑含煤沉积。而武夷古陆西北侧的苏南、皖南、浙北、赣中、湘南、粤北地区形成了以含煤性差的海湾 - 浅海相沉积。含煤岩系包括福建的童子岩组、浙西的礼贤组、广东和浙北的堰桥组、赣中的官山段、赣东北的上饶组（饶家段—彭家段—童家段）、湘南及粤北的滩洞组（习称不含煤段），其中以闽西南地区含煤性最好。

（三）华南晚二叠世沉积环境与层序地层

1. 沉积体系及沉积相

根据钻孔岩心以及实测剖面资料，本书共识别出陆源碎屑岩、火山碎屑岩以及化

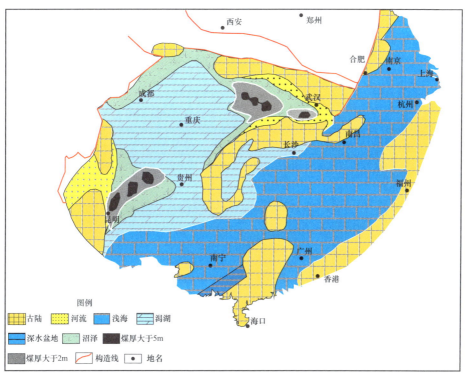

图 3-15　华南中二叠世早期梁山组地层等厚线与煤层等厚线示意图

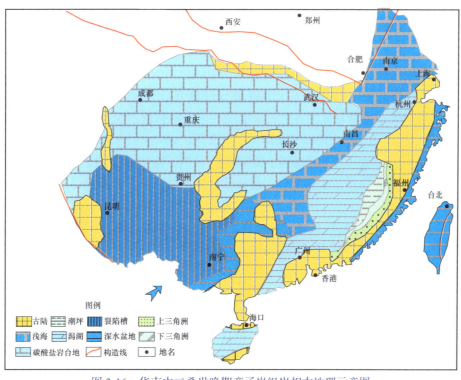

图 3-16　华南中二叠世晚期童子岩组岩相古地理示意图

学岩 3 种岩石大类，25 种岩相类型。

华南二叠纪含煤盆地沉积环境类型丰富，主要有残积平原、冲积扇、辫状河、曲流河、湖泊、三角洲、障壁 - 潟湖、潮坪、浅海陆棚、碳酸盐岩台地、次深海和深海盆地等（表 3-2）。

表 3-2　华南晚二叠世主要含煤盆地沉积相

沉积相		主要发育层段
陆相	残积平原	广西合山组底部的铝土矿或铝土质泥岩、翠屏山组底砾岩之上的铝土质泥岩
	冲积扇	滇东、黔西龙潭组砾岩层
	辫状河	滇东、黔西、赣东和浙西翠屏山组下段底部砂砾岩
	曲流河	滇东、黔西宣威组，闽、粤、浙、赣翠屏山组，赣中和皖南龙潭组下部的砂岩段
	湖泊	闽、粤、浙、赣翠屏山组，赣中和皖南龙潭组
过渡相	三角洲	皖龙潭组下段，湘东南和湘中南龙潭组上段下部，浙北长广煤田龙潭组下段，川南和黔西龙潭组，赣中丰城—新干一带龙潭组
	障壁 - 潟湖	苏、皖、赣龙潭组上、下含煤段
	潮坪（无障壁海岸）	赣北—湘西北龙潭组，赣西龙潭组下含煤段
海相	浅海陆架	福建大隆组、龙潭组海相段
	碳酸盐岩台地	扬子及江南地区的长兴组、吴家坪组
	次深海	湖南龙潭组
	深海盆地	广西大隆组

2. 层序地层分析

华南晚二叠世层序地层有多位学者进行过研究，王成善等（1999）和王鸿祯等（2000）将华南晚二叠世划分为 5 个三级层序，但是根据黔西织金地区海相层的展布规律，明显可以看出 3 个较大的海侵旋回（邵龙义等，1993）（图 3-17）。

本章根据各地区钻孔及实测剖面的层序地层分析，将华南晚二叠世划分为 3 个三级层序、9 个体系域。层序Ⅰ普遍发育海侵和高位体系域，只有会泽理可瓦窑井田、水城大湾等地发育低位体系域。层序Ⅱ在全区均有发育，除辰溪长冲、恩口、宁乡和潭家山缺失低位体系域外，其余钻孔均发育低位、海侵和高位体系域。层序Ⅲ在全区均有发育，且低位、海侵和高位体系域均发育。

3. 层序地层格架下的岩相古地理及聚煤作用

根据大地构造背景、盆地基底性质、含煤岩系沉积特征、含煤性条件等的差异，将华南分为两个不同的含煤沉积区：扬子区和东南区。本章从层序Ⅰ到层序Ⅲ分别对扬子区和东南区岩相古地理的展布和演化进行论述（邵龙义等，2016）。

1）层序Ⅰ岩相古地理分析

继东吴运动之后，扬子区地壳经过较长时期的剥蚀夷平后，发生广泛的海侵，海水

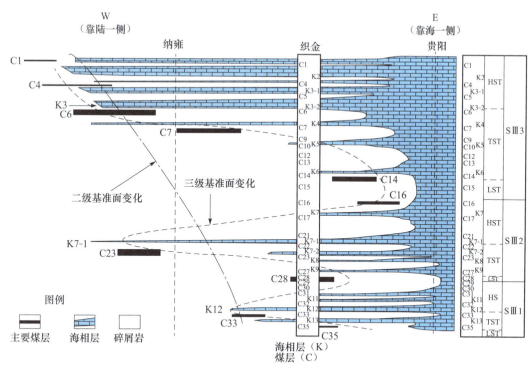

图 3-17 贵州西部晚二叠世海相层反映的海侵范围及层序格架（邵龙义等，1993，2013）

自西南和西北两个方向侵入，最高海岸线大致位于四川自贡—兴文—云南威信—贵州水城—黔西土城—盘县一线（图 3-18），其西侧为冲积扇 - 辫状河沉积和曲流河 - 湖泊沉积，物源区为西部的康滇古陆。黔西赫章、威宁一带发育规模较大的浅水湖泊，在盘县、水城、古蔺和筠连发育三角洲。川中—川东大片地区为以泥质岩沉积为主的潮坪 - 海滩沉积组合。川东南和黔西北、黔西广大地区发育着潮下泥坪 - 潟湖沉积。潮坪相以东为广阔的滨浅海环境，其主体部分属浅水区域，构成碳酸盐岩台地，在短暂的海退期形成可采煤层。在桂西北发育以生物碎屑灰岩为主的生物滩。

继东吴运动之后，东南区基底抬升，发生总体海退。华夏古陆西缘和武夷古陆东南缘的闽西、浙西、赣东南、粤东地区形成了曲流河 - 湖泊沉积。在武夷古陆、云开古陆和江南古陆之间的湘中、湘东南、粤中、粤北地区因海水流通不畅而形成了半封闭的海湾，其内发育三角洲、潮坪沉积，桂东北区构成海湾与华南西部扬子陆表海的通道。武夷古陆西南端和云开古陆西北端的湘东南郴州—耒阳地区和常宁盐湖一带由于陆源碎屑供应充分而形成了三角洲沉积组合。在武夷古陆西北缘，受海水、波浪和潮汐作用影响而形成了狭长的碎屑岸线（图 3-18）。

层序 I 的煤层总厚度为 0～19.41m，总厚度大于 5m 主要发育在康滇古陆东侧的滇东恩洪矿区、庆云矿区、富源矿区、黔西纳雍和六盘水地区，湘中、湘东南、粤北地区、浙北、苏南一带。煤层最厚处位于滇东恩洪矿区，可达 20 余米。煤层形成于潮控下三角洲平原以及潟湖 - 潮坪环境，煤层的展布受沉积相带控制。

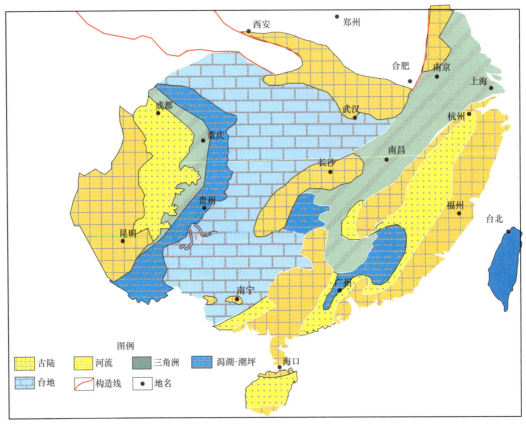

图 3-18　华南晚二叠世层序 I 岩相古地理及聚煤规律示意图

2）层序 II 岩相古地理分析

扬子区继承早期的持续海侵，同时伴随着康滇玄武岩山地的不断隆升，海岸线移至四川内江—宜宾—古蔺—贵州习水—毕节—盘县火铺一线（图 3-19）。此地区的沉积相展布仍延续层序 I 时的格局。由于该期构造分异明显，河流作用增强，导致黔西威宁—赫章一带的浅水湖泊消亡并被曲流河沉积所取代。随着大量碎屑物质被搬运至海，在黔西织金 - 纳雍地区、黔西北习水 - 川南古（蔺）叙（永）地区、黔西六盘水 - 滇东富源地区发育浅水三角洲沉积组合。黔西地区的三角洲由于河流能量较强和基底沉降幅度大，具有厚度大、含砂率高的特征。而滇东和川东南、黔西北地区因基底沉降幅度小和河流能量较弱，造成了三角洲沉积厚度小、以分流间湾沉积为主的特征，并因受潮汐作用影响，三角洲前缘靠海一侧多受改造而形成潮坪。川中成都 - 泸州地区分布着潮坪 - 潟湖沉积组合。重庆—涪陵—贵州—遵义—安顺—兴义一线以东的大片地区分布着滨浅海沉积组合。层序 II 是扬子区三角洲沉积最为发育的时期。

由于海侵作用，东南区的沉积面貌发生较大变化。除华夏古陆西缘和武夷古陆东南缘继续发育曲流河 - 湖泊沉积组合外，其余广大地区均受海水波及。位于湘中、湘东南、粤中、粤北的半封闭型海湾转变为连通性好的海湾，其内发育潮坪 - 潟湖沉积。原来的三角洲沉积组合和无三角洲碎屑岸线沉积组合也被浅海沉积所取代。

层序Ⅱ的煤层厚度较层序Ⅰ普遍增大，层序Ⅱ的煤层总厚度为0～20m（图3-19），煤层厚度在10m以上的主要发育在滇东的恩洪矿区和黔西的织纳及水城地区，云南的徐家庄矿区和弥勒后所矿区煤层厚度也在7m以上。在华南西部，聚煤中心扩展到重庆及四川南部地区，煤厚也在7m以上。湘中南仍为此时期的聚煤中心，煤层最大厚度可达5m，赣中丰城曲江和赣南龙南也发育较厚煤层，为一新的聚煤中心，厚度近7m。从层序Ⅱ聚煤规律图中可以看出煤层主要形成于三角洲平原环境，煤层厚度表现为西厚东薄阶梯式递变。三角洲平原处煤层最厚，开阔台地处煤层最薄。

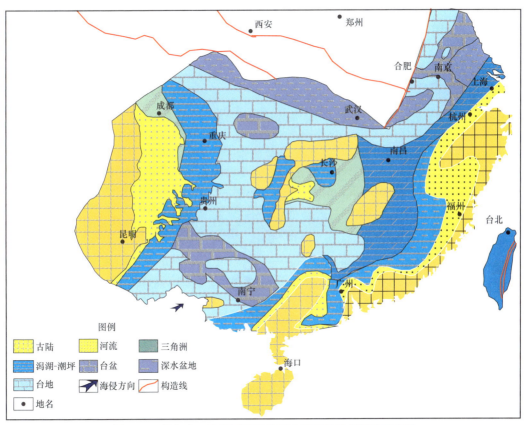

图3-19　华南晚二叠世层序Ⅱ岩相古地理及聚煤规律示意图

3）层序Ⅲ岩相古地理分析

从层序Ⅲ开始出现大规模海侵，最高海岸线向西进至四川仁寿—泸州—兴文—贵州赫章—水城—盘县一线附近。其西紧邻康滇古陆处，分布着冲积扇-辫状河沉积组合和曲流河-湖泊沉积组合，相带变窄，三角洲规模变小，主体位于黔西六盘水—织纳一带。黔西北—川东南地区三角洲多遭海侵而废弃，形成了以潮坪-潟湖为主的碎屑岸线沉积组合，煤层形成于潮坪和淤塞的潟湖之上，厚度变化较大。滨浅海沉积相带占了扬子区及东南区大部分面积（图3-20）。

层序Ⅲ的煤层厚度为0~28.27m（图3-20），此时期煤层特点是煤层厚度大、聚煤集中，煤层在10m以上的地区均集中在滇东和黔西地区，煤层的最大厚度在贵州西部的六盘水。煤层主要形成于三角洲平原环境，煤层厚度由西向东变薄。层序Ⅲ时，华南发生大规模海侵，东南区沦为浅海，聚煤作用减弱，层序Ⅲ末期聚煤作用宣告终止。

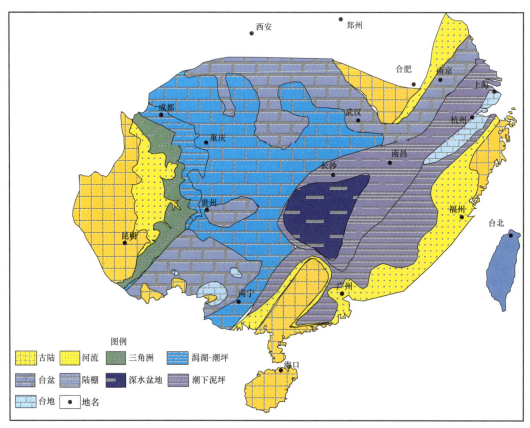

图3-20　华南晚二叠世层序Ⅲ岩相古地理及聚煤规律示意图

综上所述，华南层序Ⅰ的聚煤作用几乎遍布全盆地，层序Ⅱ的聚煤中心在云贵川地区以及湘中南及赣中南，层序Ⅲ华南聚煤作用仅限于康滇古陆东侧的云、贵、川、渝、地区。聚煤中心和富煤带具有由东向西逐步迁移的趋势，这种迁移趋势与多旋回持续海侵和古地理、古构造格局变迁密切相关。

三、西北地区

西北地区石炭纪—二叠纪含煤岩系主要集中在祁连—走廊盆地及柴达木北缘盆地，聚煤作用主要发生在石炭世晚期。新疆东、西准噶尔和塔里木北缘，亦有少量的晚古生代含煤岩系分布，但煤层薄，无工业价值。

祁连—走廊盆地在早石炭世初期为一套以粗碎屑岩为主的沉积（前黑山组底部），早石炭世以海相碳酸盐岩夹碎屑岩为主，仅局部发育泥炭沼泽（臭牛沟组、靖远组），形成煤线或极薄的煤层。

　　该盆地在滑石板期经历了海侵—海退—海侵的过程，在海退期形成分布范围较广的含煤岩系（羊虎沟组），一般含煤1～4层，以宁夏碱沟山含煤最好，含可采煤层及局部可采煤层11层，可采总厚达10.2m；次为宁夏土坡，可采煤层5层，可采总厚为4.74m；景泰黑山、山丹花草滩、玉门东大窑等地偶夹不稳定煤层1～2层，厚0.54～3.18m。

　　晚石炭世马平期至早二叠世龙吟期，盆地发生大规模海退，潟湖-潮坪广泛发育，形成北祁连-走廊盆地的主要含煤地层（太原组），地层厚度一般为数十米至200m，宁夏下沿河最厚达453m，具有东西部厚而中部薄的特点。含煤最多可达25层，其中，可采3～9层，单层厚度一般为1～3m，最厚可达20m。可采总厚为12.5～33.52m，一般为2～6m，具有煤系越厚、旋回越多、煤层也越多、含煤性越好的特点。其中，以北祁连山的青海门源、酥油口，甘肃康龙寺、九条岭、东水泉、花草淮、方家井等地含煤最佳。

　　栖霞期（山西组）沉积范围明显缩小，地层厚度为20～60m，宁夏线驮石最厚，达169.1m，普遍含可采煤层1～2层，可采厚度多为1～2m，山丹花草滩最厚达15.29m。茅口期以后，盆地以内陆河、湖沉积（大黄沟组）为主，由于干旱气候的影响，无煤层形成。

　　柴达木盆地北缘早石炭世局部泥炭沼泽发育，但无可采煤层形成。晚石炭世，裂陷作用有所缓和，为聚煤作用提供有利时机。滑石板期至达拉期的含煤岩系（克鲁克组）分布于石灰沟—石底泉滩—欧龙布鲁克山—牦牛山一带，含煤20层，其中，可采或局部可采5层，可采总厚为4.15m，以西部的石灰沟矿区含煤最好。马平期至早二叠世龙吟期，海水向东退却，聚煤范围更为广泛且向东扩展，含煤岩系（扎布萨承秀组）厚度在369m以上，含煤10层，其中全部可采、局部可采3～8层，以东部承秀矿区含煤最好。栖霞期以后海侵范围扩大。

四、青藏地区

（一）早石炭世马查拉煤系沉积环境及聚煤规律

　　早石炭世含煤地层在昌都地区称为马查拉煤系。该煤系主要分布于藏东昌都、察隅、丁青一带。马查拉组下段为一套含煤的碎屑岩，由砂岩、粉砂岩及泥灰岩夹煤层或煤线组成；马查拉组上段主要由灰色-深灰色灰岩、结晶灰岩组成，局部为白云质灰岩，含丰富的动物化石。

　　马查拉煤系在空间分布上表现出由北西向南东厚度逐渐变薄的特点。北西向在青海杂多一带厚达2300～3100m，向南骤减并尖灭，超覆于上泥盆统之上，煤层层数多、厚度小、结构复杂和稳定性差，在时空上由南东向北西，煤层层位由下部逐渐上升到中部及上部，显示成煤期聚煤中心从南东向北西迁移的特点，全部可采或局部可采煤层所属含煤段也有此特点，而且厚度有波浪式增厚的特征。

（二）晚二叠世含煤岩系沉积环境及聚煤规律

青藏地区的晚二叠世含煤岩系为妥坝组（P_3t），主要发育在察隅-昌都地区的妥坝至巴贡一带，在青海称乌丽煤系。妥坝煤系为一套海陆交互相沉积，从妥坝组岩性、岩相及沉积厚度横向变化对比分析可见，煤层主要赋存于海退相序中，是在陆缘碎屑潮坪环境的潮上带基础上形成的多层可采煤。青海乌丽地区沉积环境相对稳定，故而形成多层可采煤层，沉积中心在乌丽—达哈一带，基本上属于滨海平原的边缘地带，在频繁的海水进退中，形成了多个沉积旋回。

第二节　晚三叠世含煤岩系沉积环境及聚煤规律

我国晚三叠世含煤岩系分布于天山—阴山以南，并主要分布于我国南方，即昆仑山—秦岭—大别山以南。重要的含煤地层有湘赣的安源组，四川盆地的须家河组，四川西部及云南中部的大荞地组，滇东、黔西南的火把冲组等。昆仑-秦岭构造带以北，晚三叠世重要的含煤地层有鄂尔多斯盆地中部的瓦窑堡组等。本节针对华南、鄂尔多斯及滇藏地区的晚三叠世含煤岩系沉积环境及聚煤规律进行论述。

一、华南地区

（一）沉积体系及其特征

中国南方晚三叠世含煤岩系沉积相类型丰富，主要有冲积扇、河流（包括辫状河和曲流河）、三角洲、湖泊（主要为滨浅湖）、潮坪—潟湖、滨海平原、海湾等（表3-3）。

表3-3　南方晚三叠世含煤岩系沉积相

沉积相		主要发育层段
陆相	冲积扇	宝鼎盆地大荞地组、宝鼎组，四川盆地须家河组，桂西南扶隆坳组，赣中南石塘坞组，闽北焦坑组下段，浙西南乌灶组
	辫状河	宝鼎盆地大荞地组、宝鼎组，盐源—丽江盆地冬瓜岭组，四川盆地须家河组，湘南出炭垅组、杨梅垅组，闽北焦坑组
	曲流河	四川盆地小塘子组、须家河组，宝鼎盆地宝鼎组，云南华坪干海子组，鄂西晓坪组，赣中南石塘坞组、熊岭组，粤北小坪组
	三角洲	滇中普家村组、干海子组、舍资组，宝鼎盆地大荞地组、宝鼎组，盐源-丽江盆地冬瓜岭组，四川盆地小塘子组、须家河组，鄂西沙镇溪组、九里岗组，赣中南熊岭组，闽北焦坑组、粤北小坪组、头木冲组，浙西南乌灶组
	滨浅湖	宝鼎盆地大荞地组、宝鼎组，四川盆地小塘子组、须家河组，鄂西九里岗组
过渡相	潮坪-潟湖	湘西南杨柏冲组，湘东—赣中紫家冲组、三家冲组、三丘田组，闽中南大坑组、文宾山组，粤北红卫坑组、小水组、头木冲组

续表

沉积相		主要发育层段
过渡相	滨海平原	湘西南杨柏冲组，湘东 - 赣中紫家冲组、三家冲组、三丘田组，闽中南大坑组、文宾山组、粤北红卫坑组、小水组、头木冲组
	海湾	湖南晚三叠世的紫家冲组、三家冲组、三丘田组，闽中南大坑组、文宾山组，粤北红卫坑组、小水组、头木冲组

（二）层序地层分析

根据层序界面识别原则，结合层序界面特征，将南方晚三叠世含煤岩系划分为 5 个三级层序（高彩霞等，2011），每个三级层序对应划分出相应的三个体系域，即低位体系域（LST）、湖（海）侵体系域（TST）和高位体系域（HST）。各层序在不同地区发育程度不一。其中，四川盆地、湘西南、闽北、桂西南等地缺失层序 I 。南方晚三叠世含煤岩系层序地层格架如图 3-21 所示。

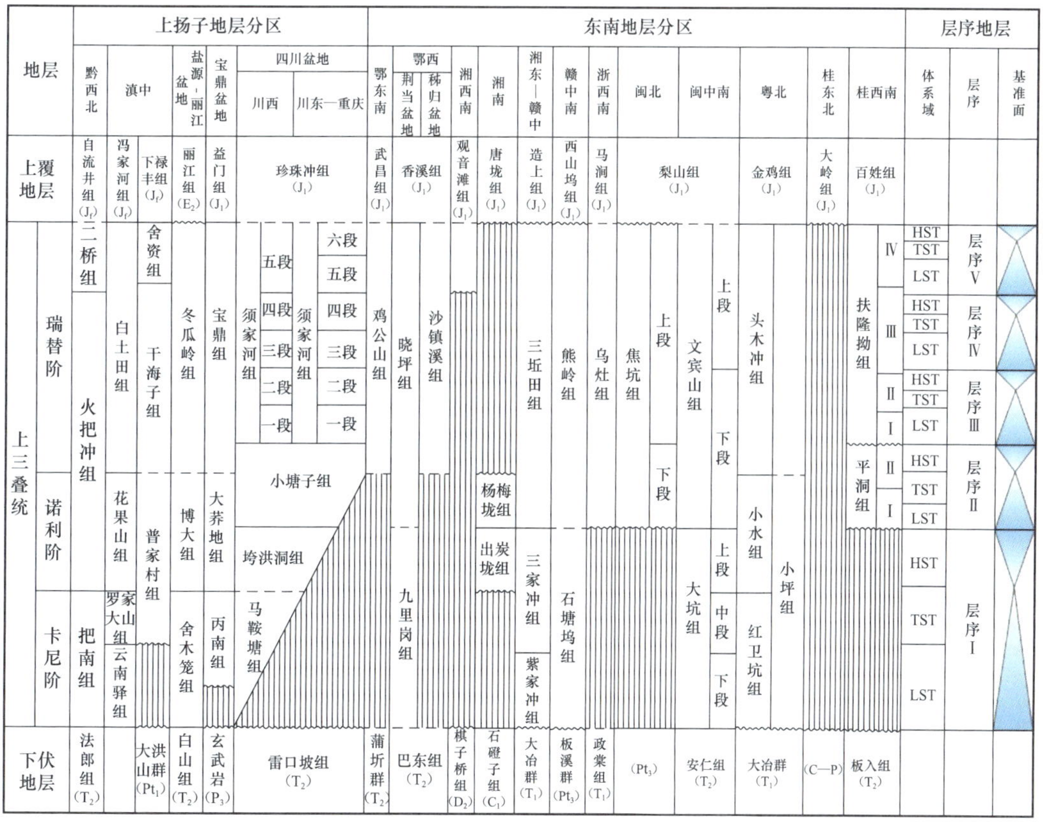

图 3-21 南方晚三叠世含煤岩系层序地层格架（邵龙义等，2014b）

上扬子地层分区

地层	黔西北	滇中	盐源盆地·丽江	宝鼎盆地	四川盆地 川西	四川盆地 川东-重庆
上覆地层	自流井组(J_1)	冯家河组(J_1)	下禄丰(J_1)	丽江组(E_2)/益门组(J_1)	珍珠冲组(J_1)	珍珠冲组(J_1)
上三叠统（瑞替阶—诺利阶—卡尼阶）	二桥组/火把冲组/把南组	白土田组/干海子组/花果山组/罗家大山组·云南驿组	舍资组/冬瓜岭组/普家村组/舍木笼组	宝鼎组/博大组/大荞地组/丙南组	须家河组（五段—一段）/小塘子组/垮洪洞组/马鞍塘组	须家河组（六段—一段）/小塘子组/垮洪洞组/马鞍塘组
下伏地层	法郎组(T_2)	大洪山群(Pt_2)	白山组(Pt_2)	玄武岩(P_3)	雷口坡组(T_2)	雷口坡组(T_2)

东南地层分区

地层	鄂东南	荆当盆地	秭归盆地	湘西南	湘南	湘东-赣南	赣中南	浙西南	闽北	闽中南	粤北	桂东北	桂西南
上覆地层	武昌组(J_1)	香溪组(J_1)	香溪组(J_1)	观音滩组(J_1)	唐垅组(J_1)	造上组(J_1)	西山坞组(J_1)	马涧组(J_1)	梨山组(J_1)	梨山组(J_1)	金鸡组(J_1)	大岭组(J_1)	百姓组(J_1)
上三叠统	鸡公山组/九里岗组	晓坪组	沙镇溪组	晓坪组	沙镇溪组/杨梅垅组/出炭垅组	三坵田组/三家冲组/紫家冲组	熊岭组/石塘坞组	乌灶组	焦坑组	文宾山组（上段/下段）/大坑组（上段/中段/下段）	头木冲组/小水组/红卫坑组/小坪组	扶隆坳组/平洞组	—
下伏地层	蒲圻群(T_2)	巴东组(T_2)	棋子桥组(D_2)	石磴子组(C_1)	大冶组(T_1)	板溪群(Pt_3)	政业组(T_1)	政业组(Pt_3)	安仁组(T_2)	大冶群(T_1)	大冶群(T_1)	(C—P)	板入组(T_2)

层序地层

体系域	层序
HST / TST / LST	层序 Ⅴ
HST / TST / LST	层序 Ⅳ
HST / TST / LST	层序 Ⅲ
LST	层序 Ⅱ
HST / TST / LST	层序 Ⅰ

由于南方晚三叠世延伸年限为 227～205Ma，持续 22Ma，这里将晚三叠世含煤岩系划分为五个层序，平均每个层序大致 4.4Ma，可以和 Vail 等（1977）和 Mitchum 等（1991）的三级层序相对应。

（三）南方晚三叠世层序 - 岩相古地理

1. 层序Ⅰ古地理格局

层序Ⅰ沉积期（卡尼期及早诺利期）（图 3-22），上扬子区发育着两个要比湘赣盆地更为典型的残留海相盆地，即四川盆地西部残留海盆和黔西南残留海盆。四川盆地西部残留海盆由发育礁滩相灰岩的缓坡型台地相和潮坪相地层所组成的马鞍塘组所表征，后者则以与右江盆地的浊积岩系相变的"法郎组"所代表。

在东南区，则以一盲肠状海湾沉积为代表。海湾北部发育有三角洲沉积及潮坪潟湖沉积，潮坪潟湖相向南延续至湖南、广东大部分地区，发育为海湾及滨海平原沉积，这表明当时海侵范围并不向北深入。在福建大部分地区发育为三角洲沉积，盆地边缘发育有冲积扇及河流冲积平原沉积。层序Ⅰ岩相古地理图如图 3-22 所示。

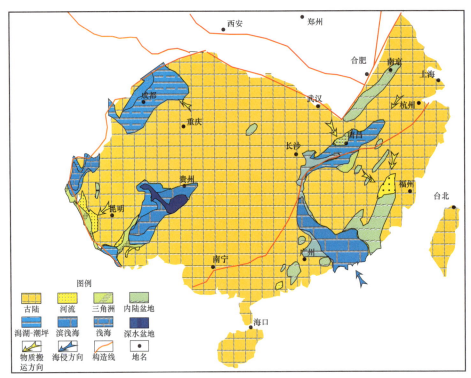

图 3-22　华南晚三叠世层序Ⅰ岩相古地理示意图

2. 层序Ⅱ古地理格局

层序Ⅱ沉积期（晚诺利期及早瑞替期）（图 3-23），上扬子地区的四川盆地和东南部的湘赣盆地均发生重大变化，范围显著扩大。四川盆地西部地区以小塘组海陆交互相沉积向东、向北、向南超覆和相变，反映了一个海侵过程。层序后期整个四川盆地以河流三角洲及滨浅湖沉积为主，在盆地北部及南部边缘发育有冲积扇沉积。东南地区盲肠海湾显著扩大，向北延伸至江苏西南部，海湾及滨海平原范围显著向北扩大，三角洲沉积不再发育，仅在湖南江西一带的沿海湾边缘发育有潮坪 - 潟湖沉积，福建南部陆相冲积扇、河流冲积平原及三角洲沉积范围也有所减小，表明当时海侵程度达到最大。

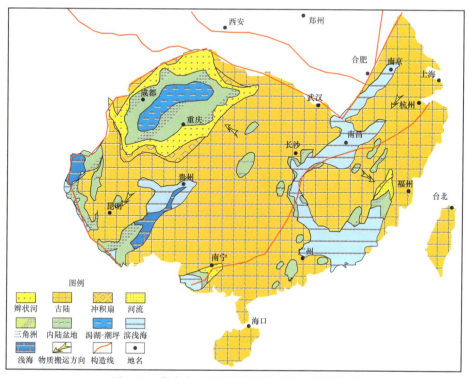

图 3-23　华南晚三叠世层序 Ⅱ 岩相古地理示意图

3. 层序Ⅲ古地理格局

层序Ⅲ沉积期（瑞替期）（图 3-24），四川盆地范围较层序Ⅱ有所减小，但总体变化不大，滨浅湖汇水中心显著缩小，河流及三角洲沉积范围扩大，以须家河组二段砂岩为代表。黔西南及云南西部残留海连成一片，范围显著扩大，以三角洲沉积为主，盆地边缘发育带状的河流冲积平原沉积。东南地区盲肠海湾范围缩小，北部发育有河流 - 三角洲沉积，中部主要发育广阔的滨海平原沉积，而南部广东地区则仍为海湾沉积，福建南部冲积扇 - 河流 - 三角洲沉积范围较层序Ⅱ范围扩大，表明当时开始经历第一次海退过程。

4. 层序Ⅳ古地理格局

层序Ⅳ沉积期（图 3-25），上扬子地区古地理格局发生显著变化，沉积范围明显扩大。四川盆地须家河组向东、向南超覆，逐渐与川西南盐源 - 丽江盆地、宝鼎盆地及云南西部沉积盆地连成一片，主要发育河流三角洲相及湖泊相沉积，而四川盆地内部湖泊范围有所扩大，并且不同地区发育有零星的汇水中心。该期东南地区盲肠海湾再次扩大，海湾沉积范围向北扩大至江西南昌一带，仅在湖南东南及广东中部发育小范围的潮坪 - 潟湖沉积，在福建中部发育海相三角洲沉积，冲积扇及河流相不再发育，表明整个晚三叠世海侵程度在该期达到最大。

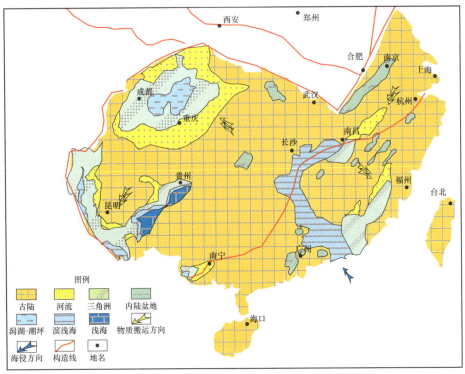

图 3-24　华南晚三叠世层序Ⅲ岩相古地理示意图

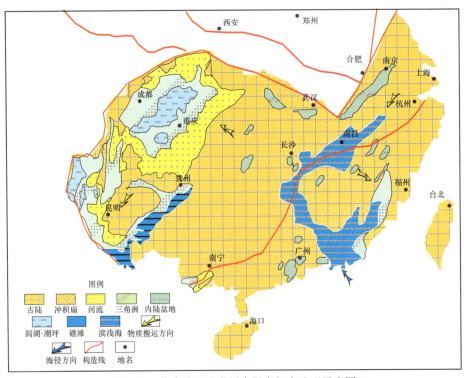

图 3-25　华南晚三叠世层序Ⅳ岩相古地理示意图

5. 层序Ⅴ古地理格局

层序Ⅴ沉积期（瑞替期末期）（图3-26），四川盆地是以河流沉积为主的陆相前陆盆地，且河流沉积与川西南及云南西部广大地区相连，湖泊范围跨度较大，呈北东—南西相的带状分布。而上扬子盆地和中扬子盆地处于分离状态的盆地格局，到早侏罗世中晚期相互连通成一个内陆湖盆，该连通的内陆湖盆的总体格局一直延续到中侏罗世早期。东南地区盲肠海湾范围与层序Ⅳ相比变化不大，但总体以滨海平原沉积为主，在福建中部和海湾北部发育有三角洲沉积。

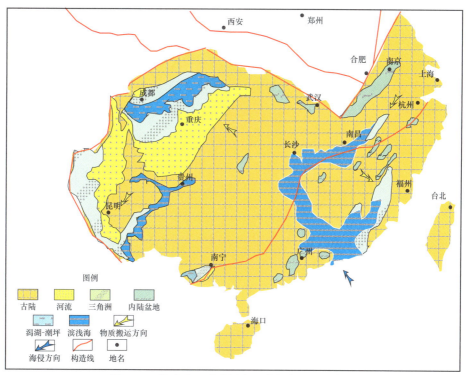

图3-26 华南晚三叠世层序Ⅴ岩相古地理示意图

（四）南方晚三叠世聚煤规律分析

南方晚三叠世聚煤作用主要发生在四川盆地和湘赣地区。四川盆地整个晚三叠世的煤层厚度为1～10m，在各层序的分布不一，层序Ⅰ主要对应西部马鞍塘组，为礁滩和潮坪沉积，不含煤。层序Ⅲ和层序Ⅳ煤层发育较好。煤层主要形成于三角洲平原分流间湾环境，滨湖沼泽相也可形成局部可采煤层，在河流相的岸后湖泊及沼泽中也有煤线发育。四川盆地聚煤中心主要位于盆地中部乐威煤田以及东部华蓥山煤田，此外，在川西龙门山前一带，形成了总厚度在10m以上的煤层。

湘赣地区晚三叠世富煤单元沿湘赣粤海湾盆地分布，主要有滨海-海湾型及潮坪-潟湖型，在海湾周缘零星分布的小型陆相拗陷盆地中，含煤性不佳。滨海-海湾型富煤单元主要分布于赣中、粤中及粤南等地；潮坪-潟湖型富煤单元主要分布于赣北、湘东及粤中、闽南一带。

晚三叠世，西藏及云南三江地区也发育含煤岩系，在念青唐古拉山一带称为土门煤系，在三江地区被称为巴贡煤系，以海陆交互相为主，含煤性较差。

二、华北地区

华北晚三叠世含煤岩系主要分布在鄂尔多斯盆地，即瓦窑堡组。鄂尔多斯盆地晚古生代就开始接受沉积，晚三叠世沉积了厚约1000m的含油、含煤地层——延长群。三叠纪末的印支运动使盆地上隆，瓦窑堡组遭受大面积剥蚀。鄂尔多斯盆地上三叠统延长群总厚为405～1328m，一般在1000m左右。根据岩性、岩相和旋回特征，自下而上分为四个组：铜川组、胡家村组、永坪组、瓦窑堡组。瓦窑堡组为陆相沉积，主要发育河流沉积体系、三角洲沉积体系和湖泊沉积体系。煤层主要赋存于上部的瓦窑堡组，其余三组多含不稳定的薄煤层或煤线，不具工业价值。可采煤层仅分布于横山、子长一带，是由一系列河流、湖泊及湖泊三角洲沉积的碎屑岩组成。

第三节　早、中侏罗世含煤岩系沉积环境及聚煤规律

早、中侏罗世含煤岩系遍及西北、华北地区，以新疆资源最丰富，如准噶尔和吐鲁番盆地的水西沟群的八道湾组和西山窑组，含厚煤层和巨厚煤层。鄂尔多斯盆地的延安组，大同盆地的大同组也是重要的含煤岩系。其中，鄂尔多斯盆地煤层厚、分布广。东北南部也有早—中侏罗世含煤岩系分布。此外，甘肃东部的窑街组、青海北部的江仓组、木里组也有巨厚煤层发育。华南地区也有早侏罗世含煤岩系分布，但含煤性差。本节主要论述西北、鄂尔多斯盆地侏罗系沉积环境及聚煤规律。

一、早、中侏罗世含煤岩系沉积体系及层序地层格架

（一）沉积体系及其特征

中国北方地区侏罗纪含煤地层主要为一套冲积扇 - 河流 - 三角洲 - 湖泊体系，在野外露头剖面、钻孔岩心观察描述及室内岩石宏观与微观显微结构特征研究的基础上，根据各类岩相在垂向上的组合关系及在平面上的分布，研究区识别出7种沉积体系，17种沉积相和29种沉积类型（表3-4）。

表 3-4　北方地区早—中侏罗世体系、沉积相及沉积类型

体系	沉积相	沉积类型
冲积扇体系（AF）	扇根（TF）	泥石流（MS）、辫状河道（BC）、筛积物（SS）
	扇中（MF）	辫状河道（BC）、辫状河间（BI）
	扇缘（DF）	辫状河道（BC）、辫状河间（BI）、扇缘沼泽

体系	沉积相	沉积类型
辫状河体系（BR）	辫状河道（BC）	心滩（CB）、河床滞留沉积（CL）
	河漫滩（FP）	河漫湖泊（FPL）、沼泽（PS）
曲流河体系（MR）	河床	边滩（PB）、河床滞留沉积（CL）
	堤岸	天然堤（NL）、决口扇（CS）
	河漫	河漫滩（FP）、河漫湖泊（AL）、岸后沼泽（APS）
扇三角洲体系（FD）	扇三角洲平原（FDP）	辫状分流河道（FBC）、分流间湾（IB）
	扇三角洲前缘（FDF）	河口坝（MB）、远砂坝（FB）
	前扇三角洲（FPD）	前三角洲泥
辫状河/曲流河三角洲体系（BD/MD）	三角洲平原（DP）	分流河道（DC）和水下分流河道（WDC）、天然堤（NL）、决口扇（CS）、分流间湾（IB）、间湾沼泽（PS）
	三角洲前缘（DF）	河口坝（MB）、远砂坝（DB）
	前三角洲（PD）	前三角洲泥
湖泊体系（LAC）	滨湖（LS）	滨湖砂坝（SB）
	浅湖（SL）	浅湖泥、砂坝、浅水重力流（风暴沉积）
	深湖和半深湖相（SDL 和 DL）	深湖泥、湖底扇、浊流

（二）层序格架及其展布特征

本书将西北地区早—中侏罗世含煤地层共划分出 5 个三级层序（表 3-5），其中，早侏罗世划分了 2 个层序，即 SⅢ1 和 SⅢ2，中侏罗统划分了 3 个层序，即 SⅢ3、SⅢ4 和 SⅢ5。由于侏罗纪延伸年限从 200.0～145.5Ma 前，持续 54.5Ma，本节主要研究段为下统和中统，所以本章的 5 个层序平均持续约 8Ma，如果考虑到不整合面所代表的时限，那么每个层序应该大致相当于 Vail 的三级层序（Vail et al.，1977）。

表 3-5　北方地区早—中侏罗世含煤岩系层序地层划分对比

统	阶	准格尔盆地	伊犁盆地	吐—哈盆地	库车—满加尔	托云—和田且末—民丰	柴达木盆地	祁连山西部盆地群	潮水盆地	鄂尔多斯盆地	三级层序	基准面旋回
上侏罗统	牛津阶	齐古组	齐古组	齐古组	齐古组	库孜贡苏组	采石岭组	享堂组	沙枣河组			
中侏罗统	卡洛夫阶	头屯河组	艾维尔沟群	七克台组	恰克马克组	塔尔尕组	石门沟组	江苍组	青土井群	安定组	SⅢ5	
	巴通阶			三间房组						直罗组	SⅢ4	
	巴柔阶	西山窑组	胡吉尔台组	西山窑组	克孜勒努尔组	杨叶组	大煤沟组	木里组		延安组	SⅢ3	
	阿林阶											

续表

统	阶	准格尔盆地	伊犁盆地	吐—哈盆地	库车—满加尔	托云—和田且末—民丰	柴达木盆地	祁连山西部盆地群	潮水盆地	鄂尔多斯盆地	三级层序	基准面旋回
下侏罗统	土阿辛阶	三工河组	吉仁台组	三工河组	阳霞组	康苏组	小煤沟组	热水组	芨芨沟群	富县组	SⅢ2	
	普林斯巴阶											
	辛涅缪尔阶	八道湾组	苏阿苏河组	八道湾组	阿合组	沙里塔什组					SⅢ1	
	赫塘阶				塔里奇克组							
上三叠统	瑞替阶	郝家沟组	郝家沟组	郝家沟组	郝家沟组			南营儿组		延长组		

根据各个含煤盆地中的主要含煤代表剖面,对西北地区不同盆地侏罗纪含煤岩系层序地层格架进行了划分对比(图3-27)。

层序SⅢ1:该层序处于早侏罗世早中期,在各个大、中型盆地中几乎均有分布,但在每个盆地中的发育范围不大。层序界面为一区域性不整合面(河道冲刷面)。湖侵早期,基准面逐渐上升,可容空间逐渐增大,但变化不快,辫状河三角洲体系比较发育,在其分流间湾处发育泥炭沼泽,植物生长繁盛,有煤层形成;湖侵晚期,基准面上升速率突然加快,水体突然加深;高位期,基准面开始下降,湖泊退缩,辫状河三角洲体系又重新发育,在此期间,分流间湾沼泽内泥炭堆积,持续时间较短,有薄煤层形成。

层序SⅢ2:该层序在准噶尔、伊犁、柴达木、祁连山及鄂尔多斯一带盆地中均有零星分布,层序界面多为河道(河流或三角洲分流河道)侵蚀面。在当时,该层序处在炎热干旱的古气候条件下,没有煤层发育。

层序SⅢ3:该层序在西北各个含煤盆地中广泛分布,层序界面多为三角洲平原分流河道底部侵蚀面。湖侵早期,基准面开始上升,可容空间逐渐增大,岩性自下而上由含砾粗砂岩、粗砂岩逐渐变为细砂岩、粉砂岩等,为退积型,沉积相由辫状河逐渐变为辫状河三角洲;在湖侵晚期,基准面上升缓慢或已停止上升,低可容空间长时期保持稳定,此时在地势平坦地区,尤其是在分流间湾内,植物生长繁盛,沼泽大范围发育,泥炭持续稳定堆积,因此形成了在该区广泛分布的厚煤层。有的厚煤层直接沉积在基岩之上,说明在平坦的基岩上,也可以发育泥炭沼泽,这主要是基准面和低可容空间稳定,给其提供了良好的条件。该层序为重要的含煤层序,厚煤层多形成于湖侵末期(上升半旋回的末期)。在准噶尔、吐—哈、伊犁、柴达木及祁连山—走廊盆地煤层发育好,厚度大,而且连续性好,煤厚从几米到上百米均有发育。

层序SⅢ4:该层序在西北地区含煤盆地中同样广泛发育,层序界面多为河流三角

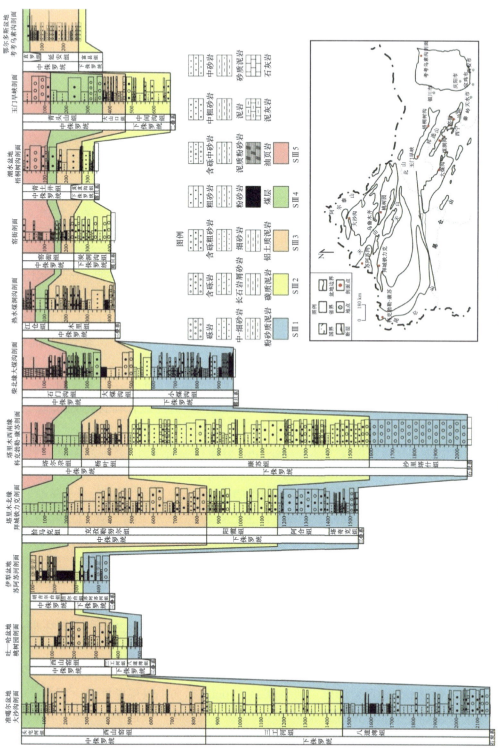

图3-27 北方地区主要含煤盆地早中侏罗世地层格架对比

洲平原分流河道底部冲刷面，由长期基准面上升半旋回和下降半旋回构成，总体来看，低位体系域和高位体系域较发育，湖侵体系域沉积时间短，地层厚度小。高位体系域明显表现出了进积的叠加样式，如吐—哈盆地三间房组、柴达木盆地北缘石门沟组下段等。该层序内煤层发育情况，从层序 SⅢ3 来说，煤层厚度薄，主要是因为该层序时期水体升降变化速率大，没有给泥炭的堆积提供足够的时间。

层序 SⅢ5：该层序界面多为河流三角洲平原分流河道底部冲刷侵蚀面。由于后期的剥蚀作用，该层序在新疆几个盆地中残留范围不大，但在柴达木盆地北缘地区残留厚度比较大。该层序由不对称的两个半旋回构成，湖侵体系域比较发育，地层呈退积、加积型叠加样式，多为湖相粉砂岩、泥岩及油页岩组成，煤层欠发育，仅在盆地中局部地区有薄煤层或煤线沉积。

二、北方侏罗系基于三级层序的岩相古地理及聚煤规律

（一）层序 SⅢ1 沉积期聚煤中心分布

准噶尔盆地富煤带沿盆地边缘展布，北部煤层厚度一般为 0.8～41.77m，在托里 - 和什托洛盖煤田中部，煤层厚，煤层较稳定，结构较简单；克拉玛依煤田，煤层较薄且厚度稳定性较差。盆地南缘，煤层厚度一般为 0.5～69.77m，准南煤田和后峡煤田煤层厚，较稳定，结构较简单。盆地东部，煤层厚度一般为 0.25～26.65m，煤层结构简单或较简单。该期煤层主要形成于湖平面上升期三角平原沼泽中。

吐 - 哈盆地煤层厚度一般为 0～81.86m，聚煤中心位于艾维尔沟、七泉湖、鄯善及三道岭附近，艾维尔沟地区最厚，达 81.86m。三角洲间湾为最有利的成煤环境，其次是三角洲平原和辫状河冲积平原。

塔里木盆地北部煤层厚度为 2.3～28.99m，分布在温宿煤田，库 - 拜煤田，阳霞煤田三个区域。其中，库 - 拜煤田煤层发育最好，平均厚为 28.99m，含煤系数为 12.60%。曲流河三角洲中成煤最好。西南缘基本没有煤层发育。

潮水盆地煤层总厚度一般为 1～3m，有三个聚煤中心：平山湖凹陷、红沙岗凹陷和西渠凹陷。其中平山湖凹陷煤层厚度大，最大值为 5.4m，煤层厚度由东南向西北逐渐减薄；西渠凹陷煤层厚度为 0.6～2.7m，煤层厚度由西北向东南逐渐减薄；红沙岗凹陷煤层厚度为 1.5～2.5m，煤层厚度北部最厚，向南逐渐减薄消失。该期在缓坡带的辫状河三角洲沉积背景下，有利的泥炭聚集区位于辫状河三角洲平原相带。

祁连山盆地群热水地区煤层最为发育，煤层总厚度为 0.35～27.78m，但分布范围小，仅在三角洲平原地区成煤。

柴达木盆地北缘大煤沟地区煤层分布范围局限，发育 A～D 四组煤层，主要发育于辫状河三角洲平原地区，厚度一般为 0.23～10m，横向上煤层厚度变化不大，由四周向中间变厚趋势明显；在西北部茫崖地区煤层厚度不均，横向不太连续，多数煤层发育在河流相或冲积扇相当中，在湖泊相之中也有发育，局部可形成 20m 以上的厚煤层（图 3-28）。

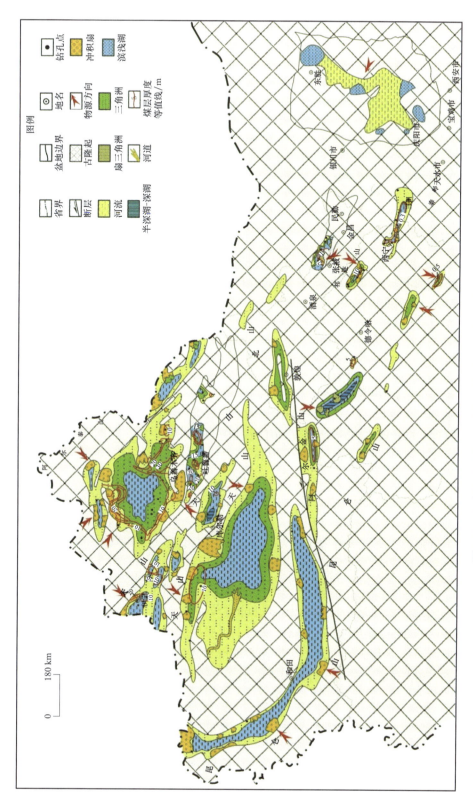

图3-28　北方地区早侏罗世S Ⅲ 1沉积期古地理与煤层总厚度

（二）层序 SⅢ3 沉积期聚煤中心分布

该层序为北方地区最重要的含煤层序，各盆地普遍发育厚煤层。

准噶尔盆地，北部煤层厚度一般为 4.3～45.08m，富煤中心分布于托里 - 和什托洛盖煤田、克拉玛依煤田两区域，其中，托里 - 和什托洛盖煤田煤层较厚为 15.04～45.08m。盆地南缘煤层厚度一般为 6.07～188.59m，以准南煤田乌鲁木齐一带煤层富集程度最高，局部可达 200m。盆地东部煤层厚度一般为 0.35～111.43m，分布范围广，将军庙地区煤层厚度最大。煤层主要形成于湖退三角洲，煤层出现在三角洲平原正旋回上部。

吐 - 哈盆地早期，水体较浅，三角洲发育，有利于成煤，煤层厚度一般为 0.2～314.53m，聚煤中心位于柯尔碱、桃树园—柯柯亚、七克台以东、艾丁湖、沙尔湖、大南湖和二道岭。晚期水体相对较深，湖泊发育，不利于成煤。

塔里木盆地北带，煤层主要分布在温宿、库车—拜城、阳霞等地。煤层厚度为 0.57～36.73m，在阳霞煤田煤层厚度为 3.43～36.73m，平均为 17.85m；库车阿艾一带煤层厚度为 0.57～3.15m，平均厚度为 2.14m。盆地西南缘，煤层主要分布在莎车—叶城一带，含煤 14 层，煤层总厚度为 29.01m。该期成煤环境主要为三角洲平原沼泽和河漫沼泽。

潮水盆地煤层总厚度一般为 1～10m，平均为 5m。有三个聚煤中心：平山湖凹陷、红沙岗凹陷和红柳园凹陷。平山湖凹陷煤层一般为 1～6m，煤层厚度最大值出现在平 901 井和平 704 井附近，约 6m，以平 901 井和平 704 井为中心，向四周煤层厚度有减薄的趋势；红沙岗地区煤层厚度最大为 18m，在红 102 井附近，由北向南部的凸起煤层厚度逐渐变薄；红柳园拗陷煤层厚度为 1～6m，平均为 3m，由东南向西北凸起带煤层厚度逐渐变薄。有利的泥炭聚集区位于辫状河三角洲平原、扇三角洲平原和湖泊的沼泽化相带。

祁连山盆地群，全区均有厚煤层发育，在柴达尔地区，累积厚度可达 100m 以上；在门源煤田大通矿区煤层厚度比较大，向四周变薄。

柴达木盆地北缘，煤层在老高泉地区相当发育，整个地区煤层厚度相对比较大；到中部鱼卡凹陷地区，煤厚一般为 0.51～38.86m，平均为 16.91m；在大煤沟地区，煤层厚度为 0.79～33.24m，均值为 17.98m；横向上煤层厚度变化较稳定，总体表现为由东南向西北厚度减小，大于 20m 的厚煤带在东南部地区呈南西—北东方向展布。该期广泛发育河流三角洲体系，三角洲分流间湾内沼泽比较发育，为泥炭的持续堆积提供了很好的条件。

鄂尔多斯盆地，在区域上盆地西部（宁夏、甘肃部分）和北部（东胜、神木）煤层数多，煤层总厚度为 5～50m，向东和向南，煤层数减少，煤层总厚度减少，但是结构简单的单煤层厚度为 5～10m，并在区域范围内稳定分布（图 3-29）。

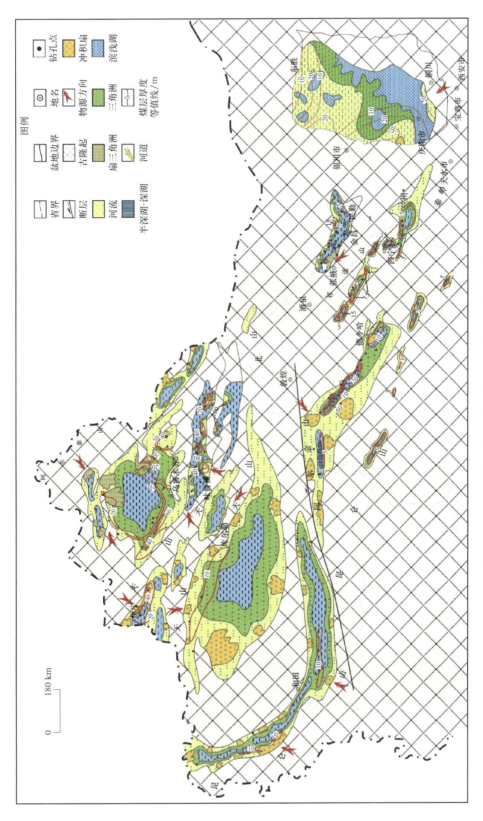

图3-29 北方地区早侏罗世SⅢ3沉积期古地理与煤层总厚度

第四节　早白垩世含煤岩系沉积环境及聚煤规律

中国早白垩世含煤地层主要分布于北纬40°以北的东北地区，西北区的甘肃北山、河西走廊、西藏的拉萨、藏东和甘肃东南部也有少量的分布，但含煤性较差。本节重点对我国北方早白垩世含煤岩系沉积环境及聚煤规律进行论述。

东北地区早白垩世含煤盆地分布在黑龙江、吉林、辽宁及内蒙古东部约160万 km^2 的范围内。含煤盆地主要展布在西部、中部、东部三个北北东向条带上：西部区以大兴安岭山脉以西的海拉尔群和二连盆地群为主，中部区以松辽盆地为主，东部区以三江 - 穆棱 - 延吉盆地群为主。

一、沉积体系及其特征

从钻孔岩心、岩屑录井资料看，含煤岩系主要发育河流沉积体系、冲积扇沉积体系、三角洲沉积体系以及湖泊沉积体系，在黑龙江省的东部地区发育有海相地层，但主要以三角洲环境为主。河流沉积体系可以进一步分为辫状河体系和曲流河体系，辫状河沉积体系和冲积扇沉积体系主要发育在盆地初始阶段，曲流河体系、三角洲沉积体系、湖泊沉积体系在盆地内广泛发育。

东北地区的早白垩世通常具有两个含煤层位，下含煤组和上含煤组。盆地的演化总体分为5个演化阶段（李思田，1988）：第一阶段为初始裂陷期，相当于地层的义县阶到九佛堂阶，发育火山喷发 - 冲积扇相沉积；第二阶段为缓慢裂陷期，主要发育河流 - 湖泊相沉积；第三阶段为急速裂陷期，主要发育湖泊相沉积，这两个阶段相当于地层的沙海阶；第四阶段为缓慢回升期，主要发育湖泊 - 三角洲沉积；第五阶段为抬升消亡期，主要发育河流 - 冲积扇沉积，后两个阶段相当于地层的阜新阶。其中，第二阶段和第四阶段分别形成了早白垩世下含煤层和上含煤层。

二、层序地层分析

层序界面通常是地层的沉积间断面、暴露面或者代表水深最浅的岩相的顶面。主要有区域性的不整合面、河流下切谷冲刷面、沉积体系转换面、古土壤及根土岩面、地层颜色突变面、煤层、古生物面等。根据这些特征，研究区共识别出6个三级层序界面，东北早白垩世含煤岩系划分为5个层序（高迪等，2012；王东东等，2013），其中，层序Ⅰ对应九佛堂阶，主要包括二连盆地群的阿尔善组，松辽盆地群的火石岭组，三江—穆棱盆地群的滴道组；沙海阶对应层序Ⅱ和层序Ⅲ，主要包括二连盆地群的腾格尔组，海拉尔盆地群的大磨拐河组，松辽盆地群的沙河子组，三江—穆棱盆地群的城子组；阜新阶对应层序Ⅳ和层序Ⅴ，包括二连盆地群的赛汗塔拉组，海拉尔盆地群的伊敏组，松辽盆地群的营城组，三江 - 穆棱盆地群的穆棱组。

根据上述层序划分方法和沉积相划分方法，对东北地区的早白垩世重点含煤盆地进行层序格架对比（图 3-30）。研究发现，虽然研究区内的盆地都是各自独立的，但是盆地的沉积序列十分相近，全区的 5 个三级层级基本可以对比。其中，层序Ⅱ和层序Ⅳ对应区内的下含煤组和上含煤组。

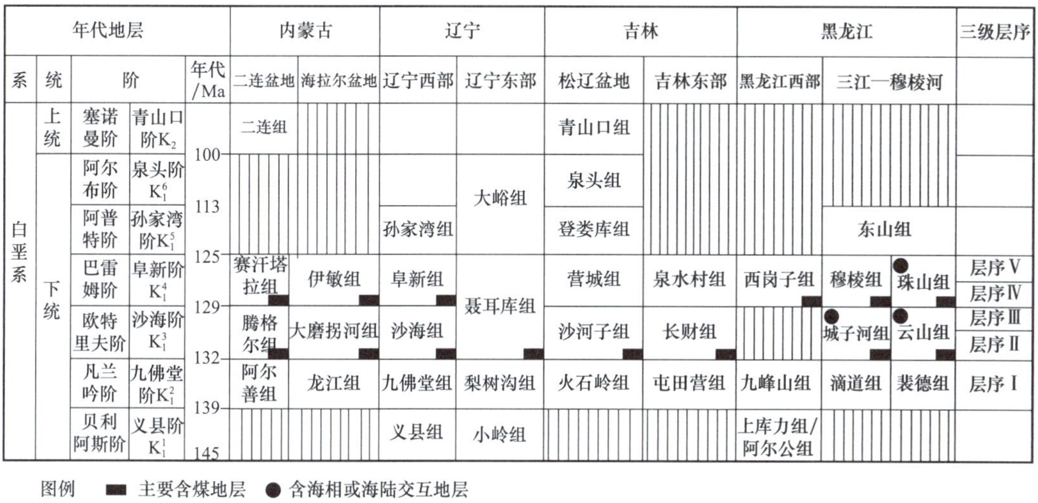

年代地层				内蒙古		辽宁		吉林		黑龙江			三级层序
系	统	阶	年代/Ma	二连盆地	海拉尔盆地	辽宁西部	辽宁东部	松辽盆地	吉林东部	黑龙江西部	三江—穆棱河	三江—穆棱河	三级层序
白垩系	上统	塞诺曼阶 青山口阶 K_2^2	100	二连组				青山口组					
	下统	阿尔布阶 泉头阶 K_1^6	113				大峪组	泉头组					
		阿普特阶 孙家湾阶 K_1^5				孙家湾组		登娄库组		东山组			
		巴雷姆阶 阜新阶 K_1^4	125	赛汗塔拉组	伊敏组	阜新组	聂耳库组	营城组	泉水村组	西岗子组	穆棱组	●珠山组	层序Ⅴ / 层序Ⅳ
		欧特里夫阶 沙海阶 K_1^3	129	腾格尔组	大磨拐河组	沙海组	聂耳库组	沙河子组	长财组	●城子河组		●云山组	层序Ⅲ / 层序Ⅱ
		凡兰吟阶 九佛堂阶 K_1^2	132	阿尔善组	龙江组	九佛堂组	梨树沟组	火石岭组	屯田营组	九峰山组	滴道组	裴德组	层序Ⅰ
		贝利阿斯阶 义县阶 K_1^1	139 145			义县组	小岭组			上库力组/阿尔公组			

图例　■ 主要含煤地层　● 含海相或海陆交互地层

图 3-30　东北地区早白垩世含煤地层及层序对比方案

三、北方早白垩世岩相古地理及聚煤规律

北方早白垩世聚煤作用以内蒙古的海拉尔至二连盆地群为最好，是我国重要的煤炭资源产地，其次是吉林、黑龙江省和辽西地区。

这里选择了西部二连盆地群中的赛罕塔拉盆地、巴彦宝力格盆地，中部松辽盆地群中的营城盆地，东部黑龙江地区泛三江盆地等作为重点研究对象，根据地面地质资料和钻孔资料分别编制了含煤段的煤层等厚线图和岩相古地理图。同时，参考前人的研究成果，通过对不同断陷盆地的分析、对比，发现它们之间在聚煤规律上的共性与个性，进而建立相应的聚煤模式，以达到预测其他盆地的目的。

1. 西部二连盆地群

二连盆地群经历了早期断陷（阿尔善组、腾格尔组）、后期拗陷（赛汉塔拉组）的发育历程。阿尔善组和腾格尔组以断陷沉积为主，南北方向以苏尼特隆起为界，苏尼特隆起之南的拗陷带全部为滨浅湖亚相发育区，湖盆小，水体浅，连通差，具有南北分带的沉积特征，北部拗陷带湖盆面积大，水体较深，为该时期的沉积中心。赛汉塔拉组以拗陷沉积为主，仍具东西分区、南北分带的沉积相带展布特征，苏尼特隆起以北的凹陷，受早期广水域的影响，湖沼发育较好，范围较广。西部沉积厚度小，以冲积相、河流相为主的陆上沉积广泛分布，东部沉积厚度大，湖沼分布范围较大，煤系地层发育。南部拗陷带湖沼相发育较小（图 3-31）。

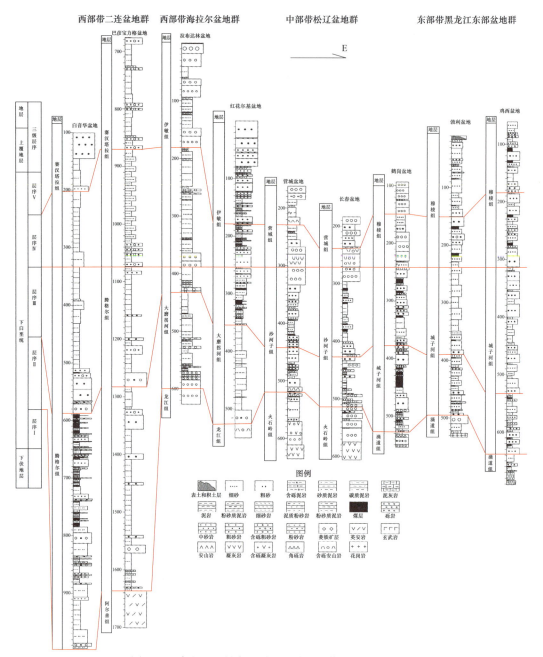

图 3-31　东北地区早白垩世主要盆地含煤岩系层序对比

　　海拉尔盆地群具有大致东西分带、南北分块的特征。与二连盆地具有很大的相似性。大磨拐河期以断陷沉积为主，扎赉诺尔拗陷带东南部的巴彦呼舒凹陷和贝尔凹陷湖域范围广、湖水较深、湖水连通性好，主要发育半深湖、滨浅湖等沉积。东部和南部的凹陷，湖域范围较小、水体较浅，主要发育滨浅湖、湖沼、河流、（扇）辫状河三角洲等沉积。伊敏期以拗陷沉积为主，地势较为平坦。

2. 中部松辽盆地群

根据钻孔数据分析，松辽盆地东部赋煤带刘房子地区的砂岩百分比含量较低，一般为10%～15%，主要为湖泊沉积环境以及三角洲环境。平面上砂岩百分含量高值区在营城盆地的东南部，砂泥比含量最高达2以上，从东南往西北方向逐渐递减再升高。沉积相垂向上表现为由冲积扇沉积到三角洲沉积和湖泊沉积，再到三角洲沉积的转变。

吉林省中部赋煤带：砂泥比含量松辽盆地东部地区高，一般为100%～150%，平均为125%，泥岩主要来源于湖泊沉积；平面上泥岩百分比含量低值区位于研究区双阳盆地14井附近，泥岩含量在10%以下。在辽源盆地砂泥比主要为从西北往东南方向逐渐递增，反映湖侵方向主要来自盆地的西北方向。双阳蛟河盆地的砂泥岩比主要表现为从盆地的边缘向四周降低的趋势。

吉林省东部、南部赋煤带：砂岩比的含量一般为120%～170%，平均为40%，该地区的泥岩主要源于湖泊沉积，往盆地四周逐渐变为三角洲沉积。砂泥比的比值从盆地内部往边缘逐渐升高。

3. 东部黑龙江泛三江盆地

三江盆地位于黑龙江省东部，该盆地群向北北东延伸入俄罗斯境内的共青城及以北地区，在我国境内，东起乌苏里江，西以牡丹江断裂为界与小兴安岭-张广才岭地块相接，北抵黑龙江与俄罗斯隔江相望，南至绥芬河—牡丹江一带，包括鹤岗、双鸭山、双桦、勃利、鸡西、虎林、兴凯湖等盆地，面积约8万km²。该盆地经历了早白垩世早期断陷、中期拗陷、晚期裂陷和晚白垩世挤压反转等几个阶段。这里研究的城子河组、穆棱组沉积地层则发育于早白垩世中期拗陷阶段。

三江盆地早白垩世的含煤岩系为一套陆源碎屑沉积，包括城子河组和穆棱组。城子河组主要发育粉砂岩、细砂岩、泥岩和煤层，形成于河流-三角洲环境；穆棱组主要发育泥岩、粉砂岩、细砂岩、中砂岩和薄煤层，主要形成于湖泊、三角洲、冲积扇环境。在研究区东南部的鸡西、虎林盆地城子河组发育有含海相双壳类、菊石类化石的泥岩，说明研究区在早白垩世以陆相为主的环境亦受到短暂的海侵影响。

三江盆地早白垩世的含煤岩系可划分为5个三级层序，其中层序Ⅰ相当于滴道组，层序Ⅱ为城子河组下部，层序Ⅲ相当于城子河组上部，层序Ⅳ相当于穆棱组下部，层序Ⅴ相当于穆棱组上部（高迪等，2012）。

1）层序SⅢ2古地理特征及聚煤规律

综合分析恢复泛三江盆地早白垩世含煤岩系层序SⅢ2沉积期的古地理面貌如图3-32（a）所示。层序SⅢ2沉积期的古地理单元及沉积相主要为冲积扇、下三角洲平原、上三角洲平原、三角洲前缘、前三角洲和滨浅湖。总体上以滨浅湖相沉积为主。三角洲平原是该期最主要的古地理单元，分布于湖泊周围的广大地区。水流从东向南、西南、西北扇形注入盆地。

层序SⅢ2煤层总厚度为0.8～22.6m，平均为11.45m。层序SⅢ2沉积期煤层主要发育在上、下三角洲平原过渡区域，其次为滨浅湖。层序SⅢ2有两个聚煤中心，第一个聚煤中心位于研究区南部的鸡西盆地哈达井附近，煤层总厚度达到 21.85m；第二个聚煤中心位于鹤岗北大岭地区，最厚可达 22.6m，这两个聚煤中心都位于下三角洲平原与上三角洲平原过渡地带。平面上煤层总厚度表现为从三角洲平原向滨浅湖逐渐减薄，在深湖和冲积扇沉积相无聚煤作用发生。因此，聚煤中心自上、下三角洲平原过渡地带、经下三角洲平原一直延伸到滨浅湖，煤层厚度表现出由聚煤中心向上三角洲平原和滨、浅湖逐渐减薄的特征。

2）层序 SⅢ3 古地理特征及聚煤规律

层序 SⅢ2 到 SⅢ3 沉积中心由西北的鹤岗盆地附近和东北方向的宝密桥附近逐渐向东部迁移。层序 SⅢ3 沉积期的古地理单元及沉积相与层序 SⅢ2 相似，主要优势相为下三角洲平原、上三角洲平原、三角洲前缘、前三角洲，其次为冲积扇和滨浅湖 [图 3-32（b）]，但与层序 SⅢ2 比较，冲积扇范围变小，而上、下三角洲平原和三角洲前缘范围变大，盆地物源仍然来自于三个方向，即西南方向张广才岭、盆地西北方向、现今小兴安岭南端及东北方向东三江及完达山地区。盆地湖泊相仍然位于研究区东部虎林盆地，与层序 Ⅲ2 相比，面积减少，总体上以滨浅湖相沉积为主。水流从东向南、西南、西北扇形注入盆地。

层序 SⅢ3 煤层总厚度为 0.33～56.3m，平均为 13.89m，层序 SⅢ3 聚煤作用较 Ⅲ2 更强，主要是由于该层序沉积时期盆地处于稳定扩张阶段，合适的水体和适量的沉积物供应促使了聚煤作用的发生。但与前一层序相比，该时期聚煤作用主要发生在上三角洲平原。层序 SⅢ3 聚煤中心鹤岗 63-319 孔附近，煤层总厚度可达 56.3m。此外，在鸡西城子河和双鸭山东保卫地区也有大于 10m 的煤层发育，这两个区域聚煤作用主要发生在上下三角洲平原过渡区域。聚煤中心自上三角洲平原，上、下三角洲平原过渡带经下三角洲平原一直延伸到滨浅湖，煤层厚度有逐渐减薄的趋势。

3）层序 SⅢ4 古地理特征及聚煤规律

层序 SⅢ4 沉积期的古地理单元及沉积相继承层序 SⅢ3，主要优势相为下三角洲平原、上三角洲平原、三角洲前缘，其次为前三角洲、冲积扇和滨浅湖。但与层序 SⅢ3 相比，沉积范围变大，由于构造活动强烈，砂岩含量较高而泥岩含量低，不利于聚煤。层序 SⅢ4 沉积时期物源仍然来自于三个方向，即张广才岭、小兴安岭南端、三江及完达山地区。盆地湖泊相与层序 SⅢ3 相比向北移动，位于东方红东北部，同时在绥滨拗陷亦有湖泊相沉积，总体上以滨浅湖相沉积为主。水流来源于东部和北部，向盆地内部注入 [图 3-32（c）]。

层序 SⅢ4 煤层总厚度为 0.25～2.2m，平均为 1.36m。层序 SⅢ4 沉积期煤层主要发育在上、下三角洲平原过渡区域，其次为上三角洲平原。层序 SⅢ4 聚煤中心位于研究区南部的鸡西盆地城子河附近。由于该沉积时期火山和断裂的活动，聚煤作用较弱。

4）层序 SⅢ5 古地理特征及聚煤规律

层序 SⅢ5 沉积期的古地理单元及沉积相继续继承层序 SⅢ4，主要优势相为下三角洲平原、上三角洲平原、三角洲前缘、前三角洲，其次为冲积扇和滨浅湖，但与层序

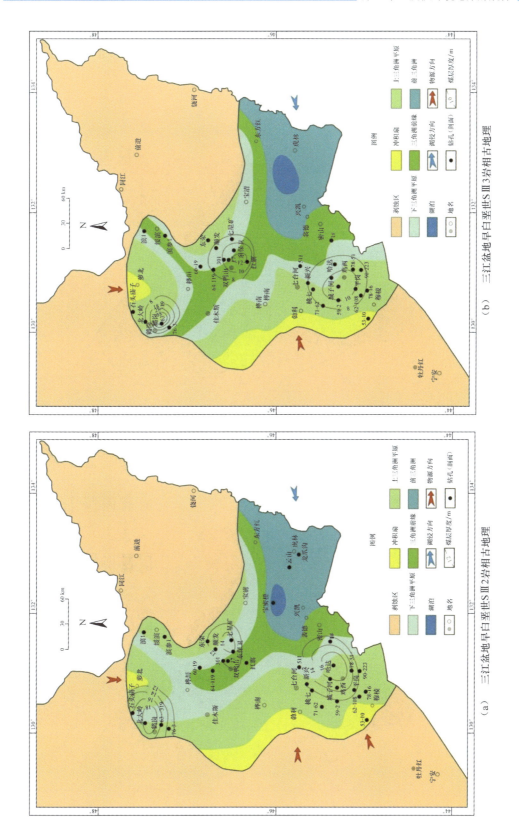

（a）三江盆地早白垩世SⅢ2岩相古地理

（b）三江盆地早白垩世SⅢ3岩相古地理

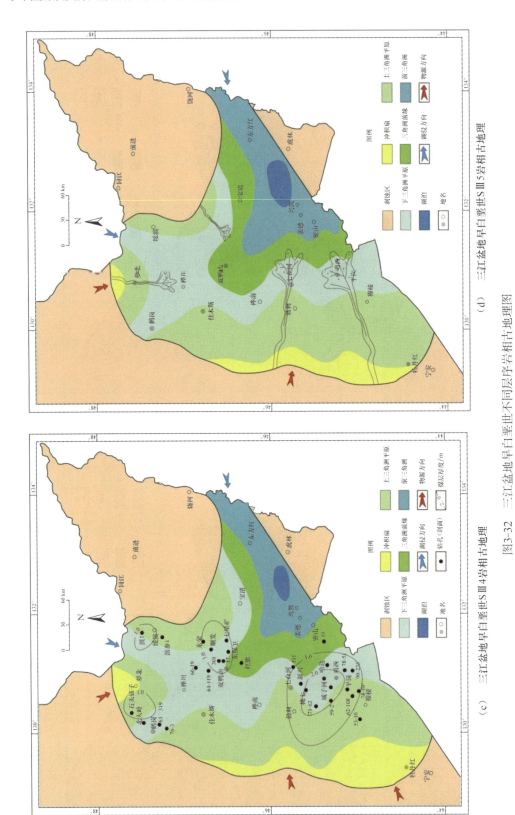

（d）　三江盆地早白垩世SⅢ5岩相古地理

（c）　三江盆地早白垩世SⅢ4岩相古地理

图3-32　三江盆地早白垩世不同层序岩相古地理图

SⅢ4 相比沉积范围变大，盆地湖泊相进一步扩大，以滨浅湖相沉积为主。由于构造活动强烈，砂岩含量较高而泥岩含量低，不利于聚煤。层序 SⅢ5 沉积时期物源仍然来自于三个方向，西南的张广才岭、小兴安岭及完达山地区 [图 3-32（d）]。

总的来看，三江盆地早白垩世含煤岩系沉积期主要发育湖泊、下三角洲平原、上三角洲平原、辫状河和冲积扇等古地理单元。三级层序 SⅢ2—SⅢ5 沉积期古地理演化比较平缓，优势古地理单元主要为上三角洲平原和下三角洲平原，而聚煤作用主要发育在上三角洲平原和下三角洲平原过渡带，其次为上三角洲平原和滨浅湖。

第五节　新生代含煤岩系沉积环境及聚煤规律

古近纪以来，中国大陆主要受两个区域构造运动体制控制，一个是西环太平洋构造带；另一个是新特提斯构造带。欧亚板块、库拉 - 太平洋板块与印度板块的三向不均衡作用，导致了中国东部沿郯庐断裂发生由压扭到张扭的应力转化，是东部走滑拉分聚煤盆地的主要成因；西南部特提斯构造域上聚煤盆地的形成主要是印度板块与欧亚板块的对接、楔入的结果。

一、古近纪含煤岩系沉积环境及聚煤规律

从古近纪含煤盆地的分布来看，大多数都集中在中生代晚期到新生代的构造活动地带，含煤盆地的类型多为断陷盆地。现以黑龙江省鸡东盆地和广西壮族自治区百色盆地为例，概览古近纪聚煤盆地的特征。

（一）鸡东盆地

1. 鸡东盆地层序格架

鸡东盆地为古近纪断陷盆地，根据断陷盆地层序形成的动力学机制，基准面的升降旋回受幕式断陷作用和气候旋回的控制。每次幕式断陷作用和气候旋回就形成一个层序，而叠加于三级基准面旋回上的高频米兰柯维奇旋回形成四级以上的层序。

鸡东盆地古近系含煤岩系为渐新统虎林组，虎林组的基底为太古界麻山群花岗片麻岩或者白垩系。虎林组发育一套冲积扇 - 扇三角洲 - 湖泊体系，岩性为砾岩、砂砾岩、中细砂岩、粉砂岩、泥岩和煤层以及油页岩。充填序列如图 3-33 所示。鸡东盆地古近纪层序 SⅢ2 相当于虎林组，发育了低位、湖侵和高位体系域。低位体系域以冲积扇沉积体系为主，不发育煤层。湖侵体系域岩性以细粒沉积为主，夹粗砂岩，发育煤层，煤层主要发育在湖侵面附近，且煤层在 ZK86-52 孔附近最厚，以扇三角洲平原和前缘相为主。高位体系域发育含砾粗砂岩、粗砂岩、中砂岩、细粒砂岩、粉砂岩及泥岩，其中以细粒砂岩和泥岩为主，说明当时的扇三角洲平原中分流河道发育较少，主要以泛滥盆地沉积为主，成煤环境有利且分布广泛（图 3-34）。

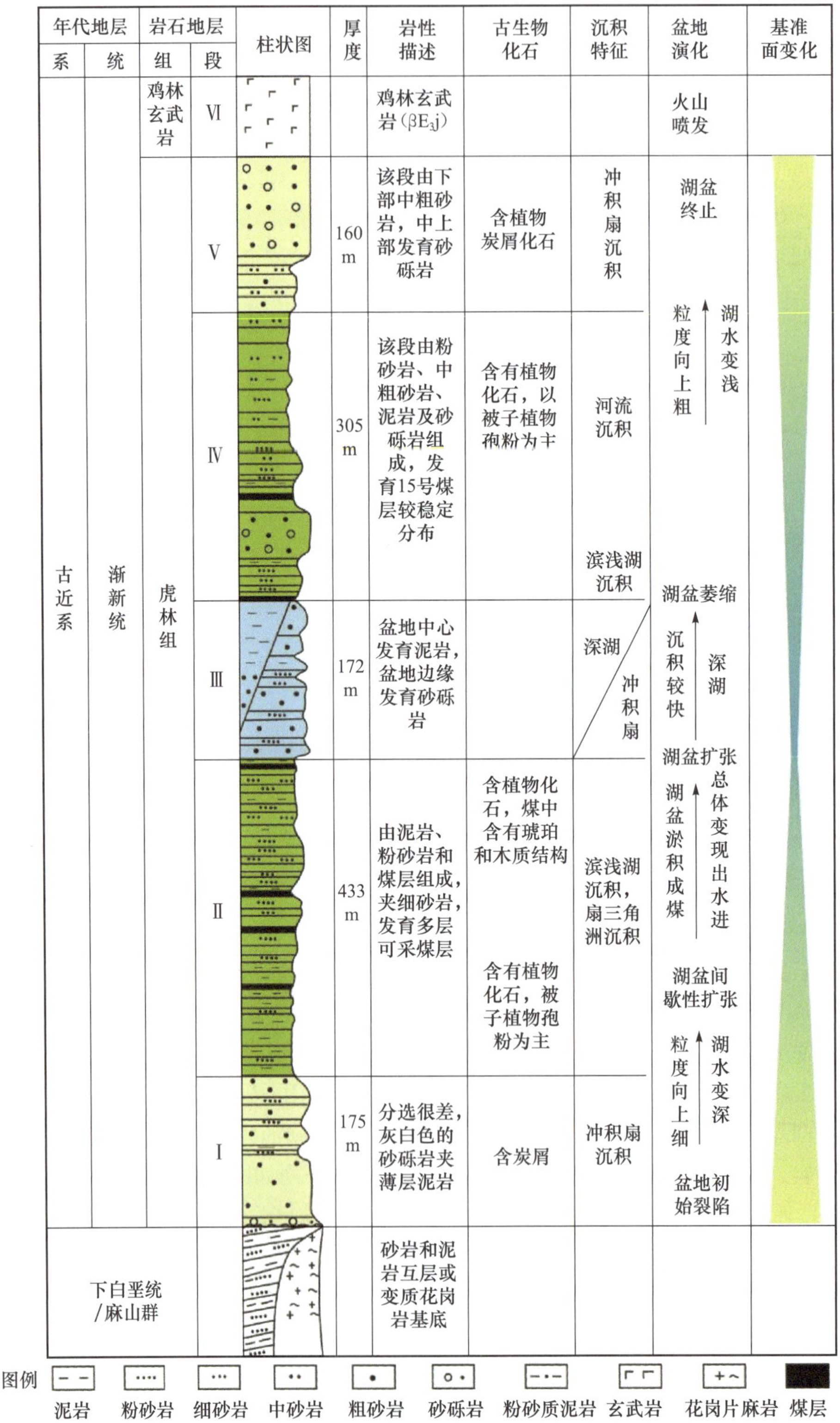

年代地层		岩石地层		柱状图	厚度	岩性描述	古生物化石	沉积特征	盆地演化	基准面变化
系	统	组	段							
古近系	渐新统	鸡林玄武岩	VI			鸡林玄武岩（βE₃j）			火山喷发	
		虎林组	V		160 m	该段由下部中粗砂岩，中上部发育砂砾岩	含植物炭屑化石	冲积扇沉积	湖盆终止	
			IV		305 m	该段由粉砂岩、中粗砂岩、泥岩及砂砾岩组成，发育15号煤层较稳定分布	含有植物化石，以被子植物孢粉为主	河流沉积	粒度向上变粗 湖水变浅	
								滨浅湖沉积	湖盆萎缩	
			III		172 m	盆地中心发育泥岩，盆地边缘发育砂砾岩		深湖 冲积扇	沉积较快 深湖 湖盆扩张	
			II		433 m	由泥岩、粉砂岩和煤层组成，夹细砂岩，发育多层可采煤层	含植物化石，煤中含有琥珀和木质结构	滨浅湖沉积，扇三角洲沉积	湖盆淤积成煤 总体表现出水进	
							含有植物化石，被子植物孢粉为主		湖盆间歇性扩张	
			I		175 m	分选很差，灰白色的砂砾岩夹薄层泥岩	含炭屑	冲积扇沉积	粒度向上变细 湖水变深 盆地初始裂陷	
下白垩统/麻山群						砂岩和泥岩互层或变质花岗岩基底				

图例 ｜－－｜ 泥岩 ｜••••｜ 粉砂岩 ｜•••｜ 细砂岩 ｜••｜ 中砂岩 ｜•｜ 粗砂岩 ｜○•｜ 砂砾岩 ｜－•－｜ 粉砂质泥岩 ｜⌐⌐｜ 玄武岩 ｜+∧｜ 花岗片麻岩 ｜■｜ 煤层

图 3-33　鸡东盆地古近系虎林组地层柱状图

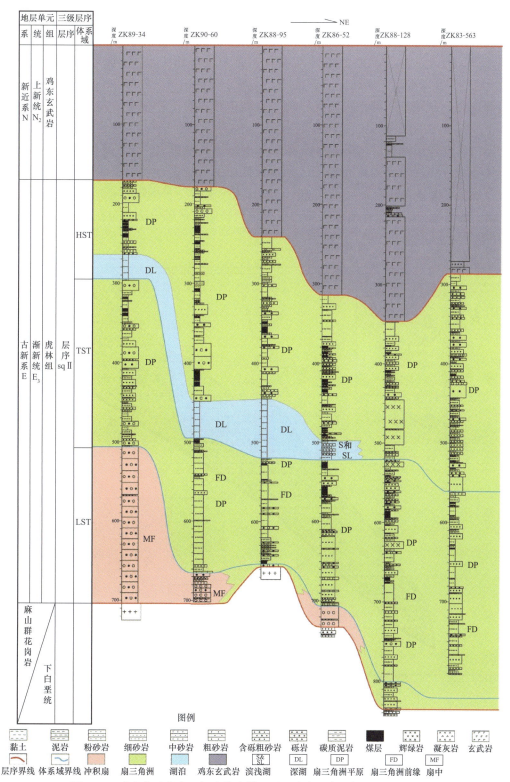

图 3-34　鸡东盆地永庆区新生代含煤地层北东向层序格架下沉积相对比

2. 鸡东盆地岩相古地理

鸡东盆地层序SⅢ2地层厚度变化大，厚度为0～1200m，由东南向西北逐渐地减薄，直至尖灭。从绘制的鸡东盆地古近系虎林组（层序SⅢ2）的岩相古地理（图3-35）可以看出，剥蚀区主要集中在盆地东侧的山区，物源主要来自于盆地东侧断裂一侧。盆地的东部靠近断层一侧、盆地中部发育了冲积扇，向西过渡为扇三角洲平原，盆地的西南部发育了滨浅湖沉积，盆地西部和中部的部分地区发育了深湖。盆地内发育多层厚煤层，煤层厚度都在10m以上甚至更大，煤层形成于层序SⅢ1湖侵体系域；煤层主要发育在永安区和永庆区的部分地区，在永庆区发育两个聚煤中心，煤层厚度最大分别为40m和30m，在永安区发育一个聚煤中心，煤层厚度最大为20m。盆地有利的聚煤古地理单位为扇三角洲平原，聚煤中心分布在盆地东侧的扇三角洲平原上。

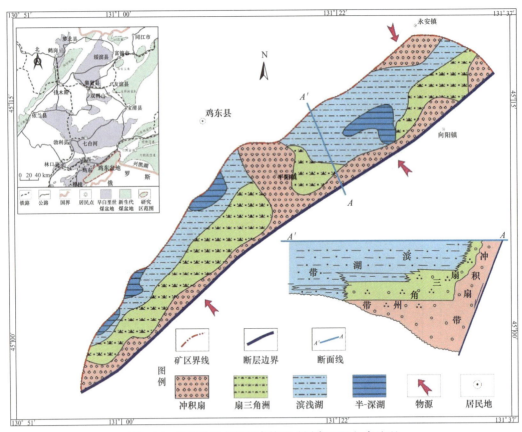

图 3-35　鸡东盆地古近系虎林组（层序 SⅢ2）古地理

（二）百色盆地

1. 含煤沉积及层序地层

广西古近纪陆相盆地层序地层研究工作较少，尤其是对各含煤组的层序研究，仍缺乏从单一盆地到大范围对比系统研究成果。前人首次对北部湾周缘古近纪盆地（百色、南宁盆地）进行了较全面系统的层序地层划分，将广西古近系—新近系盆地主要沉积界面进行了层序分界面识别，共划分了 6 个陆相沉积层序。即 ESB_1、ESB_2、ESB_3、ESB_4、ESB_5 和 NSB_1。

2. 聚煤期沉积相及古地理

百色盆地含煤岩系主要发育冲积扇、河流、湖泊沉积体系。经历了初始沉积→盆地扩展→盆地萎缩的完整演化过程，在地层结构上呈"上超退覆式"特征。古地理演化如图 3-36、图 3-37 所示。

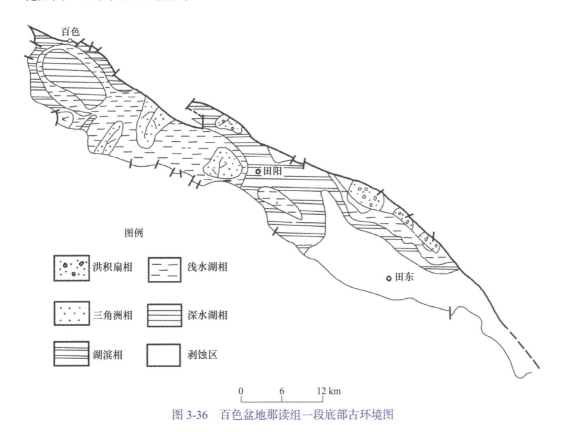

图 3-36　百色盆地那读组一段底部古环境图

3. 聚煤规律

百色盆地的聚煤时期主要为始新世那读早期、那读中期及百岗期；聚煤作用以湖相沼泽化为主，主要发育于湖泊的湖滨相带以及河口三角洲平原和河流泛滥平原相带；各时期聚煤中心在空间的展布和迁移，主要受盆地整体运动及各次级构造单元的不均衡运动所控制。此外，北缘同沉积断裂的活动，对盆地沉积中心的迁移、聚煤中心和富煤带的迁移均有一定影响；聚煤作用的强弱与沼泽化的范围及延续时间相一致，并与盆地沉降速度和幅度直接相关，只有合适的沉降速度和幅度，沼泽才能发育最佳；煤质的好坏与聚煤坳陷在盆地中所处的位置及水动力条件相关（图 3-38）。

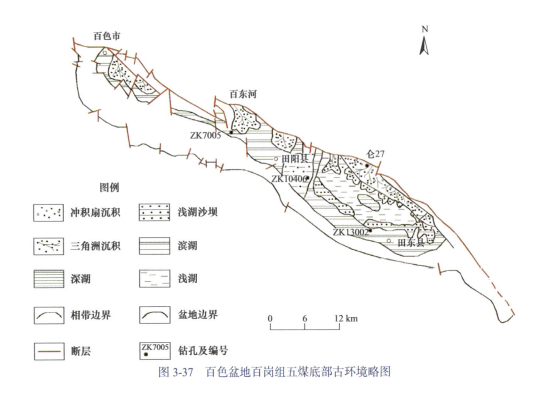

图 3-37 百色盆地百岗组五煤底部古环境略图

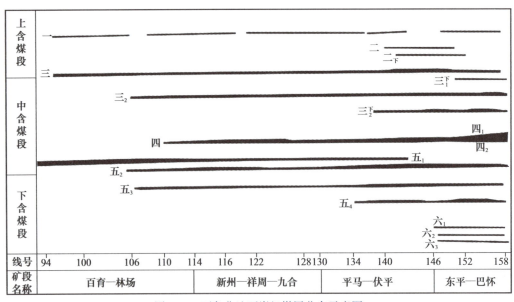

图 3-38 百色盆地百岗组煤层分布示意图

二、新近纪含煤岩系沉积环境及聚煤规律

古近纪以后，进入中始新世末期，随着新特提斯洋的封闭，印度板块与欧亚板块对接，中国统一大陆最终形成，喜马拉雅地区大面积隆升，逐渐转化为热带 - 亚热带高原

温湿气候。这种由地中海型热带海洋气候向热带 - 亚热带高原温湿气候的转化，对特提斯聚煤域的形成起了决定性的作用，前者的影响范围较小，导致聚煤局限于西藏南部一带且聚煤作用较弱；后者影响范围较大，使整个特提斯构造域均发生聚煤作用且强度较大。板块的碰撞不仅在垂直于缝合带的方向上地壳缩短、推覆和垂向上隆升，还存在着侧向的蠕散运移，表现为深大断裂的走滑活动。云南新近纪多数聚煤盆地沿走滑断裂分布，也印证了这种活动的存在。

聚煤盆地主要包括滇北盆地群、滇东南盆地群、桂南盆地群以及川西藏东盆地群等，台湾地区西部形成了以海相及海陆交互相为主的含煤沉积，构成了台湾地区唯一的含煤岩系。

现以云南省昭通盆地为例，说明我国新近纪含煤盆地的聚煤特征。

（一）地质特征

昭通盆地基底由下二叠统阳新灰岩，上二叠统峨眉山玄武岩组、龙潭组，下三叠统飞仙关组、永宁镇组，中三叠统关岭组，上三叠统须家河组等地层组成，向斜轴部为上三叠统须家河组。

盆地东北部的 F2 断层，使阳新灰岩逆冲于飞仙关组地层之上。盆地北缘的 F3 断层，使阳新灰岩逆冲于侏罗纪砾岩之上，延入盆地后仍使关岭组灰岩重复。最大断距均逾千米。向斜内中生代地层，遭受了强烈的剥蚀，造成有山梁沟谷存在的复杂的古盆地地形。盆地的中心与基底向斜轴不一致，偏向向斜的东侧。

昭通盆地下部发育河床相砾岩，河道废弃后逐渐发育泥炭沼泽相，由于成煤的原始质料较为丰富，形成了巨厚煤层。随着湖水的逐渐变深上部沉积了一套湖相泥岩、泥质粉砂岩等（图 3-39）。

（二）古地理特征与聚煤作用

昭通盆地沉积过程是由局部到全面向盆地边缘及高处超覆扩大的充填过程。沉积过程中构造活动不明显，故基底地形、古洪积物是影响煤层厚度、结构、煤质及分布的主要因素。从上到下煤层编号为 M1、M2、M3。M1 是全区稳定的薄煤层，M2 是全区发育的主要煤层，M3 煤层仅在海子洼地的中部出现。

从 M3 煤层阶段岩相古地理图看（图 3-40），该阶段沉积范围最小。煤层沉积伴随着箐门洪积扇发育的全过程，与盆地边缘及早期洪积层呈超覆关系，与同期洪积层则呈交错相变关系，因狮子山古梁的分隔，两个洼地沉积岩相存在显著差异。荷花洼地为湖泊相，无 M3 煤层沉积；海子洼地为泥炭沼泽相，M3 煤层厚达 67m。

从 M2 煤层阶段岩相古地理图看（图 3-41），沉积已漫过狮子山古梁，除凤凰山孤岛外，整个盆地及红卫溶沟，均先后泥炭沼泽化，沉积了盆地内分布最广、厚度最大、煤质最好的煤层。成煤后期盆地全面覆水，除港湾湖汊局部闭塞的地方偶有沼泽相外，其他地方均沉积湖泊相黏土，含田螺化石，同时在鲁甸平台聚积了更年轻的褐煤。

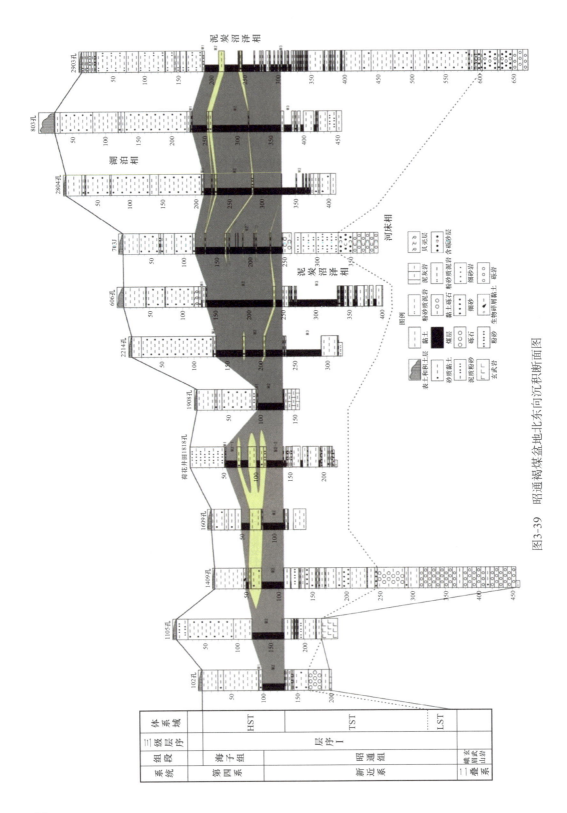

图3-39　昭通褐煤盆地北东向沉积断面图

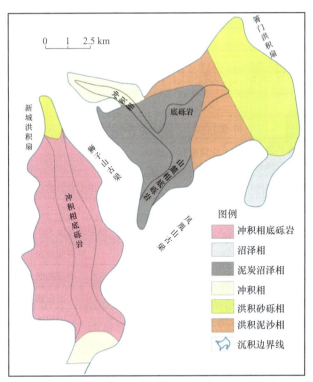

图 3-40　昭通盆地 M3 煤层阶段岩相古地理图

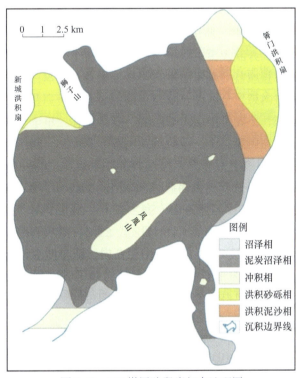

图 3-41　M2 煤层阶段岩相古地理图

第四章 煤田构造与构造控煤

第一节 中国煤田构造的动力学背景

一、我国及其邻区大地构造格局

我国大陆及其毗邻地区是一个拼合的大陆，由若干大大小小的克拉通和地块以及夹持其间的造山带所组成，纵向上和横向上均表现出显著的非均一性，使得我国及其邻区的大陆岩石圈在历史发展上呈现出复杂而又清晰的多旋回分阶段演化特征。主要的地块包括塔里木地块、中朝地块和华南地块，主要的造山带有天山—兴蒙造山带、昆仑—祁连—秦岭造山带、特提斯—喜马拉雅造山带和滨太平洋造山带。中国大陆从太古宙到新生代经历了漫长而复杂的构造演化过程。古生代以来，中国大陆构造发展受古亚洲洋、特提斯洋、太平洋三大构造域动力学体系的控制（任纪舜，1991，1994；Ren et al.，2013）。

二、岩石圈结构特征

经中、新生代强烈改造了的我国岩石圈，打破了古老构造格局，在地球物理场上明显地分为东、西两部分。李廷栋（2006）根据地球物理场所显示的特征以及地质和地球化学特征，以贺兰山—川滇南北构造带为界，把中国大陆及邻近海域岩石圈划分为东、西两个大的构造单元，作为我国岩石圈的一级构造单元，并分别命名为中亚岩石圈构造域和东亚岩石圈构造域（图4-1）。其界线和范围分别与喜马拉雅—西域构造域和滨太平洋构造域重合，二者在岩石圈结构上呈现出明显的差异。

1. 东部滨太平洋构造域

阴山和秦岭—大别山两条近东西向深层构造带，以及沿海陆缘、大兴安岭—太行山—武陵山和贺兰山—龙门山—康滇地轴三条近南北向深层构造带，把东部分割成条条块块，包括松辽岩石圈块体、华北岩石圈块体和华南岩石圈块体，这三个岩石圈块体也基本是东部东北赋煤构造区、华北赋煤构造区和华南赋煤构造的范围。

2. 西部喜马拉雅—西域构造域

位于贺兰山—川滇南北构造带以西，分布着西域岩石圈块体和青藏岩石圈块体，这两个岩石圈块体也基本控制着西北赋煤构造区和滇藏赋煤构造区的范围。

三、构造演化过程

我国大陆作为欧亚大陆的组成部分，其内部结构复杂，是由一系列巨型的造山带、陆台和微地块组成的复合大陆。中朝陆台是中国最大陆台，但与世界上的大型陆台相

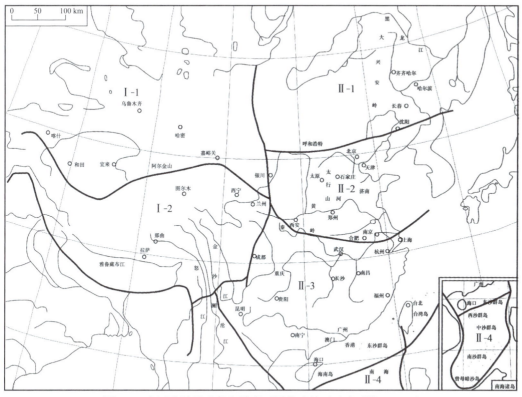

图 4-1 中国大陆及毗邻海域岩石圈构造单元（李廷栋，2006）

Ⅰ. 中亚岩石圈构造域；Ⅰ-1. 西域岩石圈块体；Ⅰ-2. 青藏岩石圈块体；Ⅱ. 东亚岩石圈构造域；

Ⅱ-1. 松辽岩石圈块体；Ⅱ-2. 华北岩石圈块体；Ⅱ-3. 华南岩石圈块体；Ⅱ-4. 南海岩石圈块体

比，也仅占非洲陆台的 1/18，占北美陆台的 1/7（据任纪舜统计）。这意味着我国广大领域内缺少稳定的成煤盆地背景。中新生代我国大陆及其边缘受多个方向的俯冲、碰撞和挤压，即使在稳定的块体内部，也受到较强烈的构造运动和岩浆活动的影响。从板块的相互作用上，我国大陆东侧中生代中期以来受太平洋、菲律宾板块俯冲和碰撞的影响，北侧受西伯利亚板块向南的挤压的影响，南侧及西南侧受特提斯构造域的汇聚和随后印度板块的碰撞和楔入的巨大影响。

我国所在的亚洲大陆是显生宙才逐渐形成的一个大陆。这个大陆具有清晰的多旋回、分阶段演化特征。中、新生代阶段，我国大地构造演化总体表现为冈瓦纳大陆北部边缘的裂解和华力西期形成的古亚洲大陆的向南增生。古亚洲构造域、特提斯构造域、滨太平洋构造域、蒙古—鄂霍次克构造域的形成、演化为晚中生代、中生代、新生代沉积盆地的形成及发展奠定了基础和提供了动力来源。

从地球动力学角度分析，古亚洲构造域是在古亚洲洋动力体系作用和影响下形成的一个构造区，包括古亚洲造山区及其南北两侧的西伯利亚板块南部边缘和冈瓦纳北部边缘。古生代时，中国北方的几个主要克拉通，中朝、扬子、塔里木等均属古亚洲构造域；特提斯构造域是在特提斯洋和印度洋两个前后相继的动力体系作用下形成的一个构造区，包括特提斯造山区、中国西部和中亚的新生代复合山脉及其相关的盆地系统；环太平洋构造域是在古太平洋和太平洋两个前后相继的动力体系作用下形成的一个构造区，包括亚洲东部环太平洋造山区、中国东部陆缘活化带和中国东部裂谷盆地带；蒙古—鄂霍次克构造域是发育在古亚洲大陆东侧位于西伯利亚板块与中国北方板块之间的一个中生代大洋盆地及其演化所影响的地区，它包括阿尔金—松辽构造带、蒙古—海拉尔构造带和蒙古—鄂霍次克构造带，它是叠加在古亚洲大陆上不同大地构造单元上的一个新生的构造区，主要形成于中生代。

多旋回造山作用是中国大陆构造突出的特征，这是由中国所处的全球构造位置所决定的。显生宙期间，古亚洲洋、特提斯—古太平洋和印度洋、太平洋三大全球动力学体系在中国的交切、复合，使同一地带在不同构造旋回和构造阶段经受不同的动力体系的作用，因而造成十分复杂的构造面貌和演化过程。

第二节　煤田构造格局与赋煤构造单元划分

一、中国煤田构造格局

中国聚煤盆地主要是在晚古生代和中、新生代形成，在其形成和演化过程中又明显受控于古亚洲洋构造域、特提斯构造域、环太平洋构造域和蒙古—鄂霍次克构造域的形成、演化。这些构造域的相互作用干涉或先后叠置，使得我国的聚煤盆地具有明显的东西差异和南北差异，这样的差异导致煤系的赋存也有较大差异。

中国煤田构造格局可以划分为：①以贺兰山—龙门山南北向一级构造带分划的两大构造区域：东部构造区域、西部构造区域；②两条东西向一级构造带（阴山—燕山构造带、昆仑—秦岭构造带）与南北向一级构造带组合划分的五大赋煤构造区：东北赋煤构造区、华北赋煤构造区、西北赋煤构造区、华南赋煤构造区、滇藏赋煤构造区；③北北东向重力梯度带表征的大兴安岭—太行山—武陵山构造带与贺兰山—龙门山南北向构造带分划的三大煤系变形带：东部复合变形带、中部过渡变形带、西部挤压变形带。

二、煤系变形的基本规律

中国大陆自晚古生代以来，相继经历了古亚洲地球动力学体系、太平洋地球动力学体系和特提斯地球动力学体系的作用，大陆构造演化的时空非均匀性、基底属性和地层结构的复杂性，导致煤系变形格局呈现复杂而又有序的总体面貌。与中国大陆岩石圈结构、构造基本格局相似，煤系变形分区、分带组合可划分为三大区域（图4-2）。

1. 东部复合变形区

大兴安岭—太行山—武陵山以东，煤系后期改造显著且多样化，秦岭—大别山以南以挤压背景为主，华北和东北则以伸展背景为主。煤系变形分区以北东—北北东向展布、平行排列的条带结构组合为基本格局，变形幅度和强度由东向西递减。

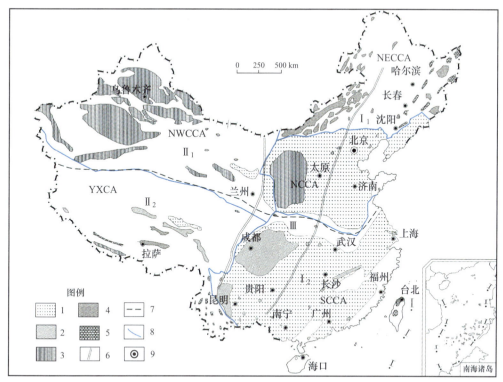

图 4-2 中国含煤岩系构造变形分区组合示意图

1. 石炭纪—二叠纪煤系；2. 晚三叠世煤系；3. 早中侏罗世煤系；4. 早白垩世煤系；5. 古近纪、新近纪煤系；
6. 赋煤构造区界线；7. 一级变形区界线；8. 赋煤构造区界线；9. 地名

Ⅰ. 东部复合变形区：Ⅰ₁. 东北 - 华北伸展变形分区，Ⅰ₂. 华南叠加变形分区；Ⅱ. 西部挤压变形区：Ⅱ₁. 西北正反转变形分区；Ⅱ₂. 滇藏挤压变形分区；Ⅲ. 中部过渡变形区；NECCA. 东北赋煤构造区；NCCA. 华北赋煤构造区；NWCCA. 西北赋煤构造区；SCCA. 华南赋煤构造区；YXCA. 滇藏赋煤构造区

2. 西部挤压变形区

贺兰山—龙门山以西，煤田构造格局以挤压体制为特色，煤系变形分区组合呈北西—北西西—北北西弧形展布，变形强度向北递减。煤系变形分区组合由滇藏聚煤区的平行条带结构，转换为西北聚煤区多中心的环带结构。

3. 中部过渡变形区

大兴安岭—太行山—武陵山与贺兰山—龙门山之间的南北向过渡带，地壳结构稳定，煤盆地演化以继承性为特征，鄂尔多斯盆地和四川盆地煤系变形分区具有典型的"地台型"同心环带结构。

通过上述的分析，本书将中国煤系变形的基本规律概括为两种基本类型。

（1）同心环带组合。赋煤盆地被强变形构造带（造山带）所环绕，煤田构造格局呈近似环带组合，变形强度由外缘向内部逐步递减，以稳定连续的聚煤作用和弱至中等的煤系变形为特征，从煤盆地边缘向盆地内部含煤岩系变形强度逐步递减。此种类型通常位于地台或古大陆板块内部（图 4-3）。

（2）平行条带组合。煤田构造格局呈条带状平行排列组合，具有明显的方向性，变形强度通常不对称，以狭长凹陷或断陷盆地聚煤作用和较强烈的煤系变形为特征，含煤岩系变形分区呈条带状平行排列。此种类型通常发育于古大陆边缘部位（图4-4）。

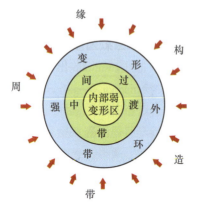

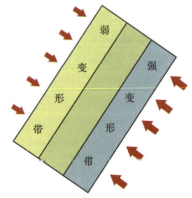

图 4-3　煤系变形同心环带组合模式图　　　图 4-4　煤系变形平行条带组合模式图

三、赋煤构造单元划分

（一）赋煤构造单元定义

通常，煤系和煤层的分布具有分区、分带展布特点，这种分区分带性很大程度上受区域构造格局的控制。赋煤构造单元是此次全国煤炭资源潜力评价——煤田构造研究中提出的重要概念，用以描述区域构造格局和构造演化对煤系赋存的控制，强调煤系和煤层历经地质作用后的现今赋存状态。

赋煤构造单元是指在一套相同或者相近的含煤地层系统内，从煤系赋存角度划分的构造单元，它具有大致相同的构造演化历史，其现今构造特征基本相同的地层 - 构造组合，反映煤炭资源现今保存的构造特征。它具有赋煤单元和大地构造单元的双重性质，一方面，是煤系赋存的构造区划，具有一般意义上构造单元的含义；另一方面，赋煤构造单元反映的是煤系的现今赋存状况，因而又具有赋煤单元的意义。可以说，赋煤构造单元建立起连接构造单元（大地构造属性）和赋煤单元（煤系分布）之间（表4-1）的桥梁，体现了中国煤炭资源赋存规律的基本特点。

表 4-1　赋煤构造单元与赋煤单元的对应关系

单元	层次				
	Ⅰ	Ⅱ	Ⅲ	Ⅳ	Ⅴ
赋煤构造单元	赋煤构造区	赋煤构造亚区	赋煤构造带	拗陷、隆起、断陷、盆地	凹陷、凸起断阶带
赋煤单元	赋煤区	煤盆地或盆地群	赋煤带	煤田	矿区

（二）赋煤构造单元划分

本书将赋煤构造单元划分为三级构造体系：赋煤构造区、赋煤构造亚区、赋煤构造带。

赋煤构造区是根据主要含煤地质时代的成煤大地构造格局和煤系赋存大地构造格局划分的Ⅰ级赋煤构造单元，与Ⅰ级大地构造单元范围相当，也可跨越Ⅰ级大地构造单元。我国煤田地质工作者在长期的实践中，划分出东北、华北、西北、华南、滇藏等五大赋煤区，这一区划方案体现了中国煤炭资源赋存时空差异的总体特征，Ⅰ级赋煤构造单元采用与赋煤单元区划相同方案。

赋煤构造亚区隶属于赋煤构造区，为Ⅱ级赋煤构造单元，是多个Ⅲ级赋煤构造带的组合，其中的赋煤构造带具有共同的构造演化特征，相同或相近的煤系变形规律，控制边界主要为区域性的大型断裂。

赋煤构造带是聚煤盆地或盆地群经历后期改造后形成的Ⅲ级赋煤构造单元。其划分的主要依据包括：①具有一致的聚煤规律（属于同一成煤盆地或盆地群）；②经历了大致相同的构造-热演化进程；③煤系具有相似的构造格局，即同时代的煤系的赋存状况相似；④赋煤构造带一般以区域性构造线或煤系沉积（剥蚀）边界圈定其范围；⑤赋煤构造带一般相当于Ⅲ级大地构造单元，但根据煤系发育和分布特征，也可以跨越不同级别的大地构造单元。赋煤构造单元采用"地名+构造属性+赋煤构造带"的方法进行命名，以反映煤田构造格局的基本特征。

通过对含煤岩系构造特征的总结，赋煤构造带划分使用的含煤岩系构造特征术语主要有隆起、拗陷、断隆、断陷、断拗、单斜、褶皱、挠曲、逆冲推覆、走滑等。

根据上述的赋煤构造单元的相关定义和划分方案，本次煤炭资源潜力将全国划分为5大赋煤构造区、15个赋煤构造亚区、74个赋煤构造带（表4-2、图4-5）。

表4-2 中国赋煤构造单元划分

赋煤区	赋煤构造亚区（标号）	赋煤构造带（标号）
东北赋煤构造区（DB）	东部赋煤构造亚区（DB-1）	三江—穆棱断拗赋煤构造带（DB-1-1）
		虎林—兴凯断陷赋煤构造带（DB-1-2）
		依舒—敦密断陷赋煤构造带（DB-1-3）
	中部赋煤构造亚区（DB-2）	黑河—小兴安岭断拗赋煤构造带（DB-2-1）
		张广才岭断隆赋煤构造带（DB-2-2）
		松辽东部断阶赋煤构造带（DB-2-3）
		松辽西南部断陷赋煤构造带（DB-2-4）
	西部赋煤构造亚区（DB-3）	漠河断陷赋煤构造带（DB-3-1）
		海拉尔断陷赋煤构造带（DB-3-2）
		大兴安岭断隆赋煤构造带（DB-3-3）
		二连断陷赋煤构造带（DB-3-4）

续表

赋煤区	赋煤构造亚区（标号）	赋煤构造带（标号）
华北赋煤构造区（HB）	华北北缘赋煤构造亚区（HB-1）	阴山—燕山褶皱—逆冲赋煤构造带（HB-1-1）
		辽西逆冲—断陷赋煤构造带（HB-1-2）
		辽东—吉南逆冲—拗陷赋煤构造带（HB-1-3）
	鄂尔多斯盆地赋煤构造亚区（HB-2）	鄂尔多斯盆地西缘褶皱逆冲赋煤构造带（HB-2-1）
		鄂尔多斯盆地东缘挠曲赋煤构造带（HB-2-2）
		伊盟隆起赋煤构造带（HB-2-3）
		天环拗陷赋煤构造带（HB-2-4）
		陕北单斜赋煤构造带（HB-2-5）
		渭北断隆赋煤构造带（HB-2-6）
	山西块拗赋煤构造亚区（HB-3）	晋北断陷赋煤构造带（HB-3-1）
		晋南断拗赋煤构造带（HB-3-2）
	华北东部赋煤构造亚区（HB-4）	太行山东麓断阶赋煤构造带（HB-4-1）
		燕山南麓褶皱赋煤构造带（HB-4-2）
		华北平原断陷赋煤构造带（HB-4-3）
		鲁西断陷赋煤构造带（HB-4-4）
		鲁中断隆赋煤构造带（HB-4-5）
		胶北断陷赋煤构造带（HB-4-6）
	南华北赋煤构造亚区（HB-5）	嵩箕滑动构造赋煤构造带（HB-5-1）
		豫东断块赋煤构造带（HB-5-2）
		徐淮断块 - 推覆赋煤构造带（HB-5-3）
		华北南缘逆冲推覆赋煤构造带（HB-5-4）
		秦岭大别北缘褶皱赋煤构造带（HB-5-5）
华南赋煤构造区（HN）	扬子赋煤构造亚区（HN-1）	米仓山—大巴山逆冲推覆赋煤构造带（HN-1-1）
		扬子北缘逆冲赋煤构造带（HN-1-2）
		龙门山逆冲赋煤构造带（HN-1-3）
		川中南部隆起赋煤构造带（HN-1-4）
		川渝隔档式褶皱赋煤构造带（HN-1-5）
		丽江—楚雄拗陷赋煤构造带（HN-1-6）
		康滇断隆赋煤构造带（HN-1-7）
		滇东褶皱赋煤构造带（HN-1-8）
		川南黔西叠加褶皱赋煤构造带（HN-1-9）
		渝鄂湘黔隔槽式褶皱赋煤构造带（HN-1-10）
		江南断隆赋煤构造带（HN-1-11）

续表

赋煤区	赋煤构造亚区（标号）	赋煤构造带（标号）
华南赋煤构造区（HN）	华夏赋煤构造亚区（HN-2）	湘桂断陷赋煤构造带（HN-2-1）
		赣湘粤拗陷赋煤构造带（HN-2-2）
		上饶—安福—曲仁拗陷赋煤构造带（HN-2-3）
		浙西赣东拗陷赋煤构造带（HN-2-4）
		闽西南拗陷赋煤构造带（HN-2-5）
		右江褶皱赋煤构造带（HN-2-6）
		雷琼断陷赋煤构造带（HN-2-7）
		台湾逆冲拗陷赋煤构造带（HN-2-8）
西北赋煤构造区（XB）	准噶尔盆地赋煤构造亚区（XB-1）	准西逆冲赋煤构造带（XB-1-1）
		准北拗陷赋煤构造带（XB-1-2）
		三塘湖拗陷赋煤构造带（XB-1-3）
		准东褶皱—断隆赋煤构造带（XB-1-4）
		准南逆冲—拗陷赋煤构造带（XB-1-5）
		伊犁逆冲—拗陷赋煤构造带（XB-1-6）
		吐哈逆冲—拗陷赋煤构造带（XB-1-7）
	塔里木盆地赋煤构造亚区（XB-2）	塔西北逆冲—拗陷赋煤构造带（XB-2-1）
		中天山断隆赋煤构造带（XB-2-2）
		塔西南逆冲—拗陷赋煤构造带（XB-2-3）
		塔东南断拗陷赋煤构造带（XB-2-4）
		塔东北拗陷赋煤构造带（XB-2-5）
	祁连山脉赋煤构造亚区（XB-3）	阿拉善断陷赋煤构造带（XB-3-1）
		祁连逆冲—拗陷赋煤构造带（XB-3-2）
		走廊对冲—拗陷赋煤构造带（XB-3-3）
		柴北逆冲赋煤构造带（XB-3-4）
		东昆仑断隆赋煤构造带（XB-3-5）
滇藏赋煤构造区（DZ）	藏北赋煤构造亚区（DZ-1）	青南—昌都褶皱—逆冲赋煤构造带（DZ-1-1）
		土门—巴青褶皱赋煤构造带（DZ-1-2）
	滇西赋煤构造亚区（DZ-2）	兰坪—普洱褶皱—逆冲赋煤构造带（DZ-2-1）
		保山—临沧走滑—断陷赋煤构造带（DZ-2-2）
		腾冲—潞西断陷赋煤构造带（DZ-2-3）

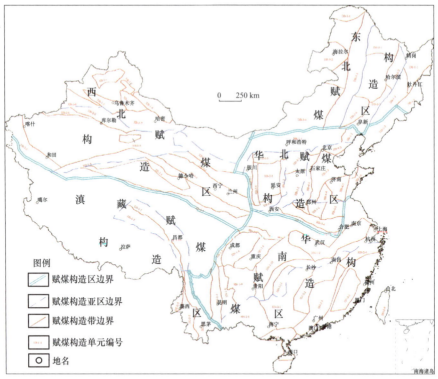

图 4-5　中国赋煤构造单元划分示意图

第三节　控煤构造样式及控煤作用

一、控煤构造样式划分

构造样式（structural styles）最早由 Lugeon 引入构造地质学，是指一群构造或某种构造特征的总特征和风格。从构造组合角度分析，一组构造往往在剖面形态、剖面展布、排列、成因机制上相互间有着密切联系，形成各有特点的构造样式。构造样式研究的目的在于揭示地质构造发育的规律，建立地质构造模型，在地质勘查资料不足的情况下，可以通过构造样式的研究去认识可能存在的构造格局和进行构造预测。控煤构造样式是指对煤系和煤层的现今赋存状况具有控制作用的构造样式，它们是区域构造样式中的重要组成部分。

控煤构造样式的划分采用当前构造样式研究的主流方案——地球动力学分类，即根据地壳应力环境划分为伸展构造样式、压缩构造样式、剪切和旋转构造样式，以及具有构造叠加和复合性质的反转构造样式四大类（表 4-3）。在此前提下，要注重体现煤田构造的特点，如滑动构造在煤田中常见，可以形成于多种应力环境，故可以单独划分滑动构造样式类型。控煤构造样式的厘定，对于深入认识煤田构造发育规律、指导煤炭资源评价和煤炭资源勘查实践具有重要意义。

表 4-3　控煤构造样式分类

大类	类型	大类	类型
伸展构造样式	单斜断块	剪切与旋转构造样式	左行、右行平移断层
	地堑式		正—平移和逆—平移断层
	地垒式		雁列褶皱构造
	掀斜断块		花状构造
	箕状构造		S 形构造、反 S 形构造
压缩构造样式	纵弯褶皱		旋扭构造
	横弯褶皱	反转构造样式	正反转断裂型
	隔档式褶皱		负反转断裂型
	隔槽式褶皱		正反转褶皱型
	叠加褶皱		负反转褶皱型
	断弯褶皱		复合反转型
	断展褶皱	滑动构造样式	掀斜断块型
	断滑褶皱		逆冲褶皱型
	叠瓦状构造		断块旋转型
	双重构造		重力滑覆型
	逆冲岩席		穿窿型
	断夹块		层滑型
	挤压断块		
	构造凸起（反冲构造、背冲构造）		
	三角带（对冲构造）		

二、控煤构造样式特征及其控煤意义

1. 伸展构造样式及其赋煤特征

伸展构造是在拉伸状态下形成的，基本样式就是堑垒构造和半地堑构造，地堑可根据边界产状分为平面型（断面平直）和铲式（断面向下变缓）两类。半地堑形态普遍，"Y"形半地堑即一般所称的楔形断陷，常由一条主干断裂引起，更多情况下是由一组断裂形成的掀斜式断块，太行山东麓和百色盆地就属于这类构造。

1）堑垒构造

堑垒构造一般为走向一致、倾向相反的成对高角度正断层组合形式，当成对的断层中一个起主导时则成为半堑垒构造。地堑主要由两条走向基本一致的相向倾斜的正断层构成。两条正断层之间是一个共同的下降盘。地垒主要由两条走向基本一致的反向倾斜的正断层构成。两条正断层之间是一个共同的上升盘（图 4-6）。

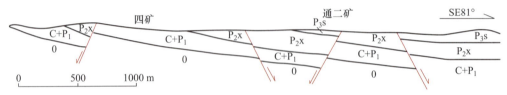

图 4-6　河北省峰峰矿区四矿至通二矿堑垒构造系剖面图

2）掀斜断块

水平拉张应力使正断层不均匀运动引起断块旋转，一端倾斜，另一端掀起的断裂-断块组合形式，断层面倾向与断夹块地层倾向相反。平面上，正断层呈平行排列、斜列等形式。根据断层倾向与地层倾向的关系，可进一步分为同向正断层组合和反向正断层组合。这是我国东部煤田构造中较为常见的一种构造样式，其赋煤构造单元多呈单斜状。

3）箕状构造

由抬斜断块或半地堑发育起来的箕状断陷盆地构造。在箕状构造发育过程中，主控断层的活动基本上与盆地的充填沉积作用是同步的，因而称为生长断层或同沉积断层。箕状构造含煤断块内构造相对简单，对煤层影响不大，如沽源盆地（图 4-7）。

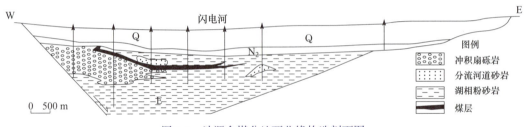

图 4-7　沽源含煤盆地西北缘构造剖面图

4）单斜断块

根据地球动力学成因分类，该构造样式应属于伸展构造样式范畴。多发育于低应力区，如区域逆冲断裂之间的岩席地层或逆冲断层前陆滑脱带，应力值相对较低，构造变形不甚强烈。主体构造形态为缓倾向至中等角度倾向的单斜构造，可以是大型褶皱的一翼或大型逆冲岩席的一部分，通常被断层切割，但断层对单斜构造形态不具主导控制作用。

2. 压缩构造样式及赋煤特征

1）叠瓦状构造

逆冲叠瓦型是由产状相近或近于平行排列的一系列由浅至深、断面由陡变缓的分支逆冲断层夹冲断片组成，向深部收敛于一条主干滑脱面上。

2）双重逆冲构造型

双重逆冲构造是由顶板逆冲断层与底板逆冲断层及夹于其中的一套叠瓦式逆冲断层和断夹块组合而成。双重逆冲构造中的次级叠瓦式逆冲断层向上相互趋近并且相互连结，共同构成顶板逆冲断层；各次级逆冲断层向下相互连结，构成底板逆冲断层。各次级逆冲断层围限的断块叫断夹块（horse）。双重逆冲构造中的顶板逆冲断层和底板逆冲断层在前锋和后缘汇合，构成一个封闭块体。

3）对冲断夹块型

在区域构造应力场强烈挤压作用下，形成对冲逆断层。煤系赋存于两逆冲断层的共同下盘，即逆冲断层三角带内。受对冲断层控制，煤系地层构造形态通常为轴向平行于断裂带走向的狭窄向斜，变形较为强烈。发育于构造活动较为强烈的地区，煤层受断裂控制较为明显，构成矿区的自然边界。

4）背冲型

由倾向相对的两组逆断层共有上升盘所形成的构造组合形式，这类构造多发育于构造复杂部位，在两侧对冲挤压作用下，形成倾斜相背的两组逆冲断层，其共同上升盘抬升变浅，并形成相关褶皱。上盘由于抬升剥蚀往往不含煤或含煤性较差，煤系在断裂下盘保存较好。此种样式在煤田构造中发育较为常见。

5）褶皱断裂型

区域构造在压应力场作用下，夹持于两区域逆冲断层之间的岩席地层，应力相对较低，发生褶皱变形，形成纵弯褶皱。以向斜、背斜、复向斜、复背斜的形态产出。随着构造应力场作用的加剧，形成逆断层，先前形成的褶皱被不同程度的切割、破坏，形成褶-断组合形态。褶皱与断裂的相关关系表明，两者之间存在一定的主次关系，以褶皱形态为主，断层形态为辅。在这种构造背景之下，煤层赋存较为稳定，可大面积分布，局部地区受断层的切割破坏，对矿区整体开采影响不大，多构成矿区的自然边界。

6）纵弯褶皱

岩层受到顺层挤压作用而形成的褶皱。一般认为，岩层在褶皱前处于初始的水平状态，所以纵弯褶皱作用是地壳受水平挤压的结果。黔北煤田中，褶皱均为纵弯褶皱，近南北向褶皱和北东向褶皱十分发育，均形成于主燕山期的水平挤压应力作用，后期受到改造，部分褶皱倒转（图4-8）。

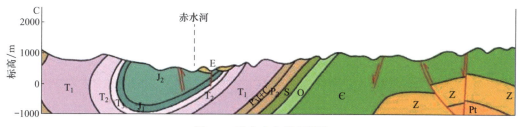

图4-8　黔北赤水纵弯褶皱

3. 走滑构造样式及赋煤特征

1）平移断裂

平移断层两盘基本上沿断层走向相对滑动。根据两盘的相对滑动方向，又可进一步命名为右行平移断层和左行平移断层。

2）正 - 平移断裂和逆 - 平移断裂

正断层具有走滑性质和平移分量，则为正 - 平移断裂；逆断层具有走滑性质和平移分量，则为逆 - 平移断裂。

3）雁列褶皱构造

雁列褶皱又称斜列式褶皱，为一系列呈平行斜列（雁行状）的短轴背斜或向斜，它可以由不同规模和次级的背斜或向斜所组成，是褶皱构造常见的一种组合形式。褶皱的这一组合形式一般认为是由水平力偶作用形成的，可分为左行和右行雁列褶皱构造两种。

4）帚状构造

平面上呈现一端收敛，另一端发散的构造形态，与平移断裂活动有关。在黔西煤田盘南背斜东翼雨谷勘探区，北西西向断层呈向北凸出的弧形，有向西收敛、向东撒开之势，为黄泥河涡轮构造带控制的一小型帚状构造，其旋回面由几条规模不大的断层组成。在剖面上与分支断层构造地堑、地垒构造组合。从旋回层的性质以及旋回层与旁侧的低序次分支断层所构成的"人"字形构造判断，它是一个内旋层逆时针、外旋层顺时针的压扭性帚状构造（图 4-9）。

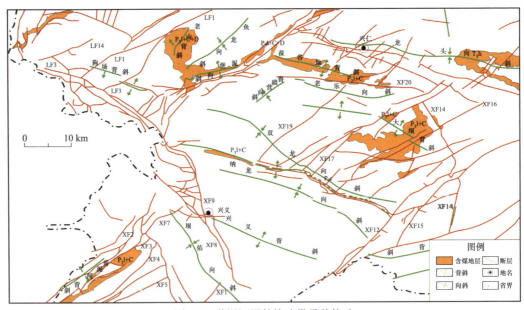

图 4-9 黄泥河涡轮构造带帚状构造

4. 反转构造控煤与赋煤特征

构造反转是指不同构造类型之间的转化，反转构造是由 Glennie 和 Boeger 于 1984 年首先提出的，他们认为"构造反转指的是盆地逆转成构造隆起"。Williams 等和 Mitra 将反转构造划分为正反转构造与负反转构造两种基本类型。正反转构造指先伸展、后挤压的叠加或复合构造，即先存的伸展构造系统中的正断层及其构造组合，受挤压再活动，形成褶皱和逆冲断层；负反转构造则指先挤压、后伸展的叠加或复合构造，即先存的挤压构造系统中的褶皱和逆冲断层，受伸展再活动，形成正断层或地堑、半地堑系。

1）正反转断裂型

这是指先伸展、后挤压的叠加或复合构造，即先存的伸展构造系统中的正断层及其构造组合，受挤压再活动，形成以逆冲断层为主的构造样式。

2）正反转褶皱型

这是指先伸展、后挤压的叠加或复合构造，即先存的伸展构造系统中的正断层及其构造组合，受挤压再活动，形成以褶皱构造为主的构造样式。

3）负反转断裂型

这是指先挤压、后伸展的叠加或复合构造，即先存的挤压构造系统中的褶皱和逆冲断层，受伸展再活动，形成正断层或地堑、半地堑系，但先成的褶皱形态被切割破坏，不甚明显。

4）负反转褶皱型

这是指先挤压、后伸展的叠加或复合构造，即先存的挤压构造系统中的褶皱和逆断层，受伸展再活动，形成正断层或地堑、半地堑系，但仍然保留早期褶皱形态，或后期部分褶皱构造形成于伸展体系中正断层位移的牵引作用，如织纳煤田（图4-10）。

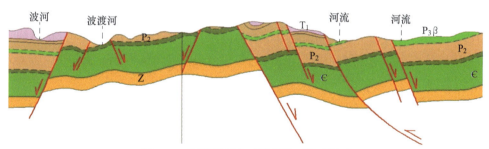

图4-10　织纳煤田负反转褶皱型构造样式

5）复合型

这是指正反转构造或负反转构造中，同时包含了褶皱和断裂构造，为两者的叠加复合形态，构造较为复杂。

5. 滑动构造控煤与赋煤特征

1）穹窿型

穹窿构造为一种特殊形态的褶皱，平面上地层呈近同心圆状分布，核部分出现较老的地层，向外依次变新，岩层从顶部向四周倾斜。大的穹窿直径可达几十千米，小的穹窿直径只有数米。在重力势能差作用下，可发生由穹窿顶部向四周的滑动。

2）层滑型

含煤岩系的岩石组成，是其构造变形的物质基础，含煤岩系组成的基本特点是成层性好、旋回频繁、软硬岩层相间、煤和泥岩等软弱层位发育，对构造应力十分敏感，易于发生构造变形。因此，软硬岩层相间的煤系地层中发育的断层的产状往往受岩性控制而发生变化。当受到挤压应力作用时，煤和泥岩等软弱层较容易顺层滑动形成逆冲断层束在深部变缓汇交的部分；当受到拉张应力作用时，形成的高角度正断层在下切到煤和泥岩等软弱层时，断层倾角容易变缓呈弧形而发育为顺层滑脱，如织纳煤田内打麻厂背斜南东翼的 ZPF4 断层（图 4-11）。

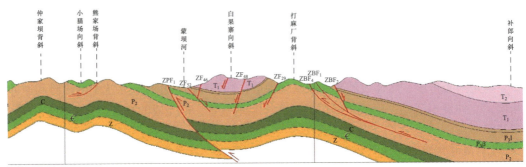

图 4-11　织纳煤田层滑断层构造样式

3）重力滑覆型

滑覆构造在豫西煤田中大量分布，豫西煤田是指河南省西部黄河以南、南秦岭以北、京广铁路以西的三角形含煤区域。该煤田主要开发对象为晚古生代二叠纪煤系，煤田构造格局的显著特点是盖层构造的分区性，以掀斜断块为主要标志的伸展构造和沿盖层中软弱层位发育的重力滑动构造，是豫西煤田内最富特色的构造现象，如芦店重力滑动构造（图 4-12）等。

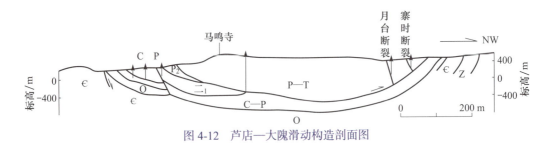

图 4-12　芦店—大隗滑动构造剖面图

6. 同沉积（成煤期）构造控煤与赋煤特征

同沉积断层主要发育于沉积盆地边缘，在沉积盆地形成发育的过程中，盆地不断沉降，沉积不断进行，盆地外侧不断隆起，一般同沉积断层都为正断层，剖面常呈上陡下缓的凹面，向上呈勺状，上盘地层明显增厚。同沉积褶皱指煤系沉积过程中，由于受构造应力场作用，形成中间沉积厚两翼沉积薄或者中间沉积薄两翼沉积厚的褶皱形态。

贵州晚二叠世同沉积构造所反映的断裂有水城—紫云断裂（图 4-13）、黄泥河—潘家庄断裂、贵阳—镇远断裂、纳瓮-翁安断裂、遵义—惠水断裂、盘县—水城断裂、册亨弧形断裂，都属于同沉积正断层。

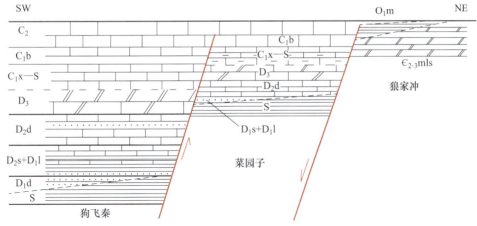

图 4-13　赫章县水城—紫云断裂带同沉积断层示意图

同沉积褶皱：海拉尔及二连赋煤构造带内的聚煤盆地中，同沉积褶皱一般不太发育，其中，在中西部地区的一些盆地含煤地层沉积过程中，还比较明显，如乌尼特、白音华、吉林郭勒、赛汗塔拉等。这些同沉积褶皱在沉积断面图上，一般只显示出雏形，起伏十分平缓，具有对称性或基本上对称的特点，也有成箕状或微波状伸展，显示了两侧压应力的均一性和不均一性。在平面上则表现为短轴的性质，延伸方向常常与盆地展布总体方向一致，或略有斜交、扭曲，反映形成过程带有扭动性质。这些同沉积褶皱，有的具有长期发育的特征，并具有继承性，它们在成煤期的一段时间内发育，其后则被上覆地层掩盖或发生迁移或逐渐消失。同沉积褶皱两翼的沉积相、厚度及含煤性变化有差异，一些巨厚较大煤层的形成，常常与同沉积背斜、向斜有关（图 4-14 ）。

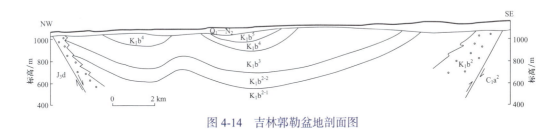

图 4-14　吉林郭勒盆地剖面图

第四节　不同赋煤构造区构造特征

一、东北赋煤构造区

（一）煤系变形基本特征

东北地区构造特征主要表现为由前中生代的小地块与多期的褶皱带拼贴而成的"镶嵌"构造的特点（程裕淇，1994；叶茂等，1994；汪新文，2007；任战利等，2010；刘永江等，2010），基底刚性程度低。在后期晚中生代的区域伸展作用体制下，所形成的聚煤盆地多为中、小型的断陷和拗陷盆地，形成的聚煤盆地分带性明显，很多追踪基底断裂网络发育，以北东向为主，北西向次之。盆缘多受主干断裂控制呈北东至北北东向展布，多形成按照北东、北北东向雁列式排列的聚煤盆地群；盆地的形成与火山活动有着密切的关系，多数盆地的含煤地层覆盖在火山岩之上或被火山岩所控制，煤层层数多、厚度大且较稳定，但结构复杂，煤系与火山碎屑岩互层。聚煤盆地多为半地堑、地堑和由一系列亚盆地组成的复式断陷三种构造样式，半地堑的数目最多，构造变形总体上由西向东增强。

（二）赋煤构造单元划分

根据赋煤构造单元的划分原则，将东北赋煤区划分为 3 个赋煤构造亚区、11 个赋煤构造带（图 4-15）。

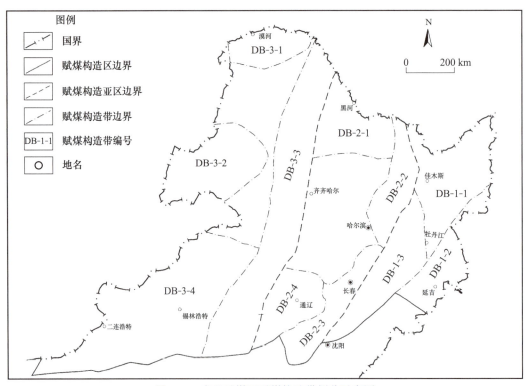

图 4-15　东北赋煤区赋煤构造带划分示意图

西部亚区主要为海拉尔、二连伸展断陷盆地群和大兴安岭隆起上零星分布小的断陷盆地，呈北东向，断陷盆地埋藏较深并且成盆后期的构造运动相对较弱，从而煤系保存较好或较完整。

中部亚区为围绕着松辽盆地分布的断陷盆地组合，多数断陷面积较小，聚煤较好的盆地位于松辽盆地的边缘，总体呈北北东向，聚煤特征表现为断陷—拗陷—构造反转的特点。

东部亚区中生代断陷盆地埋藏较浅且受后期改造也强烈，现今主要表现为三江、鸡西、勃利、双鸭山等断陷盆地，充填大量火山岩、火山碎屑岩、河流、沼泽及湖相沉积，表现为由统一的大型聚煤盆地经过后期的改造而形成现今分裂的小型聚煤盆地，具有断陷—拗陷—构造反转的演化模式。

（三）典型赋煤构造单元特征

1. 西部赋煤构造亚区

西部赋煤构造亚区东以嫩江断裂为界，南以赤峰—开源断裂为界，西、北两个方向至国界，包括海拉尔断陷赋煤构造带、二连断陷赋煤构造带、漠河断陷赋煤构造带、大兴安岭断隆赋煤构造带（表 4-4、图 4-16）。

表 4-4 西部赋煤构造亚区主要控构造样式

赋煤构造单元名称	主要控煤构造样式
漠河断陷赋煤构造带（DB-3-1）	伸展断陷
海拉尔断陷赋煤构造带（DB-3-2）	断块构造
大兴安岭断隆赋煤构造带（DB-3-3）	伸展构造样式，堑、垒构造
二连断陷赋煤构造带（DB-3-4）	断块构造，在南部和靠大兴安岭隆起附近有挤压构造

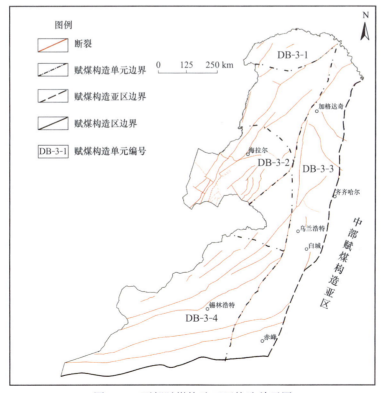

图 4-16 西部赋煤构造亚区构造单元图

海拉尔断陷赋煤构造带和二连断陷赋煤构造带表现为隆拗相间的构造格局，二连断陷赋煤构造带呈北东向条带展布，煤系基本为原始面貌，断裂稀少，只是在靠近大兴安岭隆起的地方，断裂较为发育一些；海拉尔断陷赋煤构造带表现为交织成网的断裂被分割成断块的特点，煤系的后期构造较弱，由于断裂较为发育，被分割成规模不等的块体。大兴安岭断隆断陷赋煤构造带中的断陷盆地是在隆升过程中产生的小型断陷煤盆地。漠河断陷赋煤构造带为东北赋煤区最北部的赋煤构造带，呈东西向展布，煤系地层薄，地质构造复杂，对煤层破坏严重，为区内赋煤性较差的区域。

2. 中部赋煤构造亚区

该赋煤构造亚区位于大兴安岭与张广才岭之间，为围绕着松辽盆地四周发育的四个赋煤构造带，分别为张广才岭断隆赋煤构造带、黑河—小兴安岭拗陷赋煤构造带、松辽东部断阶赋煤构造带、松辽西南部断坳赋煤构造带。四个赋煤构造总体表现为朝着松辽盆地方向构造变形逐渐减弱，断裂的控制由高角度的断层转变为褶皱和小角度断层控制（表 4-5、图 4-17）。

表 4-5　中部赋煤构造亚区主要控煤构造样式

赋煤构造单元名称	主要控煤构造样式
黑河 - 小兴安岭拗陷赋煤构造带（DB-2-1）	弱伸展形成拗陷
张广才岭断隆赋煤构造带（DB-2-2）	隆起区上由于岩浆活动引起的伸展构造
松辽东部断阶赋煤构造带（DB-2-3）	断阶构造
松辽西南部断坳赋煤构造带（DB-2-4）	下部断陷，上部为拗陷

松辽西南部断坳赋煤构造带、黑河—小兴安岭拗陷赋煤构造带、松辽东部断陷赋煤构造带是围绕着松辽地块分布的三个赋煤构造带，在这三个赋煤构造带的外围都存在不同规模的褶皱挤压带。黑河—小兴安岭拗陷赋煤构造带内的含煤盆地多为火山活动环境，基底发生北北东向断裂控制着区内煤盆地的分布；松辽东部断阶赋煤构造带与松辽西南部断坳赋煤构造带内的含煤盆地火山活动少，为山间湖泊盆地和山间谷地聚煤环境。煤系一般呈宽缓的向斜，多被断层破坏，分割成的小断块有向松辽盆地方向呈阶梯状降落的特点；张广才岭断隆赋煤构造带中分布的断陷煤盆地是在隆起后由于后期的断裂岩浆活动而形成的。

3. 东部赋煤构造亚区

东部赋煤构造亚区位于北东向的依兰—伊通断裂和南北向的牡丹江断裂以东的区域，包括三江—穆棱断坳赋煤构造带、虎林—兴凯断陷赋煤构造带、伊舒—敦密断陷赋煤构造带三个赋煤构造带。除三江—穆棱断坳赋煤构造带发育较多重要的煤盆地外，其他地方零星分布中、小盆地，这一赋煤构造亚区内，既有中生代的断陷—拗陷盆地，也有新生代的裂陷和拗陷盆地（图 4-18、表 4-6）。

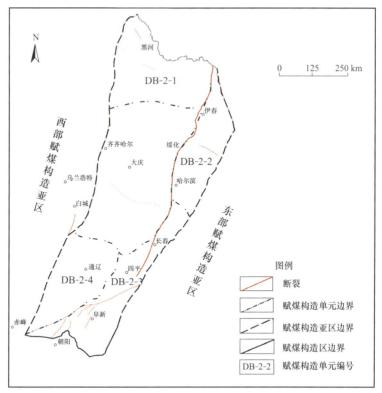

图 4-17　中部赋煤构造亚区赋煤构造单元划分图

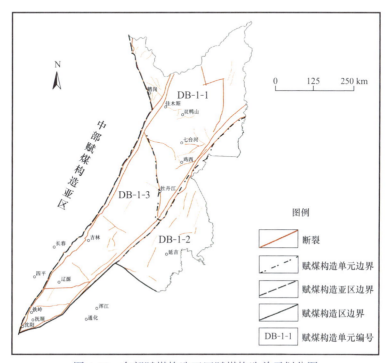

图 4-18　东部赋煤构造亚区赋煤构造单元划分图

表 4-6　东部赋煤构造亚区主要控构造样式

赋煤构造单元名称	主要控煤构造样式
三江—穆棱断拗赋煤构造带（DB-1-1）	以伸展构造样式的单斜断块、堑垒构造为主；挤压构造在主要煤盆地都有发育，南部较北部强
虎林—兴凯断陷赋煤构造带（DB-1-2）	以伸展构造样式为主
伊舒—敦密断陷赋煤构造带（DB-1-3）	伸展构造样式的堑垒构造

三江—穆棱断拗赋煤构造带为区内唯一有海相地层的赋煤构造带，现今为早白垩世统一的大陆边缘盆地遭受后期破坏的残留盆地群，控煤构造样式主体以伸展为主，但挤压构造在该带较发育，煤系后期改造强烈。虎林—兴凯断陷赋煤构造带位于东北赋煤区的最东部，小型断裂较为发育，区域性的深大断裂少。由于基底为寒武纪结晶地块，该赋煤构造带虽处于太平洋构造域，煤系受到的改造却较弱。伊舒—敦密断陷赋煤构造带的含煤盆地形成受伸展和走滑双重机制的控制，同时由于先存的东西向断裂，使断裂带的煤盆地分布表现为堑垒相间的格局，后期受到挤压作用改造较强。

二、华北赋煤构造区

（一）煤系变形特征

华北赋煤区广泛发育石炭纪—二叠纪煤系，其次，为西部和北部的早、中侏罗世煤系、鄂尔多斯盆地的晚三叠世煤系、阴山—燕山地区的早白垩世煤系、新近纪煤系及东部沿海的古近纪褐煤。由于被构造活动带环绕，受基底性质、周缘活动带和区域力源的控制，华北赋煤构造区含煤岩系变形存在较大差异，具有明显的变形分区特征，总体呈不对称的环带结构，变形性质和变形强度由边缘向内部递变。

（二）赋煤构造单元划分

根据煤系赋存的构造特征等赋煤构造单元的划分原则，将华北赋煤构造区划分为 5 个赋煤构造亚区、22 个赋煤构造带（图 4-19）。

（三）典型赋煤构造单元特征

1. 华北北缘赋煤构造亚区

华北北缘赋煤构造亚区沿东西向展布，自西向东包括阴山—燕山褶皱—逆冲赋煤构造带、辽西逆冲 - 断陷赋煤构造带及辽东—吉南逆冲—拗陷赋煤构造带，延伸长度 1500km 左右（图 4-20）。该区处于古亚洲构造域和太平洋构造域的叠合部位，其构造变形受板缘构造作用控制，控煤构造样式以逆冲推覆构造为主（表 4-7），逆冲推覆方向总体上由板缘向板内。

阴山—燕山褶皱—逆冲赋煤构造带沿阴山南麓至燕山展布，构造线方向自西向东由东西向偏转为西东向。西部阴山段的逆冲推覆构造格局被新生代河套断陷破坏，煤系

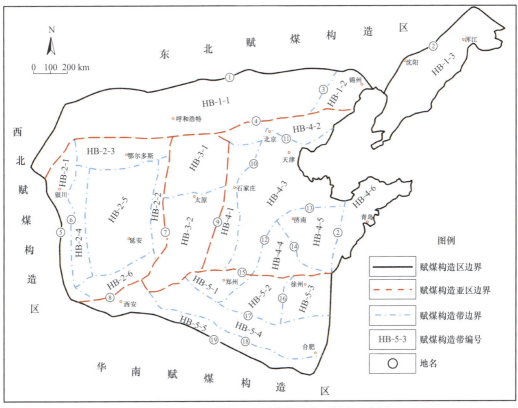

图 4-19　华北赋煤构造区赋煤构造单元划分示意图

① 赤峰—开源断裂；② 郯庐断裂带；③ 凌源—建平断裂；④ 密云—喜峰口断裂；⑤ 青铜峡—固原断裂；
⑥ 惠安堡—沙井子断裂；⑦ 离石断裂带；⑧ 渭河盆地北缘断裂；⑨ 晋获断裂带；⑩ 太行山山前断裂；
⑪ 昌平—宁河断裂；⑫ 聊兰断裂；⑬ 齐广断裂；⑭ 峄山断层；⑮ 盘古寺—丰沛断裂；⑯ 阜阳断裂；
⑰ 岸上—襄郏断层；⑱ 栾川—固始断裂；⑲ 信阳—镇平断裂

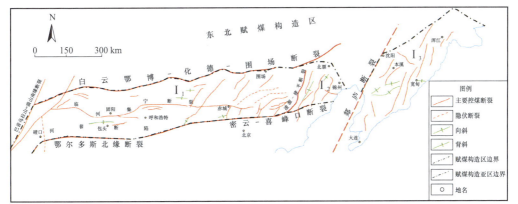

图 4-20　华北北缘赋煤构造亚区赋煤构造单元划分及构造格局简图

I_1.阴山—燕山褶皱—逆冲赋煤构造带；I_2.辽西逆冲—断陷赋煤构造带；

I_3.辽东—吉南逆冲—拗陷赋煤构造带

表 4-7　华北北缘赋煤构造亚区主要控煤构造样式

赋煤构造亚区	赋煤构造带	主要控煤构造样式
华北北缘赋煤构造亚区	阴山—燕山褶皱—逆冲赋煤构造带（HB-1-1）	逆冲叠瓦构造
	辽西逆冲—断陷赋煤构造带（HB-1-2）	逆冲褶皱构造
	辽东—吉南逆冲—拗陷赋煤构造带（HB-1-3）	逆冲叠瓦构造

呈块段零星保存，自西向东有昂根、营盘湾、固阳、大青山、康保、宣化—下花园、尚义、兴平等煤田。大青山煤田位于阴山造山带大青山复背斜南翼，含煤层位为石炭系—二叠系和下中侏罗统拴马桩群。大青山煤田的逆冲推覆构造体系主要由一系列大致东西向延伸总体向南倾斜的叠瓦状逆冲推覆断层、夹持在在逆冲断层之间的构造片岩以及和逆冲断层相关的各种褶皱所叠置在一起的逆冲推覆褶皱体所构成。卷入逆冲系统的最新地层为上侏罗统大青山组，表明逆冲断裂最终定型于晚侏罗世之后，反映了华北北部板缘造山带的长期活动性。

辽西逆冲—断陷赋煤构造带位于郯庐断裂带北北东向构造和内蒙古隆起近东西向构造的叠合部位，现今构造线方向为北东向，主要发育南票煤田以及建昌—凌源、杨家杖子—虹螺岘等煤产地。该带中生代以来构造体制发生转化，在太平洋动力学体系控制下，形成挤压隆起背景下的侏罗纪—早白垩世断陷盆地，其中，下侏罗统和上侏罗统—下白垩统含煤。盆内中生代煤系地层构造变形一般表现为轴面为北西倾的斜歪褶皱，西北部盆地内甚至出现倒转褶皱（王文杰和王信，1993）。

辽东—吉南逆冲—拗陷赋煤构造带东起鸭绿江，西北至郯庐断裂及其分支敦化-密山断裂，主要发育本溪、红阳、三棵榆树—杉松岗、浑江等煤田，含煤岩系主要为石炭系—二叠系和侏罗系。煤系变形构造样式以逆冲推覆构造为主，可分为盖层推覆构造（图 4-21）和基底推覆构造（图 4-22）两类（王文杰和王信，1993）。中生代早期，在南北板块碰撞所产生的挤压应力作用下，该带早期近东西向隆起拗陷得到加强，并形成近东西走向的盖层叠瓦断层和由隆起向拗陷内推覆的基底逆冲推覆构造。中侏罗世之后，太平洋地球动力学体系的影响占主导地位，在北西至北东向挤压应力下，受郯庐断裂左行活动的影响，早期近东西向构造受到改造，向北东向偏转，基底推覆构造在燕山晚期再次活动。

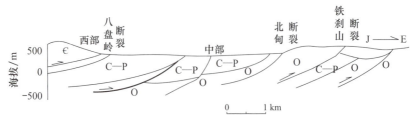

图 4-21　太子河区田师傅地质剖面

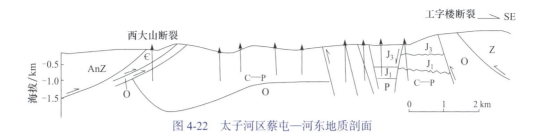

图 4-22 太子河区蔡屯—河东地质剖面

2. 鄂尔多斯盆地赋煤构造亚区

鄂尔多斯盆地赋煤构造亚区位于华北赋煤构造区西部，为华北赋煤构造区内煤系变形最为稳定的地区，包括鄂尔多斯盆地西缘褶皱—逆冲赋煤构造带、鄂尔多斯盆地东缘挠曲赋煤构造带、伊盟隆起赋煤构造带、天环拗陷赋煤构造带、陕北单斜赋煤构造带和渭北断隆赋煤构造带共 6 个赋煤构造带（图 4-23）。

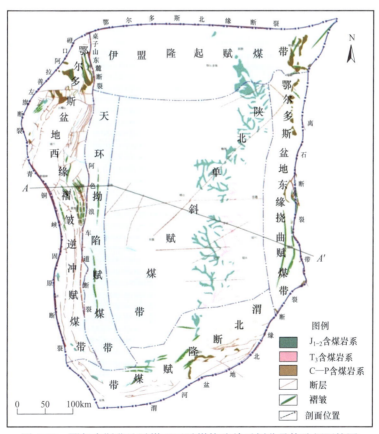

图 4-23 鄂尔多斯盆地赋煤亚区赋煤构造单元划分及构造纲要简图

该亚区明显的构造变形局限于鄂尔多斯盆地边缘，盆地内部变形微弱，主体构造格局呈走向南北、向西倾斜的大单斜（图 4-24）。中生代，盆缘发育指向盆内的逆冲断层或逆冲推覆构造（表 4-8），使晚古生代煤系遭受变形、抬升，挤压变形向盆内迅速减弱，盆内主体部分的侏罗纪煤系保持了连续、近水平的原始产状。新生代，盆缘挤压构造带被伸展构造体系改造，构成断陷盆地与边缘隆起相邻排列的构造地貌格局。

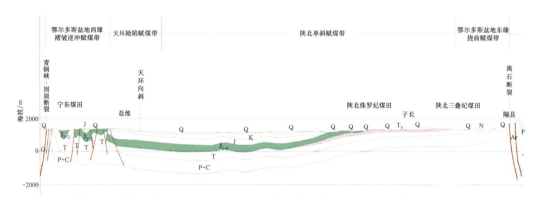

图 4-24　鄂尔多斯盆地近东西向 A—A′构造剖面图（剖面位置如图 4-23 所示）

表 4-8　鄂尔多斯盆地赋煤构造亚区主要控煤构造样式

赋煤构造亚区	赋煤构造带	主要控煤构造样式
鄂尔多斯盆地赋煤构造亚区	鄂尔多斯盆地西缘褶皱—逆冲赋煤构造带（HB-2-1）	逆冲推覆
	鄂尔多斯盆地东缘挠曲赋煤构造带（HB-2-2）	逆冲褶皱构造
	伊盟隆起赋煤构造带（HB-2-3）	单斜断块
	天环拗陷赋煤构造带（HB-2-4）	褶皱拗陷
	陕北单斜赋煤构造带（HB-2-5）	地堑构造
	渭北断隆赋煤构造带（HB-2-6）	堑垒构造

　　鄂尔多斯盆地西缘褶皱 - 逆冲赋煤构造带西界分别以磴口 - 阿拉善左旗断裂和青铜峡 - 固原断裂与阿拉善地块和祁连加里东褶皱带相毗邻，东界以桌子山东麓断裂、阿色浪 - 车道断裂与鄂尔多斯盆地本部相接，南北长约 650km，东西宽 30～120km。该带由 10 余条近南北向延伸的大型逆冲断裂、数条同向大型正断层及一些近东西走向的大型平移断层组成构造骨架，基本构造形态为总体由东向西扩展的逆冲断裂组合（图 4-25）。桌子山煤田、贺兰山煤田、宁东煤田、宁南煤田等均位于构造带中。褶皱逆冲作用使该带石炭纪—二叠纪和侏罗纪两套煤系遭受强烈改造，形成形状各异的块段，增加了煤炭资源开发的难度。

　　鄂尔多斯盆地东缘挠曲赋煤构造带东侧与山西块拗相邻，西侧大体以黄河为界与陕北单斜呈过渡关系，其间没有明显的界线。该带由离石大断裂和大同鹅毛口等北东向斜列展布的逆冲推覆构造共同组成，呈北东或近南北向展布，平面上为雁列组合。陕北石炭纪—二叠纪煤田及河东煤田发育于此带中。

　　伊盟隆起赋煤构造带位于河套断陷之南，西界是桌子山东麓断裂，东面是呼和浩特—清水河断裂，南面经正谊关 - 偏关断裂与天环拗陷、陕北单斜和鄂尔多斯盆地东缘挠曲赋煤构造带呈过渡关系。该带主基本构造形态表现为一简单的单斜构造，一般倾角小于 3°，煤田内断层不发育。

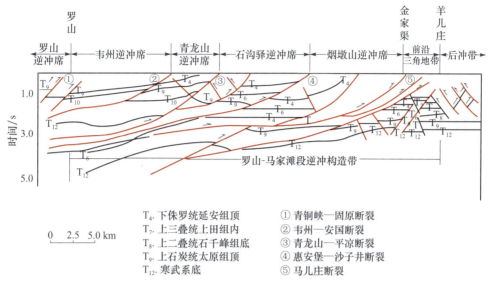

图 4-25　罗山—马家滩横向构造地震解释剖面

陕北单斜赋煤构造带是位于伊盟隆起之南，三叠系、侏罗系、白垩系自东而西依次排列，岩层倾角一般小于 1°。带内除零星分布的短轴背斜、鼻状构造外，有少量不明显的挠曲，断裂构造少见，陕北侏罗纪煤田、陕北三叠纪煤田等均位于此带中。

天环向斜的西翼为天环拗陷，东翼为陕北单斜。该不对称向斜西翼窄陡，并被西侧的逆冲断裂截切。鄂尔多斯盆地西缘褶皱 - 逆冲带在中生代的向东推挤活动，在其前缘形成前缘拗陷，其中，三叠系、侏罗系、白垩系厚度大于陕北单斜，且此三套地层具有向东逐渐变薄、尖灭的"磨拉石"建造。宁东煤田和陇东煤田的一部分发育于天环拗陷赋煤构造带中，石炭纪—二叠纪煤系埋深均超过 3000m，侏罗纪煤系在束亥图、盐池和红井子等 3 个向斜轴部的埋深亦已超过 2000m（中国煤田地质总局，1996）。

渭北断隆赋煤构造带南以渭河盆地北缘断裂为界，北与天环拗陷、陕北单斜相邻，总体上呈南翘北倾状态势，各时代地层的出露自南东向北西依次变新，构造线方向在西部为东西向，向东逐渐转折为北东向。该带主要发育黄陇侏罗纪煤田和渭北石炭纪—二叠纪煤田，黄陇侏罗纪煤田总体构造形态为中生界构成的向北西缓倾的大型单斜构造；渭北石炭纪—二叠纪煤田分布于铜川 - 韩城断褶带，区内褶皱和断裂均较发育，断裂尤为突出。

3. 山西块拗赋煤构造亚区

山西块坳赋煤构造亚区（图 4-26）位于华北赋煤构造区中部，西部以离石断裂带与鄂尔多斯盆地赋煤亚区相邻，东以晋获断裂带与华北东部赋煤构造亚区相接，煤系变形以介于两亚区之间的过渡性为特征。以 38°枢纽构造带将该亚区分为晋北断陷赋煤构造带和晋南断拗赋煤构造带两部分。晋北断陷赋煤构造带中生代以来大幅度抬升，五台山、阜平隆起区变质基底大面积出露，石炭纪—二叠纪煤系和侏罗纪煤系保存在北北东向的大同断陷盆地、宁武断陷盆地中。晋南断拗赋煤构造带相对隆起幅度较小，主体构造格架为北北东向的沁水复向斜，石炭纪—二叠纪煤系连续。

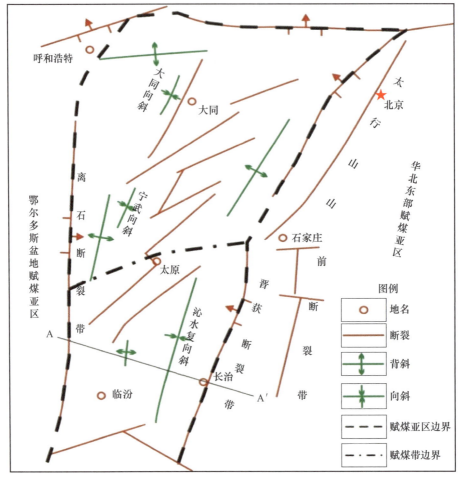

图 4-26　山西块拗赋煤构造亚区构造格局示意图

晋北断陷赋煤构造带（HB-3-1）主要发育大同煤田、宁武煤田以及浑源、灵丘、五台、繁峙、阳高、广灵煤产地。大同煤田东北以青磁窑断裂为界，东南为口泉断裂，南以洪涛山背斜与宁武煤田相隔，西为西石山背斜，主体形态为一北北东向复式向斜构造，西北翼宽缓，东南翼盆缘断层较多，构造较复杂。大同煤田石炭纪—二叠纪与早中侏罗世煤系共存，为双纪煤田。

晋南断拗赋煤构造带（HB-3-2）主要发育沁水煤田、霍西煤田、西山煤田以及垣曲、平陆煤产地。沁水盆地是华北最大的晚古生代拗陷含煤盆地，主要含煤地层为太原组和山西组。沁水拗陷主体部分为一沿北北东向展布的大型宽阔复式向斜，总体上是一个被周缘断裂所围限的矩形断块。其东侧以晋获断裂带与太行山块隆相接，西北部为晋中新裂陷所改造，使太原西山矿区与煤田主体分离。沁水盆地内部小范围挤压环境下形成叠瓦扇构造，其主导控煤构造是相同样式的小型堑垒（图 4-27）。

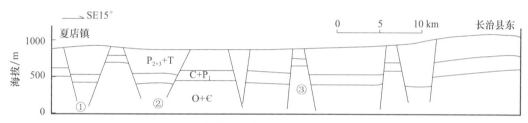

图 4-27　沁水煤田潞安矿区内部垒垒构造剖面图

①西川正断层；②文王山地垒；③二岗山地垒

4. 华北东部赋煤构造亚区

华北东部赋煤构造亚区包括晋获断裂带以东的太行山东麓断阶赋煤构造带、燕山南麓褶皱赋煤构造带、华北平原断陷赋煤构造带、鲁西断陷赋煤构造带、鲁中断隆赋煤构造带和胶北断陷赋煤构造带共 6 个赋煤构造带（图 4-28）。

图 4-28　华北东部赋煤构造亚区赋煤构造单元划分及构造格局简图

I₁. 太行山东麓断阶赋煤构造带；I₂. 燕山南麓褶皱赋煤构造带；I₃. 华北平原断陷赋煤构造带；I₄. 鲁西断陷赋煤构造带；I₅. 鲁中断隆赋煤构造带；I₆. 胶北断陷赋煤构造带

该亚区的特征是自中生代后期以来，受新太平洋地球动力学体系的控制，进入东亚大陆边缘裂解阶段，发生不同程度的构造反转，形成以阶梯状正断层、堑垒构造和箕状断陷盆地等构造样式为主的伸展构造组合（马杏垣，1982），早期挤压构造样式被破坏殆尽，呈现较典型的盆岭构造格局。

华北平原断陷赋煤构造带是指昌平—宁河断裂以南，太行山山前断裂以东，聊兰断裂以西，齐广断层以北的叠加在古生代华北克拉通巨型拗陷之上的中、新生代裂谷盆地。该带总体呈北东—南西向反"S"形展布，带内主要发育有河北平原大型煤田及东濮找煤区。煤田历经中、新生代多期不同方向和规模的构造运动，尤其是新生代以来的伸展和差异升降，形成较典型的盆岭构造格局，使石炭纪—二叠纪煤系深埋于1000~10000m，超过了当前井工开采的深度。

燕山南麓褶皱赋煤构造带北以密云—喜峰口断裂与阴山—燕山褶皱逆冲赋煤构造带相邻，南以昌平—宁河断裂、昌黎断裂与华北平原断陷赋煤构造带相邻，包括三河煤田、蓟玉—车轴山煤田、开平煤田、柳江煤田、蔚县煤田、京西煤田、京东煤田等。该带整体特征为燕山期形成的北北东向隔档式褶皱组合，断裂构造发育，煤系变形强度大。

鲁西断陷赋煤构造带是指峄山断层以西、聊兰断裂以东、韩台断层以北的鲁西地区，含煤建造时代均属石炭纪—二叠纪，包括巨野煤田、单县煤田、兖州煤田、济宁煤田、滕州煤田、鄄城煤田等（图4-29）。该带发育东西向、南北向两组正断层组成的井字形伸展滑脱构造系统，总体上呈由北向南拉伸滑脱的单剪式的伸展构造。鲁西断陷赋煤构造带以堑垒型控煤构造为特点，含煤建造赋存于近东西向及近南北向两组断层组成的复式堑垒构造之内，一般呈片出现，面积较大。

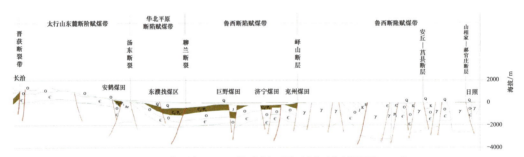

图4-29　东西向 B—B′ 构造剖面图（剖面位置见图4-28）

鲁中断隆赋煤构造带东以郯庐断裂带为界，西以峄山断层与鲁西赋煤构造带相隔，主要发育新汶、黄河北、莱芜、临沂、淄博、肥城等煤田。该带以箕斗型赋煤构造为基本特点，含煤建造成单斜产状，形成箕斗状盆地，又可分为反倾向及同倾向盆地（图4-30）。反倾向盆地含煤建造赋存于断层上盘，其倾向与断层倾向相反，如莱芜煤田、新汶煤田等。同倾向盆地含煤建造赋存于断层下盘，其倾向与断层倾向一致，如黄河北、章丘、淄博煤田，含煤建造总体倾向北，煤层赋存深度由南向北加深，靠近齐广断层处标高达到 –2000m 以深。

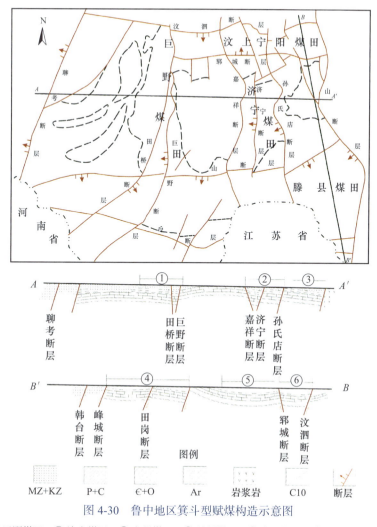

图 4-30　鲁中地区箕斗型赋煤构造示意图

①巨野煤田；②济宁煤田；③兖州煤田；④滕州煤田；⑤兖州煤田；⑥汶上宁阳煤田

　　胶北断陷赋煤构造带位于郯庐断裂带以东，主要发育黄县煤田。黄县煤田东起北沟—玲珑断层，南以黄县断层为界，北、西均至煤层自然露头，是以单斜为主的新生代古近纪断陷盆地构造。

　　5. 南华北赋煤构造亚区

　　南华北赋煤构造亚区位于华北赋煤区南部，由豫西嵩箕滑动构造赋煤构造带、豫东断块赋煤构造带、徐淮断块推覆赋煤构造带、华北南缘逆冲推覆赋煤构造带和秦岭—大别山北缘褶皱赋煤构造带五部分组成（图 4-31、表 4-9）。

　　该区主体构造线为北西西向，与其北部山西块拗、华北东部亚区北北东向主体构造线展布不协调。中生代以挤压变形为主，发育与古大陆板块边界近于平行的宽缓大型褶皱或隆起，以及与之配套的剪切和压性断裂系统，除徐淮地区外，其他地区逆冲推覆构造不发育。新生代伸展变形较为显著，在很大程度上改造和掩盖了早期挤压构造形迹，豫西含煤区在宽缓褶皱基础上，叠加发育了掀斜断块基础上的重力滑动构造；豫东隐伏区以正断层控制的断块构造格局为特征。

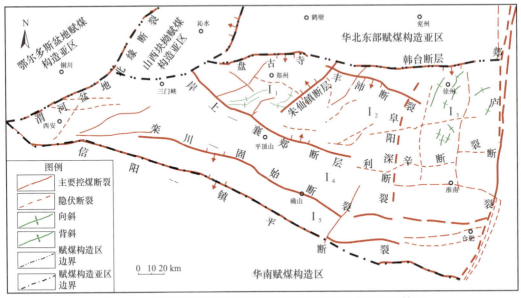

图 4-31   南华北赋煤构造亚区赋煤构造单元划分及构造格局简图

I₁. 豫西嵩箕滑动构造赋煤构造带；I₂. 豫东断块赋煤构造带；I₃. 徐淮断块推覆赋煤构造带；I₄. 华北南缘逆冲推覆赋煤构造带；I₅. 秦岭大别北缘褶皱赋煤构造带

表 4-9   南华北赋煤构造亚区主要控煤构造样式

赋煤构造亚区	赋煤构造带	主要控煤构造样式
南华北赋煤构造亚区	嵩箕滑动构造赋煤构造带（HB-5-1）	滑动构造
	豫东断块赋煤构造带（HB-5-2）	堑垒构造
	徐淮断块-推覆赋煤构造带（HB-5-3）	逆冲叠瓦构造
	华北南缘逆冲推覆赋煤构造带（HB-5-4）	逆冲叠瓦构造
	秦岭-大别山北缘褶皱赋煤构造带（HB-5-5）	逆冲褶皱构造

嵩箕滑动构造赋煤构造带构造线的方向为近东西向，以太古宇登封群和下元古界嵩山群为主体的中岳嵩山及箕山呈东西走向横亘全区，向东越过京广铁路沉没于豫东平原。带内主要含煤岩系为晚古生代石炭纪—二叠纪煤系，主要包括新安煤田、偃龙煤田、荥巩煤田、登封煤田、新密煤田、禹州煤田。以掀斜断块为主要标志的伸展构造和沿盖层中软弱层位发育的重力滑动，是嵩箕滑动构造赋煤构造带内最富特色的构造现象。

徐淮断块-推覆赋煤构造带位于郯庐断裂带西侧苏鲁豫皖交界处的徐州、淮北地区，主要发育淮北、韩台和徐沛煤田。该带构造格局独具特色，发育一系列逆冲断层和紧闭的线性褶皱，平面上呈向西凸出的弧形，与区域性的北北东向宽缓褶皱和正断层组合及近东西向隆、拗和正断层组合格局极不协调。"徐淮弧"是一个经历了早期逆冲推覆和晚期重力滑覆叠加作用形成的双冲断层系，在西侧前缘发育不完整的被动顶盖结构（曹代勇，2007）。

华北南缘逆冲推覆赋煤构造带以岸上—襄郏断层、利辛断裂为北界，以栾川—固始断裂、六安断裂为南界，呈北西西向延伸，构成华北型晚古生代含煤建造的露头边界。该带是一条宽数十千米至上百千米的逆冲推覆—断陷伸展构造带，具有多层次、多期次逆冲推覆的特点。阜凤逆冲推覆构造发育于淮南煤田南部（图 4-32），是由阜凤断层、舜耕山断层和几个分支断层组成的叠瓦状逆冲构造。

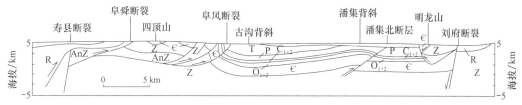

图 4-32 淮南煤田阜凤推覆构造剖面图

秦岭—大别山北缘褶皱赋煤构造带北界为栾川—固始断裂、六安断裂，南界为镇平—信阳断裂、磨子潭深断裂，西界为渭河盆地北缘断裂。自西向东跨越陕西南部、河南南部及安徽中部地区，主要包括南召、商固煤田和商洛煤产地。其中，南召煤田发育三叠纪含煤岩系；商洛煤产地发育在秦岭弧盆地的小型山间断陷中，含煤岩系为二叠系。

三、西北赋煤构造区

西北赋煤构造区大体指贺兰构造带以西、昆仑造山带以北的广大地区，面积约 270 万 km^2。发育不同规模的沉积盆地 60 余个，蕴藏着丰富的油气资源和煤炭资源。

（一）赋煤构造单元划分

根据赋煤构造单元的划分原则，将西北赋煤构造区划分为 3 个赋煤构造亚区、17 个赋煤构造带（表 4-10、图 4-33）。西北赋煤构造区处于特提斯构造域和环西伯利亚构造域中、新生代复合造山作用区，形成了复杂的盆—山结构，各盆地类型和构造变形特征存在差异，具有独特的演化特征和变形形式。天山结合带在该区具有南、北分带特征，阿尔金断裂带对该区具有东、西分区特征。

表 4-10 西北赋煤构造赋煤构造单元划分

一级	二级	三级	煤田
西北赋煤构造区	准噶尔盆地赋煤构造亚区	准西逆冲赋煤构造带（XB-1-1）	克拉玛依煤田、和布克赛尔—福海煤田、托里—和什托洛盖煤田
		准北拗陷赋煤构造带（XB-1-2）	卡姆斯特煤田
		三塘湖拗陷赋煤构造带（XB-1-3）	巴里坤煤田、三塘湖煤田
		准东褶皱—断隆赋煤构造带（XB-1-4）	准东煤田

续表

一级	二级	三级	煤田
西北赋煤构造区	准噶尔盆地赋煤构造亚区	准南逆冲—拗陷赋煤构造带（XB-1-5）	准南煤田、达坂城煤田、后峡煤田（乌）
		伊犁逆冲—拗陷赋煤构造带（XB-1-6）	伊宁煤田、尼勒克煤田、昭苏—特克斯煤田
		吐哈逆冲—拗陷赋煤构造带（XB-1-7）	吐鲁番煤田、哈密煤田、托克逊煤田、鄯善煤田、沙尔湖—梧桐窝子煤田
	塔里木盆地赋煤构造亚区	塔西北逆冲—拗陷赋煤构造带（XB-2-1）	温宿煤田、库—拜煤田、阳霞煤田
		中天山断隆赋煤构造带（XB-2-2）	巴音布鲁克煤田、焉耆煤田、库米什煤田
		塔西南逆冲—拗陷赋煤构造带（XB-2-3）	乌恰煤田、阿克陶—莎车—叶城煤田、布雅煤产地
		塔东南断坳赋煤构造带（XB-2-4）	民丰煤产地、且末煤产地
		塔东北拗陷赋煤构造带（XB-2-5）	罗布泊煤田
	祁连山脉赋煤构造亚区	北山—阿拉善断陷赋煤构造带（XB-3-1）	潮水煤田、北山煤田
		祁连对冲—拗陷赋煤构造带（XB-3-2）	肃南煤田、山丹—永昌煤田、天祝—景泰—香山煤田、靖远煤田
		走廊逆冲—拗陷赋煤构造带（XB-3-3）	祁连煤田、门源煤田、中祁连山西部、木里煤田、西宁煤田、阿干煤田
		柴北逆冲赋煤构造带（XB-3-4）	尕斯煤田、鱼卡煤田、全吉煤田、德令哈煤田
		东昆仑断隆赋煤构造带（XB-3-5）	昆东煤田、大武煤产地、西沟煤田、独峰煤田、陇南煤田

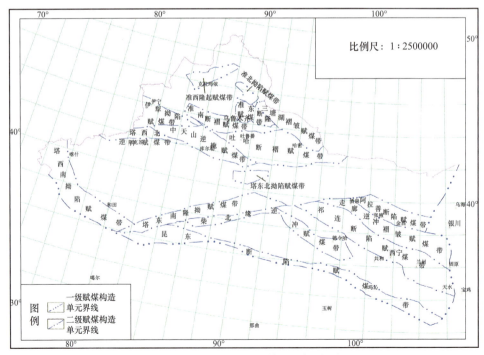

图 4-33　西北赋煤构造赋煤构造单元划分图

（二）典型赋煤构造单元特征

1. 准噶尔盆地赋煤构造亚区构造特征

准噶尔盆地赋煤构造亚区包括准西、准北、准东、准南、伊犁、吐哈和三塘湖 7 个赋煤构造带，准西、准北、准东和准南四个赋煤构造带为内环带，其他三个赋煤构造带为外环带，构造复杂程度由内及外逐渐加大，盆地周缘煤系遭受强烈挤压，紧闭 - 等斜褶皱、逆冲推覆或冲断构造，而内部煤系以宽缓褶皱变形为主（图 4-34）。由于天山—兴蒙造山带的作用，该赋煤亚区内南部赋煤构造单元构造作用较北部强烈，对煤系的破坏作用较大。

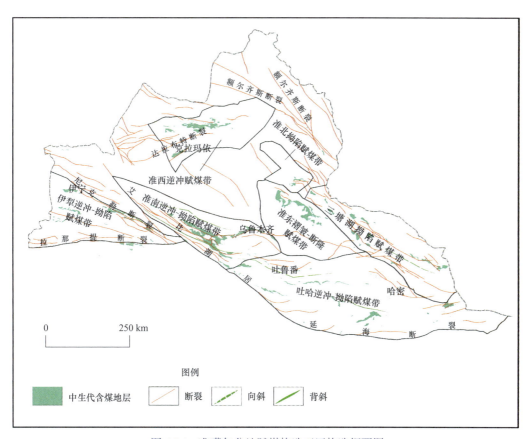

图 4-34　准噶尔盆地赋煤构造亚区构造纲要图

2. 塔里木盆地赋煤构造亚区构造特征

塔里木赋煤构造亚区由天山造山带与昆仑造山带之间的刚性地块和周边造山带组成，北缘和南缘为指向盆内的逆冲推覆构造带，东南缘为阿尔金断裂。塔里木赋煤构造亚区包括塔西北、塔西南、塔东南、塔东北和中天山五个赋煤构造带，煤系形成后，多期造山运动引起盆地周围山系快速上升，外环带煤系变形强烈，以紧闭 - 等斜 - 倒转褶皱及其伴生的逆冲断层为特征，内环带煤系埋藏深，变形以东西向大型隆起为核心，向两侧转化为平缓向斜，剖面形态呈"W"形（图 4-35）。

3. 祁连赋煤构造亚区构造特征

祁连赋煤构造亚区包括阿拉善、走廊、祁连、柴北缘和东昆仑五个赋煤构造带，主要含煤地层为早、中侏罗世。构造比较复杂，主要断裂走向为北到南东向，且多为逆冲性质，褶皱形态较为紧密，煤系被破坏较严重（图 4-36）。

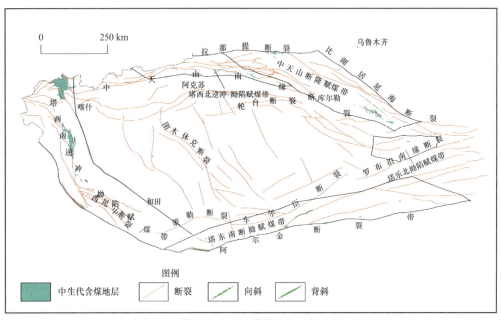

图 4-35　塔里木盆地赋煤构造亚区构造纲要图

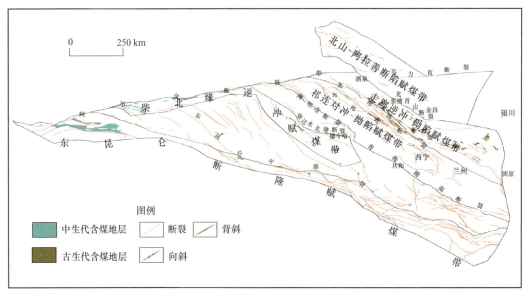

图 4-36　祁连赋煤构造亚区构造纲要图

四、华南赋煤构造区

（一）煤系构造变形特征

华南赋煤构造区包括秦岭—大别山以南，龙门山至红河深断裂以东的广大地区。处于特提斯构造域与环太平洋构造域的交汇部位，跨扬子陆块区和华南造山带，华南岩石圈经历了多期、多幕式的生长，以侧向增生为主（块体的拼合），垂向生长为辅（岩浆上侵）。受大地构造格局控制，划分为扬子赋煤构造亚区和华夏赋煤构造亚区。

扬子赋煤构造亚区煤系变形具有近似同心环带结构的基本特点，上扬子四川盆地构成扬子陆块区赋煤构造单元组合分带的稳定核心，川中赋煤构造以宽缓的穹窿构造、短轴状褶皱变形和稀疏断层为特征，由此向周边，煤系变形强度递增。

华夏赋煤构造亚区的基底为前泥盆纪浅变质岩系，其活动性大于扬子陆块区，晚古生代以来，经历了多次挤压和拉张等不同构造机制的交替作用，煤系变形十分复杂。煤田推、滑覆构造全面发育。就整个华南赋煤构造区而言，构造变形强度和岩浆活动强度均有由板内向板缘递增的趋势。由沿海中生代闽浙火山岩带向扬子陆块区，一系列北东—北北东向大型隆起和拗陷相间排列，形成"三隆三拗"的格局，北东—北北东向展布的条带状变形分区组成的赋煤构造单元规律性明显。

（二）赋煤构造单元划分

根据赋煤构造单元的划分原则，将华南赋煤构造划分为扬子、东南两个赋煤构造亚区、19 个赋煤构造带（图 4-37、表 4-11）。

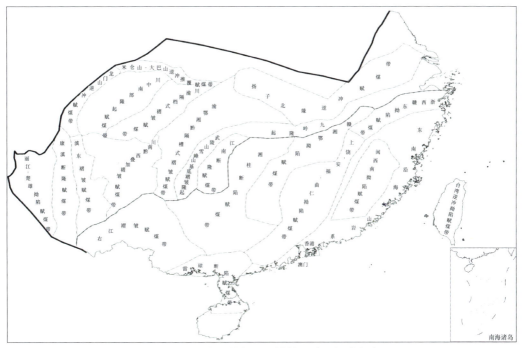

图 4-37 华南赋煤构造赋煤构造单元划分方案

表 4-11　华南赋煤构造单元划分

一级单元	二级单元	三级单元		主要煤田
华南赋煤区	扬子赋煤构造亚区	1	米仓山—大巴山逆冲推覆赋煤构造带（HN-1-1）	广旺煤田、万源煤田、镇巴煤田
		2	扬子北缘逆冲赋煤构造带（HN-1-2）	苏南—浙北煤田、皖南煤田、鄂东南煤田、鄂中煤田
		3	龙门山逆冲赋煤构造带（HN-1-3）	龙门山煤田、雅荥煤田
华南赋煤区	扬子赋煤构造亚区	4	川中南部隆起赋煤构造带（HN-1-4）	川中煤田、乐威煤田
		5	川渝隔档式褶皱赋煤构造带（HN-1-5）	华蓥山煤田、南桐煤田、渝东煤田
		6	丽江—楚雄拗陷赋煤构造带（HN-1-6）	盐源煤田、华坪—攀枝花煤田、祥云——平浪煤田
		7	康滇断隆赋煤构造带（HN-1-7）	昆明煤田、建水盆地
		8	滇东褶皱赋煤构造带（HN-1-8）	昭阳煤田、会泽煤田、曲靖 - 宣富煤田、圭山煤田
		9	川南黔西叠加褶皱赋煤构造带（HN-1-9）	川南煤田、镇威煤田、黔北煤田、黔西北煤田、织纳煤田、六盘水煤田、贵阳煤田、兴义煤田
		10	渝鄂湘黔隔槽式褶皱赋煤构造带（HN-1-10）	渝东南煤田、鄂西南煤田、桑石煤田、黔东北煤田、黔东南煤田
		11	江南断隆赋煤构造带（HN-1-11）	黔溆煤田
	华夏赋煤构造亚区	12	湘桂断陷赋煤构造带（HN-2-1）	韶山煤田、涟邵煤田、兴全煤田、南丹 - 红山煤田、罗城煤田、宜山煤田、柳州煤田、百旺煤田、合山煤田、贤按煤田、泡水煤田、宾林煤田
		13	赣湘粤拗陷赋煤构造带（HN-2-2）	萍乐煤田、连抚煤田、郴耒煤田、连阳煤田
		14	上饶—安福—曲仁拗陷赋煤构造带（HN-2-3）	赣南煤田、资汝煤田、曲仁煤田、英翁煤田、广花高要煤田、阳春煤田、台开恩煤田
		15	浙西赣东拗陷赋煤构造带（HN-2-4）	上饶煤田、浙西煤田
		16	闽西南拗陷赋煤构造带（HN-2-5）	闽西南煤田、兴梅煤田
		17	右江褶皱赋煤带（HN-2-6）	黔南煤田、乐业—东兰煤田、百色煤田、蒙自 - 文山煤田、南宁煤田、扶绥煤田、明江煤田
		18	雷琼断陷赋煤构造带（HN-2-7）	稔子坪煤田、合浦煤田、茂名煤田、北海煤田、长坡煤田
		19	台湾逆冲拗陷赋煤构造带（HN-2-8）	台北煤田、大溪煤田

（三）典型赋煤构造单元煤系变形特征

1. 扬子赋煤构造亚区

扬子地块处于特提斯构造域与环太平洋构造域的交汇部位，晚古生代以来经历了多期地壳运动，盖层构造变形比较复杂。处于上扬子的四川盆地古老基底发育完整，构成了扬子地块盖层变形分带的稳定核心。由于扬子地块基底的固结程度较华北地块差，煤系变形强度相对较大，且塑性变形特征明显，以挤压体制下的褶皱变形和逆冲推覆构造为主，变形强度由边缘向内部递减，其周缘分别为扬子地台北缘逆冲带、西缘龙门山逆冲带、西南缘苍山-哀牢山深断裂和九岭-雪峰山背冲断裂带。扬子地块西北缘松潘-甘孜造山带的形成是古特提斯闭合的结果，随后扬子地块向西北俯冲，形成了龙门山推覆构造带，这一板缘挤压应力在扬子地块内部传递过程中，在四川盆地的东侧的华蓥山、方斗山、鄂西的七曜山及湘西北的雪峰山一带受阻，产生反向逆冲，从而形成了龙门山—雪峰山褶皱对冲带。由扬子地块西缘龙门山至雪峰山，赋煤构造带划分为龙门山逆冲赋煤构造带、川中南部隆起赋煤构造带、川渝隔档式褶皱赋煤构造带、渝鄂湘黔隔槽式褶皱赋煤构造带、江南断隆赋煤构造带（图4-38）。

2. 华夏赋煤构造亚区

华夏地块作为华南古大陆板块中较软弱部分，在多次挤压、拉张等不同构造机制的交替作用下，晚古生代煤系的变形十分复杂，一系列北东—北北东向大型隆起和拗陷相间排列，晚古生代煤系保存在基底隆起之间的拗陷之中，逆冲推覆与滑覆均由隆起指向拗陷。滑脱构造分类中最复杂的滑、褶、推覆叠加型和滑推多次叠加型均发育在华夏地块范围内，成为其变形特色。

华夏地块的大型滑脱构造往往位于基底与盖层之间，主滑面在全面伸展条件下形成，在后期挤压松弛条件下进一步发展，具有区域性，对煤系变形影响较大。各种滑动的前缘都伴有扩展性逆冲断裂。由于滑脱构造具有多期次与多层次的特点，在剖面上表现为上覆系统、滑面、下伏系统的多次叠加，使煤系形成无根褶皱，而且在上覆系统中比在下伏系统中变形更为复杂。华夏地块的基底逆冲推覆构造不仅出现在板缘，而且在板内基底隆起的两侧均有指向拗陷的背冲式推覆构造，邻近推覆断裂的盖层变形都明显受到挤压作用的影响，形成大范围的逆掩断裂与飞来峰、天窗等构造，有些地方显示出煤系被掩盖。按照华夏地块的煤田构造格局和煤系构造样式的空间展布形态，可划分为湘桂断陷赋煤构造带、赣湘粤拗陷赋煤构造带、上饶—安福—曲仁拗陷赋煤构造带、浙西赣东拗陷赋煤构造带、闽西南拗陷赋煤构造带、右江褶皱赋煤构造带、雷琼断陷赋煤构造带、台湾逆冲拗陷赋煤构造带（图4-39）。

五、滇藏赋煤构造区

滇藏赋煤构造区位于我国西南部，北以昆仑山南缘断裂带为界，东界为龙门山—大雪山—哀牢山一线，东西长约2100km，南北宽600～1300km，面积约205万km²。

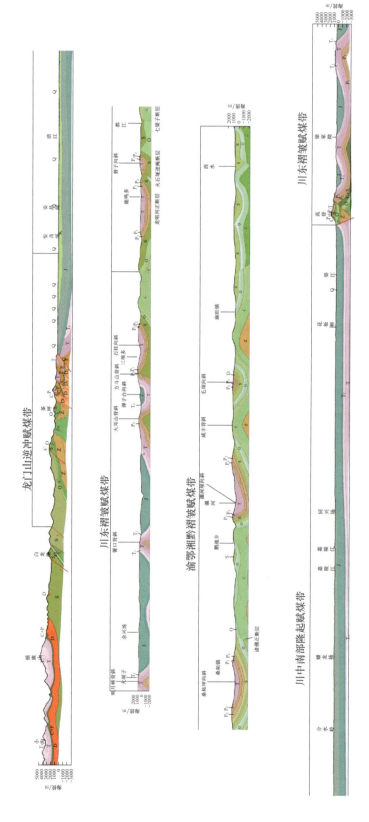

图4-38 龙门山—雪峰山煤田构造面

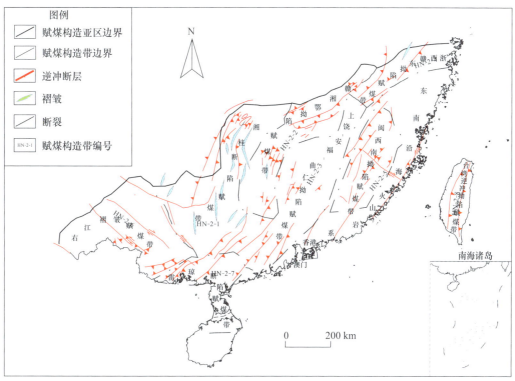

图 4-39　华夏赋煤构造亚区构造格局图

（一）赋煤构造单元划分

如上文所述，滇藏赋煤构造四周被山脉围限，且受北西—南东向断裂的控制，多形成小型断陷盆地，且由于成煤后期强烈的新构造运动，使含煤盆地褶皱、断裂极为发育。根据赋煤构造单元的划分原则，将滇藏赋煤构造区划分为 2 个亚区、5 个赋煤构造带（表 4-12、图 4-40）。

表 4-12　滇藏赋煤构造单元划分表

一级	二级	三级	煤田
滇藏赋煤构造区	藏北赋煤构造亚区	青南—昌都褶皱—逆冲赋煤构造带（DZ-1-1）	乌丽煤田、扎曲煤田、妥坝煤产地
		土门—巴青褶皱赋煤构造带（DZ-1-2）	土门格拉煤产地、自家浦煤产地
	滇西赋煤构造亚区	兰坪—普洱褶皱—逆冲赋煤构造带（DZ-2-1）	景东煤田、景谷煤产地、景洪煤田
		保山—临沧走滑—断陷赋煤构造带（DZ-2-2）	保山煤田、耿马煤田、临沧煤田、澜沧煤田
		腾冲—潞西断陷赋煤构造带（DZ-2-3）	腾潞煤田

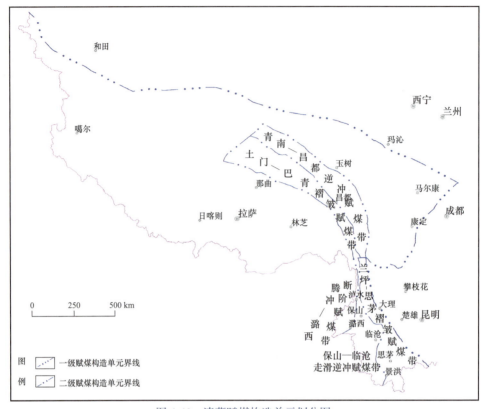

图 4-40　滇藏赋煤构造单元划分图

（二）典型赋煤构造亚区构造特征

1. 藏北赋煤构造亚区

该区北界和南界分别为玉树—金沙江断裂和改则—怒江断裂，包括青南—昌都和土门—巴青等两个赋煤构造带，构成向北东凸起的平行条带状分布，构造复杂程度较大，主要以复向斜和压性逆断裂为主。区内含煤性较差，构造复杂，含煤地层被破坏严重。

昌都地块分布于青海东南部和藏东一带，其北东边界为玉树—金沙江断裂，南西边界为温泉—类乌齐—碧土断裂。该赋煤构造带呈走向北西、向北东突出的弧形展布，有乌丽、扎曲等煤田。昌都一带的早石炭世、晚二叠世和晚三叠世煤系赋存在昌都—芒康复向斜内，复向斜北段褶皱开阔，南段紧闭。北段轴向近东西，南段近南北，呈弧顶朝北东的弧形展布。南西翼被温泉—碧土断裂破坏，出露不全。

在羌塘地区中部，在巴青—土门一带有晚三叠世煤系零星分布，构造线为东西向，以线褶皱和压性逆断裂为主。青海省内仅包括羌塘地块北缘的沱沱河-扎曲断褶带，向西、向东均延入西藏自治区境内。北侧乌兰乌拉湖—玉树断裂由北向南逆冲，南侧的温泉断裂由南向北逆冲，乌丽煤田位于对冲断裂之间，由沱沱河—通天河复向斜组成。

2. 滇西赋煤构造亚区

该区东界为金沙江—哀牢山断裂，西、南界为国界，自东向西包括兰坪—普洱、保

山 - 临沧和腾冲—潞西 3 个赋煤构造带，构成南北向平面呈"八"字形展布的平行条带状分布样式，构造复杂程度较大，主要以断裂为主。区内含煤性较分散，多赋存在小型盆地群内，构造复杂，含煤地层被破坏严重。

第五节　煤盆地构造古地理演化与赋煤规律

一、晚古生代构造古地理格局与聚煤规律

晚古生代是我国最重要的成煤期之一，主要有早石炭世、晚石炭世—早二叠世和晚二叠世。

从太古代至早古生代，我国地壳经历了漫长的地质演化过程和多期构造运动。但对晚古生代以来，特别是海西期成煤作用的发生和发展起重要作用的则是加里东构造阶段所形成的古构造、古地理格局。加里东期祁连造山系的形成使扬子板块与华夏板块焊接在一起，标志着华南地区除在钦防一带尚保留有残余洋盆外，已成为成熟的陆块。这种古构造格局对晚古生代乃至中、新生代的成煤作用都产生明显的影响。华北地台区奥陶世—早石炭世长期的剥蚀夷平作用，为华北晚古生代陆表海的形成奠定了基础。在西准噶尔一带为大陆边缘，虽有成煤作用，但因构造活动性强，因而成煤作用较弱。

（一）早石炭世构造古地理格局与聚煤规律

早石炭世是我国地史上第一个大的聚煤期，海水自西北和东北方向侵入，华北地台被长期剥蚀后，为夷平的准平原环境，仅其边缘开始沉降，局部遭受海侵。中国北部及西聚北地区沉积以海相碎屑岩、火山熔岩及其碎屑岩和碳酸盐岩为主。阿尔泰隆起以南和准噶尔盆地周围沉积有海陆交互相碎屑岩，发育煤层。南祁连—柴达木北缘早石炭世早期发育碎屑岩和碳酸盐岩（图 4-41），晚期以碳酸盐岩为主，夹碎屑岩及含煤、含锰沉积。另外，早石炭世晚期在黑龙江的黑河和延寿有陆相碎屑含煤沉积。

早石炭世主要的聚煤作用发生在华南地区。古构造格局表现为江南隆起将华南分隔为南北两个海域，南部陆源碎屑主要来源于东部的华夏古陆。海侵由西南向东北，造成了聚煤作用的不等时性，从而导致了大塘阶含煤地层的穿时现象和分布不均衡性。当大塘早期发生海侵时，华南西部滇、黔地区因海水先期到达而聚煤作用发生最早。在上扬子古陆东南缘的滇东 - 滇东北、黔南地区分别形成了大塘早期的含煤岩系万寿山组、祥摆组。桂北寺门组及湘中测水组形成于大塘中期，含煤性较好，是华南早石炭世主要含煤岩系。闽西南、粤东北地区的大塘阶林地组及忠信组都属于陆相碎屑岩沉积，忠信组中部为主要含煤层段，但含煤性较差；赣中—赣东的梓山组和浙西叶家塘组的含煤段相当于大塘阶晚期，为一套河湖相碎屑沉积，含煤线或薄煤层，含煤性差。总之，南方早石炭世含煤地层分布相当广泛，但含煤面积分布不广，可采煤层仅见于少数地区。就时期而言，大塘中期（测水组）的含煤性最优；就地区而言，华南东部、东南地区的含煤

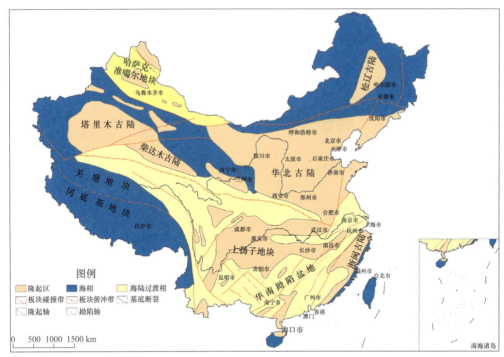

图 4-41　中国早石炭世成煤古构造图

性最好，华南西部含煤性较差，下扬子地区和青藏、滇西、川西地区含煤性最差。华南
地区早石炭世富煤带分布于湘中地区。

（二）晚石炭世—中二叠世构造古地理格局与聚煤规律

晚石炭世—早二叠世含煤地层主要分布为昆仑山—秦岭—大别山一线以北，主要分
布在华北地台区。

晚石炭世早期，由于古秦岭洋壳的俯冲作用加强，南华北地区发生翘隆，在加里东
运动形成的西高东低的基础上，叠加南高北低的构造机制。此时，乌兰格尔隆起呈古陆
状态，将华北聚煤盆地分为东西两部分，古蒙古洋壳的俯冲作用使得华北古板块北部隆
升形成阴山古陆，成为华北聚煤盆地的主要物源区。晚石炭世晚期这种隆升作用不断加
强，使得整个华北古板块发生跷跷板式的升降移位，由南隆北倾机制转变为南倾北隆机
制，并一直延续到晚二叠世，成为华北聚煤盆地的主体构造形式（图 4-42）。晚石炭世
时，乌兰格尔隆起呈水下隆起状态，海水由东南和西南两个方向入侵并汇合，至此，华
北聚煤盆地成为一个完整、统一的沉积盆地。

华北盆地晚石炭世含煤岩系发育河流、湖泊、河流三角洲、障壁 - 潟湖、潮坪等成
煤环境类型，主要形成于潮坪 - 潟湖相，少量形成于三角洲平原相，形成渭北煤田铜
川 - 韩城矿区、保德扒楼沟—山西七里沟—朔州原平轩一带、豫东周口—两淮以西、鄂
尔多斯盆地子洲、鄂尔多斯盆地鄂托克旗一带等 5 个聚煤中心（图 4-42）。

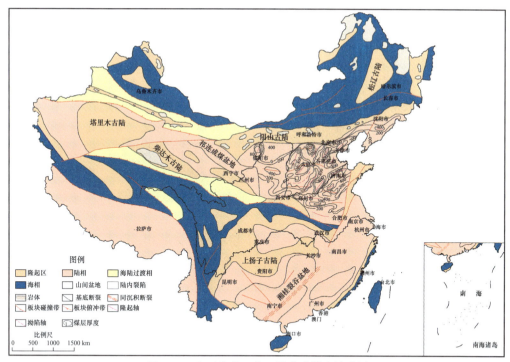

图 4-42 晚石炭世—中二叠世成煤古构造图

早二叠世早期，华北盆地海侵范围扩大，北部以河流三角洲沉积为主，向南过渡为潟湖 - 潮坪沉积，发育若干障壁岛。海侵方向以南部两淮由东南向西北方向和西缘由西向东侵入为主，东北部辽东半岛由东北向西南方向侵入为辅。早二叠世晚期，我国北方发生的广泛海退使得华北地区开始转变为内陆开阔盆地，即华北盆地。华北盆地以贺兰山、六盘山为界，以西为北祁连和走廊区。贺兰山以东的整个华北盆地，为早二叠世主要的聚煤区，沉积物以陆相碎屑含煤沉积组合为主，最有利成煤环境为三角洲沉积体系三角洲平原相，其次为河流沉积体系、潮坪—潟湖沉积体系。聚煤中心位于准噶尔、大同、朔州、乌海、峰峰一带和京津唐地区。

中二叠世大体保持了早二叠世的古地理基本格局和海侵方向，当时虽有海侵海退交替发生，但总的趋势是向海退发展，古陆面积逐渐扩大，构造运动增强，岩相开始发生分异。中二叠世，在我国南部和西部，为地史上海侵规模最大的时期之一，除了散布着的古陆外，到处是汪洋大海。而我国北方则发生了广泛的海退，整个准噶尔和塔里木、华北大部分地区都上升为陆，但北山及其以东的海槽区和南天山海槽，继续保持海洋环境。

华北盆地物源为盆地北缘阴山古陆和南部秦岭中条古陆，东南部有海水分布。由于整体受海退的影响，聚煤中心向南迁移，盆地主要以河流沉积为主，其次为湖泊、三角洲沉积。盆地东南部豫东和徐州及两淮等地为近海盆地含煤碎屑沉积组合，发育过渡相河流三角洲沉积，三角洲平原和三角洲前缘发育，含煤性好，形成了中二叠世聚煤富集带。厚煤层主要集中于徐州—商丘—郑州—洛阳—平顶山—驻马店以南的区域，聚煤中心位于阜阳—淮南一带。

秦岭以南的华南大部分地区在经过剥蚀夷平后，于中二叠世早期又开始新的沉积。修水、醴陵、绥宁一线的西北广泛发育了滨海沼泽砂泥、铝土质含煤沉积，靠近康滇古陆还有边缘相的陆相碎屑岩沉积，从而形成了中二叠世早期含煤岩系梁山组，主要聚煤环境为滨海冲积平原、滨海平原、潟湖海湾、滨浅海。富煤带主要位于鄂西南、鄂东南及湘西地区。东南沿海西部在中二叠世晚期海水变浅，并分异成两个相区，西部为滨海碎屑沉积，东部紧邻浙闽古陆，陆源碎屑供应充足，发育为海陆交互相含煤沉积，以福建省童子岩组聚煤最好。童子岩组含煤性地区差异较明显，福建省东南含煤性最好。

在北祁连—走廊地区和柴达木北缘盆地，晚石炭世为陆相，随着裂陷作用的发生，景泰红水堡、福禄村及靖远磁窑等地形成2层或3层不稳定的薄煤层。晚石炭世马平期—早二叠世龙吟期，该地区发生大规模海退，同时裂陷作用弱化，盆地趋于稳定，形成北祁连—走廊盆地的主要含煤地层——太原组。

在晚石炭世时，华南地区已进入整体均匀沉降阶段，海水逐渐扩展到华南的大部分地区。晚石炭世末受柳江运动影响，海水从华南的很多地方退出，造成石炭纪与二叠纪之间的沉积间断，并发育了梁山煤系。之后华南地区均匀沉降，海水重新侵入，至栖霞晚期达到高潮，这一时期华南是一个统一的巨型盆地。早二叠世茅口期，景德镇—三江断裂等多条基底断裂复活，构造分化作用明显增强，华南沉积盆地形成了扬子、桂湘赣、浙闽粤三个亚盆地，这种构造格局长期控制着茅口期后的含煤沉积。

（三）晚二叠世构造古地理格局和聚煤规律

晚二叠世的东吴运动使华南盆地整体抬升，扬子板块西缘发生了裂陷作用，伴随着大量的玄武岩喷发，康滇地区隆起成陆，成为扬子亚盆地的主要物源区，形成了中部为海、东西两侧为陆的格局，东吴运动对华南盆地的聚煤作用具有深远的影响（图4-43）。

晚二叠世，我国古地理发生了巨大变化。中二叠世末期，构造运动急剧变革，消减带相继对接闭合，引起海水大规模退却，中国北方连成统一大陆。西藏、滇西地区，冈底斯-喜马拉雅滨浅海逐渐向南退去，形成广阔的冈底斯古陆，北部羌塘浅海海水深度逐渐变浅。

华北盆地中部发育大规模湖泊沉积，向外逐渐过渡为泛滥盆地及河流沉积，其他地区则发育河流沉积，河道、冲积平原、泛滥盆地相也十分发育。物源来自于北缘阴山古陆、南部秦岭中条古陆、伏牛古陆以及西南部平凉—庆阳一带，海侵方向以南部两淮由东南向西北方向。晚二叠世，氧化环境逐渐占为绝对优势，不利于成煤植物死亡后的保存，沉积物以红色为主，聚煤作用逐渐减弱，仅在盆地东南部豫西、两淮等地区有煤层发育，发育情况较差。

华南盆地由于海退关系，康滇古陆、华夏古陆有所扩大。靠近康滇古陆的东侧和紧

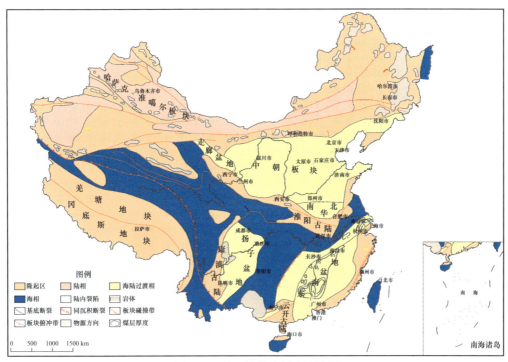

图 4-43 晚二叠世成煤古构造图

邻浙闽古陆西侧，陆相碎屑沉积组合或以陆相为主的沉积组合均较发育，依次向中心是海陆交互相含煤沉积组合，形成了华南晚二叠世早期两个相对变化的聚煤富煤带。厚煤层大多发育在三角洲成煤环境和潮坪成煤环境。晚二叠世晚期，华南又发生了二叠纪最后一次范围较大的海侵，大部分地区为碳酸盐岩台地沉积，局部地区为泥质、硅质沉积。邻近康滇古陆一带，为陆相和滨海沼泽相沉积，发育煤层。

二、中生代成煤期构造古地理格局与聚煤规律

印支运动和燕山运动是中国构造发展的重要阶段。在印支期，扬子板块、羌塘地块与华北-塔里木板块对接，古特提斯洋北支最后封闭。印支晚期，结束了长期南海北陆的构造格局，中国大陆初步形成。由于古太平洋板块与欧亚大陆之间的相互作用的增强，大华北盆地向西萎缩，鄂尔多斯盆地形成；华南地区形成了川滇盆地、湘赣盆地。燕山运动阶段，西太平洋构造域进一步发展，中特提斯海关闭，陆地面积进一步扩大，东西构造分异格局形成，以狼山、贺兰山、龙门山一线为界，以东盆地主体方向为北东向、北北东向，以西盆地主体方向为北西向及近东西向。

中生代主要的成煤期有晚三叠世、早—中侏罗世和早白垩世。晚三叠世气候较为潮湿，华南地区为热带亚热带潮湿气候区，聚煤作用较强；西北—华北地区为温带半干旱、半潮湿气候区，仅在鄂尔多斯盆地和准噶尔盆地发育次要的陆相含煤岩系。早—中侏罗世含煤岩系主要分布于温带潮湿气候区的西北和华北地区内；而早白垩世，仅东北

和滇藏地区受海洋性气候的影响，较为湿润，有成煤作用发生。

（一）晚三叠世构造古地理格局与聚煤规律

扬子板块与华北板块在印支晚期拼接，古太平洋向北俯冲，导致华南晚古生代成煤盆地解体，并形成晚三叠世川滇盆地与湘赣粤盆地对峙，二者之间为隆起的构造格局（图4-44）。在晚三叠世，川滇盆地内形成较多的同沉积构造，包括盆缘和盆内。盆缘构造主要有龙门山冲断带和江南隆起等；湘赣粤成煤盆地主要沿华南裂陷分布，基底存在着很多不断活动的北东向、北北东向的基底断裂，形成的同沉积断裂是在盆地形成、发展演化过程中再活动的继承性断裂。

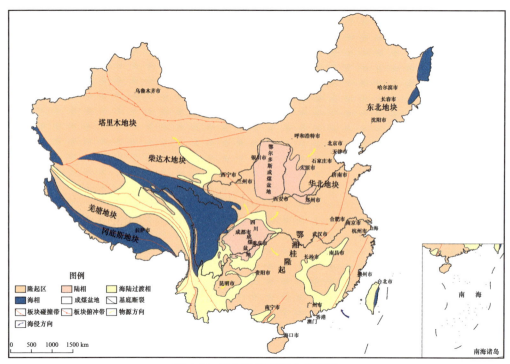

图 4-44　晚三叠世成煤古构造图

三叠纪整个华北盆地均为沉积区，其范围仅比二叠纪略有缩小，晚三叠世由于伊泽奈岐板块的俯冲，盆地东部产生左旋压扭应力场，在渤海湾一带开始隆起，华北盆地开始收缩，东界大约收缩至太行山以及河南郑州一线。

华南主要沉积区以四川盆地，滇东黔西盆地及湘赣粤海湾为主，其他地区则以零散分布于古陆上的内陆小型湖盆及粗碎屑山间盆地为主。含煤岩系主要发育于四川盆地及湘赣地区，以四川盆地须家河组及湘赣地区的安源群为代表。四川盆地煤层主要形成于三角洲平原分流间湾环境，滨湖沼泽也可形成局部可采煤层，在河流相的岸后湖泊及沼泽中也有发育煤线。聚煤中心主要分布盆地中部乐威煤田以及东部华蓥山煤田，此外，在川西龙门山前一带，亦形成了总厚度 10m 以上的煤层。湘赣粤海湾盆地，主要有滨海 - 海湾型及潮坪 - 潟湖型，海湾周缘零星分布的小型陆相拗陷盆地含煤性不佳。以滨海 - 海湾型富煤单元为代表的聚煤中心主要分布于赣中、粤中及粤南等地；以潮坪 - 潟湖型富煤单元为代表的聚煤中心主要分布于赣北、湘东及粤中、闽南一带。

（二）早—中侏罗世构造古地理格局与聚煤规律

早—中侏罗世是我国最重要的聚煤期。西北、华北地区为温带潮湿气候区，重要的煤田均发育于此。

侏罗纪时，鄂尔多斯盆地进一步向西退缩，东界收缩至大同、离石、铜川一线，吕梁山隆起，使盆地范围进一步缩小，与此同时，鄂尔多斯盆地尚受到新特提斯构造的控制，盆地西缘、西南缘强烈沉降。西北地区早—中侏罗世成煤盆地均为内陆盆地，它的形成和演化与古生代的褶皱带的再造山运动密切相关。成煤盆地形成于羌塘地块、拉萨地块与亚洲大陆南缘的碰撞事件之间，总体上处于南北向挤压应力背景下，成煤盆地是在挤压应力背景下形成的。在大陆南缘远程挤压效应作用下，天山、阿尔泰山、祁连山等发生陆内造山活动，地壳大规模缩短，形成大型逆冲断层。阿尔金大型走滑断裂和塔里木板块西南缘的走滑断裂作为南北向挤压应力的调节断层，对且末—民丰、柴达木等盆地的形成起到了主导作用（图 4-45）。

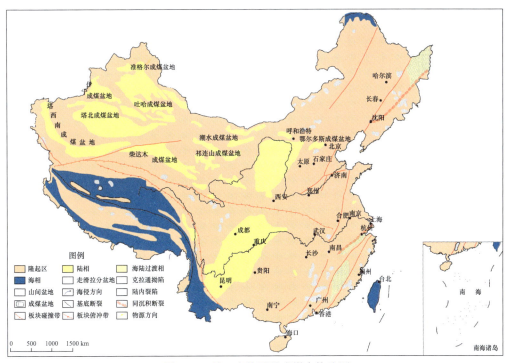

图 4-45　早—中侏罗世成煤古构造图

鄂尔多斯盆地早侏罗世中期重新沉陷，接受了来自古阴山、古秦岭等剥蚀区的物质，从而发育了富县组，标志盆地进入形成的初始阶段。中侏罗世初，盆地进入稳定沉降阶段，沉积范围扩大，延安组下部发育湖泊含煤细碎屑沉积，延安组上部为平原河湖碎屑沉积。

新疆地区及甘肃北山地区，低缓的古天山位于中部。区域内以发育大型拗陷盆地为特征，其中准噶尔盆地北浅南深，塔里木北缘盆地只限于库车—罗布泊一带，主要为湖泊暗色细碎屑沉积，底部有少量河流粗碎屑堆积，顶部为平原河湖沉积。辫状河、曲流河三角平原沼泽为主要的聚煤环境，在河流冲积平原中也形成了部分厚煤层。中侏罗世晚期河流沉积颇为发育，湖盆范围与前期相比，已略收缩。厚煤层主要形成于湖退三角洲平原沼泽中。煤层在北方地区（包括鄂尔多斯盆地及以东地区）普遍发育。

昆仑、祁连、西秦岭地区，剥蚀区的总体面貌变化不大，沉积区都有一套从杂色到红色的沉积物，但西部的昆仑山间盆地与剥蚀区之间的地貌差异逐渐缩小，堆积了以湖泊为主的砂岩、粉砂岩和泥岩。东部柴达木盆地、走廊-潮水盆地等仍在较强烈的切割背景下，保持了以河流粗碎屑为主的堆积。

大陆南部，湘黔高地的进一步扩大，形成华南高地，海水从赣湘粤等地退出，促使其与浙闽及下扬子区连成一个低地，地形分异亦较明显，形成许多小型断陷盆地，但盆地已在收缩，并转变为以红色为主的沉积。

（三）早白垩世古地理格局与聚煤规律

早白垩世成煤（图4-46）作用主要发生在东北地区。晚侏罗世—早白垩世初期，东北赋煤构造区应力场转化为右旋张扭，原有的北北东、北东向断裂被发生大规模的火山喷发，形成重要的断陷成煤盆地群。早白垩世断陷盆地共有200余个，受基底断裂的控制，这些盆地多呈北东、北北东向分布，盆地规模多为中、小型，平面上呈菱形、长椭圆形，长宽比一般为4:1。这些断陷盆地的形成与晚侏罗世火山喷发活动有密切的关系，在火山活动强烈部位的断陷盆地规模大，反之则盆地规模小。

晚侏罗世强烈的火山活动到早白垩世基本上已转为宁静期，这时期盆地中发育了湖相、沼泽相及河流相沉积，很少有火山物质。

东北赋煤构造区西部带以二连盆地群和海拉尔盆地群为代表，该带各含煤盆地构造相对稳定，主要沉积相为河流三角洲和湖泊相，在稳定的湖泊淤浅的基础上发育巨厚煤层；中部带的松辽盆地群的各含煤盆地主要沉积相类型为扇三角洲相、河流相、冲积扇相等，聚煤中心发育在松辽盆地深层（徐家围子断陷）及松辽盆地东南缘营城、朝阳及长春等断陷盆地范围。东部带的三江—穆棱盆地群在聚煤期受到海水的影响，主要成煤环境仍以陆相为主，聚煤古单元依旧为滨浅湖沼泽、三角洲平原、河流泛滥平原等，聚煤中心及富煤中心位于七台河东南部及东部、勃利北部、鸡西滴道南部、鸡西东部、双鸭山东部、绥滨、鹤岗等地区。

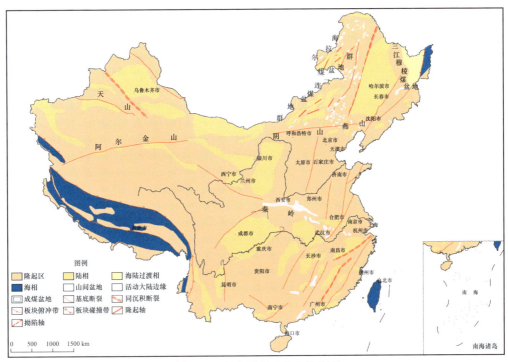

图 4-46　早白垩世成煤古构造图

华北—华南地区为高地，局部有一些小型山间—断陷盆地，堆积了河湖杂色—暗色砂泥岩，仅怒江上游为滨海—近海沼泽环境，堆积了多尼组的含煤岩系。

三、新生代成煤期构造古地理格局与聚煤规律

（一）古近纪构造古地理格局与聚煤规律

古近纪中国大陆东部伊泽奈岐板块俯冲挤压与西南部新特提斯洋中始新世末或晚始新世初的封闭，构成了该期中国大陆古构造格局改变的主要控制因素。其中，后者在这种构造格局的改变中起了更为重要的作用。中国东部滨太平洋地区在总体隆升的背景下发生裂陷作用，其中秦岭带以北以新生性裂陷为主，秦岭带以南多以继承性裂陷为主。

这种新生性与继承性具体表现为东北部古近纪成煤盆地位于郯庐断裂带内，而秦岭带以南的古近纪盆地则是在燕山晚期早白垩世盆地的基础上发展起来的。大陆西部主要受印度板块向北移动的影响，以挤压、褶皱和隆起为主，形成以北北西向为主的山系与盆地相间排列的特征。

大多数都集中在中生代晚期到新生代的构造活动地带，含煤盆地的类型多为断陷盆地。东北区古近纪聚煤盆地主要沿郯庐深大断裂带北部分支——依兰伊通断裂和敦化密山断裂展布，如乌伊岭北盆地、孙吴盆地、依兰舒兰盆地群以及敦化密山盆地群；在华北区，即在半潮湿半干旱亚热带影响下，沿天山 - 赤峰活动带分布的冀北蒙南盆地群，

沿郯庐断裂带分布的鲁东盆地群，以及冀西晋北盆地群和豫西灵宝盆地等零星分布；西北华北干旱亚热带内没有煤的聚积；中国最南部在潮湿亚热带—热带影响下，含煤盆地分布在冈底斯—腾冲陆缘活动带的拉萨西尼木盆地、藏南日喀则—昂仁盆地、藏西南门土盆地等，以及广东和广西等拉分盆地，如广西百色盆地和广东茂名盆地等（图4-47）。

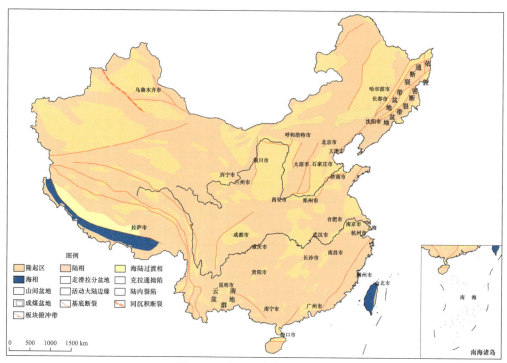

图 4-47　古近纪成煤古构造图

（二）新近纪构造古地理格局与聚煤规律

新近纪的含煤地层主要分布于云南省及台湾省境内，其他地区也有零星分布。新近纪时，中国大陆东部的裂陷作用已明显减弱，各裂陷盆地都已进入衰竭阶段，大陆西部的广大范畴内由于印度板块不断挤压并楔入欧亚大陆内部，造成青藏高原及广阔的西北地区强烈的隆升，海域从喜马拉雅地区及塔里木西南缘退出，整个中国大陆内部除南部的琼州海峡外，其他地区以陆相为主（图4-48）。

在温暖亚热潮湿气候的影响下，新近纪的聚煤作用主要发生在中国的西南部，主要包括滇北盆地群、滇东南盆地群、桂南盆地群、川西藏东盆地群、滇西保山盆地群和腾冲盆地群等，盆地规模很小，盆地类型有走滑拉分盆地、岩溶塌陷盆地等，盆地内发育冲积扇、河流和湖泊沉积，在一些主要聚煤盆地湖泊淤浅后，发育泥炭沼泽和巨厚煤层，如昭通盆地、小龙潭盆地等。所要提及的是，进入新近纪以来，台湾地区由于往复的海水进退，在西部形成以海相及海陆交互相为主的含煤沉积，构成了台湾地区的唯一含煤岩系。

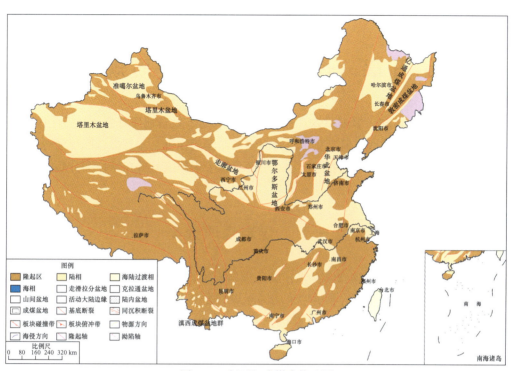

图 4-48 新近纪成煤古构造图

第五章 煤质特征及煤变质规律

中国煤的多聚煤期、多沉积体系和多期构造运动等复杂地质背景，导致中国煤岩、煤质和煤变质的非均质性，但又显示出其时空分布的规律性。本章以国际煤岩分类、煤质的国家标准等理论与技术规范为指导，全面总结了中国煤质分布特征和分布规律。

第一节 煤岩煤质分类

煤按其成因分为腐殖煤和腐泥煤，腐殖煤岩石类型分为镜煤、亮煤、暗煤和丝炭，腐泥煤为藻煤和烛煤。褐煤岩石类型采用国际煤岩委员会分类分为木质煤、碎屑煤、丝质煤和矿质煤。腐殖煤的宏观光泽岩石类型为光亮煤、半亮煤、半暗煤和暗淡煤，其中，前两者为亮型煤，后两者为暗型煤。受构造影响，煤体划分为原始结构煤、碎裂煤、碎粒煤和糜棱煤。显微镜下，煤可见显微组分和矿物，显微组分分类采用国际煤岩委员会硬煤和褐煤的显微组分分类（表5-1、表5-2）。

表 5-1 国际硬煤的显微组分分类方案

显微组分组（group）	亚组（subgroup）	显微组分（maceral）	亚显微组分（submaceral）	显微组分种（maceral variety）
镜质组（vitrinite）	结构镜质亚组（telovitrinite）	结构镜质体（telinite）	结构镜质体 1	科达木结构镜质体
				真菌质结构镜质体
				木质结构镜质体
				鳞木结构镜质体
				封印木结构镜质体
			结构镜质体 2	
		胶构体（collotelinite）		
	碎屑镜质亚组（detrovitrinite）	胶屑体（collodetrinite）		
		镜屑体（vitrodetrinite）		
	凝胶镜质亚组（gelovitrinite）	凝胶体（gelinite）		
		团凝体（corpogelinite）		
类脂组（liptinite）		孢子体（sporinite）		薄壁孢子体
				厚壁孢子体
				小孢子体
				大孢子体

续表

显微组分组（group）	亚组（subgroup）	显微组分（maceral）	亚显微组分（submaceral）	显微组分种（maceral variety）
类脂组（liptinite）		角质体（cutinite）		
		树脂体（resinite）	胶质树脂体	
		木栓质体（suberinite）		
		藻类体（alginite）	结构藻类体	皮拉藻类体
				轮奇藻类体
			层状藻类体	
		荧光体（fluorinite）		
		沥青质体（bituminite）		
		渗出沥青体（exsudatinite）		
		脂屑体（liptodetrinite）		
惰质组（inertinite）	具细胞结构亚组（macerals with plant cell structures）	丝质体（fusinite）	火焚丝质体	
		丝质体（fusinite）半丝质体（semifusinite）	氧化丝质体	
			原生丝质体	
			后生丝质体	
		真菌体（funginite）		
	无细胞结构亚组（macerals w/o plant cell structures）	分泌体（secrinite）		
		粗粒体（macrinite）		
		微粒体（micrinite）		
	碎屑惰质亚组（fragmented inertinite）	惰屑体（inertodetrinite）		

表 5-2 国际褐煤显微组分分类

显微组分组（group maceral）	显微组分亚组（maceral subgroup）	显微组分（maceral）	显微亚组分（maceral type）
腐殖组（huminite）	结构腐殖体（humotelinite）	结构木质体（textinite）	
		腐木质体（ulminite）	结构腐木质体（texto-ulminite）
			充分分解腐木质体（eu-ulminite）
	碎屑腐殖体（humodetrinite）	细屑体（attrinite）	
		密屑体（densinite）	
	无结构腐殖体（humocolinite）	凝胶体（gelinite）	多孔凝胶体（porigelinite）
			均匀凝胶体（levigelinite）
		团块腐殖体（corpohuminite）	鞣质体（phlobaphinite）
			假鞣质体（pseudo-phlobaphinite）

续表

显微组分组 （group maceral）	显微组分亚组 （maceral subgroup）	显微组分（maceral）	显微亚组分（maceral type）
类脂组（liptinite）		孢粉体（sporopolleninite）	
		角质体（cutinite）	
		树脂体（resinite）	
		木栓质体（suberinite）	
		藻类体（alginite）	
		脂屑体（liptodetrinite）	
		叶绿素体（chlorophyllinite）	
		沥青质体（bituminite）	
惰质组（inertinite）		丝质体（fusinite）	
		半丝质体（semifusinite）	
		粗粒体（macrinite）	
		菌类体（sclerotinite）	
		惰屑体（inertodetrinite）	

　　国际硬煤显微组分分类中，镜质组分为结构镜质亚组、碎屑镜质亚组和凝胶镜质亚组。前者分为结构镜质体和胶构体（collotelinite，又叫凝构体，可全译为胶质结构镜体，对应 telocollinite 均质镜质体），中者分为胶屑体（collodetrinite，可全译为胶质碎屑体，又叫凝屑体）和镜屑体（vitrodetrinite，全译为镜质碎屑体），后者分为凝胶体（gelinite）和团凝体（corpogelinite，全译为团块凝胶体）。

　　显微组分分类的类脂组（liptinite），又叫稳定组，过去叫壳质组（exinite）。类脂组 liptinite 由词根 lip- 而得名。它包括孢子体、角质体、树脂体、木栓质体、藻类体和脂屑体（liptodetrinite，全译为类脂碎屑体，过去译为碎屑壳质体）等显微组分。中国煤中有树皮体（barkinite），是由细胞壁和细胞腔充填物都已栓化的植物茎或根的形成层以外的所有组织形成的类脂组分。树皮体的颜色，在油浸反射光和投射光下都不均匀；蓝光激发下荧光强度中等或较弱。树皮体是中国晚古生代煤中特有的显微组分，尤其在我国南方晚二叠世龙潭组煤中普遍存在，含量很高。在煤中常以轮廓清楚的宽条带状或碎片状出现。世界闻名的"乐平煤"就是由树皮体高度富集，形成典型的树皮残殖煤，其中，树皮体含量大于 50% 或更高。

　　显微组分中惰质组（inertinite）包括微粒体、粗粒体、半丝质体、丝质体、真菌体、分泌体和惰屑体（inertodetrinite 全译为惰质碎屑体）等显微组分。

　　用煤的镜质体平均最大反射率表示煤化程度变化的级别，将煤化程度分为三类 11 级（表 5-3）。煤化作用类型，以深成作用为基础，岩浆作用、动力作用及燃烧作用为叠加，将煤变质作用划分为深成变质、区域岩浆变质、热液与热水变质、接触变质、动力变质和燃烧变质。煤质分析尽量采用煤的国家标准。

表 5-3 煤的镜质体反射率分级（MT/T 1158—2011）

煤级的类别	煤级名称	镜质体反射率区间（R_{max}）/%	检测方法
低煤级煤	低煤级煤	< 0.50	
中煤级煤	中煤级煤 I	$0.50 \leqslant R_{max} < 0.65$	GB/T 6948
	中煤级煤 II	$0.65 \leqslant R_{max} < 0.90$	
	中煤级煤 III	$0.90 \leqslant R_{max} < 1.20$	
	中煤级煤 IV	$1.20 \leqslant R_{max} < 1.50$	
	中煤级煤 V	$1.50 \leqslant R_{max} < 1.70$	
	中煤级煤 VI	$1.70 \leqslant R_{max} < 1.90$	
	中煤级煤 VII	$1.90 \leqslant R_{max} < 2.50$	
高煤级煤	高煤级煤 I	$2.50 \leqslant R_{max} < 4.00$	
	高煤级煤 II	$4.00 \leqslant R_{max} < 6.00$	
	高煤级煤 III	$R_{max} \geqslant 6.00$	

第二节 煤岩学特征

前泥盆纪煤一般为高灰的腐泥无烟煤，泥盆纪煤多角质残殖煤、孢子残殖煤（Dai et al.，2006）（图 5-1）。

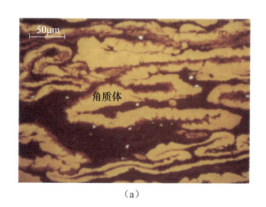 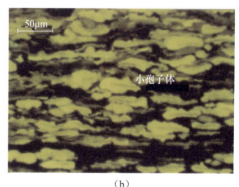

（a） （b）

图 5-1 云南绿劝残殖煤

（a）角质残殖煤；（b）孢子残殖煤

早石炭世煤以亮型煤为主，但滇东、黔西、湘中、湘南、赣东南为半亮、半暗型煤。早石炭世煤镜质组含量较高，一般达 70% 以上，惰质组一般小于 20%，类脂组很少。不同聚煤环境的煤，显微组分的含量有所变化，如潟湖海湾型煤—滨海三角洲型煤—古陆边缘的河流环境的煤，镜质组含量逐渐减低，惰质组逐渐增高。镜质组以胶屑体为主。西北地区早石炭世煤中惰质组含量较高，西藏地区煤中显微组分以镜质组为主，惰质组较少。

华北地区石炭纪—二叠纪山西组及中晚二叠世石盒子组的煤岩性质有一些共性，如具有平面上的分带性，由北向南煤中镜质组含量逐步增加，惰质组逐渐减少（图5-2，代世峰，2002），矿物含量渐低，但也有许多差异，主要有以下几个方面。

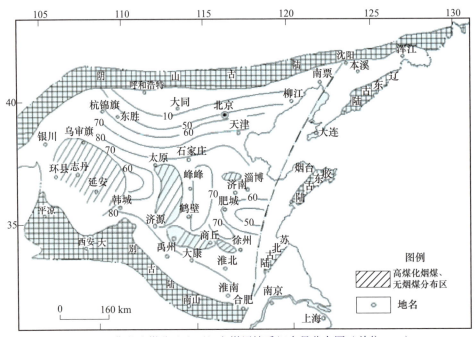

图 5-2　华北聚煤盆地山西组主煤层镜质组含量分布图（单位：%）

（1）半亮煤是主要宏观煤岩类型，局部有腐泥煤。总体从时空上讲，宏观煤岩类型的组成上有北暗南亮、老亮新暗的特征，北、中、南分带明显，北纬38°、35°分别为亮型煤40%、60%线。

（2）显微组分太原组煤中镜质组含量一般高于山西组，而惰质组刚好相反。镜惰比由北向东南逐渐增加，由太原组—山西组—石盒子组，镜惰比逐渐减少，树皮体含量增加。

（3）太原组，北带有高惰质组带和高角质体煤，中带有几条高镜质组煤条带和沁水富集类脂组区域，南带高镜质组；富氢镜质体发育，硫铁矿含量多，反希尔特定律较常见。山西组镜质组含量不如太原组，分带现象仍明显，矿物含量较高，但硫铁矿少；中带有2条高镜质组带，类脂组含量偏高的地区，往往惰质组含量也高。石盒子组镜质组含量降低，凝胶化程度低，惰质组增加，类脂组丰富，存在华北型和华南型树皮体；沉积环境决定煤矿物组合以黄铁矿、菱铁矿或石英为主。

华南早二叠世煤的宏观煤岩类型各地不一。湘西、赣北以光亮煤为主，半亮煤、半暗煤次之，鄂东南以光亮煤为主，西南地区的滇、黔、川地区则多属半亮煤和半暗煤，湖南省宏观煤岩类型一般以半亮型煤为主。显微组分特征明显，镜质组含量一般为70%～80%，惰质组含量为10%～15%，局部地区达20%，主要是丝质体、半丝质体，丝质体结构破碎，贵州、湖南等地煤中半丝质体含量较多，类脂组含量 5% 左右，有孢子体、树皮体、角质体及树脂体。中二叠世煤的宏观煤岩类型以半亮煤为主，其次为光亮煤。在一些含矿物较多的煤层中，常出现半暗煤和暗淡煤。常见构造煤。镜质组含量一般为 85%～95%，惰质组含量变化不大，一般约为 10%，镜质组以胶构体、胶屑体和团凝体为主，结构镜质体次之。

华南晚二叠世煤以腐殖煤为主，一些地区富含树皮体而富集树皮残殖煤（唐跃刚等，2011）。华南东部比西部煤中半暗煤和暗淡煤含量高，西部比东部光亮煤和半亮煤多。显微组分以镜质组为主，一般大于 70%，镜质组则以胶屑体和胶构体为主，结构镜质体较少。镜质组则在粤北、赣南、湖南、湖北等地区含量高，在惰质组中，丝质体和半丝质体较多，惰质组以贵州省含量较高，类脂组含量为 0%～75%，以树皮体为主（表 5-4）。树皮体含量在浙北、苏南、皖南、赣东等地区富集，向南延伸至湖南、贵州、重庆、四川（图 5-3），局部地区出现树皮残植煤，且东部含量高、树皮体分解程度低，西部含量较低、树皮体分解程度高。剖面上，上部树皮体含量大于下部（唐跃刚等，2005）。

表 5-4　贵州上二叠统显微煤岩组分含量

勘查区（或井田）名称	显微组分/%			矿物含量/%				矿物总量/%	显微组分总量/%	镜质体最大反射率 R_{max}/%	显微硬度 /（N/mm²）
	镜质组	惰质组	类脂组	黏土类	硫化物类	碳酸盐类	氧化物类				
兴仁县典母晏家坡	83.6	16.4		5.5	6.7	0.3	1.7	14.2	85.8	3.17	3.58
晴隆县茅山地	85.7	14.3		8.6	4.4	1.3	3.3	17.2	82.8	3.05	3.39
六枝县安家寨	86.1	13.9		6.3	2.4	0.9	1.7	11.4	88.6	2.53	2.95
织金县肥田二号	83.0	16.9		6.2	1.8	0.4	0.6	8.9	91.1	3.17	3.69
织金县文家坝	74.7	25.3		8.0	3.6	2.1	3.5	17.1	82.9	3.19	3.76
普定县补郎	83.9	16.1		8.1	3.2	0.8	1.6	13.7	86.3	2.85	3.33
贵阳市大土	84.9	15.1		5.6	1.2	0.3	0.5	7.6	92.4	1.29	
贵阳上枧	76.3	23.7		6.4	1.4	1.1	1.4	10.4	89.6	1.96	
黔西县官寨	84.6	15.4		8.9	2.7	1.8	4.4	17.1	82.9	2.75	3.05
仁怀马安	88.2	11.8		11.9	2.0	2.4	2.1	18.5	81.4		
遵义庙林—新庄	79.3	14.8		2.4	0.8	2.6	3.1	12.8	87.2	3.09	3.42
遵义木孔	87.4	12.5		5.9	2.4	1.7	1.4	11.4	88.6	3.40	3.77
金沙安洛	72.5	14.1		5.7	1.4	4.8	1.5	13.4	86.6	3.69	4.26
威宁县金斗	77.2	22.8		14.4	0.3	2.0	8.3	24.8	75.2	1.37	2.03
盘县火烧铺	54.8	37.5	7.7					12.6	87.4		
盘县松沙	54.4	36.1	9.5	5.9	1.2	1.0	7.1	15.1	84.9	1.05	
水城县老鹰山	45.3	43.5	12.1	0.8	0.2	3.0	5.2	9.2	90.8		

续表

勘查区（或井田）名称	显微组分/%			矿物含量/%				矿物总量/%	显微组分总量/%	镜质体最大反射率 R_{max}/%	显微硬度/(N/mm²)
	镜质组	惰质组	类脂组	黏土类	硫化物类	碳酸盐类	氧化物类				
水城县保华	50.0	50.0					10.0				
水城县那罗寨	59.6	37.1	3.4	4.0	1.3	0.3	3.5	9.1	90.9	1.55	
水城县大湾	62.9	35.5	0.9	7.9	1.4	1.1	10.1	20.7	79.3		1.25
正安县安常	53.7	30.3	3.5				2.4	34.5	79.3		
瓮安洗马	49.5	43.2	8.3	1.0	1.0	1.0	0.4	3.4	96.6		
三都恒丰	50.2	49.0		0.6	0.3	0.3	0.5	1.7	98.3		

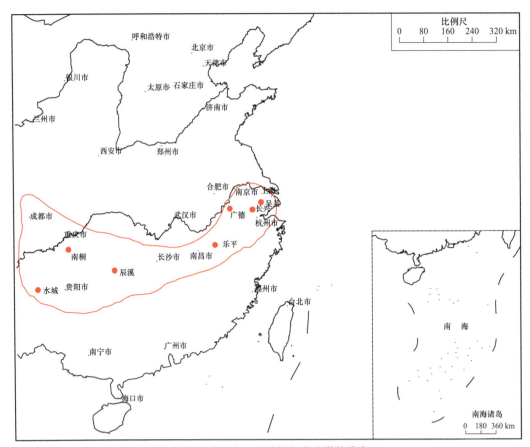

图 5-3　中国晚二叠世树皮残殖煤的分布

晚三叠世煤宏观煤岩类型以亮型煤占多数，显微组分中，镜质组含量一般为70%～85%，惰质组含量在15%左右，但也有例外，如四川须家河组煤镜质组低于一般值，而惰质组则高于一般值。煤中矿物质含量一般为8.5%～20%。

早、中侏罗世煤，宏观煤岩方面，准噶尔盆地及天山含煤盆地群的煤以半亮煤和半暗煤为主，八道湾组煤层多为亮型煤，西山窑组煤层则多为中型煤。中祁连盆地群煤以半暗煤、半亮煤为主，主采层之上的数层薄煤，以亮型煤居多，煤系上部除普遍有油页岩外，还常有腐泥煤。鄂尔多斯盆地煤以暗型煤为主，从盆缘向盆中心，煤的光泽逐渐增强，裂隙逐渐发育，盆缘以暗型煤为主，向盆地中心逐渐过渡为中型煤为主。东胜地区暗淡煤含量高尤为突出，由北向南到变亮，而陕北地区则以半亮煤为主，南部边缘彬长矿区则以暗型煤为主，盆地西侧汝箕沟矿区则以亮型煤为主；由于该区多为低灰煤，煤中矿物杂质少，暗淡煤的光泽多受控于显微煤岩组分；此外，黄陵地区的烛煤，俗称砖炭。大同、义马等盆地大同组煤以中型煤为主，义马组以亮型煤为主。

　　显微煤岩组成的突出特点是惰质组含量高，早侏罗世煤的镜质组含量高于中侏罗世煤，而惰质组则相反。新疆等地八道湾组煤中镜质组占主要地位，西山窑组煤与八道湾组的煤相比，镜质组含量明显减少，惰质组含量显著增加；准东煤田与和什托洛盖煤田惰质组含量接近镜质组含量。在乌鲁木齐、阜康三工河一带的某些煤层中，类脂组含量很高（1%～29%）。镜质组中以凝屑体最常见；吐鲁番 - 哈密盆地内西部镜质组含量高，东部低；伊犁惰质组含量高。中祁连盆地群：镜质组含量略占优势，惰质组含量较高，平面分布上煤田由北向南镜质组含量有增高之势。从煤系剖面上看，下部煤层以惰质组含量高，镜惰比 $V/I < 1$ 为特征；向上煤层，镜质组含量增高，$V/I > 1$，再上为腐泥煤，腐泥组分含量达 77%，个别煤层中碎屑石英可达 19%；天祝的炭山岭、大滩、大有矿区，煤中镜质组高达 90%。鄂尔多斯盆地延安组煤的显微组分中，以镜质组和惰质组为主，惰质组占有很大比例，个别矿区超过 70%（如彬长矿区）。镜质组总体上从北缘、西缘和南缘向盆地中心逐渐增加，呈环带分布，出现了几个镜质组高含量小区；惰质组相对含量较高是该盆地一大特点；此外，有结构的显微组分占有相当比例是另一特点（表5-5）。大同、义马等盆地煤中惰质组含量高，在义马矿区鉴定出具有荧光显示的结构镜质体。在大同还有烛煤赋存。

表 5-5　鄂尔多斯盆地延安组主要矿区煤中显微组分含量（李河名等，1996）（单位：%）

矿区	显微组分				矿物				
	镜质组	惰质组	壳质组	煤中总计	黏土	硫化物类	碳酸盐类	氧化物	煤中总量
铜匠川	23.7～87.0	6.5～73.9	0～5.5	95.56	0～29.8	0～5.9	0～4.5	0～0.7	4.40
	63.20	36.40	0.40		3.50	0.7	0.2	0.0	
布连	23.0～98.1	6～56.7	0～10.0						
	73.01	26.70	1.84						
神府	26.7～76.8	19.65～65.5	0.21～1.58	97.27	0.2～4.4	0～1.1	0～2.6	0～1.3	2.73
	59.77	39.37	0.85		1.34	0.3	0.9	0.3	
榆横	5.76～78.54	6.35～51.09	1.02～6.11	95.27	0.4～15.3	0～2.1	0～1.2	0～9.7	4.73
	72.65	24.65	2.17		5.15	0.5	0.3	0.8	

续表

矿区	显微组分				矿物				
	镜质组	惰质组	壳质组	煤中总计	黏土	硫化物类	碳酸盐类	氧化物	煤中总量
店头	71.9～86.4	1.3～21.7	0.6～5.1	96.35	0.1～3.3	0～1.5		0～6.4	3.65
	85.50	16.40	2.30		1.50	0.7		1.5	
焦坪	36～64.3	23.2～48.1	0.9～2.3	97.60	次之	少量		为主	2.40
	60.04	39.62	1.25						
彬长	3.5～44	43.9～89.7	0.4～3.8	91.52	1.7～13.8	0.1～2.8	0.1～4.7	2～2.8	8.48
	26.86	70.89	2.25		5.17	1.0	1.3	1.4	
华亭	63.76	32.41	3.82	92.50	5.99	1.4	0.0	0.0	7.5
炭山	80.92	6.89	1.65	89.46	7.14	1.1	1.4	1.9	10.5
宁东	40.69	57.83	1.47	92.41	6.18	0.5	0.5	0.4	7.6
汝箕沟	90.34	9.66		96.00	1.52		2.0	0.5	4.0

早白垩世煤主要分布在内蒙古和东北地区。内蒙古以年老褐煤为主，宏观煤岩类型以半暗煤为主，东北（黑龙江东部）则以中-低变质烟煤为主，以亮型煤为主，腐殖组（镜质组）含量常在80%以上。海拉尔煤田为暗型煤，二连盆地煤以半暗煤为主，半亮煤次之。辽宁阜新组煤以中间型为主，黑龙江省东部多为光亮煤、半亮煤和半暗煤，暗淡煤较少。不同成煤环境形成的煤层，其宏观类型的含量有相应的变化，内陆盆地聚积的煤层以中型煤含量较高；近海平原海陆交替相聚积的煤层以亮型煤较高。显微组分中，其显著特点是腐殖组含量高，其含量一般都在85%以上，而惰质组含量一般不超过15%，但在有些煤中惰质组含量也很高，如伊敏煤中惰质组就高达30%～40%。类脂组含量虽然普遍不高，但是类脂组中普遍含有树脂体，在东宁的煤层中还形成了树脂残殖煤分层，其树脂体含量可达60%～80%。同时在有些煤中，还见有叠瓦状的树皮组织，如在内蒙古兴安岭地区褐煤中就见有这种组织。

北方古近纪腐殖煤的宏观煤岩类型以半亮煤和光亮煤为主，暗型煤较少。丝炭很少，有少量琥珀粒镶嵌于煤中。腐殖腐泥煤和腐泥腐殖煤以半暗煤和暗淡煤为主，偶见琥珀粒，为油脂光泽或暗淡无光泽。腐殖煤显微组成以镜（腐）质组为主，多大于90%；惰质组很少。类脂组一般小于5%，矿物多以黏土为主。琥珀煤显微镜下以镜质组和树脂体为主，树脂体可达50%～60%，树脂体有氧化带。华南地区古近纪煤的宏观煤岩类型以半暗煤和暗淡煤为主，显微组分以镜（腐）质组为主，一般为58%～90%，其次为类脂组，惰质组少，矿物含量高。藏中及藏南的宏观煤岩以光亮煤和半亮煤为主，显微镜下，镜质组大于95%，少量惰质组，类脂组极少，矿物较多，富硫，并含锗、镓和铀等稀有金属。

新近纪聚煤作用主要发生在云南，腐殖煤光泽暗淡，以土状光泽为主，含水多，风干后迅速变硬。褐煤煤岩类型以碎屑煤为主，尤其以线理和均一状的多见，其次为木质煤、丝质煤；显微镜下，腐殖组一般为 70%～90%，木质煤镜下以结构腐殖亚组为主，碎屑煤则以碎屑腐殖亚组为主。西藏新近纪芒乡的宏观煤岩类型以暗淡煤和半亮煤为主，显微组分以腐殖组为主，含有惰质组，类脂组极少，矿物含量高达 20%，多为碳酸盐类矿物。西藏土门煤的宏观煤岩类型为暗淡 - 半亮煤，显微组分以镜质组为主，惰质组和类脂组少，矿物以碳酸盐类为主，其次为黏土。

第三节　煤化学特征、工艺性能和综合利用

一、晚古生代煤

（一）华北盆地石炭系—二叠系煤质特征

本溪组的灰分一般为 10%～20%，含硫多少取决于聚煤环境与海水的密切程度，与海水密切的全硫含量可达 3%～4%，煤种为肥煤至无烟煤。太原组煤的灰分一般为 20%～25%，硫分较高，全硫含量可达 2%～5%，从气煤到无烟煤皆有分布。

1. 灰分

华北盆地太原组北带煤中灰分以大于 25% 的中高灰为主，具有东高西低、北高南低的特点。总体沿东西向展布，北部为富灰带，南部为中灰带。带内局部地区零星分布有中灰或低灰煤（点）。中带太原组以中灰煤为主，带内主煤层灰分北高南低、西高东低的特点较为明显，其中，东南部最低。南带太原组自西向东，由近古陆向远离古陆方向依次分布富灰、中灰和低灰煤，分带性十分明显而有规律。大片分布的低灰煤带内局部地段出现富灰、中灰或特低灰煤。而山西组从北往南灰分产值由高到低变化，具有明显的分带性。

2. 硫分

太原组各煤层中的全硫含量变化很大，全硫最低为 0.04%，最高为 12.06%，一般为 1.5%～4%。由北向南主煤层全硫含量从特低硫至低硫、中硫、富硫、高硫变化，具有明显的分带性。特低硫煤大致在东胜—大同—南票—通化一线以北呈东西向展布。山西组各煤层的全硫含量普遍较低，大部分地区为小于 1% 的特低硫。垂向上，太原组同一煤层全硫含量变化很大，而山西组各煤层原煤全硫（$S_{t,d}$）变化，一般为下部煤层高于上部煤层的含量，以顶部煤层为最低（唐跃刚等，2013），局部地区则相反。

华北晚古生代太原组煤中硫等级图见图 5-4。

3. 挥发分

太原组主煤层的挥发分产率大致是北高南低、东高西低（除东北地区外），以鲁南、苏北、两淮地区挥发分产值最高。太原组主煤层精煤挥发分产率大致以东胜—府谷—石家庄—淮北一线为界，其北、东主要为挥发分（V_{daf}）大于 30% 的分布区，向南、西方向亦低，依次分布 20%～30%、10%～20% 和小于 10% 三个 V_{daf} 值区。山西组主煤层

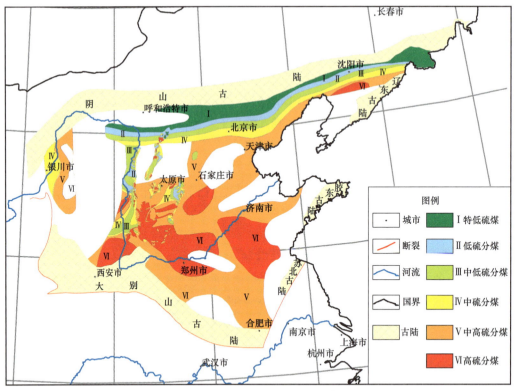

图 5-4　华北晚古生代太原组煤中硫等级图

的挥发分与太原组的分布及变化规律基本相同。垂向上，太原组总体变化是随煤层埋深加大，V_{daf} 值降低，但也有局部地区出现下部煤层 V_{daf} 高于其上部煤层的反常情况，如鲁、苏北、两淮及河南等部分地区。山西组 V_{daf} 变化随煤层埋深加大而降低，而华东地区的山东、苏北、两淮等地出现太原组煤的 V_{daf} 高于山西组的反常现象。

4. 发热量

华北盆地山西组煤的发热量总体变化趋势为北部低南部高，西部低东部高。

5. 黏结性和结焦性

相对山西组而言，太原组黏结性高。山西组煤所炼焦炭，一般抗碎性差，耐磨性小，纵裂纹多，气孔率中等，硫分低，灰分略高，不适于单独炼焦。

在华北南带，以西部的洛阳—平顶山及永夏一带的灰分较高，多数大于 25%，以中高灰煤为主。东部地区则主要以中灰煤为主，另有少量中高灰煤分布。两组各煤层 $S_{t,d}$ 一般都小于 1%，以特低硫煤为主，仅局部地区含量偏高。从总体看，上石盒子组略小于下石盒子组的含硫量。

（二）华南盆地煤质特征

1. 南方下石炭统

按含煤沉积类型的差异，大体以雪峰古陆至云开古陆为界，划分为东西两个区。早石炭世煤以煤质差、变质程度高为特点。西部区煤质以中灰 - 高灰、高硫煤为主、富硫煤次之，而挥发分上具有两个大于20%的高值区和高发热量的煤。东部区煤质具有中高灰、高硫煤为主，挥发分有三个大于20%的分布区的特点。

2. 南方下二叠统煤的煤质特征

梁山组煤以富灰煤为主，中灰煤次之，高灰煤分布较少。低及特低灰煤仅分布在湘北石门、黔中湄潭罗家沟、清镇于家田和滇东北的大关、昭通、鲁甸一带以及滇东的寻甸、富民等地，且一般均呈环带状向四周逐渐增高。全硫含量为中硫、富硫、高硫煤均占有较大比例。挥发分大于20%的高值区主要分布在湘、黔、桂地区古陆的两侧。在湖北大部分煤田中挥发分值很高，个别达50%（原煤）以上。小于10%的无烟煤带呈北东向分布在湘西、黔西北及滇东北地区。

童子岩组煤中部含煤条带灰分较东部低，以中灰煤为主。靠近拗陷区的边缘如将乐、沙县、龙溪等地，煤层的灰分产率普遍较高，为高 - 富灰煤。西部含煤条带，灰分普遍较低，平均为17%。富灰煤主要分布在赣中和赣东南至浙西的西北部，并具有从西北向东南逐渐降低的趋势，表现为由富灰—中灰—低灰—特低灰煤的变化趋势，且每一灰分级别煤的分布均呈近北东向条带状。大部分硫含量都低于1%，但也有部分硫含量略有增高，一般大于1%，如永定瓦窑坪至背头凹一带，含硫量达1.25%～1.68%。煤的变质程度普遍较高，多为高级无烟煤。中部含煤带包括永定、龙岩、大田上京一带，煤的挥发分为3%～5%，具有自南永定瓦窑坪矿朝北东方向逐渐减少趋势，煤的变质程度也逐渐增高，多属中级无烟煤。赣中和赣东南及浙西地区干基弹筒发热量$Q_{b,d}$为22～35.31MJ/kg，一般为27～32MJ/kg。闽西南地区$Q_{b,d}$为24.19～29.03MJ/kg。

3. 南方上二叠统煤的煤质特征

1）灰分

西部区上二叠统总体上表现为龙潭早期（M_{28}煤）和长兴期（M_3煤）灰分较高，其平均值一般大于25%，以富灰煤为主。而龙潭中期（M_{20}煤）和龙潭晚期（M_{10}煤）灰分较低，一般以平均值小于25%的中灰煤为主。东部区北部以富灰煤为主，高灰煤次之，中灰煤只在鄂东南黄石煤田、皖南贵池—芜湖一带发育；中部以低 - 中灰煤为主，特低灰煤和富灰煤次之，高灰煤很少，仅在赣中武夷古陆北缘分布，向北远离古陆灰分逐渐降低为中灰煤；南部煤灰分以富灰煤为主，中灰煤次之，低灰煤、特低灰煤少量分布于粤南阳春煤田及粤东兴梅煤田的部分地区，并以此为中心向四周呈环带状逐渐增高至富灰煤。赣东南及浙西见有高灰煤，主要分布在北部古陆的边缘如铅山、上饶等地，朝东南方向变为富灰煤和中灰煤。粤中、粤东、赣南一带主要为富灰煤，中灰煤次之。高要、阳春、台开可见高灰煤点。

2）硫分

由西向东具有硫分含量逐渐增高的特点，而且硫形态的分布随之具有一定的规律性。纵向分布特征为西部区上二叠统煤总体上以中—高硫为主。龙潭早期（M_{28}煤层）—龙潭中期（M$_{20}$煤层）—龙潭晚期（M$_{10}$煤层）—长兴期（M$_3$煤层）煤中硫分表现为由高硫—富硫—中硫—低硫的变化趋势，反映了一个大的海退序列形成的煤的硫分变化特点。图5-5是华南晚二叠世煤中硫等级图。

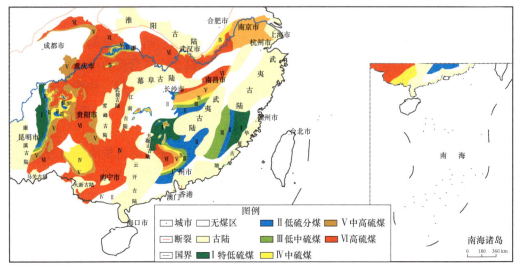

图 5-5　华南晚二叠世煤中硫等级图

3）挥发分

西南区从西向东原煤挥发分有四个大于20%的高值区，其展布方向大致均呈北东向。西北部高值区位于马尔康古陆的东南缘，呈条带状分布，其中，挥发分最高值可达48.70%，从高值区向南东方向，即远离古陆方向挥发分值逐渐降低。东部高值区位于江南隆起的西南部，最高值可达44.90%，从高值区向西南、东方向挥发分值逐渐减少。中部华蓥山 - 南川高值区，挥发分最高值为30.20%，向四周挥发分值逐渐降低。小于10%的低挥发分主要分布在中南部及东北部，其中，最低为桂西，为3.6%。垂向变化特征：挥发分在该区能较灵敏地反映煤层的变质程度，它一般随埋藏深度的增加而数值减少，如云南恩洪煤田，其变化梯度各煤田有所差异。一般煤变质程度低的地方，挥发分变化梯度较小。而镜质组反射率的变化恰好与之相反，随埋深增加地温梯度加大而升高。

东部区北部原煤挥发分总体以10%～20%为主，其中，有六个大于20%的高值区。这些高值区的分布，均呈环带状，并以此为中心向四周挥发分值逐渐降低。中部存在两个挥发分值大于20%的高值区：东部赣东乐平—余干—进贤一带分布面积较大，其中，最高值为52.12%；另一高值区位于湘中邵东—娄底—长沙—浏阳一带，最高值为38%左右。从高值区向四周均具有逐渐呈环带状降低的特点。南部以小于10%的低挥发分为主，并以高值区为中心向四周呈环带状降低。

4）结焦性

东部区北部的黄石煤田煤的结焦性能较好，但因硫含量高（$S_{t,d}$ 为 0.95%～7.08%），不适用于冶金炼焦用煤。赣北地区煤的胶质层厚度为 0～44mm；苏南地区煤胶质层厚度为 0～25mm；皖南地区煤胶质层厚度为 0～39mm，在几个烟煤带中，水巷、晏公堂一线胶质层厚度为 20.25mm，焦渣特征为 1～7 类（粉状 - 强膨胀化黏结）都有，宣泾矿区主要为 4～6 类（不熔融黏结 - 膨胀熔化未黏结），其余高变质煤区的焦渣特征为 1～3 类（粉状 - 弱黏性）。浙北 C 煤层在新坑、煤山一带可作为配焦煤，如和其他牌号煤适当配比煤焦，可供中小高炉用焦炭。中部湖南省主要为主焦煤，次为肥焦煤。牛马司、谭家山煤的焦炭耐磨性、抗碎性较好，焦块均一，结构致密，焦根短，可达国家一级标准。桥头河、四方山、邓子山结焦性中等，可达国家二级标准。湘中地区，只有保和堂的肥煤结焦性好，符合高炉冶金炼焦工业要求，已为炼钢炼焦配煤用。赣中地区仙姑岭煤矿（B₄ 煤）属抗磨强度大的中等耐磨的焦炭，但由于原煤中灰、硫、磷过高，不能单独作为炼焦用煤。赣中 B 煤组分布于丰城高要等地的瘦煤，原煤为中灰、富硫、低磷煤，洗后除硫过高外，其他指标均符合炼焦配煤的要求。粤北连阳煤田的烟煤经脱硫后也可供炼焦。曲仁煤田上含煤段的贫煤可作为炼焦配煤。南部阳春煤田的烟煤，经洗选脱硫后可供炼焦。

4. 南方上二叠统残殖煤的煤质特征

乐平煤的灰分一般平均为 10.40%～21.07%，最高达 50% 左右；全硫含量一般为 1.53%～3.32%，最高达 12.57%，其中硫化物硫为 1.42%～1.85%，平均为 1.64%，有机硫为 1.18%～1.99%，平均为 1.59%，硫酸盐硫为 0.01%～0.02%，平均为 0.015%；挥发分一般平均为 41.37%～43.24%，个别矿点最高可达 61.25%；发热量（$Q_{b,d}$）一般平均为 32～34MJ/kg，最高为 37MJ/kg；含油率一般平均为 12%～19.40%，最高达 25.34%；碳含量一般平均为 80.72%～82.22%，最高达 88.31%，氢含量一般平均为 5.64%～6.24%，最高达 7.15%；灰成分以 SiO_2 和 Al_2O_3 为主，SiO_2 为 32.74%～45.37%，Al_2O_3 为 25.49%～31.32%，Fe_2O_3 为 10.02%～28.03%，CaO 为 1.72%～4.78%，MgO 为 0.32%～3.39%；胶质层厚度（y）一般平均为 20～24mm，最大为 42mm；经洗选后，属中等 - 难选煤，回收率一般为 45%。

总体上，随着树皮体含量增大，各项化学性质越来越具特色，树皮体从煤层顶到煤层底显著减少，在平面上，表现为由西向东树皮体含量有增加的趋势（表5-6）。

表 5-6　浙北长广矿区树皮煤煤质

类别	空气干燥基水分/%	干基灰分/%	无水无灰基挥发分/%	可烯基碳含量/%	无水无灰基氢含量/%	无水无灰基氧含量/%	无水无灰基氮含量/%	无水无灰基硫含量/%	干基弹筒发热量/(MJ/kg)
原煤	1.32	29.05	45.75	79	6	11.63	1.21	2.4	24.88
精煤	0.58～1.06	12～14.13	45～55.41	82～83	6～7	6～8	1.4	1.9	33.81
树皮体	0.8～1	6～8	15～2	83～86	7～75	3～6	1～2	1.1	34.69

二、中生代煤

（一）晚三叠世煤

晚三叠世煤的灰分、硫分各地相差很大，但以中灰煤 - 高灰煤，低硫、低中硫煤为主。云、贵、川、鄂、豫、青、藏等地硫分两极值为 0.2%～10%，高低相差数十倍。甘、青、藏、陕、川、渝、滇西等地有相当数量的低灰、低硫煤层，用途很广。

东北赋煤区晚三叠世煤主要为吉林南部赋煤带的北山组（小营子组），水分平均值为 1.22%；灰分平均值为 30.49%，属中高灰煤；挥发分平均值为 23.32%，属中等挥发分煤；发热量均值为 18.82MJ/kg，属中等发热量煤；胶质层厚度一般值为 11～13mm；黏结指数（G）一般值为 45～59，主要为强黏结性煤；灰成分以硅铝的氧化物为主，占 59.88%，铁、钙、镁的氧化物次之，占 25.44%；煤灰熔化温度 T_3 平均为 1242℃，属于低熔灰分；煤中磷平均为 0.053%，以低磷为主；氯含量都小于 0.3%，平均为 0.004%；砷含量为 2.5×10^{-6}～18.6×10^{-6}，平均为 6.102×10^{-6}；全区加权后硫的含量不大于 3%，属于中高硫煤；区内所见煤类有弱黏煤、气煤、肥煤和肥焦煤，其中，以肥煤占优。

西北赋煤区上三叠统煤主要分布于青海的祁连、唐古拉赋煤带。水分为 0.86%～4.00%；灰分为 4.66%～25.16%，属特低 - 低中灰煤；含硫范围较广，为 0.09%～3.05%；发热量均属高热值煤，挥发分为 30%～40%。

华北赋煤区陕北煤层灰分均值为 18.97%～19.29%，为低中灰煤，挥发分均值在 40% 左右，为高挥发分煤，硫含量均值稍高于 0.5%，属低硫煤，平均水分为 1.40%～2.11%，发热量大约为 25MJ/kg。河南晚三叠世煤的灰分最高达 39.26%，属中高灰；全硫北高南低的趋势非常明显，属中高 - 富 - 高硫煤（河南南邵三叠系二煤 3.56%），

华南赋煤带晚三叠世煤主要分布于西南地区，煤的灰分均值范围为 13.49%～33%，普遍为中 - 中高灰煤，由南向北灰分略有增高趋势；全硫含量变化较大，均值范围为 0.38%～3.4%，特低 - 高硫煤均有，但均值多在 2.0% 以下，特低 - 中硫煤占优；磷分较低，为特低 - 低磷煤；原煤发热量均值多在 24.14%～29.40MJ/kg，多为高热值煤。东南部的湘、赣两省多为低 - 低中硫煤，福建、浙江多为高灰煤，含硫量以特低硫煤为主，少数为低 - 中高硫煤；煤变质程度较高，均为无烟煤。广东省南岭煤矿和曲仁安口区的烟煤煤质比较好，属中灰、低 - 中硫、中高发热量的 1/3 焦煤 - 焦煤，灰分 10.43%～29.90%，硫分 1.17%～1.40%，发热量 24.17～28.31MJ/kg，挥发分 23.38%～35.24%，胶质层（Y）厚度为 11～38mm，磷 0.002%～0.031%。其他地区的烟煤煤质就比较差，属中高灰、低硫、中等发热量焦煤 - 贫瘦煤。无烟煤大部分属中高 - 高灰分、低 - 中硫、低 - 中等发热量。

（二）早、中侏罗世煤

主要产区均以低灰、低硫、可选性好著称。如神府、东胜、大同煤的灰分为 5%～

10%，硫分小于 0.7%；宁夏、甘肃、新疆煤的灰分为 7%～20%，硫分一般小于 1%；冀北、北京、青海煤的灰分为 11%～30%，硫分小于 1%。西北地区煤以黏结性弱、二氧化碳转化率高为特点。南方各产地的煤质明显比北方差，灰分和硫分的两极值变化很大，灰分值为 10%～55%，硫分为 0.3%～5.9%，以中灰、中高灰、低中硫 - 特高硫煤占多数。

1. 东北赋煤带

煤的水分含量为 0.41%～14.8%，中部含水较少，最高仅 3.12%；灰分均值在 28% 以上，大多属中高灰煤；挥发分均值为 14.03%～27.24%，北部挥发分较高，发热量为 17～34.6MJ/kg；中部热值较高，胶质层厚度为 1.1～29.5mm，碳含量为 61%～89.18%，氢含量为 2.3%～5.93%，氮含量为 0.89%～1.47%；全硫含量均值为 0.39%～0.46%，属特低硫煤，磷含量均值为 0.013%～0.1175%，低 - 高磷煤均有；该区北部煤类型主要为瘦煤、长焰煤和肥煤，中部从肥煤到无烟煤均有，变质程度较高。

2. 华北赋煤带

早、中侏罗世煤，煤中水分变化较大，普遍含水较高，最高平均值接近或超过 10%；东胜煤田、陕北煤田灰分不超过 10%，属特低灰煤；全区挥发分变化非常大，低至 10% 以下，高达 40% 以上；含硫大多不超过 1%，属特低 - 低硫煤；磷、氯含量均很低，属特低 - 低磷煤，低氯煤；砷含量较低而含氟较高。

3. 西北赋煤带

煤中水分变化很大，为 0.09%～13.42%，木里煤田热水 - 外力哈达矿区为 0.68%～1.01%，木里煤田聚乎更矿区—江仓矿区为 0.89%～1.30%；灰分产率较低，普遍为低 - 低中灰煤；挥发分高，为中高 - 高挥发分煤；煤层含硫量普遍较低，多为特低 - 低硫煤。

4. 华南赋煤带

四川的灰分均值为 25%～35%，主要为中灰煤，重庆的灰分均值为 12.59%，为低灰煤；全硫含量均值为 0.4%～0.8%，普遍为低灰煤；发热量为 21.47～25.56MJ/kg，主要为中热值煤，向东至重庆，发热量增高，均值达 31.38MJ/kg，为特高热值无烟煤。

（三）早白垩世煤

主要分布于黑龙江、吉林、内蒙古、辽宁、河北、山西、甘肃和西藏等省（自治区），以东北三省和内蒙古最重要。以低中灰煤，低硫 - 中硫煤为主。大雁、铁法、营城等矿区属中高灰和高灰煤。特低 - 中低磷煤均有，含磷量普遍很低；发热量特低 - 特高热值煤均有，规律不明显；煤类从褐煤、长焰煤至无烟煤均有，总体上以褐煤为主，黑龙江地区以中低变质程度烟煤为主，为我国炼焦煤产地之一。

三、新生代煤

新生代煤以水分高、热值低、灰分和硫分变化大为特征。水分为 15%～20%，灰分为 10%～50%，硫分为 0.2%～7%（硫分北方小于 1.0%），可选性易 - 中等。挥发分为

40%～60%，发热量（$Q_{net,ar}$）为 10～16MJ/kg。吉林、辽宁和云南等主要矿区的部分煤层灰分可低于 10%，东北地区多属特低硫煤，而云南的特高硫褐煤占全省褐煤总量的四分之一（袁三畏，1999）。

我国北方古新世煤多属低 - 中高灰分、低硫和较高的热值（16.76～24.72MJ/kg）。煤的灰分一般为 15%～20%，其中，以珲春、舒兰、敦化、黑石和春化土门子较高（45%～48%），梅河长胜、中腰堡、舒兰水曲柳和晖春城西、图门开山屯、三合屯书较低（23%～32%）。硫含量普遍较低，大多在 1% 以下。发热量（空气干燥基）为 16.747～25.120MJ/kg。挥发分以桦甸、舒兰、土门子较高（58%～60%），珲春、梅河相对较低（46%～50%）。梅河煤还具有较高的含油率，可从液体燃料角度加以利用。

古近纪和新近纪褐煤的煤质特征主要受控于沉积环境与成煤植物。因此，其工艺、化学性质很具特色，如辽宁抚顺、沈北，吉林梅河、舒兰，黑龙江依兰、虎林平原南部等地，除腐殖煤外尚有部分可供工艺美术品用的腐殖 - 腐泥煤，即煤精，由于煤中稳定组分较多，特别是富含树脂体的煤，能形成化学性质特殊的"树脂煤"（即琥珀煤），如抚顺煤和烛煤。

另外，新生代还存在一些具有特殊工艺性质的煤，如富蜡褐煤和含原生腐殖酸的煤。其中，我国的富蜡褐煤主要产于新近纪年轻褐煤矿区，以云南褐煤的平均品位最高。据 26 个矿区统计，属高褐煤蜡矿区 4 处，占 16%；属中褐煤蜡（2%～5%）矿区 12 处，占 46%；低褐煤蜡（< 2%）矿区 10 处，占 38%。云南含蜡品位在 2% 以上的矿区，总资源量达 4349.45 万 t。曲靖潦浒（9.2%）最佳，品位高，蜡资源量集中，其次为寻甸先锋褐煤（6%～7%，最高可达 13% 以上）、金所（9.0%），品位居全国之首，但资源量不大。昆明暗褐煤的腐殖酸含量较高，$H_{m,ar}$ 含量一般为 27%～38%。东北的吉林、黑龙江和四川有少数矿区褐煤蜡的平均品位也较高。吉林梅河为 0.7%，舒兰褐煤蜡的含量为 0.35%～1.02%，平均为 0.63%，黑龙江五林为 5.6%～7.4%，四川的木拉煤盆地含量高达 5.09%，为目前发现的最高值，布拖、阿坝煤盆地平均值分别为 3.21% 和 2.25%。

我国富腐殖酸煤的矿区集中在华南地区，如广西的长坡矿区腐殖酸含量可达 35.65%，合浦的南康勘探区一般为 33%～44%，南宁为 10%～20%，明江为 6%～14%。据云南 39 个矿区平均腐殖酸含量统计，富腐殖酸（> 40%～60%）有 9 个矿区，占 23%；中腐殖酸（> 20%～40%）矿区 18 个，占 46%；低腐殖酸矿区 12 个，占 31%。四川省的布拖、马拉墩煤盆地平均含量分别为 43.56% 和 46.09%，属高腐殖酸煤；阿坝、木拉煤盆地平均含量分别为 22.70% 和 24.19%，属中腐殖酸煤；而昌台煤盆地平均仅为 13.44%，属低腐殖酸煤。另外，山东黄县煤田煤中也含有原生腐殖酸。腐殖酸含量随埋深增大而降低，同时成煤时代愈早，含量愈低（李河名等，1996）。

新生代某些煤还具有较高的含油率，如吉林舒兰煤，含油率一般为 7%～12%，山东黄县煤含油率为 9%～15%。此外，煤的焦油产率在黄县、捻子坪、合浦、昌宁红星、江川上头营等盆地也都较高。

第四节　煤类分布与煤变质规律

一、煤类分布

（一）晚古生代煤类分布

1. 华北赋煤区

该区晚古生代煤变质程度高，绝大部分已达中变质程度及以上，主要煤类多为气煤 - 无烟煤。贫煤 - 无烟煤主要分布在两个带，即豫西—皖北高变质带和山西阳泉 - 陕西韩城高变质带（图 5-6、图 5-7）（唐跃刚等，2013）。中变质煤主要分布在四个带，即冀鲁豫中变质带、平顶山—淮南中变质带、鄂尔多斯东缘中变质带和鄂尔多斯盆地西北缘中变质带。低变质煤仅分布在平朔和准格尔矿区。北京、辽宁、吉林煤变质程度也较高，一般以肥气煤、焦煤、贫瘦煤和无烟煤为主。

2. 华南赋煤区

该区早石炭世煤以无烟煤为主，湖南金竹山一带产无烟煤，云南明良产焦瘦煤和瘦煤是比较特殊的。

华南赋煤区受岩浆热力叠加变质的影响，煤的变质程度较高，大多地区多为无烟煤贫煤的高变质程度煤。东南部及沿海地区以无烟煤为主。黔西北、滇北、川南、桂西北为另一个重要的无烟煤贫煤高变质带。渝北、鄂西也分布无烟煤。中变质煤主要分布在黔西南—滇东、川中—渝西北、湘西北—黔东北三个带上。

3. 滇藏赋煤区

沿唐古拉山—横断山分布，属中 - 高变质煤带，早石炭世煤为贫煤和无烟煤，晚二叠世煤为瘦煤 - 无烟煤。

4. 西北赋煤区

石炭纪—二叠纪煤分布在准噶尔盆地的西北部和祁连山南、北，呈北西向或东西向条带，以中煤级烟煤为主，也有贫煤和无烟煤。新疆石炭纪、二叠纪煤层的变质程度，在一般正常情况下多达超高阶烟煤或高煤阶的无烟煤阶段，煤种以瘦煤和贫煤为主，也有受非正常因素影响形成高煤阶的无烟煤，局部也有变质程度很低的低阶烟煤。

（二）中生代煤类分布

1. 东北赋煤区

东北赋煤区大兴安岭两侧的早白垩世煤均为褐煤。伊通—依兰以东，早白垩世和早、中侏罗世煤以低变质烟煤为主；三江—穆棱含煤区因受岩浆岩影响，出现变质程度较高的以中变质烟煤为主的气煤、肥煤、焦煤。

辽宁省煤类比较齐全，从褐煤到无烟煤都有，但主要以长焰煤和气煤为主。长焰煤主要分布于白垩世的阜新—铁法煤产地。气煤、肥煤分布于早侏罗世的北票。吉林省煤

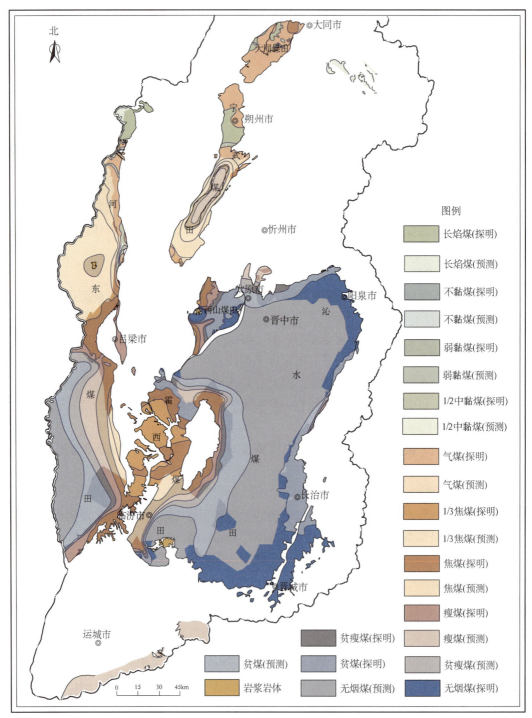

图 5-6　太原组煤类分布图

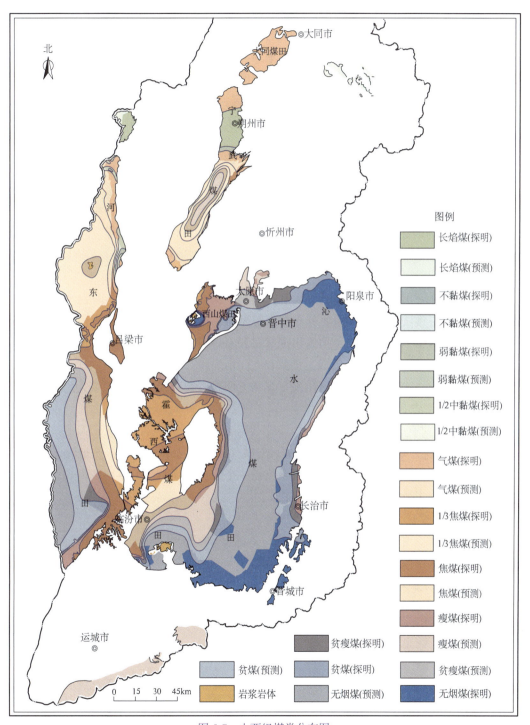

图例

长焰煤(探明)
长焰煤(预测)
不黏煤(探明)
不黏煤(预测)
弱黏煤(探明)
弱黏煤(预测)
1/2中黏煤(探明)
1/2中黏煤(预测)
气煤(探明)
气煤(预测)
1/3焦煤(探明)
1/3焦煤(预测)
焦煤(探明)
焦煤(预测)
瘦煤(探明)
瘦煤(预测)
贫瘦煤(探明)
贫瘦煤(预测)
贫煤(预测)
贫煤(探明)
岩浆岩体
无烟煤(预测)
无烟煤(探明)

0　15　30　45km

图 5-7　山西组煤类分布图

类齐全，从褐煤至无烟煤均有分布，而且少数地区还有石墨分布，同一煤田内可存在多个煤类，但煤类分布具有一定规律，一般呈带状分布。

2. 华北赋煤区

鄂尔多斯盆地东胜、神府煤田煤类以不黏煤、弱黏煤、长焰煤为主。煤类垂向分布上分布明显，煤的变质程度由浅至深，变质程度有所增高。黄陇侏罗纪煤田煤类主要为长焰煤、不黏煤、弱黏煤、1/2中黏煤，少量气煤。

宁夏煤类丰富，延安组煤种较简单，以低变质烟煤占绝对优势。贺兰山煤田的汝箕沟矿区为无烟煤。宁东煤田由西到东，镜质组反射率由低到高，煤种从长焰煤到不黏煤。宁南煤田王洼矿区煤种从西向东为褐煤、长焰煤及不黏煤。炭山矿区煤种为长焰煤和气煤。香山煤田下流水、窑山矿区均为长焰煤和气煤。垂向上各煤层自上而下挥发分产率递减的规律性明显。北京京西、京东煤田煤类以无烟煤为主。山西中生代侏罗纪大同组煤类主要为弱黏煤，少数为不黏煤，并有零星的1/2中黏煤和气煤。陕北三叠纪瓦窑堡组主要可采煤层煤类比较单一，主要以气煤为主，有少量气肥煤。

3. 华南赋煤区

四川盆地上三叠统煤类主要为肥煤和焦煤，中侏罗世煤为无烟煤，早白垩世煤为长焰煤-无烟煤。重庆境内焦煤主要分布在永荣煤田、华蓥山煤田、南桐煤田以及渝东煤田。煤类以焦煤和气肥煤为主，边缘出现贫煤和无烟煤。四川境内晚三叠世炼焦用煤主要分布隆泸、攀枝花、广旺、乐威、雅荥和龙门山煤田，主要为中变质的气、肥、焦三大煤类，盆地北东和南西部分地区出现贫煤和无烟煤。云南晚三叠世则多为焦煤、无烟煤，少量为不黏结煤或中黏结煤。

4. 滇藏赋煤区

西藏地区晚三叠世煤系主要是肥煤、焦煤，其次有瘦煤、贫煤、无烟煤、弱黏结煤，个别地区有不黏结煤。中侏罗世煤系仅见一个煤点为无烟煤。早白垩世煤系主要是气煤及无烟煤，其次有瘦煤和贫煤。

5. 西北赋煤区

新疆地区早、中侏罗世煤类以长焰煤，不黏煤和弱黏煤为主，其他煤类也有分布，在温宿-拜城，准南赋煤带分布有中变质烟煤。

青海省可划分为7个煤类区带，即祁连山北部高变质煤带、疏勒河-大通河中变质煤带、祁连山东部低变质煤区、大通山-拉鸡山中高变质煤带、柴达木北缘低变质煤区、阿尼玛卿山中高变质煤带、唐古拉山高变质煤区。

（三）新生代煤类分布

东北赋煤区古近纪和新近纪煤以褐煤类为主，有少量长焰煤。古近纪煤类以褐煤为主，仅在依兰县达连河矿为长焰煤及下部为很少气煤类。新近纪含煤地层主要分布在佳依地堑以东，煤类多为褐煤。

华北赋煤区有少量古近纪和新近纪煤。山东古近系煤多为褐煤和长焰煤。

华南赋煤区的古近纪和新近纪煤多为褐煤。云南新近纪盆地绝大多数为褐煤，仅在个别盆地（如景谷盆地、剑川双河盆地、马关盆地等）的变质程度达到长焰煤。台湾地区的煤的挥发分（V_{daf}）大多为35%～47%，黏结指数（GR.I）为1-7，而发热量（$Q_{gr,d}$）普遍大于24MJ/kg，但缺透光率（PM）指标，因此，将台湾地区的煤炭均划归为长焰煤类（$V_{daf} > 37\%$、$G < 5$、$Q_{gr,d} > 24$）。浙江新近系嵊县组褐煤为火山活动间歇期沉积，岩浆热作用是煤变质的主要因素，褐煤分布在浙东一带。广西古近系煤的煤类为褐煤和长焰煤，新近系煤类为褐煤。

滇藏赋煤区古近纪和新近纪煤类比较齐全，有褐煤、长焰煤、弱黏煤、肥煤、贫煤。滇西地区大多为褐煤，局部变质为长焰煤。

二、煤变质规律

（一）煤变质作用类型

中国煤变质作用类型主要包括深成变质作用、区域岩浆热变质、接触变质和热液热水变质作用四种基本类型。

1）深成变质作用

它是指在正常的地温和地压状态下，煤发生变质的过程，其表现特征为煤的变质程度随煤层沉降幅度的加大、地温增高和受热时间的延长而增高。深成变质作用是基础性变质作用。

2）区域岩浆热变质作用

它是指由于岩浆活动及其所携带气液热量可使地温场增高，形成地热异常带，从而引起的煤变质作用。区域岩浆热变质作用可以划分为浅成、中深层和深成三种亚型，其特点是煤级分布常为环带状，越靠近岩体变质程度越高。

3）接触变质作用

它是指岩浆直接接触和侵入煤层，由其带来的高温、气体、液体和压力促使煤发生变质作用（杨起，1996）。由于侵入岩浆的温度高，使煤层、煤级、煤岩、煤的化学性质和工艺性能等均发生显著变化，煤级急剧增高至高阶烟煤和无烟煤，乃至天然焦和石墨。

4）热液热水变质作用

它是指煤在地壳深部岩浆气液或高温承压水所引起的异常地热场中发生的变质作用。可分为热液变质作用亚型和热水变质作用亚型。前者热源是岩浆期后气水热液，后者是以地下循环热水为热源，其典型实例为青海热水煤田。

除此之外，还有动力变质作用、放射热变质作用、地震变质作用等，这些类型只在局部区域发生，不具有普遍意义。

上述变质作用中，深成变质作用起到基础性作用，在此基础上，大多叠加了区域岩浆热力变质作用或热水热液变质作用或接触变质作用。在我国叠加变质作用相当普遍。

1. 晚古生代煤的变质作用类型

华北赋煤区石炭纪—二叠纪煤除经受深成变质作用外，还普遍经受不同程度的异常热叠加变质作用，煤级达高变质烟煤、无烟煤乃至超无烟煤阶段。华北西部宁夏地区煤变质因素尤为复杂，上覆盖层厚度、构造应力和岩浆热液是影响此区煤变质的主导因素。

华南赋煤区地壳厚 33~45km，且具有西部和北部厚、东南部薄的特点，并被一系列以北北东向及北东向为主体的深大断裂所切割，莫霍面起伏较平缓。东南地区的闽浙赣粤构造相对复杂，我国是岩浆活动最强烈的地区，岩浆侵入期次多、规模大、面积广，尤以燕山期最甚。异常热叠加煤变质作用非常广泛，在东南地区的浙南、赣南、福建全境至粤东的广大地区，晚二叠世龙潭组煤层除局部有少量烟煤，几乎全为无烟煤区。湘赣一带，以岩体为中心的煤变质环带多处可见。在川黔滇桂一带亦出现由异常热叠加变质作用面形成的高变质煤区，这里多处见燕山期基性浅层侵入体，并伴随有中、低温热液矿床的分布。

2. 中生代煤变质作用类型

东北赋煤区煤变质作用类型以深成变质作用为基础，东部叠加了岩浆热液变质作用，黑龙江省双鸭山、七台河、鸡西、勃利和鹤岗等煤田或矿区，有中生代、新生代岩浆侵入体沿断裂展布，煤类从长焰煤到无烟煤等各种煤类都有分布，围绕着岩体依次出现无烟煤、贫煤、肥焦煤和肥气煤等煤类环带。

华北赋煤区早、中侏罗世煤系集中分布于鄂尔多斯盆地中，主要以深成变质作用为主。宁夏汝箕沟—二道岭矿区、内蒙古乌达矿区深部有隐伏岩体存在，叠加岩浆热液变质作用，形成无烟煤。

华南赋煤区东南部构造复杂，岩浆活动强烈，晚三叠世—早侏罗世煤多处有无烟煤分布。西南地区变质作用以深成变质作用和区域岩浆热变质作用为主。

新疆侏罗纪煤层变质作用类型主要为深成变质作用，煤类主要为低变质烟煤和褐煤。但部分地区变质类型是在深成变质作用的基础上叠加了岩浆热变质作用，出现中阶烟煤到超高阶烟煤的煤层，如准南煤田阜康矿区，艾维尔沟煤产地，伊犁煤田尼勒克煤田科尔克矿区，库 - 拜煤田和温宿煤田。根据各煤层变质程度沿煤层倾向变质梯度很小的事实，全区侏罗纪煤层深成变质作用发生在褶皱变形以前，即早白垩世以前，最晚不会延期到晚白垩世的早期，动力变质作用和岩浆热液变质作用主要发生在晚燕山期和喜马拉雅构造运动期的早期。

青藏高原煤变质区自印支运动以来岩浆活动十分强烈，既有印支期花岗岩且伴有基性、超基性侵入体及火山岩，又有燕山期花岗质及超基性侵入体，异常热叠加变质作用十分广泛，中、高变质煤分布普遍。藏北土门至马拉青以及昌都地区见有晚三叠世肥煤 - 无烟煤，定日县帕卓见有侏罗纪无烟煤，拉萨见有早白垩世长焰煤 - 无烟煤等各种牌号的煤。青海侏罗纪煤以深成变质作用为基础，叠加区域岩浆热变质作用和热液热水变质作用。

3. 新生代煤变质作用类型

古、新近纪煤系以深成变质作用为主，但局部地点见轻度异常热叠加变质作用形成的长焰煤和气煤，如辽宁抚顺的长焰煤和气煤等。

东北区古、新近纪煤的变质作用主要以深成变质作用为基础，其次为岩浆变质作用，在局部地点也有因异常热叠加变质作用而形成的长焰煤，如黑龙江依兰。

云南新近纪煤盆地，因成煤时代较晚，一般煤系及上覆地层薄，煤层埋藏浅，煤变质程度很低。

（二）煤变质规律

在不同的地质条件下，一个煤田或煤产地的煤在普遍进行深成变质作用（成岩作用）之外，可能经受一种或一种以上其他类型的煤变质作用，也可以不止一次地经受同一类型的变质作用，这就构成了煤的多热源叠加变质作用。我国煤变质的叠加变质作用有多种情况，其中以区域岩浆热变质作用最重要，影响最广。中生代岩浆活动，尤其是燕山期岩浆的侵入活动，对我国煤变质作用产生了重要影响，导致一系列中、高变质煤带的形成。燕山期岩浆活动强度大，波及范围广，具多期多次性以及南强北弱和东强西弱的特点，决定了煤变质作用南强北弱、东强西弱，并导致形成中、高煤级分布的总体格局。

由于岩浆侵入及其所引起的煤的区域岩浆热变质作用在空间分布上的方向性，晚古生代和中生代煤级分带有一定规律，中、高煤级变质带主要沿纬向构造和北东—北北东向构造分布。大兴安岭 - 太行山 - 武陵山深断裂带以东，中生代、新生代岩浆活动频繁，煤的区域岩浆热变质作用十分强烈。贺兰山—龙门山一线是另一条重要深层构造带，该带以西为青藏高原隆起区，地壳厚度大，煤的区域岩浆热变质作用弱，高变质煤数量少，分布范围小。同时，以昆仑山—秦岭一线为界，南方煤的区域岩浆热变质作用显著强于北方。

成煤时代不同，其煤的变质程度往往不同，一般而言，成煤时代越早，其变质程度越高。总体来看，古生代煤多为高变质烟煤、无烟煤，中生代煤多为低、中煤级烟煤，而新生代煤多为褐煤和长焰煤。中生代，煤在深成变质作用的基础上，部分地区因叠加了燕山期或喜马拉雅期岩浆热而使煤级升高，甚至出现分带现象。如在晚三叠世，四川盆地晚三叠世煤中，川东华蓥山和永荣一带以低变质烟煤为主，到川南叙永一带为中变质烟煤，而川北广旺一带则低、中和高变质煤都有，至川西渡口、会理等地以中变质烟煤为主。云南中部晚三叠世煤系在祥云、宾川一带为无烟煤，向北在永胜为低变质烟煤，而向东在禄丰—平浪则为中变质烟煤。在早、中侏罗世，华北的煤系多以低变质烟煤为主，包括鄂尔多斯盆地、山西大同和河南义马等，而在宁夏汝箕沟是以无烟煤为主。西北地区早、中侏罗世煤系广泛分布，在新疆境内，褐煤主要分布于准噶尔盆地北缘，而低变质烟煤却分布在三个条带内：北带在准噶尔盆地南缘精河、乌鲁木齐一线，中带在塔里木盆地北缘吐鲁番、哈密一线，南带在塔里木盆地南缘叶城、和田一线。中变质烟煤则分布在天山内部的新源、艾维尔沟一线。而在新疆东端的野马泉，中、高变质烟煤均有。总体来看，早、中侏罗世以低变质烟煤为主，个别矿区见有贫煤和无烟煤，如冀北早、中侏罗世下花园矿务局的下花园组的煤类以弱黏煤为主，受岩浆侵入影响的地段，局部有气煤至贫煤和无烟煤。

在早白垩世，煤类以褐煤和长焰煤为主，气煤和焦煤集中赋存于三江平原，贫煤和无烟煤在西藏的部分矿区（拉萨一带）可见。图 5-8 为中国煤类分布图。

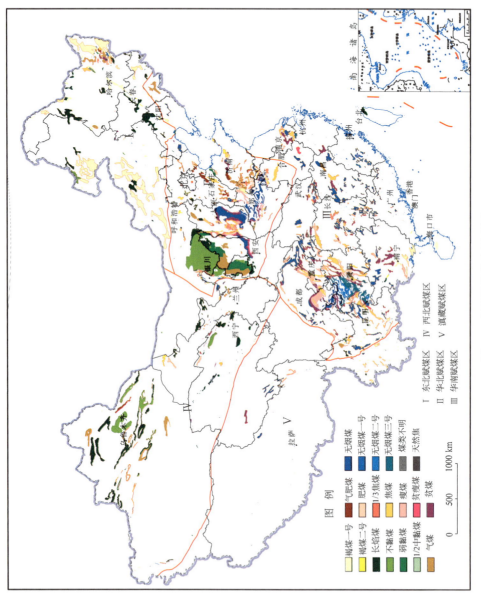

图5-8 中国煤类分布示意图

第五节　煤中微量元素

我国煤中微量元素有稀有分散金属、贵金属、碱土金属、稀土元素、非金属元素和放射性元素等，其中，汞、铅、镉、铬、砷、氟、铍、铀、铊等元素多在西南、鄂尔多斯盆地及内蒙古煤盆地中分布。与国外比较，我国煤中的 Se、Hg、Sb、B、Cd、Mo、As 和 Ge 等元素明显富集。从我国各聚煤期煤中潜在微量元素含量来看，石炭纪—二叠纪煤中 As、Co 和 Tl 三种元素含量在各聚煤期中最低，Sb、V 和 Mn 三种元素含量也较低，仅 Se 的含量在各聚煤期中最高；晚二叠世煤中 Th、U 和 V 这 3 种元素含量在各聚煤期中最高，Hg、Cd、Mo、F 等 9 种元素含量较高，其中，Hg、Cd、V 和 U 等元素超过全国平均含量一倍以上；晚三叠世煤中 Hg 等 5 种元素含量在各聚煤期中最高，As 等 6 种元素含量较高；早、中侏罗世煤质最佳，As 和 Hg 含量均值都比较低，Cd 等 13 种微量元素的含量均值在各聚煤期中是最低的；晚侏罗世—早白垩世煤中 Ni 含量最低，Co 等 8 种元素含量较低，仅 Mn 的含量高于其他聚煤期；古近纪和新近纪煤中 As 等 8 种元素含量在各聚煤期中最高，Cr 等 3 种元素含量较高（任德贻，2006）。图 5-9～图 5-11 展示我国煤中砷、汞、铀的分布规律（卢绪琨，2014），煤中砷和铀呈北东南西展布，煤中汞主要分布于华北与华南赋煤区。

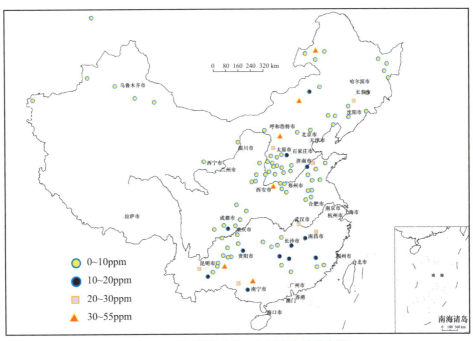

图 5-9　中国煤中砷（As）元素含量分布图

ppm 为 10^{-6}，余同

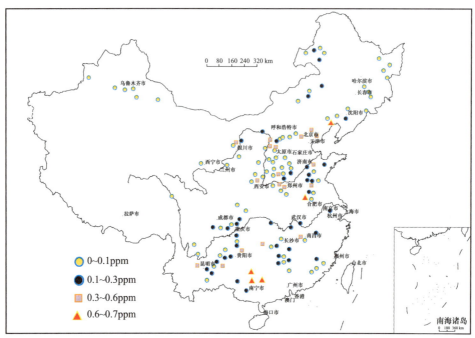

图 5-10　中国煤中汞（Hg）元素含量分布图

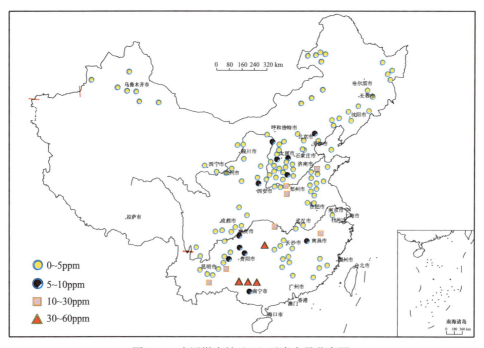

图 5-11　中国煤中铀（U）元素含量分布图

第六节 煤质分布规律和煤的综合利用

中国煤质分布规律具有鲜明的特征，主要表现在以下几个方面。

一、煤岩时空分布规律明显

华北石炭纪—二叠纪煤由北向东南方向，煤岩类型由暗型煤向中型煤向亮型煤演化，太原组亮型煤多于山西组。西北中生代煤以暗型煤、中型煤为主，仅见新疆西部等少数地区煤为亮型煤。西南新生代褐煤多以碎屑煤为主，其次为木质煤，丝质煤和矿化煤也常见。显微煤岩类型方面，华北石炭纪—二叠纪煤以腐殖煤为主，镜质组50%～80%，惰质组15%～35%，壳质组小于10%。华北东南部向北部边缘，惰质组含量逐渐增高，太原组煤镜质组含量最高，多有富氢（荧光）镜质体，硫铁矿较多。华南晚二叠煤以富含树皮体著称，西南地区由西向东，V/I、硫铁矿含量逐渐增高，惰质组、壳质组、矿物与石英含量逐渐降低，镜质组降解程度有增高趋势。侏罗纪煤普遍出现惰质组含量较高或很高的煤层，一般为35%～50%，最高可达80%，如东胜和碎石井等矿区。西南晚三叠世煤中半镜质组和惰质组含量相对较高，尤以粗粒体和碎屑惰质体比例甚高。

二、煤质与煤变质规律特征显著

中国煤田的复杂地质背景决定了中国煤质的非均质性，煤的灰分多以低中灰、中灰煤为主，灰分最低的煤是侏罗纪煤，灰分最高的是古新近纪和石炭纪—二叠纪煤；西北和东北多低灰煤，南方石炭纪有低灰煤分布。华北赋煤区山西组自北向南，灰分逐渐降低。中国大部分煤是低硫和特低硫煤，但西南煤硫分最高，其次是华南、华北，东北煤中硫较低；二叠纪煤硫分最高，侏罗纪煤硫分最低。从时代来讲，南方晚二叠世—龙潭组、吴家萍组、乐平组，早石炭世—寺门煤系，北方晚石炭世—太原组等煤系含硫高；从地区来讲，自北向南、自西向东，煤中硫含量逐渐增高；华北以太原—济南为界，北部低硫，陆相，南部富硫高硫（太原组）；从沉积环境来讲，陆相煤全硫 $S_t < 1.5\%$，近海、海陆交互、浅海 $S_t = 2\%～10\%$；低硫煤以有机硫为主，高硫煤以黄铁矿硫为主；从煤中硫的组成特点来看，石炭纪—二叠纪煤为中高硫煤，一般以黄铁矿硫为主，约占全硫的2/3，有机硫占1/3，黄铁矿硫随全硫增高而增加，但少数高有机硫煤，即使 $S_t = 8\%～10\%$，黄铁矿硫 S_p 也多不大于2%。我国华北石炭系—二叠系—煤系存在着反希尔特定律现象，太原组煤比山西组煤挥发分、氢含量和 Y 等指标高；富和高有机硫煤常见于黏结好的肥煤、气肥煤。我国煤化作用类型主要以深成煤化作用为基础，在此基础叠加其他煤化作用类型。在正常煤化作用下，古生代煤应为中煤级，但在贵州、湖南、福建、浙江以及华北山西南部、河北、河南等地有岩浆活动，出现高煤级煤——无烟煤；华北太原组煤出现反希尔特定律，是由煤的强还原作用引起的；中生代煤多为偏低的中煤级烟煤（低变质煤，如长焰煤、不黏煤、

弱黏煤等），有褐煤，但岩浆活动叠加了正常煤化作用，出现炼焦用煤（大多为中变质煤）、高变质烟煤、无烟煤。青海有热水煤化作用煤；新生代多为褐煤，但岩浆作用使得长焰煤等低变质烟煤出现。我国煤类分布表现在南部煤多有无烟煤、贫煤等高煤变质煤，北部尤其是东北和西北为褐煤、长焰煤等低煤级低变质煤。华南气肥煤多为煤中含有树皮体多或强还原富有机硫所致，华北多黏结强的煤由强还原的富氢与富有机硫所致，西北多不黏煤、弱黏煤是由于煤中富含惰质组所致（图 5-12）。

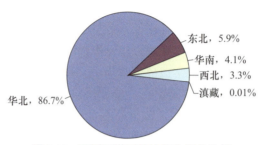

图 5-12　不同赋煤区稀缺炼焦煤的比例

三、煤炭用途广泛

我国煤炭主要为动力用煤和炼焦用煤，主要用途为发电、炼焦、化工和民用。随着洁净煤技术的发展，煤炭不仅是主要能源，还是重要的工业原料，并具有特殊的用途。我国炼焦用煤分布广泛，但优质炼焦用煤稀缺，主要分布在华北赋煤区山西省（图 5-12、图 5-13）。

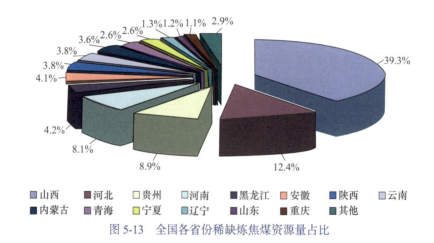

图 5-13　全国各省份稀缺炼焦煤资源量占比

直接液化煤主要分布在东北赋煤区，占 50% 以上，其次为西北赋煤区（图 5-14），鄂尔多斯盆地、新疆及云南有稀缺直接液化煤。活性炭用煤主要分布于华北和西北赋煤区（图 5-15）和稀缺高炉喷吹用煤 98% 分布在华北赋煤区，且主要分布在山西省。宁夏汝淇沟、云南小发路等煤田有稀缺的碳材料用煤，内蒙古乌兰图嘎煤田、云南临沧有富锗煤，内蒙古胜利煤田有富镓煤。

图 5-14 稀缺直接液化用煤资源量分布　　　　图 5-15 稀缺活性炭用煤资源分布

第六章　煤炭资源勘查开发现状与综合评价

第一节　煤炭资源构成

一、概念与术语

煤炭资源储量分类是煤炭资源勘查和管理的基础，一个完善、系统而且简明扼要的煤炭资源储量分类系统是煤炭资源勘查开发宏观决策的前提。煤炭资源勘查开发规划制定，国民经济宏观决策，煤炭资源管理，煤炭资源储量公布等，都需要科学、有序、简明扼要的资源储量数据。

我国自 20 世纪 50 年代初引入苏联的分类原则和方法，经过 60 余年的演变发展，煤炭资源储量分类的基本思路和构架发生了一些变化。

新中国成立初期，我国的矿产资源储量分类是采用苏联的《固体矿产储量分类》（1954 年）。1959 年全国矿产储量委员会第十二次会议批准的《金属、非金属、煤矿储量分类暂行规范（总则）》，是我国第一个矿产资源储量分级分类方案。1959 年的分类方案将储量分为 A_1、A_2、B、C_1、C_2 五个等级，按技术经济条件分为表内储量和表外储量两大类，依据储量用途分为开采储量（A_1 级）、设计储量（A_2、B、C_1 级）和地质储量三大类。1965 年，煤炭工业部《地质工作若干技术规定》，根据地质工作阶段的研究程度，将储量划分为普查储量、详查储量、精查储量三级，在本系统内试行。

1980 年重新制定了《煤炭资源地质勘探规范》并试行，1986 年由全国矿产储量委员会正式颁发并在全国施行。《煤炭资源地质勘探规范》将资源勘探划分为找煤（初步普查）、普查（详细普查）、详查（初步勘探）和精查（详细勘探）四个阶段，将煤炭资源划分为 A、B、C、D 四级。矿产储量管理部门按照储量级别和勘探程度进行资源储量统计、公布，为政府决策部门、企事业单位和社会各界提供了简明扼要、便于应用的煤炭储量数据。

为了适应社会主义市场经济发展的要求，国土资源部组织制定并颁发了《煤、泥炭地质勘查规范》（DZ—2002），将煤炭资源储量分为储量、基础储量和资源量三类，国土资源部按照此分类进行矿产资源储量管理并向社会公布，对全社会了解我国煤炭资源储量状况起到了积极作用。但是，现行分类以及矿产资源储量公布形式存在一定问题。

一是现行分类仅仅反映了煤炭资源的经济属性和区块的探明程度。所谓储量、基础储量的成分比较复杂，而且，由于煤炭资源管理存在盲区，矿产资源储量评审备案时，一些考虑了可行性和预可行性研究，很多勘查项目评审时，没有考虑可行性研究因素；一些企业在申报资源储量时，只从企业自身考虑，并没有按照有关规定申报资源储量。资源量的类别也比较复杂，公布的资源储量数据难以完全反映我国煤炭资源状况。

二是现行煤炭资源储量的公布方式，没有反映勘查程度和开发程度，不利于煤炭资源勘查开发规划的制定和宏观决策。

三是由于现行煤炭资源储量分类系统比较复杂，资源储量数据不利于政府、企事业单位和公众理解和采用。

为了客观、简明扼要地反映我国煤炭资源的勘查开发现状，开展煤炭资源综合评价，预测新的煤炭资源，制定煤炭资源勘查规划，提出煤炭资源开发战略建议。本书针对我国现行煤炭资源分类和统计和公布方式存在的问题，总结我国以往煤炭资源储量分类优缺点和煤炭资源统计、管理的经验，对煤炭资源储量的概念、术语做出进一步解释和厘定，提出煤炭资源分类统计简表（表6-1）。

表 6-1　煤炭资源归类统计简表

煤炭资源总量						
探获的煤炭资源量				预测资源量		
已消耗资源量	保有资源量		预查资源量（334?）	预测可靠的（334-1）	预测可能的（334-2）	预测推断的（334-3）
精查资源量（331+322+333）	详查资源量（332+333+334）	普查资源量（333+334）				
可采储量						

（1）精查（勘探）资源量：经过精查（勘探）工作所获得的煤炭资源量。包括331、332、333和334？资源量。

（2）详查资源量：经过详查工作所获得的煤炭资源量。包括332、333和334？资源量，并含详终资源量。

（3）普查资源量：经过普查工作所获得的煤炭资源量。包括333和334？资源量，并含普终资源量。

（4）预查资源量：经过预查工作所获得的煤炭资源量 D（334？）。

（5）探获的资源量：经过煤炭资源地质勘查工作所获得的煤炭资源量的总和，包括精查、详查（详终）、普查（普终）和预查资源量。

（6）保有资源量：是指探获资源量扣除生产矿井已经消耗的资源储量和预查资源量。即生产井、在建井已经占用的保有资源储量和尚未占用资源量中的精查、详查、普查资源量。

（7）已占用资源储量：生产井、在建井已经占用的资源储量。

（8）尚未占用资源量：未被生产井、在建井占用的资源储量。包括未被占用的精查、详查、普查和预查资源量。

（9）可采储量：可供建井的资源储量扣除矿井设计损失和采矿损失的资源储量。即可采储量＝（331+332+333×可信度系数）×矿井回采率（《煤炭工业矿井设计规范》（GB 50215—2005））。

（10）预测资源量：根据地质规律研究、有限的物探、遥感、钻探工作预测的煤炭资源量，包括预测可靠的（334-1）、预测可能的（334-2）、预测推断的（334-3）资源量。

（11）煤炭资源总量：探获的资源量与预测资源量的总和。

（12）炼焦用煤：适宜于炼焦的煤炭种类。

（13）主要炼焦用煤：主要包括焦煤、肥煤、瘦煤和1/3焦煤4个煤类。

二、煤炭资源储量及构成

根据本书"全国煤炭资源潜力评价"成果，截至2009年年底，累计探获资源量约2万亿t，其中，生产井、在建井已占用约0.42万亿t，尚未占用资源量1.55万亿t。尚未占用资源量中，勘探（精查）0.25万亿t，详查0.29万亿t，普查0.53万亿t，预查（找煤）0.48万亿t，保有资源量为1.5万亿t。根据最新资料，截至2015年年底，累计探获资源量已达2.5万亿t。

全国2000m以浅预测资源量3.88万亿t，煤炭资源总量5.90万亿t。

第二节　煤炭资源综合区划

煤炭资源综合区划研究是煤炭工业规划的基础。我国煤炭资源分布极不均一，表现为与经济社会发展水平不相适应，东部和西部经济社会发展水平差别很大，煤炭消费区域分布特征十分明显，水资源、生态环境严重制约着煤炭资源的开发和利用。煤炭聚集和赋存虽具有显著差异，但亦有规可循。因此，科学合理地进行我国煤炭资源区划，有利于我国国民经济和社会发展的布局，有利于煤炭工业规划的制定，有利于煤炭资源开发战略的实施，有利于煤炭勘查开发利用与水资源、生态环境协调发展。

中国煤炭资源区划研究是政府规划部门、科学研究部门和煤炭企业所重点关注的问题，原煤炭工业部、国家发展和改革委员会（2006）等政府部门在制定煤炭工业规划时，均进行煤炭资源区划和煤炭开发区划研究。目前有不同的划分方案，如中国煤炭地质总局在《中国煤炭资源预测与评价（第三次煤炭资源预测）》提出的五大赋煤区和七大规划区的划分方案（中国煤田地质总局，1997）；魏同等（1995）提出的三带七区划分方案；田山岗等（2001）提出的井字形方案。《煤炭工业发展"十二五"规划》按照新的经济区划进行煤炭工业布局分区，即划分为东部（黑、吉、辽、京、津、冀、鲁、苏、沪、浙、闽、粤、琼）、中部（晋、豫、皖、赣、湘、鄂）、西部（蒙、陕、宁、甘、新、青、藏、川、渝、云、贵、桂）。本章在前人研究的基础上，试图从大地构造特征、煤炭资源聚集和赋存规律、经济发展水平和区划、水资源分布特征、生态环境特点、煤炭工业现状和布局、煤炭供需关系等多个方面进行煤炭资源综合划分（程爱国等，2011）。

一、煤炭资源分布与经济发展水平

（一）中国经济社会发展区带的划分

我国经济社会发展区带的划分经历了多次沿革。随着区域经济社会的快速发展，中国现行三大地带的划分已难以适应新形势下统筹区域发展的要求。目前，很多学者提出了新的中国经济区划方案，如新东、中、西方案：东部（辽、京、津、冀、鲁、苏、沪、浙、闽、粤、琼），中部（黑、吉、晋、豫、皖、赣、湘、鄂），西部（蒙、陕、宁、甘、新、青、藏、川、渝、云、贵、桂）等。其中，在全面介绍了完整的区域经济体系和美国四层次区域经济体系划分的基础上，按照科学发展观以及"五个统筹"的要求，提出了未来中国东北及东部沿海、中部及近西部和远西部等新的三大地带和东北、京津冀鲁沿海、沪苏浙沿海、粤闽琼沿海、黄河上中游、长江上中游、珠江上中游、内蒙古、新疆和青藏高原等十大综合经济区的划分方案，可能更符合我国的国情和实际。

1. 东北及东部沿海经济社会发展带

该地带包括辽宁、吉林、黑龙江、北京、天津、河北、山东、上海、江苏、浙江、福建、广东和海南等13个省市（今后还将包括港、澳和台湾）。东北及东部沿海地带是中国地区经济发达地区，面积仅占全国的18%，人口占42.9%，人口密度是全国平均水平的2.41倍。2010年，该地带国内生产总值为26万亿元，占全国的62%；人均生产总值为全国平均水平的1.48倍；除河北、吉林和海南等省份人均生产总值略低于全国平均水平外，其他省份均高于全国平均水平。目前，该地带经济发展已开始进入网络开发阶段。京津唐城镇群、辽中南城镇群、长江三角洲城镇群和珠江三角洲城镇群已基本形成，而且沈哈沿线城镇带、胶东城镇群和闽东南城镇群也已见雏形。

2. 中部及近西部经济社会发展带

该带包括重庆、四川、湖北、湖南、安徽、江西、陕西、甘肃、宁夏、山西、河南、云南、贵州和广西等14个省份。该带是中国人口数量最多的地区，面积占全国的34%，人口占53.1%，人口密度是全国平均水平的1.63倍。2010年，该带国内生产总值占全国的33%，人均生产总值只有全国平均水平的62.1%；所有的省份经济发展水平均低于全国平均水平，是中国经济发展水平最低的地区。目前，该带尚处于点轴开发阶段，主要开发轴线有东西向的黄河沿线地区、陇海线、长江沿线地区和珠江沿线，以及南北向的京广和京九沿线、太焦线—焦枝线—枝柳线沿线地区等。未来中部及近西部地带将继续空间开发轴线的完善和建设，开始朝网络开发方向发展。

3. 远西部经济社会带

该带包括内蒙古、新疆、青海和西藏等四省份，是中国人口和城镇十分稀疏的陆地边疆地区（除青海外），由现西部地区的人口与城镇稀疏的省（自治区）组成。远西部地带是中国三大草原和五大荒漠的主要分布地区，面积占全国的近一半（48%），人口只有全国的 4.0%，人口密度远远小于全国平均水平，只有全国平均水平的 8.0%。2010年，该带国内生产总值占全国的 5%，人均生产总值高于中西部地区，但也只有全国平均水平的 85.3%；所有的省份经济发展水平均低于全国平均水平，由于人口少，国家扶持政策力度较大，该带居民生活水平比中西部一些省（自治区）还要高一些。目前，该带开发处于驻点开发初期，具有较强经济实力的大城市还不多，今后地区开发的结果也只能达到稀疏的局部性点轴开发阶段，不可能达到也没有必要进行网络式的开发。

（二）煤炭资源分布与区域经济发展水平

我国煤炭资源分布与区域经济发展水平、消费需求极不适应。从煤炭资源地理分布看，在秦岭—大别山以北保有煤炭资源储量占全国的 90%，且集中分布在晋陕蒙三省（自治区），占北方区的 65%。秦岭、大别山以南只占全国的 10%，且集中分布在贵州和云南省，占南方区的 77%。经济社会发展水平高，能耗大的东北及东部沿海经济社会发展带煤炭资源仅为全国保有资源储量的 6%；中部及近西部经济社会发展带保有煤炭资源储量占 48%；远西部经济社会带煤炭资源丰富，保有煤炭资源储量占 46%（图 6-1）。

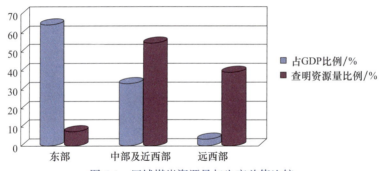

图 6-1　区域煤炭资源量与生产总值比较

（三）煤炭资源分布与水资源

我国淡水资源贫乏，水资源总量 2.8 万亿 m³，河川径流总量为 2.7 万 m³，地下水资源量为 8288 亿 m³。人均占有量仅相当于世界人均占有量的 1/4，而且分布极不均衡。秦岭—大别山以北地区，面积约占全国 50%，水资源总量年均约 6000 亿 m³，仅占全国水资源总量的 21.4%；东部经济发达地区，国土面积约占全国的 27.5%，查明煤炭资源量仅占全国的 7%，而水资源总量年均 20224 亿 m³，占全国水资源总量的 71.9%。中部地区国土面积约占全国的 17.2%，查明煤炭资源量占全国查明煤炭资源量的 73.6%，而水资源总量年均 6397 亿 m³，占全国的 22.7%，特别是中部的晋陕蒙宁区，查明煤炭资源量占全国的 64.4%，而水资源总量仅占全国的 2.6%。西部自给区（带）面积约占全国的 35.4%，查明煤炭资源量占全国的 11.6%，而水资源总量仅占全国的 4.6%。

总之，我国中、西部地区煤炭资源储量丰富，资源潜力巨大，但是水资源严重短缺，严重制约着煤炭资源的开发（图 6-2）。

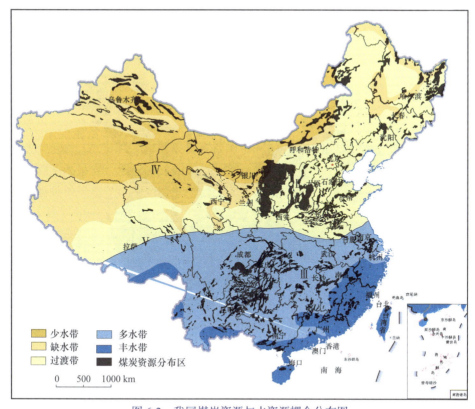

图6-2 我国煤炭资源与水资源耦合分布图

Ⅰ.东北赋煤区；Ⅱ.华北赋煤区；Ⅲ.华南赋煤区；Ⅳ.西北赋煤区；Ⅴ.滇藏赋煤区

（四）煤炭资源分布与生态环境

我国煤炭资源与生态环境存在以下三方面的矛盾：一是煤矿开发高强度与煤矿区人多地少的矛盾。华北和华东地区多为平原地貌，城乡经济发达，城市、工厂与居民点密布，是全国人口密度最大、人均耕地面积较少的地区，煤炭开采对土地、建筑物、道路、河流等破坏严重。二是煤炭资源储量丰富区与生态环境脆弱性的矛盾。我国生态环境同气候条件密切相关，秦岭—大别山以北的北方地区大部分为大陆性干旱、半干旱气候带，尤其是大兴安岭和太行山以西地区，年降雨量大部分在400mm以下，气候干旱少雨，土地荒漠化十分严重，沙漠化面积大，几乎所有的沙漠都分布在这一地区。黄土高原地区沟壑纵横、水土流失十分严重，泥石流、滑坡等地质灾害频繁，植被覆盖率低，生态环境十分脆弱。而这一地区集中着我国近90%煤炭资源，生态环境成为这一地区煤炭开发的重要制约因素。三是煤质差，大气污染重。我国南方很多煤矿属高硫煤，含硫一般为3%~4%，有的高达10%以上。矿区高硫煤的直接燃烧利用给大气环境造成了严重的污染。川东的芙蓉矿区煤中硫含量为3.68%，松藻矿为3.59%，高硫煤燃烧产生的SO_2是西南酸雨的重要来源。同时，很多煤矿还含有一定的砷、氟、放射性等有毒有害元素，严重污染环境。由于我国南方煤矿开发具点多面广的特点，所造成的环境污染更为突出（图6-3、图6-4）。

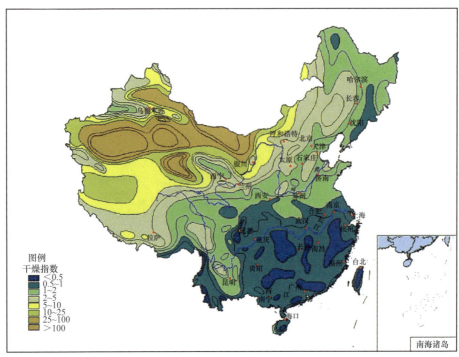

图 6-3　中国干燥指数（年蒸发能力与年降水量之比）示意图

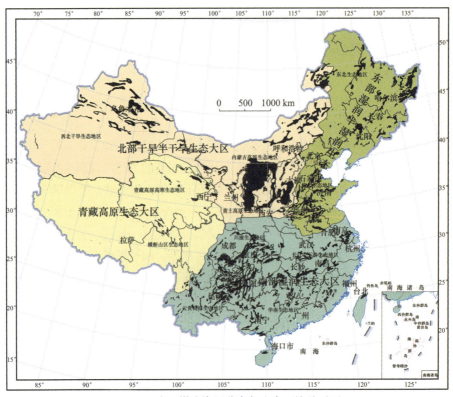

图 6-4　中国煤炭资源分布与生态环境关系图

二、煤炭资源区划主要依据

煤炭资源区划应综合考虑大地构造、煤炭资源聚集和赋存规律、地区经济发展水平和煤炭供需状况、煤矿区水资源和生态环境等条件。

1. 煤炭资源聚集和赋存特征

本书根据我国煤炭资源聚集和赋存规律，以天山—阴山造山带、昆仑山—秦岭—大别山纬向造山带和贺兰山—龙门山经向造山带为界，将我国划分为东北、华北、华南、西北和滇藏五大赋煤区。在此基础上，进一步划分了 13 个亚区和 74 个赋煤带。

2. 地理、气候和环境特征

从地理、气候、生态环境、水资源看，天山—阴山、昆仑山—秦岭—大别山带，贺兰山—龙门山，大兴安岭—太行山—雪峰山都是我国的地理、地形、生态环境、气候、水资源的分界线。

3. 经济和社会发展水平

我国经济社会发展水平差异显著，具有明显的分带性，可划分为东北及东部沿海、中部及近西部和远西部等新的三大地带和东北、京津冀鲁沿海、沪苏浙沿海、粤闽琼沿海、黄河上中游、长江上中游、珠江上中游、内蒙古、新疆和青藏高原等十大综合经济区。东部经济社会发达，中部经济中等，西部经济欠发达。

4. 煤炭消费与供求关系

煤炭消费和经济发展水平具有密切的关系。我国煤炭资源分布特征和供求关系，具有明显的分带性和分区性。东部地区煤炭需求量大，资源短缺，需要从晋陕蒙宁区域调入。晋陕蒙宁是我国已经查明资源最丰富的地区，资源条件优越，长期以来是我国煤炭主要生产区和供给区，西南四省市在我国南方煤炭资源相对丰富，可作为我国南方的煤炭重要供给区之一加以建设。新疆等广大西北地区煤炭需求量不大，离东部主要煤炭消费区远，煤炭生产、消费主要在区内循环。

三、煤炭资源区划

综合上述煤炭资源赋存、自然地理、社会经济和煤炭供需，并结合我国行政区划，将我国煤炭资源划分为东部补给带、中部供给带和西部自给带（图 6-5）。

（一）东部补给带

该带包括东北规划区、黄淮海规划区和华南规划区。该区经济和社会发展水平高，工业发达，城市化发展快，电力资源短缺，煤炭需求量大，环境要求高，需要从晋陕蒙等地区调入煤炭，沿海一些省份还需要从国外进口煤炭。

东北规划区包括黑龙江、吉林、辽宁三省，该区煤炭资源条件较好，以低、中变质烟煤为主，煤层厚度较大，煤层埋藏较浅。

黄淮海规划区包括北京、天津、河北、河南、山东和江苏、安徽省北部。该区资源条件好，以中变质炼焦用煤为主，煤层厚度中等，煤层埋藏较深，构造中等—复杂，松

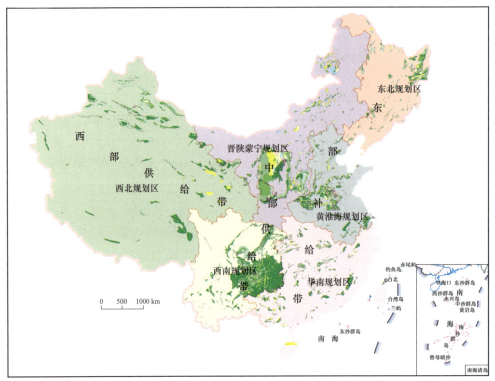

图 6-5　中国煤炭资源综合区划示意图

散层厚度大，开采技术条件较复杂。

华南规划区包括上海、湖南、湖北、广东、广西、浙江、江西、福建、海南，是我国缺煤地区。该区成煤条件差，煤层薄而不稳定，地质构造十分复杂，开采条件很差，一般只适宜小型矿井开采。

（二）中部供给带

该带包括晋陕蒙宁和西南规划区。

晋陕蒙宁规划区包括陕西、山西、内蒙古和宁夏四省份，是我国煤炭资源最丰富的地区，集中了我国 64%以上的煤炭资源量，含煤地层主要为石炭系—二叠系山西组和太原组、侏罗系延安组，煤层厚度大且稳定，埋藏浅，构造简单，开采条件优越，煤质优良，既有我国最优质动力用煤，也有我国最优质炼焦用煤和优质无烟煤，是我国主要煤炭供给区。但是，该区生态环境脆弱，水资源短缺。煤炭开发和生态环境、水资源协调发展是煤炭基地建设必须考虑的问题。

西南规划区煤炭资源主要分布在云贵川交界处，含煤地层为晚二叠世龙潭组，煤层稳定，厚度中等，构造中等—复杂，煤层硫分较高。但是，煤系中部及黔西北地区也有低硫煤产出，低硫煤（全硫小于 1.5%）资源量占全区查明资源量的 50%以上。随着西部大开发战略的实施，交通和运输条件的改善，地区经济的发展，区内煤炭需求量将快速增长，同时，随着西电东送工程的建设，煤电联营、建设坑口电站将成为我国煤炭工业发展的基本趋势，贵州的煤炭资源优势将通过西电东送工程转化为经济优势。

（三）西部自给带

该带包括新疆、甘肃、青海和西藏四省份。该区经济发展水平低，工业尚不发达，交通运输条件较差，煤炭需求量相对较少，煤炭主要在规划区内流动，煤炭生产和消费呈现自产自销的基本态势。区内煤炭资源丰富，新疆煤炭资源总量居全国之首，含煤地层主要为早中侏罗世八道湾组和西山窑组，煤层厚度大，煤层倾角大，构造中等 - 复杂。该区经济水平较低，煤炭需求量小，距东部主要煤炭消费区路途遥远，运距大、运费高，因此，区内煤炭主要是规划区内流动。但是，随着西部大开发战略的实施，生态环境建设的加强，交通运输条件的改善，尤其是青藏铁路和兰新复线的建成通车，煤炭需求量将大幅度增长，必须引起高度重视。

四、煤炭资源量的区域分布特征

按照煤炭资源综合区划方案，不同类别资源储量区域分布显著不同，分别见图6-6～图6-8及表6-2。

探获资源量主要分布在中部供给带。东部、中部和西部探获资源量分别为12%、75%和13%，各规划区分布如图6-6所示。

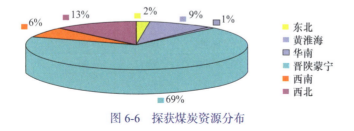

图 6-6　探获煤炭资源分布

保有资源量也主要分布在中部供给带。东部、中部和西部探获资源量分别为12%、71%和17%，各规划区分布如图6-7所示。

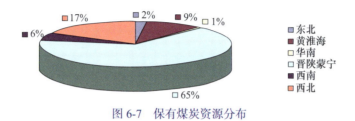

图 6-7　保有煤炭资源分布

生产井、在建井已占用资源量主要分布在中部供给带。东部、中部和西部分别为20%、67%和13%，各规划区分布如图6-8所示。

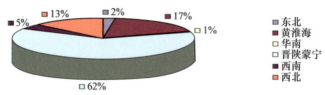

图 6-8 生产井占用煤炭资源分布

表 6-2 全国煤炭资源勘查程度一览表

规划区	省份	精查程度 /%	详查程度 /%	普查程度 /%	探获程度 /%	查明程度 /%	勘查程度分类
东北规划区	辽宁	71.78	89.78	99.65	69	40	高
	吉林	86.54	90.63	95.05	33	29	高
	黑龙江	50.89	57.97	89.12	59	47	中
	合计	61	71	94	58	43	高
黄淮海规划区	北京	60.34	60.59	82.36	31	22	中
	天津	77.68	100.00	100.00	18	18	高
	河北	41.07	43.57	79.28	69	33	低
	江苏	74.38	89.38	100.00	57	40	高
	安徽	71.74	76.03	91.92	64	49	高
	山东	69.48	71.08	100.00	84	54	高
	河南	40.93	43.83	61.57	65	24	低
	合计	55	58	81	67	37	中
华南规划区	台湾	100.00	100.00	100.00	62	0	高
	浙江	86.40	86.40	100.00	80	80	高
	福建	87.21	87.26	92.12	36	29	高
	江西	77.36	86.23	98.82	27	22	高
	湖北	68.83	80.49	92.87	44	29	高
	湖南	71.22	87.54	100.00	40	34	高
	广东	64.38	75.19	96.83	43	31	高
	广西	81.20	94.12	99.04	63	28	高
	海南	100.00	100.00	100.00	61	61	高
	合计	79	89	98	42	29	高
晋陕蒙宁规划区	山西	60.03	73.31	93.76	57	55	高
	内蒙古	19.73	38.09	63.08	64	26	低
	陕西	33.67	46.69	68.13	74	67	低
	宁夏	64.44	80.83	93.88	47	40	高
	甘肃	33.35	51.74	96.37	15	16	中
	合计	31	48	71	63	38	低
西南规划区	重庆	72.00	77.58	92.03	44	30	高
	四川	48.68	69.07	79.63	45	36	中
	贵州	44.85	57.78	70.58	32	21	中

续表

规划区	省份	精查程度 /%	详查程度 /%	普查程度 /%	探获程度 /%	查明程度 /%	勘查程度分类
西南规划区	云南	50.50	81.07	97.61	45	46	高
	合计	48	66	79	37	28	中
西北规划区	西藏	0.00	7.51	78.16	18	5	低
	青海	59.97	94.67	96.74	20	14	高
	新疆	37.97	47.89	99.99	15	18	低
	合计	38	49	100	15	18	低
全国勘查程度		36	51	77	44	30	中

尚未占用资源量也主要分布在中部供给带。东部、中部和西部分别为 8%、79% 和 13%，不同勘查程度的资源量分布如图 6-9 所示。

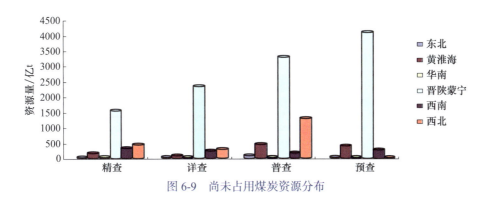

图 6-9　尚未占用煤炭资源分布

第三节　煤炭资源勘查现状分析

一、概述

（一）勘查程度评价指标

为了分析评价煤炭资源勘查程度，本节采用以下指标评价全国、区带、规划区、省区、矿区煤炭资源勘查程度。

（1）精查程度：精查资源量 / 探获资源量。

（2）详查程度：（精查 + 详查资源量）/ 探获资源量。

（3）普查程度：（精查 + 详查 + 普查资源量）/ 探获资源量。

（4）探获程度：探获资源量 /1000m 以浅或 1500m 以浅煤炭资源总量。

（5）查明程度：查明资源量 /1000m 以浅或 1500m 以浅煤炭资源总量。

（二）勘查程度分类

以矿区或远景区为单元，根据煤炭资源勘查程度评价指标，对矿区煤炭资源勘查程度进行分类。

（1）高勘查程度矿区：矿区或远景区内大部分资源量或区块已经达到详查和详查程度以上，即详查程度达到 70% 以上的矿区。

（2）中勘查程度矿区：矿区或远景区内主要资源量或区块已经达到详查和详查程度以上，即详查程度达到 50%～70%。

（3）低勘查程度矿区：矿区或远景区内只有部分区块达到详查和详查程度以上，即详查程度低于 50%。

二、煤炭资源总体勘查程度

全国 1000m 以浅煤炭资源总量 3.46 万亿 t，已经探获煤炭资源量 2.02 万亿 t，探获程度 58%。

探获资源量中达到精查程度的占 34%，达到详查程度以上的占 49%，达到普查程度的达 76%。已占用资源储量中，已经达到精查程度的为 48%，非精查资源量占 52%，很多生产矿井利用详查资源量，甚至普查找煤资源量，在重组、改造和生产过程中需要补做大量的地质勘查工作。

东部补给带 1000m 煤炭资源总量 2992 亿 t，探获程度 82%，尚未探获的大多为区块小、埋藏深、开采条件差的预测区。探获煤炭资源量中，已占用资源储量 923 亿 t，利用率 38%，尚未利用资源储量中已达普查程度的占 67%，达到精查程度的占 17%。

中部供给带 1000m 以浅煤炭资源总量 19928 亿 t，探获程度 76%。探获煤炭资源量中，已占用资源储量 2741 亿 t，占用率 18%，尚未占用资源储量中达到精查程度的占 15%，已达普查程度的占 64%。

西部自给带 1000m 以浅煤炭资源总量 11708 亿 t，探获程度 22%。探获煤炭资源量中，已经占用资源储量 521 亿 t，占用率 22%，尚未占用资源储量中达到精查程度的占 21%，已达普查程度的占 99%（图 6-10、图 6-11）。

全国保有煤炭资源勘查开发现状直方图，如图 6-12 所示。

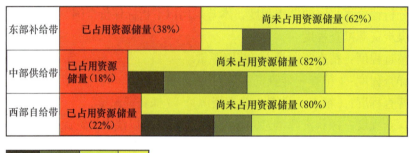

图 6-10　不同区带的资源储量状况

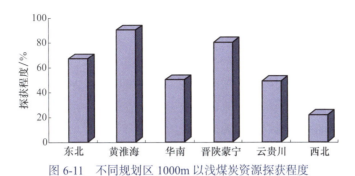

图 6-11 不同规划区 1000m 以浅煤炭资源探获程度

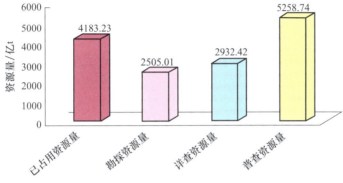

图 6-12 全国保有煤炭资源勘查现状

三、煤炭资源勘查程度分析

根据煤炭资源勘查程度评价指标和分类，全国高勘查程度的省份有 21 个，包括辽宁、吉林、天津、江苏、安徽、山东、浙江、福建、江西、湖北、湖南、广东、广西、海南、台湾、山西、宁夏、重庆、云南、甘肃。中勘查程度的省份有 5 个，分别为黑龙江、北京、四川、贵州，低勘查程度的省份为河南、内蒙古、陕西、西藏、新疆（表 6-2）。

全国精查程度达到 60% 以上的有辽宁、吉林、北京、天津、江苏、安徽、山东、浙江、福建、江西、湖北、湖南、广东、广西、海南、山西、宁夏、重庆等 18 个省份，除河南、内蒙古、陕西、四川、贵州等省份外，其他各省份的已探获煤炭资源的勘查工作几乎全部达到了普查程度。

结合各省 1500m 以浅的预测资源储量以及探获资源储量，本书对各省区的煤炭资源探获程度进行了统计。全国各省探获程度达到 50% 以上的省份有辽宁、黑龙江、河北、江苏、安徽、山东、河南、台湾、浙江、广西、内蒙古、山西。由此可见，探获程度较高的省份主要集中于东北规划区、黄淮海规划区以及晋陕蒙宁规划区，这些地区要进行的煤炭地质勘查工作量较大。

根据全国各省份已查明煤炭资源 / 储量、累计探获煤炭资源 / 储量和预测煤炭资源量，统计的全国煤炭资源查明程度大于等于 40% 的省份有辽宁、黑龙江、江苏、安徽、山东、海南、山西、陕西、宁夏、云南。

从规划区勘查程度看，东北规划区、华南规划区勘查程度最高，其详查程度分别达到了 71% 和 89%，黄海规划区详查程度达到 58%。西北规划区、晋陕蒙宁规划区勘查程度低，主要原因在于这两个地区的煤炭资源量大，含煤地层分布广，虽已安排了大量的勘查工作，但仍有较广大的地区不能覆盖。西南规划区详查程度达到了 66%，勘查程度分类定为中等，西南规划区近年来的勘查工作布置较多，尤其是贵州、云南两省。同时，四川、重庆也加大了对煤炭资源的勘查力度。

综上所述，我国总体上勘查程度中等，具有进一步勘查空间，但东部地区勘查程度高，中、西部勘查程度低，探获程度尚未达到一半，查明程度只达到 30%，因此，煤炭资源勘查潜力巨大。

第四节　煤炭资源开发现状分析

一、我国煤炭开发状况

（一）煤炭产量

2011 年煤炭产量为 35.2 亿 t。其中，东部补给带 9.69 亿 t，中部供给带 23.34 亿 t，西部自给带 1.54 亿 t。

（二）现有煤矿生产能力

2010 年，核定生产能力 33.9 亿 t，按煤矿井型大小分为大型煤矿（≥120 万 t/a），煤炭产量 17.3 亿 t；中型煤矿（30 万～120 万 t/a），煤炭产量 7.1 亿 t；小型煤矿（≤30 万 t/a），煤炭产量 9.5 亿 t。

（三）主要矿区发展态势

我国重点矿区共计 102 处，其中，生产能力大于 5000 万 t/a 的矿区 3 处，5000 万～2000 万 t/a 矿区 11 处，2000 万～1000 万 t/a 矿区 15 处，1000 万～500 万 t/a 矿区 18 处，生产能力大于 500 万 t/a 的矿区共计 47 处。这些矿区对我国煤炭供应起到稳定作用。

（四）煤炭开发布局

我国煤炭生产能力主要分布在东、中部地区。2010 年，东部补给带约 10 亿 t，中部供给带 24 亿 t，西部自给带 1.5 亿 t。2015 年煤炭生产能力布局变化不大，东部补给带生产能力约为 9.9 亿 t，中部供给带 29 亿 t，西部自给带 2.4 亿 t。分布状况如图 6-13 所示。

二、煤炭资源开发程度分析

（一）煤炭资源开发程度评价指标及分类

我国煤炭资源开发不均衡，开发程度差异很大，东部地区开发程度高，中西部地区开发程度低，为了衡量、评价不同地区、不同矿区煤炭资源开发程度，本节提出了煤炭

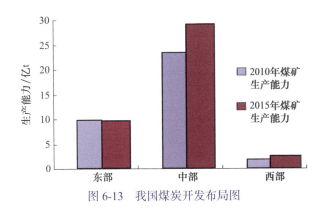

图 6-13　我国煤炭开发布局图

资源开发程度定量评价指标和开发程度分类。

1. 开发程度指标

$$开发程度=\frac{生产矿井占用资源量}{累计探获资源量}$$

2. 开发程度分类

根据开发程度指标，将煤炭资源开发程度分为高开发程度（开发程度达到 70% 以上）、中开发程度（开发程度为 50%~70%）、低开发程度（开发程度在 50% 以下）。开发程度的分类适用于矿区、远景区、省区、规划区等不同级别资源区划区域。

（二）煤炭资源开发程度评价

根据煤炭资源开发程度评价结果，全国探获资源总体开发程度较低，开发程度为 21%。东部补给带煤炭资源开发程度高，达到了 38%；中部供给带煤炭资源开发程度最低，开发程度仅为 18%；西部自给带开发程度中等，为 20%。

以规划区为单元进行评价，东北规划区的开发程度最高，开发程度达 53%；黄淮海规划区开发程度达到 46%，开发程度位居第二；华南规划区各省开发程度差别较大，有开发程度最高的浙江省和基本未开发的海南省，平均开发程度为 46%，虽然开发程度与黄淮海规划区相等，但是考虑到煤炭资源赋存情况及开发利用的资源量，因此，将其排在第三位；西南规划区总体开发程度不高，仅为 21%；晋陕蒙宁分区勘查程度为 20%，西北规划区开发程度都达到了 20% 以上。

以省（自治区、直辖市）为单元进行评价，高开发程度省份 5 个，为吉林、江苏、浙江、福建、广东和江西省，煤炭资源开发程度高，均达到 70% 以上；中等开发程度的省份 5 个，其余煤炭资源开发程度较低或很低。天津、海南、西藏三省份的开发程度为 "0"，当前几乎没有煤炭开发活动。内蒙古煤炭资源开发程度也很低，开发程度仅达到 8%（表 6-3、图 6-14）。

以矿区（远景区）为单元进行评价，全国 868 个矿区远景区中，达到高开发程度的矿区 223 个，占 26%；中开发程度的矿区 104 个，占 12%；低开发程度的矿区 541 个，占 62%。

表 6-3　各省份开发程度

规划区带	省/区/市	累计探获资源开发程度/%	累计开发程度分类	规划区带	省/区/市	累计探获资源开发程度/%	累计开发程度分类
东北规划区	吉林	83	高	华南规划区	福建	85	高
	辽宁	65	中		台湾	0	低
	黑龙江	45	低		合计	46	低
	合计	53	中	晋陕蒙宁规划区	山西	55	中
黄淮海规划区	天津	0	低		陕西	20	低
	江苏	74	高		内蒙古	8	低
	河南	33	低		宁夏	39	低
	山东	61	中		甘肃	24	低
	安徽	56	中		合计	20	低
	河北	39	低	西南规划区	云南	27	低
	北京	23	低		四川	37	低
	合计	46	低		重庆	29	低
华南规划区	湖北	51	中		贵州	14	低
	湖南	49	低		合计	21	低
	广东	0	低	新疆规划区	新疆	21	低
	广西	33	低		合计	21	低
	浙江	86	高	青藏规划区	青海	20	低
	江西	71	高		西藏	0	低
	海南	0	低		合计	21	低
				全国		23	低

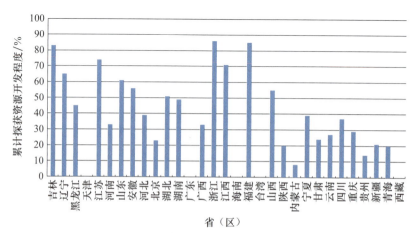

图 6-14　各省份煤炭资源开发程度

第五节　煤炭资源综合评价思路和方法

一、评价思路

煤炭资源评价是以地质学、数学、经济学、技术学和系统工程理论为基础的边缘学科。它对煤炭资源赋存的地质条件、开采条件、外部社会经济条件进行分析，建立评价系统和模型，进行煤炭资源分类研究，从而对煤炭资源开发条件和可利用性进行综合评价，为煤炭资源勘探、开发、规划和管理提供决策依据。针对本书煤炭资源评价的目的、任务，在已有煤炭资源技术经济评价理论和方法的基础上，提出了新的煤炭资源综合评价总体思路和评价方法——多目标综合评价法。

煤炭资源多目标综合评价法是指将煤炭资源评价作为一个系统，对煤炭资源的地质条件、开采技术条件、开发的自然、社会、经济、环境进行综合评价的一种煤炭资源评价方法，属技术—经济—环境综合评价的范畴。

本节提出的煤炭资源评价理论和方法可称为多目标综合评价。

多目标是指服务于不同目的的资源评价，包括煤质评价、开采地质条件评价、安全地质条件评价、矿区生态环境评价和科学经济评价六个部分，不同的评价服务于不同的目标。

煤质及用途评价是指对煤炭资源的质量进行评价，煤质评价可按用途进行评价。煤质的优劣反映煤炭的价值和价格。因此，煤质评价主要目的是为确定煤的工业用途、经济价值和开发利用性所做的评价。

开采地质条件评价是指对资源赋存的地质条件及其他开采技术条件所做的评价，从而确定资源开采条件的优劣，也可确定煤炭的开采方式和机械化水平。

安全地质条件评价是指对影响煤炭资源开采的安全地质因素进行评价。煤矿安全地质评价结果可以衡量实现煤矿安全开采的难易程度。

生态环境评价主要对资源赋存区生态环境本底特征进行综合评价，确定生态环境质量，为矿区资源开发和规划决策提供生态环境依据，生态环境评价是实现煤炭绿色开发难易程度的重要指标。

科学经济评价是指在多目标评价的基础上，建立综合评价模型，对煤炭资源的经济可采性所做的评价，确定资源的综合优度，评价其实现煤炭资源科学经济开采的难易程度。

二、多目标综合评价法的技术路线

多目标综合评价以矿井、勘查区为基本单元，根据评价模型和指标体系，分别开展煤质评价、开采技术条件评价、安全地质评价、生态环境评价，以及科学经济评价。分别确定煤炭质量类型和可洁净性；评价开采技术条件的优劣及可机械化难易程度；分析煤炭资源安全开采的难易程度；厘定矿井、勘查区实现绿色开采的难易程度；进行煤炭资源科学经济评价（图 6-15）。

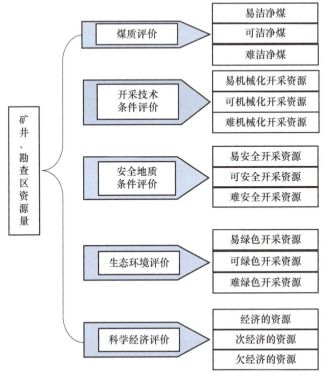

图 6-15　多目标综合资源评价方法技术框图

三、煤炭资源综合评价模型

（一）煤质及煤炭用途评价

煤质评价的结果最终体现在煤质类型的划分上。根据煤中有害元素的含量及其对环境的影响，可将煤炭资源划分为易洁净煤、可洁净煤和难洁净煤。根据煤的工业用途对煤质的需求以及煤的工艺性能，可以将煤划分为优质煤、较优质煤和非优质煤。

1. 煤炭资源洁净等级及参数取值

根据环境保护政策，衡量煤炭资源洁净难易程度的主要指标为煤的硫分含量、灰分产率和有毒有害微量元素含量，并将原煤硫分 $S_{t,d} \leqslant 2.0\%$、原煤灰分 $A_d \leqslant 20\%$，煤中有毒有害微量元素含量符合环境保护标准的煤炭资源划分为易洁净煤。由此，结合全硫含量和灰分产率两个参数，从煤的洁净难易程度将煤炭资源划分为易洁净煤、可洁净煤和难洁净煤三类（表 6-4）。

对于煤中有毒有害微量元素含量的等级划分，2003 年中国煤炭地质总局重点科技项目"中国洁净煤地质研究"曾做过有效地探讨，本书采纳其有关成果作为参考标准（表 6-5）。

表 6-4　煤炭资源洁净等级划分

灰分 (A_d)/%	硫分 ($S_\mathrm{t,d}$)/%		
	≤ 2.0	2.0~3.0	> 3.0
< 20	易洁净煤	可洁净煤	难洁净煤
20~30	可洁净煤	可洁净煤	难洁净煤
> 30	难洁净煤	难洁净煤	难洁净煤

表 6-5　煤炭资源有害微量元素可洁净等级划分

微量元素	等级及其指标（浓度限值）/10^{-6}		
	易洁净	可洁净	难洁净
F	200	600	1200
As	8	25	80
Hg	0.25	0.6	1
Cr	35	60	90
Cd	1.5	3	5
Se	8	25	80
Pb	30	40	55
Cl	1500	2000	3000
Mn	100	250	400

2. 优质煤炭资源等级参数取值

1）优质动力用煤等级及其参数取值

优质动力煤首先要符合国家规定的相关动力设备的用煤技术条件，其中动力煤的最大用户为电厂。对优质动力煤质量指标进行分级，应首先评价动力煤的基本特征，然后进一步考虑不同用途（主要是工业锅炉和电厂用煤）的用煤条件。为此，在《发电粉煤锅炉用煤技术条件》（GB/T 7562—1998）、《水泥回转窑用煤技术条件》（GB/T 7563—2000）、《蒸汽机车用煤技术条件》（GB/T 18342—2001）等国家标准和相关行业标准的基本框架下，根据对全国主要煤田煤质的研究成果，建立了动力煤等级划分方案和优质动力煤评价指标（表 6-6）。

表 6-6　优质动力煤等级划分与参数取值

煤质指标	$S_\mathrm{t,d}$/%	A_d/%
优质低变质烟煤	≤ 1.5	≤ 15.00
优质无烟煤	≤ 2.0	≤ 20

注：表中数据为烟煤、无烟煤质量标准，褐煤均为非优质动力用煤。

2）优质炼焦用煤等级及其参数取值

以国家标准《冶金焦用煤技术条件》（GB/T 397—1998）、《煤炭质量分级第 1 部分：灰分》（GB/T 15224.1—2004）为基本框架，结合对国内 45 个不同煤产地冶金焦用煤技术标准的分析，本书采用表 6-7 所示的优质炼焦煤等级划分及其参数取值标准。

表 6-7　优质炼焦煤资源等级划分与参数取值

级别	主要煤质指标	
	A_d/%	$S_{t,d}$/%
优质炼焦用煤	≤ 20.0	≤ 2.0
亚优质炼焦用煤	20.1～3.0	2.1～3.0
非优质炼焦煤	> 30.0	> 3.0

注：硫分和灰分为原煤硫分和灰分。

（二）开采地质条件评价模型

采用层次分析法建立评价模型，确定指标体系、指标分级和指标的权重（表 6-8）。

表 6-8　煤炭资源开采地质条件指标体系及分级标准、特征值

目标层	约束层（权重值）	参数层	（20）[1]A：0～30	（45）[1]B：30～60	（70）[1]C：60～85	（90）[1]D：85～100
地质条件	煤层（0.5）	煤层稳定性	极不稳定	不稳定	较稳定	稳定
	构造（0.5）	复杂程度	极复杂	复杂	中等	简单
		煤层倾角	> 60°	25°～60°	12°～25°	< 12°

①括号内为特征值。

根据评价模型对开采地质条件进行评价，并确定其优度。矿井构造的复杂程度、煤层稳定性和煤层厚度是衡量机械化程度的重要指标，构造越简单，煤层越稳定，厚度越厚，越易实施机械化开采。根据地质条件综合优度对资源开采的机械化程度进行评判，综合优度大于 80 的为易机械化开采，综合优度为 60～80 的为可机械化开采，综合优度低于 60 的为难机械化开采资源。

（三）安全地质条件评价模型

采用层次分析法建立安全地质条件评价模型，确定指标体系、指标分级和指标的权重（表 6-9）。根据评价模型确定煤矿安全开采的难易程度，综合优度大于 80 的为易安全开采资源，综合优度为 60～80 的为可安全开采资源，综合优度低于 60 的为难安全开采资源。

表 6-9　安全地质条件评价指标体系和权重

目标层	参数层（权重值）	（20）[1]A：0～30	（45）[1]B：30～60	（70）[1]C：60～85	（90）[1]D：85～100
安全地质条件	矿床水类型（0.35）	极复杂	复杂	中等	简单
	工程地质（0.10）	复杂	较复杂	较简单	简单
	瓦斯类型（0.35）	煤和瓦斯突出	瓦斯突出	高瓦斯	低瓦斯
	煤层自燃（0.10）	极易自燃	易自燃	较易自然	不自然
	煤尘爆炸（0.10）	有爆炸性危险	有爆炸性危险	无爆炸性危险	无爆炸性危险

注：①括号内为特征值。

（四）外部开发条件评价模型

采用层次分析法建立外部开发条件评价模型，确定指标体系、指标分级和指标的权重（表 6-10）。根据评价模型，确定综合优度，综合优度大于 80 的为优等开发条件资源，综合优度 60～80 的为良等开发条件资源，综合优度低于 60 的为差等开发条件资源。

表 6-10　煤炭资源外部开发条件评价指标体系及权重

目标层	参数层（权重值）	（20）[①]A：0～30	（45）[①]B：30～60	（70）[①]C：60～85	（90）[①]D：85～100
外部开发条件	地区经济（0.40）	差	较差	较好	好
	运输条件（0.30）	困难	较困难	较好	好
	所属生态分区（0.15）	西北干旱生态区	内蒙古、黄土、青藏高原生态区	华北、东北、云贵生态区	华南、川渝、长江中下游生态区
	所处水资源区带（0.15）	缺水区	少水区	过渡带	丰水区

① 括号内为特征值。

（五）矿区生态环境评价

矿区生态环境评价包括煤矿区生态环境本底特征评价和煤矿区环境影响评价，本节重点是对煤矿区的生态环境的本底特征进行评价。煤层中的灰分、硫分和有害元素在煤炭开发利用后，将直接影响大气环境、地下水、地表水环境及生态环境，含量越高危害程度越大。煤矿的开发将对矿区生态环境产生直接影响，矿区植被覆盖率高、降水量大、水资源丰富，矿区在开发时抗破坏能力强，环境易于得到恢复。反之，矿区生态环境脆弱，抗干扰能力弱，在煤矿开采开发时，生态环境难以得到恢复，甚至造成难以恢复的恶果。该次矿区生态环境评价属于区域性生态环境评价的范畴。选择参数包括矿区外部因素包括：生态状况、水资源状况和地形条件。内部因素主要为煤中有害元素。矿区外部因素生态环境评价参数及特征见表 6-11。

我国煤层硫分高，各种硫中以有机硫为主，难以洗选。环境保护规定中明确要求，高硫煤（全硫大于 3%）限制开采，因此将硫分作为内部影响因素的重要指标（表 6-11）。

运用层次分析法进行矿区生态环境优度计算，并按照生态环境优度，将煤矿区划分为易绿色开发资源（综合优度大于 80），可绿色开发资源（综合优度为 50～80）和难绿色开发资源（小于 50）。

表 6-11　矿区生态环境综合评价参数分级及特征值

目标层	约束层（权重值）	参数层（权重值）	指标层（权重值）	参数分级（特征值）				
				0～30（20）	30～50（40）	50～70（60）	70～90（80）	90～100（95）
生态环境综合优度	外部因素（0.7）	生态状况（0.4）	所属生态分区（0.5）	西北干旱生态区	内蒙古、青藏高原生态区	黄土、横断高原生态区	华北、东北、云贵生态区	华南、川渝、长江中下游生态区
			植被覆盖率（0.5）	＜10%	10%～20%	20%～40%	40%～60%	＞60%

续表

目标层	约束层（权重值）	参数层（权重值）	指标层（权重值）	参数分级（特征值）				
				0~30（20）	30~50（40）	50~70（60）	70~90（80）	90~100（95）
生态环境综合优度	外部因素（0.7）	水资源状况（0.4）	年平均降雨量（0.5）/mm	≤50	50~400	400~800	800~1600	≥1600
			所处水资源区带（0.5）	缺水区	少水区	过渡带	多水区	丰水区
		地形条件（0.2）	地形地貌	Ⅰ	Ⅱ₂、Ⅵ	Ⅲ、Ⅳ	Ⅴ	Ⅶ
	内部因素（0.3）	全硫（0.8）/%		≥3.0	2~3	1~2	0.51~1	≤0.5
		灰分（0.2）/%		40~50	30~40	20~30	10~20	10

（六）矿区综合评价模型

本章采用三维模型综合评价矿井、勘查区的资源经济条件和科学开发的难易程度。

1. 经济评价指标

1）开采技术条件轴

开采技术条件反映矿井的开采成本，优等开采技术条件开采成本低，劣等开采技术条件开采成本高。开采技术条件包括开采地质条件和安全地质条件，开采地质条件和安全地质条件分别按照 0.8 和 0.2 权重确定开采技术条件综合优度，从而反映矿井、勘查区煤炭资源开采技术条件的优劣，共分五等：一等分值为 85~100，二等分值为 75~85，三等分值为 60~75，四等分值为 50~60，五等分值为 50 以下。

2）煤质煤类轴

煤质煤类轴反映矿井、勘查区煤炭资源的煤质优劣、煤炭的价值和价格，优质环保型煤炭资源价值大，价格高，需求量大，对环境影响小。共分五等：一等为优质炼焦用煤；二等为优质低变质烟煤、无烟煤贫煤，较优质炼焦用煤；三等为优质褐煤，较优质低变质煤和贫煤无烟煤；四等为较优质褐煤、非优质炼焦、低变质烟煤和无烟煤贫煤；五等为非褐煤。

3）区位环境轴

区位环境轴反映矿井、勘查区煤炭资源外部开发条件、煤炭需求、煤炭市场和煤炭价格，同时，也反映评价单元的生态环境本底特征及煤炭开发对环境的影响程度大小。

2. 煤炭资源经济分类

先采用层次分析法，确定煤炭资源综合优度。煤矿区资源开采技术条件、安全地质条件反映煤炭开发成本，即资源的内部成本；外部开发条件既反映资源的价格，也反映资源开发成本。资源开采技术条件权重按照 0.70，区位环境按照 0.3，确定资源综合优度。资源综合优度评价指标体系及权重见表 6-12。科学经济类型划分如图 6-16 所示。

表 6-12　煤炭资源综合优度评价指标体系及权重

	参数层（权重值）	指标层（权重值）
煤炭资源综合优度	开采技术条件（0.70）	开采地质条件（0.8）
		安全地质条件（0.2）
	外部开发条件（0.30）	

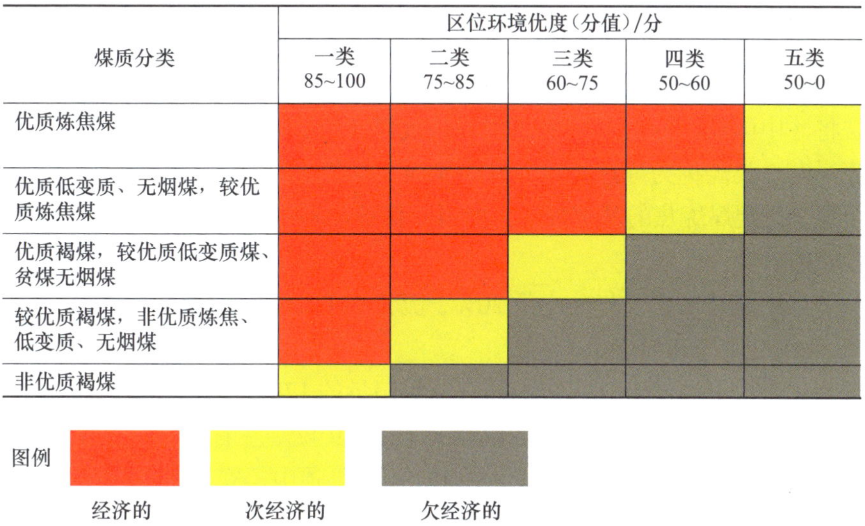

图 6-16　煤炭资源经济评价分类

第六节　煤炭资源总体评价

一、煤质评价

我国煤类齐全，煤质优良。煤类从褐煤到无烟煤均有分布，原煤灰分和硫分低，发热量高，工业用途广泛。

（一）煤质特征

我国煤炭以特低灰、低灰和低中灰煤为主，占探获资源量的 65%。其中，特低灰、低灰煤（灰分＜10%）占 15%；低中灰煤（≥10%～20%）占 50%，中灰煤（≥20%～30%）占 32%，中高和高灰煤（≥30%）占 3%。

我国煤炭硫分较低，以特低硫 - 低硫煤（硫分＜1.0%）为主，占 72%，低中硫 - 中硫煤占 18%，中高硫煤占 7%，特高硫煤占 3%。

发热量是动力用煤质量的主要指标。按空气干燥基高位发热量（$Q_{gr,ad}$）分级，我国 91.8% 的煤属中高热值煤，低热值和中低热值煤较少，主要为东北地区和云南的褐煤。

根据煤的可洁净评价模型统计，我国探获资源量中易洁净煤占 60%；可洁净煤占 34%；难洁净煤占 6%。

（二）煤类

探获资源量中，褐煤占 16%，低变质烟煤占 52%，中变质烟煤占 17%，高变质煤占 13.00%，天然焦及未分类煤占 2%。

尽管我国煤类齐全，但分布极不均衡，煤类分布与煤种需求差距较大，加剧了地区间运输压力。东部地区及中南地区煤炭资源总体缺乏，炼焦用煤更为短缺，西部地区炼焦用煤也稀缺。

（三）优质炼焦用煤的特点和资源分布

通常将《中国煤炭分类》国家标准中的气煤、气肥煤、肥煤、1/3 焦煤、焦煤、瘦煤、贫瘦煤等 7 类煤称为炼焦用煤。其中肥煤、焦煤、1/3 焦煤和瘦煤等中、高挥发分的强黏结煤，是配煤炼焦的基础煤，它们可以保证煤料有足够的黏结性。这些煤也能单独炼成较好的焦炭。

优质炼焦用煤是指原煤灰分小于 20%、硫分小于 2%、强黏结性、可选性为易选的焦煤、1/3 焦煤、肥煤和瘦煤。

我国炼焦用煤资源储量仅占全国探获资源储量的 17%，其中气煤占近一半。肥煤、焦煤、1/3 焦煤和瘦煤资源储量仅占探获资源量的 9.42% 左右，主要分布于山西离柳、乡宁、西山、汾西、霍东，河北邯邢、开滦，河南平顶山，安徽淮北，贵州六盘水等矿区。我国炼焦用煤的硫分、灰分普遍较高，根据煤质评价模型评价，优质炼焦用煤仅占炼焦用煤的 15.09%；亚优质炼焦用煤占炼焦用煤的 39.59%；非优质炼焦用煤占炼焦用煤的 45.84%。

（四）优质动力用煤的特点和资源分布

所谓动力用煤，是指用于直接燃烧生产动力和热能的燃料煤，包括电厂锅炉、工业锅炉等所用的煤炭。褐煤、长焰煤、不黏煤、弱黏煤、贫煤以及黏结性较差的气煤、贫瘦煤等都属于动力用煤的范畴。

优质动力用煤一般是指灰分低（小于 15%）、硫分低（小于 1.5%）、发热量高的动力用煤。优质动力煤主要为优质长焰煤、不黏煤、弱黏煤和部分气煤，分布于西北、华北和东北地区，主要分布于内蒙古东胜、万利、准格尔矿区，陕西榆神、神木、彬长矿区，宁夏宁东煤田，新疆乌鲁木齐、哈密、吐鲁番矿区，山西大同矿区和安徽淮南矿区。成煤时代以早、中侏罗世分布面积广、资源量最大。这些优质动力用煤的最大特点是灰分低、硫分低，可选性好，精煤回收率高。上述各主要矿区的原煤灰分均在 15% 以内，硫分小于 1%。其中，不黏煤的平均灰分为 10.85%，平均硫分为 0.75%；弱黏煤平均灰分为 10.11%，硫分平均为 0.87%。从总体上说，不黏煤和弱黏煤的煤质优于全国其他各类动力煤，如闻名于世的神府、东胜不黏煤，大同弱黏煤等，被誉为天然精煤。

根据煤质综合评价模型统计，我国优质动力用煤约占动力用煤探获资源量的 62.68%，非优质动力用煤占 37.32%，其中，褐煤占非优质动力用煤的 62.80%。

（五）优质无烟煤贫煤资源及其分布

无烟煤贫煤是变质程度最高的煤类，是主要的化工用煤和高炉喷吹用煤，也是碳素的重要原料。优质无烟煤贫煤主要是指原煤灰分低于20%、硫分低于2.0%、可选性好的无烟煤贫煤，主要分布于山西阳泉、潞安、晋城，内蒙古古拉本，河南焦作、永城，宁夏汝箕沟等矿区。

根据煤质综合评价模型统计，优质贫煤无烟煤仅占3%，非优质无烟煤贫煤占97%。

综上所述，我国以低灰煤、低中灰煤、中灰煤和低硫煤居多，占50.4%，低灰且低硫优质煤较少；煤种齐全，但优质炼焦用煤和优质无烟煤少。洁净煤技术是我国煤炭综合利用的有效途径。

二、煤炭资源赋存条件和机械化程度评价

在现代板块构造格局中，中国地处欧亚板块、太平洋板块和印度板块的交汇处，为一个复式大陆，总体构造复杂。同美国、澳大利亚等国比较，我国煤田构造复杂，煤层埋藏深，适宜露天开采的煤炭资源少。

（一）煤层埋藏条件

我国煤炭资源埋藏较深。据统计，保有资源储量中，300m以浅的占36.1%；300～600m的占44.6%；600～1000m的占19.3%，平均开采深度400m，适合露天开采的资源储量仅占8%。同美国、俄罗斯、澳大利亚等主要煤炭资源国家相比，我国煤炭资源埋藏深度相对较深。美国多为水平煤层或近水平煤层，埋藏浅，东部地区煤层埋深一般为10～40m，少数为60～100m，矿井平均开采深度为90m，露天开采比例一直在60%左右。澳大利亚煤层赋存稳定，地质条件简单，煤层埋藏浅，矿井平均开采深度为250m，露天开采比重达76%左右。

我国东部主要煤田多赋存于平原之下，煤系地层常常被几十米到几百米的新生界松散层覆盖，煤层埋藏深，如山东鲁西南煤田、安徽两淮煤田、河南永夏煤田，松散层厚度常达到300～400m，有的则达到800m，这些地区井筒建设难度大，矿井建设条件复杂。

随着煤矿开采深度逐步加大，煤矿安全问题越来越突出。大中型煤矿平均开采深度为456m。平均采深华东约620m，东北约530m，西南约430m，中南约420m，华北约360m，西北约280m。采深超过1000m的煤矿有8处，超过800m的有15处。采深大于600m的矿井产量占28.47%。小煤矿平均采深196m，其中采深超过300m的小井产量占14.51%。

（二）构造复杂程度和煤层稳定性

煤矿构造是影响煤炭开采的主要因素。构造复杂程度不仅影响煤矿的井型、生产能力、开采方式和矿井经济效益，还影响矿井安全。构造简单的井田，一般可建大中型矿井，采用综合机械化开采，而构造复杂的井田只能建小型矿井，只能采用半机械化开采和炮采。

我国煤矿区构造相对比较复杂，具有明显的分区性。从分布面积和区域看，以中等和复杂构造为主，简单构造类型的煤矿主要分布在晋陕蒙规划区。从资源量上看，我国煤矿构造以简单构造类型为主，探获资源储量中，简单构造类型资源储量占 67.36%，中等构造类型资源储量占 25.42%，复杂构造类型的资源储量占 6.35%，极复杂构造类型资源储量占 0.8%。煤层倾角变化较大，小于 5° 的近水平煤层资源储量占 9% 左右，5°～15° 的缓倾斜煤层资源储量占 60% 左右，15°～45° 的倾斜煤层资源储量约占 28%，大于 45° 的急倾斜煤层资源储量约占 2%。

从煤炭资源量看，我国煤层以稳定和较稳定煤层为主，稳定煤层资源储量占探获资源量的 34.76%，较稳定煤层资源储量占 60.94%，不稳定和极不稳定煤层资源储量占 4.3%。煤层稳定性具有明显的分区性，稳定煤层主要分布在晋陕蒙规划区和河南等省份；较稳定煤层主要分布在黄淮海规划区南部、云贵川规划区、东北断陷聚煤盆地和新疆等地区；不稳定煤层主要分布在华南规划区以及小型聚煤盆地。

根据煤炭资源地质条件的综合评价，我国易机械化开采的煤炭资源量占 73%，这些资源适宜大型、特大型矿井综合机械化开采；可机械化开采煤炭资源量占 26%，这些资源一般适合中型机械化开采，高档普采化；难机械化开采煤炭资源占 1%，一般只适合炮采和人工采掘。

三、煤矿区安全地质条件评价

（一）煤矿瓦斯状况

我国煤矿瓦斯比较严重，严重影响煤矿安全。低瓦斯矿井（勘查区）10000 多处，资源储量占 81%；高瓦斯矿井（勘查区）8000 多处，资源储量占 15%；煤和瓦斯突出矿井 2000 多处，资源储量占 4%。

（二）煤矿水害

从总体上看，我国煤田水文地质条件简单 - 中等，水文地质条件简单的资源储量占 47%，水文地质条件中等的资源储量占 45%，水文地质条件复杂的资源储量占 8%。国有重点煤矿中水文地质条件复杂或极其复杂的煤矿占 27%，属于简单的占 34%。北方石炭纪、二叠纪含煤岩系是我国最主要的含煤岩系之一，下组煤的开采普遍受到底部岩溶水的威胁，受岩溶水威胁的煤炭资源达 200 亿 t 以上，仅河北、河南、山东、江苏、安徽及渭北等地区受岩溶水威胁的煤炭资源量达 150 亿 t。这些受岩溶水威胁的矿井战略地位重要，产量也大，晋、鲁、冀、豫、苏、皖、陕等省 80% 的矿井受奥灰岩溶水威胁。其中一些老矿区或矿井下组煤的开采问题如果不解决，矿井的接续或稳产就没有出路。例如，肥城、焦作、邯郸、鹤壁等矿区的一些新区（井），济宁二号、龙王庄、新郑、黄河北等矿区岩溶水如果得不到有效的防治，也将危及正常开发。由于开采深度的增加、底板水头压力增大等原因，一些原来没有底板岩溶水害的矿区也会相继出现水害。

除了北方底板岩溶水害之外，南方的岩溶水害问题也比较突出。许多矿区龙潭煤组受到阳新灰岩底板岩溶水的威胁，川中、川东、湘中等地还受长兴灰岩顶板岩溶水威胁。

（三）煤尘爆炸危险性

我国煤层大多具有煤尘爆炸性威胁，不具有煤层爆炸性危险的勘查区、矿井约占探获资源量的 5.31%；具有煤尘爆炸性危险的勘查区、矿井约占 50% 以上。由于勘查程度低，其他资源煤尘爆炸性尚不清楚。重点煤矿中有 532 处煤矿的煤尘具有爆炸危险性，占 87.37%；具有煤尘强爆炸性的煤矿占 60% 以上。华东地区煤尘的爆炸性最强，其次是西北、华北、西南。

（四）煤矿自燃发火危险性

我国煤田煤层大多具有自燃发火倾向。国有重点煤矿中有 288 处煤矿的煤层具有自燃发火危险，占 47.29%。

（五）煤矿动力灾害与热害

国有重点煤矿中，有 27 处煤矿具有冲击地压危险性，占 5.13%，冲击地压最严重的是抚顺老虎台矿，年发生冲击地压 4000 次以上；约有 70 多处矿井工作面气温超过 26℃，最高达 37℃，主要分布在新汶、沈阳、平顶山、徐州、丰城、淮南等矿区。

（六）煤层顶底板

我国煤层顶底板不稳定，难以管理，事故多。

根据煤矿安全地质条件综合评价模型评价，从总体上看，我国煤矿和勘查区煤矿安全地质条件较差，安全地质条件好（易安全开采）的大于 80%，煤炭资源约占 64%；安全地质条件较好（可安全开采）的，煤炭资源约占 35%；安全地质条件差（难实施安全开采）的小于 60%，煤炭资源约占 1%（图 6-17）。

图 6-17　2005 年煤矿事故分析图

四、煤矿区生态环境评价

煤矿区生态环境中易绿色开发资源约占 14%，可绿色开发资源约占 63%，难绿色开发资源约占 23%。

五、煤矿区科学经济评价

根据煤炭资源综合评价模型评价，经济的资源量为14121.92亿t，次经济的资源量为3012.42亿t，欠经济的资源量为3111.48亿t。

炼焦用煤经济的资源量为1563.92亿t，次经济的资源量为596.99亿t，欠经济的资源量为234.97亿t。

贫煤无烟煤经济的资源量为1740.64亿t，次经济的资源量为836.82亿t，非经济的资源量为52.36亿t。

低变质烟煤经济的资源量为10444.19亿t，次经济的资源量为1139.32亿t，欠经济的资源量为84.83亿t。

褐煤经济的资源量为373.17亿t，次经济的资源量为404.30亿t，欠经济的资源量为2471.16亿t。

第七节　按勘查开发程度评价

一、生产矿井资源评价

（一）煤质评价

1. 煤质特征

生产矿井占用的资源储量以低灰和低中灰煤为主，特低灰煤（灰分＜10%）占10%，低灰煤（＞10%～20%）占47%，中灰煤（＞20%～30%）占32%，中高和高灰煤（＞30%）占11%。

生产矿井占用资源储量硫分较低，特低硫（硫分＜0.5%）占28%，低硫煤（0.5%～1.0%）占34%，中硫煤（2%～3%）占22%，中高硫煤占6%，高硫煤（＞3%）占8%。

2. 煤类分布

生产矿井占用资源储量中，褐煤占4%，低变质烟煤占38%，中变质烟煤占22%，高变质煤占23%，天然焦及未分类煤占13%。

（二）煤炭资源地质条件和机械化程度评价

1. 构造复杂程度和煤层稳定性

生产矿井构造以简单构造类型为主，资源储量占50%，中等构造类型资源储量占35%，复杂构造和极复杂构造类型的资源储量占15%。

生产矿井占用资源储量中以稳定和较稳定煤层为主，稳定煤层资源储量占50%，较稳定煤层资源量占45%，不稳定和极不稳定煤层资源储量占5%。

2. 机械化程度评价

根据煤炭资源地质条件的综合评价，生产矿井占用资源储量中易机械化开采的煤炭资源占68%，这些资源适宜综合机械化开采；可机械化开采煤炭资源量占30%，这些资源一般适宜中型机械化开采，高档普采化；难机械化开采煤炭资源占2%，一般只适宜炮采和人工采掘。

（三）煤矿区安全地质条件评价

1. 煤矿瓦斯状况

国有重点煤矿中，有高瓦斯矿井152处、煤与瓦斯突出矿井154处。高瓦斯、突出矿井数量约占49.8%，煤炭产量约占42%。国有一般煤矿中高瓦斯和瓦斯突出矿井占1/3左右，乡镇小煤矿的瓦斯状况也比较突出。

2. 煤矿水害

生产矿井占用资源储量中水文地质条件简单的资源储量占56%，水文地质条件中等的资源储量占28%，水文地质条件复杂的资源储量占16%。

3. 煤尘爆炸危险性

生产矿井煤层中大多具有煤尘爆炸性威胁，不具有煤层爆炸性危险矿井资源储量占11%，具有煤尘爆炸性危险的资源储量占48%。由于勘查程度低，其他资源煤尘爆炸性尚不清楚。

易实现安全开采的矿井占50%，可实现安全可采的矿井占48%，难实现安全开采矿井占2%。

（四）煤矿区生态环境评价

易绿色开发煤矿占11%，可绿色开发矿井约占70%，难绿色开发的矿井约占19%。根据煤炭安全绿色开发战略研究报告（国家能源局，2013）初步评价，我国现有矿井中达到安全绿色的煤炭产能为16.5亿t，占全国煤矿总产能的45.2%。

（五）煤矿区经济评价

煤矿区经济的资源量占71%，次经济的资源量占24%，欠经济的资源量占5%。我国现有煤矿是不同历史时期建成的。近年来煤炭价格上涨幅度较大，存在煤炭价格扭曲现象，安全和环境投入少，因而，煤矿盈利状况较好。从去年以来，煤炭产能大量释放，煤炭市场呈现供大于求现象，煤炭价格下滑较快，煤炭企业利润下滑，甚至出项亏损现象，从目前状况看，60%～70%是盈利的，30%～40%出现亏损，反映资源经济基本特征，应该说煤炭价格在理性回归。

二、精查资源储量评价

（一）煤质评价

1. 煤质特征

精查资源储量以低灰和低中灰煤为主，特低灰和低灰煤（灰分＜10%）占17%，低灰煤（＞10%～20%）占43%，中灰煤（＞20%～30%）占37%，中高和高灰煤（＞30%）占3%。

精查资源储量硫分较低，特低硫煤约占 30%，低硫煤约占 33%，中硫煤约占 19%，中高硫煤约占 11%，高硫煤约占 7%。

2. 煤类分布

精查资源量中，褐煤占 18%，低变质烟煤占 56%，中变质烟煤占 11%，高变质煤占 15%。

（二）煤炭资源赋存条件和机械化程度评价

精查区构造以简单构造类型为主，探获资源储量中，简单构造类型资源储量占 67.36%，中等构造类型资源储量占 25.42%，复杂构造类型的资源储量占 6.35%，极复杂构造类型资源储量占 0.87%。

尚未利用精查资源储量以稳定和较稳定煤层为主，稳定煤层资源储量占探获资源量的 34.76%，较稳定煤层资源量占 60.94%，不稳定和极不稳定煤层资源量占 4.3%。煤层稳定性具有明显的分区性，稳定煤层主要分布在晋陕蒙宁规划区和河南等地，较稳定煤层主要分布在黄淮海规划区南部、云贵川规划区、东北断陷聚煤盆地和新疆等地区，不稳定煤层主要分布在华南规划区以及小型聚煤盆地。

根据煤炭资源地质条件的综合评价，精查资源储量中易机械化开采的煤炭资源约占 67%，这些资源适宜大型特大型矿井综合机械化开采；可机械化开采煤炭资源量约占 32%，这些资源一般适宜中型机械化开采，高档普采化；难机械化开采煤炭资源约占 1%，一般只适宜于炮采和人工采掘。

（三）煤矿区安全地质条件评价

1. 煤矿瓦斯状况

尚未占用精查中，低瓦斯矿井（勘查区）资源储量约占 80%，高瓦斯矿井（勘查区）资源储量约占 16%，煤和瓦斯突出资源量约占 4%。

2. 煤矿水害

精查资源储量中，水文地质条件简单的资源量约占 59%，水文地质条件中等的资源储量约占 38%，水文地质条件复杂的资源储量约占 3%。

3. 煤尘爆炸危险性

精查资源储量中大多具有煤尘爆炸性威胁，不具有煤层爆炸性危险的勘查区资源量约占 7%，具有煤尘爆炸性危险的勘查区资源量约占 47%。由于部分勘探区未做煤尘爆炸性测试，煤尘爆炸性尚不清楚。

（四）煤矿区生态环境评价

精查易绿色开发资源约占 7%，可绿色开发资源约占 63%，难绿色开发资源约占 30%。

（五）煤矿区经济评价

经济的资源量约占 67%，次经济的资源量约占 21%，欠经济的资源量约占 12%。

根据煤炭资源综合评价，可供优选建井的 90 处，但大多分布在内蒙古东胜、陕西神木、宁夏、新疆等地，主要为动力用煤。

三、详查资源储量评价

（一）煤质评价

1. 煤质特征

尚未利用详查资源储量以低灰和低中灰煤为主，特低灰煤占 9.47%，低灰煤（＞10%～20%）占 34.55%，中灰煤（＞20%～30%）占 51.33%，中高和高灰煤（＞30%）占 4.65%。

详查资源储量硫分较低，特低硫（硫分＜0.5%）占 18%，低硫煤（0.5%～1.0%）占 39%，中硫煤（1%～2%）占 30%，中高硫煤（2%～3%）占 10%，高硫煤（＞3%）占 3%。

2. 煤类分布

详查资源量中，褐煤占 43%，低变质烟煤占 37%，中变质烟煤占 7%，高变质煤占 10%，天然焦及未分类煤占 3%。

（二）煤炭资源赋存条件和机械化程度评价

详查勘查区以简单构造类型为主，探获资源储量中简单构造类型资源储量约占 69%，中等构造类型资源储量约占 27%，复杂、极复杂构造类型的资源储量约占 4%。

详查资源储量以稳定和较稳定煤层为主，稳定煤层资源储量约占 38%，较稳定煤层资源储量约占 61%，不稳定极不稳定煤层资源储量约占 1%。煤层稳定性具有明显的分区性，稳定煤层主要分布在晋陕蒙宁规划区和河南等省份，较稳定煤层主要分布在黄淮海规划区南部、云贵川规划区、东北断陷聚煤盆地和新疆等地区不稳定煤层主要分布在华南规划区以及小型聚煤盆地。

根据煤炭资源地质条件的综合评价，详查资源储量中易机械化开采的煤炭资源约占 75%，这些资源适宜综合机械化开采；可机械化开采煤炭资源量约占 25%，这些资源一般适宜中型机械化开采，高档普采化；难机械化开采煤炭资源很少，一般只适宜炮采和人工采掘。

（三）煤矿区安全地质条件评价

1. 煤矿瓦斯状况

尚未占用详查资源量中，低瓦斯矿井（勘查区）资源储量约占 83%，高瓦斯矿井（勘查区）资源储量约占 17%，煤和瓦斯突出矿井很少。

2. 煤矿水害

详查资源储量中水文地质条件简单的资源储量约占 53%，水文地质条件中等的资源储量约占 42%，水文地质条件复杂的资源储量约占 5%。

3. 煤尘爆炸危险性

详查资源储量中大多具有煤尘爆炸性威胁，不具有煤层爆炸性危险的资源量约占 5.6%，具有煤尘爆炸性危险的资源量约占 50%，部分勘查区未测试煤尘爆炸性。

4. 煤矿区生态环境评价

详查资源储量中易绿色开发资源约占 3%，可绿色开发资源约占 22%，难绿色开发资源约占 75%。

5. 煤矿区经济评价

详查资源储量中经济的资源量约占 45%，次经济的资源量约占 14%，欠经济的资源量约占 41%。

可供勘探的 91 处，但大多分布在内蒙古东胜、陕西神木、宁夏、新疆等地，主要为动力用煤。

四、普查资源量评价

（一）煤质评价

1. 煤质特征

尚未利用普查资源量以低灰和低中灰煤为主，特低灰煤（灰分＜10%）占 24%；低灰煤（＞10%～20%）占 46%，中灰煤（＞20%～30%）占 29%，中高和高灰煤（＞30%）占 1%。

普查资源量硫分较低，特低硫（硫分＜0.5%）约占 42%，低硫煤（0.5%～1.0%）约占 38%，中硫煤（1%～2%）约占 11%，中高硫煤（2%～3%）约占 9%，高硫煤（＞3%）很少。

2. 煤类分布

普查资源量中，褐煤约占 20%，低变质烟煤约占 65%，中变质烟煤约占 7%，高变质煤约占 8%。

（二）煤炭资源赋存条件和机械化程度评价

普查勘查区以简单构造类型为主，简单构造类型资源量约占 70%，中等构造类型资源量约占 25%，复杂、极复杂构造类型的资源量约占 5%。

普查资源量以稳定和较稳定煤层为主，稳定煤层资源量约占 45%，较稳定煤层资源量约占 51%，不稳定和极不稳定约占 4%。煤层稳定性具有明显的分区性，稳定煤层主要分布在晋陕蒙宁规划区和河南等省份，较稳定煤层主要分布在黄淮海规划区南部、云贵川规划区、东北断陷聚煤盆地和新疆等地区，不稳定煤层主要分布在华南规划区以及小型聚煤盆地。

根据煤炭资源地质条件的综合评价，普查资源量中易机械化开采的煤炭资源约占 77%，这些资源适宜综合机械化开采；可机械化开采煤炭资源量约占 21%，这些资源一般适宜中型机械化开采，高档普采化；难机械化开采煤炭资源约占 2%，一般只适宜炮采和人工采掘。

（三）煤矿区安全地质条件评价

1. 瓦斯状况

尚未占用普查资源量中，低瓦斯矿井资源量约占 90%，高瓦斯矿井资源量约占 10%。

2. 煤矿水害

普查资源量中水文地质条件简单的资源量约占 57%，水文地质条件中等的资源量约占 33%，水文地质条件复杂的资源量约占 10%。

3. 煤尘爆炸危险性

普查资源量中大多具有煤尘爆炸性威胁，不具有煤层爆炸性危险的资源量约占 4%，具有煤尘爆炸性危险的资源量约占 39%，由于勘查程度低，其他资源煤尘爆炸性尚不清楚。

易安全开采资源量约占 67%，可安全开采资源量约占 33%。

（四）煤矿区生态环境评价

普查资源量中易绿色开发资源约占 5%，可绿色开发资源约占 22%，难绿色开发资源约占 73%。

（五）煤矿区经济评价

普查资源量中经济的资源量约占 72%，次经济的资源量约占 14%，欠经济的资源量约占 14%。

可供优先详查的 135 处，但大多分布在内蒙古东胜、陕西神木、宁夏、新疆等地，主要为动力用煤。

五、预查资源量评价

（一）煤质评价

1. 煤质特征

尚未利用预查资源量以低灰和低中灰煤为主，特低灰煤（灰分＜ 10%）约占 12%；低灰煤（＞ 10%～20%）约占 71%，中灰煤（＞ 20%～30%）约占 16%，中高和高灰煤（＞ 30%）约占 1%。

预查资源量硫分较低，特低硫（硫分＜ 0.5%）约占 67%，低硫煤（0.5%～1.0%）约占 17%，中硫煤（1%～2%）约占 10%，中高硫煤（2%～3%）约占 2%，高硫煤（＞ 3%）约占 4%。

2. 煤类

预查资源量中，褐煤约占 6%，低变质烟煤约占 77%，中变质烟煤约占 5%，高变质煤约占 11%，未分类煤约占 1%。

（二）煤炭资源赋存条件和机械化程度评价

预查勘查区以简单构造类型为主，简单构造类型资源储量约占 82%，中等构造类型资源储量约占 13%，复杂、极复杂构造类型资源量约占 5%。

预查资源量中以稳定和较稳定煤层为主，稳定煤层资源储量约占 16%，较稳定煤层资源量约占 81%，不稳定极不稳定煤层资源储量约占 3%。煤层稳定性具有明显的分区性，稳定煤层主要分布在晋陕蒙宁规划区和河南等省份，较稳定煤层主要分布在黄淮海规划区南部、云贵川规划区、东北断陷聚煤盆地和新疆等地区，不稳定煤层主要分布在华南规划区以及小型聚煤盆地。

根据煤炭资源地质条件的综合评价，预查资源储量中易机械化开采的煤炭资源约占83%，这些资源适宜综合机械化开采；可机械化开采煤炭资源量约占15%，这些资源一般适宜中型机械化开采，高档普采化；难机械化开采煤炭资源约占2%，一般只适宜炮采和人工采掘。

（三）煤矿区安全地质条件评价

1. 瓦斯状况

尚未占用预查资源量中，低瓦斯勘查区资源量约占87%，高瓦斯勘查区资源量约占11%，瓦斯和煤突出矿井资源量约占2%。

2. 煤矿水害

预查资源量中水文地质条件简单的资源量约占17%，水文地质条件中等的资源量约占80%，水文地质条件复杂的资源量约占3%。

3. 煤尘爆炸危险性

预查资源量中大多具有煤尘爆炸性威胁，不具有煤层爆炸性危险的勘查区占探获资源量不到1%，具有煤尘爆炸性危险的勘查区资源量约占71%。由于勘查程度低，其他资源煤尘爆炸性尚不清楚。

易安全开采资源量约占77%，可安全开采资源量约占21%，难安全开采资源量约占2%。

（四）煤矿区生态环境评价

预查资源量中易绿色开发资源约占3%，可绿色开发资源约占12%，难绿色开发资源约占85%。

（五）煤矿区经济评价

预查资源量中经济的资源量约占84%，次经济的资源量约占8%，欠经济的资源量约占8%。

可供优先普查的72处，但大多分布在内蒙古东胜、陕西神木、宁夏、新疆等地，主要为动力用煤。

第八节　不同区域煤炭资源总体评价

一、东北规划区

（一）煤炭资源储量

该区保有煤炭资源储量约300亿t，生产井在建井已占用资源储量约160亿t，尚未利用约140亿t。

（二）煤质特征

石炭纪—二叠纪煤以气煤为主，南部浑江、长白山一带的因受区域岩浆热影响，有无烟煤产出。大兴安岭两侧的早白垩世煤均为褐煤，伊通—依兰以东，以低变质烟煤为主；三江—穆棱含煤区因受岩浆岩影响，出现变质程度较深的以中变质烟煤为主的气煤、肥煤、焦煤。古近纪和新近纪煤以褐煤类为主，有少量长焰烟。各煤类煤多属中高灰分、低硫、低磷煤。红阳、南票矿区煤的硫分较高，全硫为 1.07%～4.44%，其他多为小于 1.0% 的特低硫煤；灰分中等偏高，一般为 17%～32%，古近纪灰分较高，为 20%～38%，吉林珲春、舒兰等矿区灰分达 35% 以上。

（三）开采技术条件

东北规划区石炭系—二叠系资源丰度一般为 200 万～800 万 t/km²，主要煤层厚 1.45～3.35m，结构中等，煤层较稳定。黑龙江东部三江穆棱河盆地为海陆交互相含煤地层，煤层层数多而薄，分布稳定。其他地区多为陆相断陷盆地，含煤性较好，常以巨厚煤层产出，有时厚达 100 余米，煤层较稳定—稳定，结构中等至较复杂。资源丰度变化较大，富煤带一般大于 2000 万 t/km²，最高达 5900 万 t/km²，分叉变薄带则仅为 35 万 t/km²。

古近纪抚顺群、杨连屯组，含巨厚褐煤层与油页岩；达连河组、舒兰组，含多层薄煤；梅河组、桦甸组含薄 - 中厚煤层；珲春组、宝泉岭组含可采煤层 5 层；虎林组含 1～2 层可采薄煤层。古近纪煤层厚度变化大，常有巨厚煤层产出，煤层单层厚一般为 1.3～3.5m，最厚达 54m，沈北、抚顺矿区的煤层厚度一般在 8m 以上，煤层较稳定，结构较复杂 - 复杂。

东北规划区石炭纪—二叠纪煤田受华北地台北东缘强挤压变形构造影响，呈北东向零星分布，如南票、红阳、本溪、浑江、长白等煤产地，后期改造强烈，地层倾角大，一般为 35°。断层发育，主要有北西、北东两组。岩浆岩对煤层的影响较严重，构造复杂，多属于中等 - 复杂构造类型。

受库拉—太平洋板块和欧亚板块相互作用的影响，在侏罗纪和早白垩世形成了一系列断陷盆地群，如北票、阜新—长春、铁法—康平等，单个盆地规模小，构造复杂。黑龙江东部三江—穆棱含煤区，构造线走向南部（鸡西）为近东西，中部（勃利）为北西—北东东，褶皱较宽缓，断裂发育。一般倾角较平缓，多为 12°～15°，局部达 40°以上，有岩浆侵入，对煤层产生较明显的影响，构造属中等偏复杂。

古近纪含煤盆地以北北东走向为主的佳伊、抚顺—沈北、珲春、敦化、虎林等断陷盆地，一般煤层倾角平缓，构造简单，属于中等偏简单。东北三省煤田开采技术条件简单，煤层埋深中等，上覆松散层厚度中等。

（四）安全地质条件

东北三省煤炭水文地质条件相对简单，仅浑江煤田、鸡西穆棱王开西区、鹤岗东部普查、西岗子等区较为复杂，属基岩裂隙水和构造裂隙水，工程地质条件中等，顶底板多为泥岩、粉砂岩，易风化成碎块或产生底鼓。瓦斯问题比较突出，煤层瓦斯含量及矿井瓦斯涌出量均高，一般为 $15m^3/(t \cdot d)$，最高达 $109.30m^3/(t \cdot d)$，本溪、红阳、浑江等矿区均为高沼矿井，曾多次发生瓦斯突出。无地温热害，唯鸡西矿区有些矿井随着水平延深，开采面温度已达 $40\sim50℃$。

（五）外部开发条件与生态环境

该区外部开发环境好，全区有较密集的铁路网，交通便利，公路四通八达。此外，还有黑龙江、松花江、鸭绿江等水运通道，辽东半岛南端的大连、营口、丹东等地有大型煤码头。

该区东北部湿润半湿润生态大区——东北生态区，属于温带-温暖带湿润-半湿润季风气候，北部气候比较恶劣，煤炭资源大多分布在丘陵地带和平原区，地形不太复杂，水系发育、水源充足。生态环境本底良好，植被发育，通过复垦可以得到改善和恢复。煤中硫分及有害组分含量低，煤矿开发对环境的影响小，适度地开发和利用对环境不会产生明显的影响。

（六）综合评价

根据综合评价模型评价，尚未占用的资源储量中，经济的 48 处，次经济的 91 处，欠经济的 48 处；易绿色开发的勘查区 78 处，可绿色开发勘查区 109 处，难绿色开发勘查区 1 处；尚未占用资源储量中能建大型矿井（≥ 120 万 t/a）的勘查区 21 处。

二、黄淮海规划区

（一）煤炭资源储量

该区保有煤炭资源储量约 1400 亿 t，生产井在建井已占用资源储量 700 亿 t，尚未占用约 700 亿 t。

（二）煤质特征

黄淮海地区太原组煤的硫分较高，山西组煤的硫分较低，煤类以中变质烟煤为主，低变质烟煤和褐煤少；豫西地区主要为无烟煤；中变质烟煤主要分布在安徽、山东、苏北以及江西丰城一带；皖南、苏南煤质较差，多为中高灰、中高硫、中高热值难选煤。

（三）开采技术条件

主要含煤地层为石炭纪——二叠纪太原组、山西组。太原组煤层可采总厚一般不足3m。山西组含煤 1~3 层，主采煤层厚达 3~6m，一般稳定，少数区稳定性差，结构简单-中等。

下石盒子组可采煤层厚 2~6m，一般较稳定，结构简单。

晚古生代煤系后期构造变形强烈，以断块构造为其特征，断层密集，局部推覆构造发育，褶皱紧密，构造为中等-复杂类型，煤层倾角一般在 20° 左右，局部可达 60°。

主采煤层埋深一般为 500～1200m。山东、两淮地区松散层厚度厚度大，最厚达 800m。

（四）安全地质条件

邯邢、安鹤、焦作煤田多为大水矿区，水文地质条件复杂，其他地区水文地质条件中等；煤矿瓦斯含量高，多为高瓦斯和瓦斯突出矿井。

（五）外部开发条件与生态环境

该区地处我国东中部地区，经济发展水平高，煤炭需求量大，煤炭价格高，属于我国东部主要煤炭主产区和消费区之一。煤炭供不应求，交通运输条件优良，煤炭除区内利用外，可以销往上海、江苏、浙江、广东乃至海外。该区地处东北部湿润 - 半湿润生态大区——华北平原。华北生态区，南部气候温和，生态环境良好，环境容量较大，北部气候较干燥，水资源短缺，环境容量较小，煤炭开发可能造成地下水资源破坏，但是，通过有效的环境治理和生态恢复，可以实现煤炭的绿色开发。

（六）综合评价

根据综合评价模型评价，尚未占用的资源储量中，经济的 338 处，次经济的 158 处，欠经济的 35 处；易绿色开发的勘查区 78 处，可绿色开发勘查区 109 处，难绿色开发勘查区 1 处；尚未占用资源储量中能建大型矿井（≥ 120 万 t/a）的勘查区 161 处，这些井田或勘查区可供建井或进一步勘查优选。

三、华南规划区

（一）煤炭资源储量

该区保有煤炭资源储量约 100 亿 t，生产井在建井已占用资源储量约 40 亿 t，尚未占用的约 60 亿 t。

（二）煤质特征

区内煤类以无烟煤、贫煤为主，次之为褐煤、中变质烟煤、低变质烟煤。煤的硫分较高，高硫煤占 40% 以上，以中灰煤为主，部分为中高灰煤，低灰煤较少。湖北、海南基本为高硫煤，广西大部分为高灰、高硫煤，广东多为中灰、中硫煤，湖南多为中灰、低硫煤。

（三）开采技术条件

早石炭世含煤地层以测水组在湘中的含煤性较好，但大多不具稳定可采煤层。早二叠世含煤地层梁山组仅含局部可采煤层。童子岩组含可采及局部可采煤层。晚二叠世龙潭组、吴家坪组、合山组为主要含煤地层，大部分含可采煤层。晚三叠世、早、晚侏罗世和古近纪含煤地层含煤性差，多为薄层煤或煤线。华南地区煤层一般较薄，煤层不稳定 - 极不稳定，多呈鸡窝状产出。

华南规划区以煤系的强烈变形、褶皱发育、断层密集、推覆构造普遍为特征，地质构造复杂，岩浆活动频繁。煤层埋深一般在 300m 左右，局部达 600m。上覆松散层厚度薄，一般只数米至 20m。

（四）安全地质条件

水文地质条件差别较大，由简单至复杂，湖北的鄂东及松宜矿区、湖南、广东的部分矿区地表水系发育，地下含水层较多，水文地质条件较复杂。基本无热害，瓦斯含量差异较大，湖南、湖北、广东等多有瓦斯影响，但在断层和岩层裂隙发育的井田中瓦斯基本逸散，含量降低；湘中冷水江矿区、湘南袁家、梅田等聚气条件较好的矿区往往为高沼矿井或煤与瓦斯突出矿井。

（五）外部开发条件与生态环境

华南规划区地处我国南方，经济发展水平高，煤炭需求量大，煤炭价格高，是我国煤炭主要消费区。煤炭供不应求，交通运输条件优良。该区地处我国南部生态湿润生态大区华南和长江中下游生态区，降雨量大，水源丰富，生态环境优越，环境容量大，煤炭开发对生态环境影响小，通过有效的环境治理和生态恢复，易于实现煤炭的绿色开发。

（六）综合评价

根据综合评价模型评价，尚未占用的资源储量中，经济的 330 处，次经济的 601 处，欠经济的 257 处；易绿色开发的勘查区 691 处，可绿色开发勘查区 582 处。尚未占用资源储量中能建大型矿井（≥ 45 万 t/a）的勘查区 20 处，这些井田或勘查区可供建井或进一步勘查优选。

四、晋陕蒙宁规划区

（一）煤炭资源储量

该区保有煤炭资源储量近 10000 亿 t，生产井在建井已占用资源储量 2500 亿 t，尚未占用 7500 亿 t。

（二）煤质特征

石炭纪—二叠纪煤多以中灰（15%～25%）、特低硫或低硫（山西组煤）及中硫（太原组煤）为其特征。三叠纪瓦窑堡组为中灰（15%～25%）、低磷（0.012%）、低硫（0.65%）、高油（12.3%）气煤。中侏罗世延安组煤多为低变质不黏煤和长焰煤，煤层原灰分较低，大多小于 10%，属特低灰—低灰煤，全硫绝大部分小于 1%，属特低硫煤，磷不超过 0.05%，多属低磷煤，干燥基高位发热量 25～29MJ/kg。

鄂尔多斯盆地东缘由南而北的韩城、吴堡、府谷、准格尔矿区，依次为无烟煤、贫煤、焦煤、肥煤、气肥煤、气煤和长焰煤。西缘及西北缘的横城、韦州、马连滩、石嘴山、乌海、乌达，煤的变质情况比较复杂，无烟煤、贫煤、瘦煤、焦煤均有分布，分带不明显。吕梁山以东的煤类也比较复杂，总的趋势是南部围绕晋东南太行山东麓南段为中心的高变质无烟煤带，朝南东、北、北东方向逐渐过渡为瘦煤—焦煤—肥煤。北部大同—宁武、太行山东麓中段以中变质程度的气煤、气肥煤为主，有少量肥煤。

早白垩世全区多为特低硫煤，全硫 1.0% 以下，平庄的硫分偏高，平均 1.42%；灰分中等，一般为 10%～30%，有少量高灰煤；煤类主要为褐煤，长焰煤甚少，在伊敏五牧场等区有少量气煤、肥煤、焦煤及贫煤。

（三）开采技术条件

主要含煤地层为石炭纪—二叠纪太原组、山西组，侏罗纪延安组及早白垩世霍林河组、大磨拐组等。

太原组含煤 6～12 层，可采总厚达 20～40m，主采煤层厚达 3～6m。鄂尔多斯的西缘为陆相沉积，含可采、局部可采层 1～10 层，厚 1.0～13.9m。太原组煤层大多稳定，结构简单。

山西组含煤层 3～5 层，煤层最大累计厚度大于 16m，全区中厚煤层发育，煤层稳定 - 较稳定。

延安组含煤 1～6 组，一般 3～4 组，每层厚度大，煤层稳定 - 较稳定。山西北部大同 - 宁武煤田的大同组，含可采煤层 6～8 层，煤层稳定 - 较稳定。

早白垩世煤层厚度大，变化大，结构复杂，煤层较稳定 - 不稳定。

鄂尔多斯侏罗纪盆地构造变形微弱，呈向西缓倾斜的单斜构造，断层稀少，构造简单，盆地西部的宁夏地区推覆构造较发育。吕梁山—太行山之间以山西隆起为主体的石炭纪—二叠纪含煤区变形略强，以轴向北东和北北东的宽缓波状褶皱为主，伴有高角度正断层，地质构造简单 - 中等，局部较复杂，煤层倾角平缓，局部受岩浆岩的轻微影响。

早白垩世含煤断陷盆地构造样式多为走向北东—北北东向狭长形地堑和半地堑式含煤盆地。区内多为北北东、北北西向正断层，盆地被切割成大小不等的断块。煤层倾角多小于 10°，局部构造较复杂区倾角为 10°～20°，构造简单至中等，局部地段受岩浆岩影响。

主要煤矿区开采技术条件优越，上覆松散层薄或较薄，煤层埋藏浅，煤层厚度大，剥采比较小，很多地段适用于露天开采。

（四）安全地质条件

石炭系—二叠系多数矿区的水文地质条件简单，霍州、西山矿区的水文地质条件较复杂，属岩溶 - 裂隙水，渭北等矿区下组煤层处于较高的水头压力下，开采难度较大。工程地质条件多属简单 - 中等。煤层瓦斯含量及矿井瓦斯涌出量较高，阳泉、晋城一带的矿井多为高沼矿井，瓦斯问题比较突出，随着开采水平加深，高沼矿井可能会增加。

侏罗纪、三叠纪煤矿区水文地质简单，部分适宜露天开采。由于煤层顶板多软弱的泥岩，顶底板维护困难。煤层瓦斯含量较低，现有生产矿井多为低沼矿井，基本无地温热害。

白垩纪煤田水文地质条件简单 - 复杂，主要为第四系孔隙含水，其次为煤系风化裂隙含水和煤系砂岩裂隙含水。就总体而言，扎赉诺尔、伊敏、陈旗等煤产地的水文地质条件较复杂，其他矿区水文地质条件相对简单。工程地质条件比较复杂，第四系流沙层发育，含煤地层岩石胶结疏松，顶底板为泥岩、粉砂岩，风化易碎裂，抗压强度小，露天开采时边坡稳定性差，井工开采时则顶底板维护困难。瓦斯含量普遍较低，多为低沼气矿井，基本无地温热害。

（五）外部开发条件与生态环境

该区经济水平中等，是我国煤炭的主产区和煤炭供给区，交通发达，主要煤炭外运通道已经建成，煤炭除区内消费外，主要运往东部地区。煤炭原地价格不高，煤炭近期供大于求，煤炭市场疲软。该规划区地处我国北部干旱半干旱生态大区——黄土高原和内蒙古高原生态小区，降雨量少，处于水资源的缺水区、过渡区和少水区。黄土高原生态小区沟壑纵横，植被覆盖率较低，水土流失严重，地下水资源短缺。内蒙古高原生态小区东北部为草原地貌，植被覆盖率较高，但是，环境容量小，煤炭开发对生态环境的影响大，生态环境难以恢复；西部为沙漠半沙漠地貌，植被覆盖率极低，水资源极其短缺，生态环境恶劣，煤炭开发将可能对环境产生严重影响，进一步扩大沙漠化面积，破坏地下水资源系统而难以恢复，煤炭开发受到严重制约。

（六）综合评价

根据综合评价模型评价，尚未占用的资源储量中，经济的442处，次经济的256处，欠经济的158处；无易绿色开发的勘查区，可绿色开发勘查区275处；尚未占用资源储量中能建大型矿井（≥120万 t/a）的勘查区427处，这些井田或勘查区可供建井或进一步勘查优选。

五、西南规划区

（一）煤炭资源储量

该区保有煤炭资源储量近900亿 t，生产井在建井已占用资源储量约190亿 t，尚未占用约710亿 t。

（二）煤质特征

晚二叠世云南圭山区煤的硫分0.83%～3.02%，平均2.06%；盐津区煤硫分最高达7.2%；宣威区的硫分低于0.13%～0.38%。灰分中等，宣威组为12.25%～35%，恩洪区、圭山区分别为21.05%和20.88%，大理、盐津为高灰煤，分别为33.39%和39.11%。宣威组煤以焦煤为主，恩洪区龙潭组煤以焦煤为主，次为气煤、瘦煤和贫煤，圭山区为焦煤、瘦煤和无烟煤。贵州多为高硫煤，全硫达2.45%～6.38%，仅黔北、水城两区为中硫煤，全硫含量分别为1.13%和1.84%。灰分中等偏高，一般为18.86%～26.18%，贵定灰分高达35.05%。煤类为中-高变质煤，气煤-无烟煤均有赋存。川南煤全硫2.04%～9.92%，其中，方斗山、芦塘、灌河坝、燕子峡、龙门山、明月峡、毛石咸、巨马坪等矿区煤全硫超过5%；荣山—两河口、都江、斑鸠、峨眉、攀枝花、盐源等煤产地煤层硫分较低。该区灰分中等偏高，灰分一般为 12.60%~29.83%，燕子峡、宜东、螺观山、青山岭、筠连、盐源 6 个煤产地灰分为 30.06%~39.84%；煤类以无烟煤、焦煤、瘦煤为主，还有气煤、肥煤和贫煤。

晚三叠世煤云南全硫为 0.32%~1.60%，灰分为 8.4%~32.11%，大多小于 20%；四川全硫为 2.04%~6.48%；赫天祠、峨眉、中山北、铁山、中山南等区煤含硫均小于 1%，灰分 20.24%~29.83%，属中灰煤。煤类以焦煤、瘦煤、无烟煤为主。

新近纪煤全硫 0.28%~3.74%，灰分为 21.52%~38.18%。煤类均为褐煤。

（三）开采技术条件

早石炭世含煤多达数十层，均为不稳定薄煤层或煤线。早二叠世含煤地层梁山组含煤性较差，仅含局部可采煤层。晚二叠世龙潭组、宣威组的分布遍及全区，大部分含可采煤层。云南、贵州煤层层数多、厚度较大、结构中等、较稳定、资源丰度一般为 1000 万~2000 万 t/km^2；四川主采煤层单层厚度小，稳定性差，资源丰度低，含可采或局部可采煤层 17 层，其中 4 层层位稳定，分布广，平均厚 0.97~1.83m，最大厚度 6.26~7.73m，资源丰度一般为 300 万~800 万 t/km^2。

晚三叠世含煤地层含煤性较好，含可采及局部可采煤层，可采厚度 0.7~2.0m，厚度变化大，稳定性较差。

新近纪含煤地层主要分布于滇东，昭通组、小龙潭组为主要含煤地层，含巨厚煤层。昭通盆地煤层的最大厚度达 193.77m，小龙潭褐煤盆地含巨厚的结构复杂的复煤层（组），煤厚约 72m，最大厚度达 215.68m，煤层较稳定。

该规划区跨扬子地台、华南褶皱系。东部以比较完整的连续隔档式和隔槽式褶皱为特征。晚二叠世云、贵、川东地质构造比较复杂，断层、褶皱均较发育，对煤层破坏较大，构造复杂程度多属中等 - 复杂。晚三叠世煤构造属中等 - 较复杂。新近纪含煤盆地以滇东（含川西）盆地群为主，以断陷盆地形式存在，后期改造微弱，盆地展布与区域构造方向一致，岩浆活动微弱，构造简单。滇藏地区受北西—南东向深断裂的控制和成煤后期的破坏，多为小型断陷盆地，强烈的新构造运动，使含煤盆地褶皱、断裂极为发育。

云南古近纪煤层埋藏较浅，上覆松散层厚度不大，昭通荷花、先锋松树地、龙陵大坝、跨竹中心村等褐煤矿区资源规模大，煤层厚，埋藏浅，上覆剥离层软。晚二叠煤田煤层埋深不大，一般可以采用斜井和平洞开采。

（四）安全地质条件

云南新近纪矿井水文地质条件简单，适合露天开采，影响矿井安全的瓦斯问题不突出，基本无热害影响。晚二叠世煤埋藏深度 100m 左右，仅个别深达 200~300m，松散层厚度小于 20m，仅跨竹区达 85m，矿井水文地质条件相对简单，工程地质条件中等，煤层瓦斯含量及矿井瓦斯涌出量一般，其中恩洪偏高。

贵州煤层水文地质条件相对简单，工程地质条件中等，矿井瓦斯含量高，已有的

28 处矿井中，82% 属瓦斯突出和高沼矿。

川渝地区矿床水文地质和工程地质条件多数属简单 - 较简单，先期开采地段基本不存在地温热害，但多数矿井属高沼矿井。四川高沼矿井多，突出强度大，煤矿瓦斯绝对涌出量 1.7～37.6m³/min，相对涌出量可高达 88.2m³/(t·d)。

（五）外部开发条件与生态环境

西南规划区经济发展较高，交通运输条件较好。四川、重庆经济发展水平较高，是我国西部煤炭主要消费区，煤炭需求量较大，煤炭价格较高；云南、贵州是我国南方煤炭主产区，煤炭供大于求，煤炭主要销往华南和东南部沿海地区，经济发展水平较低。该区地处我国南部生态湿润生态大区——云贵高原和横断山脉生态区，降雨量较大，水资源丰富，局部喀斯特地貌区水资源缺乏，植被覆盖率高，生态环境较优越，环境容量较大，煤炭开发对生态环境影响较小，但是，地形复杂，易产生崩塌、泥石流等地质灾害，通过有效的环境治理和生态恢复，易于实现或可以实现煤炭的绿色开发。

（六）综合评价

根据综合评价模型评价，尚未占用的资源储量中，经济的 274 处，为 273.91 亿 t，次经济的 300 多处，欠经济的 506 处；易绿色开发的勘查区 239 处，可绿色开发勘查区 847 处；尚未占用资源储量中能建大型矿井（≥ 120 万 t/a）的勘查区 146 处，这些井田或勘查区可供建井或进一步勘查优选。

六、西北规划区

（一）煤炭资源储量

该区保有煤炭资源储量约 2500 亿 t，生产井在建井已占用资源储量约 500 亿 t，尚未占用约 2000 亿 t。

（二）煤质特征

石炭纪—二叠纪煤层灰分 16.71%～34.60%，全硫 0.82%～4.63%，煤类多为气煤，次为肥煤、焦煤、瘦煤，还有少量贫煤和无烟煤。早—中侏罗世煤层在新疆灰分中等偏低，为 5.14%～30.81%，以中灰煤为主；全硫 0.19%～2.56%，以小于 1% 的低硫、特低硫煤为主，中硫煤次之，中高硫煤极少；煤类以长焰煤、不黏煤等低变质烟煤为主，还有少量弱黏煤、气煤和肥煤。青海早—中侏罗世煤层灰分中等偏低，为 5.14%～30.81%，以低灰煤、中灰煤为主；全硫为 0.19%～2.56%，以小于 1% 的低硫、特低硫煤为主，中硫煤次之，中高硫煤极少。煤类以炼焦用煤为主，主要为焦煤、瘦煤、肥煤为主，尤其以分布于木里煤田的特低硫、特低灰煤最为出名；长焰煤、不黏煤等低变质烟煤次之。西藏煤炭资源量少，但煤类比较齐全。

（三）开采地质条件

区内石炭纪—二叠纪可采煤层 2～4 层，煤层中厚，较稳定。早—中侏罗世西山窑组、八道湾组在新疆天山—准噶尔、塔里木、吐鲁番—哈密、三塘湖 - 淖毛湖、焉耆、伊犁等大型含煤盆地广泛发育，准噶尔盆地乌鲁木齐及吐哈盆地沙尔湖、大南湖含煤性极好，含巨厚煤层 5～30 层，总厚 174～182m；伊宁含煤 6～13 层，厚 40～47m。早—中侏罗世煤层稳定至较稳定。甘肃北山、潮水盆地的芨芨沟组含薄煤及煤线，青土井群含煤 6～12 层；兰州—西宁分别为窑街组及元术尔组、小峡组，含可采煤层 2～3 层，煤层中厚 - 厚，较稳定。早白垩世含煤地层仅见于甘肃西北部的吐路—驼马滩一带，新民堡组（群）含 3 个煤组，1～10 层可采、局部可采薄煤层，不稳定。

　　新疆煤田构造简单至中等，局部受岩浆岩的轻微影响；天山及祁连山褶皱区有伊犁、尤尔都斯、焉耆、库米什及祁连山等山间断陷盆地型含煤盆地，受后期构造运动的改造，盆地周缘构造较复杂，断裂发育，地层倾角较大，盆地内部为宽缓的褶曲构造，倾角变缓。褶皱区还有断陷含煤盆地经受后期改造剧烈，周边断裂发育，褶皱构造复杂，致使含煤区、煤产地分布零散，规模也较小。甘肃石炭纪—二叠纪由于受多期构造运动影响，断层发育，构造复杂程度多属中等 - 复杂，地层倾角较大；早—中侏罗世含煤含煤盆地多呈北西向展布，盆内以宽缓向斜或单斜为主，断层多发育于盆缘，构造复杂程度中等，地层倾角大，东部庆阳一带属于鄂尔多斯盆地范畴，构造相对简单。青海北祁连走廊及中祁连以早侏罗世热水组、中侏罗世木里组、江仓组为主要含煤地层，柴达木盆地北缘以中侏罗世大煤沟组含煤性较好，煤层较稳定 - 不稳定。西藏煤层一般比较薄，煤层较稳定 - 不稳定。

（四）安全地质条件

　　石炭系—二叠系煤田水文地质条件简单，仅局部地区如安国 - 峡门煤产地和中祁连南煤产地阿力克等地较复杂。工程地质条件多属中等，个别煤产地较简单，如石炭井、中祁连南。影响矿井安全的瓦斯问题不突出，基本无地温热害影响。

　　早—中侏罗世层埋藏浅，部分地段剥采比小，适宜露天开采。水文地质条件简单，少数为中等 - 复杂，如乌鲁木齐西山、库车拜城、比尤勒色谷孜等。工程地质条件较复杂，含煤地层岩石胶结疏松，露天开采边坡稳定性可能较差。瓦斯含量较低，地温地热正常。甘肃水文地质条件简单，一般为中等，只有极少数地区如安国—峡门煤产地和阿力克较为复杂。工程地质条件较简单，仅个别评价单元如肃南煤产地的三岔找煤区较为复杂。煤层瓦斯含量较低，仅安国—峡门煤产地瓦斯含量高，有瓦斯突出可能。地温正常，一般无热害。

（五）外部开发条件与生态环境

　　该区经济水平较低，交通不发达，煤炭原地价格低，尤其是新疆地区，煤炭近期供大于求，煤炭市场疲软。该规划区西北部地处我国北部干旱半干旱生态大区——西北干旱生态区，降雨量极少，处于水资源的严重缺水区，属于沙漠和戈壁地貌，植被覆盖率极低，水资源极其短缺，生态环境恶劣，煤炭开发将可能对环境产生严重影响，进一步扩大沙漠化面积，破坏地下水资源系统将难以恢复，煤炭开发受到严重制约。青海和西藏地区煤炭资源短缺,煤炭价格比较稳定,形成了一个自给自足的封闭市场,但随着格尔木到敦煌铁路的修建通车,新疆煤炭大量运往青海和西藏地区,将对青海动力煤市场产生严重的冲击。该区地处我国青藏高原生态大区青藏高原高寒生态区,降雨量较少,处于水资源的过渡带,煤田属于沙漠和戈壁地貌,植被覆盖率较低,水资源缺乏,生态环境较恶劣,木里煤田属于高原沼泽和草甸区,煤炭开发将可能对环境产生较严重影响,破坏水资源而难以恢复,煤炭开发受到严重制约。

（六）综合评价

根据综合评价模型评价,尚未占用的资源储量中,经济的 331 处,次经济的 117 处,欠经济的 45 处;无易绿色开发的勘查区,可绿色开发勘查区 24 处;尚未占用资源储量中能建大型矿井（≥120 万 t/a）的勘查区 84 处,这些井田或勘查区可供建井或进一步勘查优选。

第七章 煤炭资源潜力评价

第一节 概 述

一、煤炭资源潜力评价的基本思路

煤炭资源预测是指通过对聚煤规律和赋煤条件的研究，预测可能存在的含煤区，并估算区内煤炭资源的数量和质量，为预查指出远景的工作（GB/T 15663.1—2008）。煤炭资源潜力评价是指在煤炭资源预测的基础上，对预测的煤炭资源地质条件、开采技术条件、开发条件和生态环境进行综合评价，指出其勘查前景的工作（程爱国等，2010）。

本次煤炭资源潜力评价工作是在充分收集地质、物探、遥感、矿井地质资料，在摸清我国煤炭资源勘查开发现状的基础上，深入开展煤炭资源聚集和赋存规律研究，充分应用现代矿产资源预测评价的理论方法、以 GIS 技术为核心的多种技术手段、多种地学信息集成研究方法，预测新的含煤区，并对预测煤炭资源可靠性和内外部条件进行评价，指出煤炭资源勘查前景。

煤炭资源预测分为以下步骤：

一是系统收集、整理各类煤田地质研究、勘探资料和其他地质资料，对各类地质资料进行必要的处理和综合。

二是开展矿区级煤炭资源预测。以矿区、远景区或煤田为单元，编制 1∶5 万～1∶25 万中比例尺的矿区级各类煤田地质图件，包括煤田地质图、含煤地层对比图、沉积断面图或层序地层对比图、岩相古地理图、煤层等厚线图、构造纲要图、主要可采煤层煤质图等，研究含煤地层、沉积环境、控煤构造、煤质和煤炭资源聚集和赋存规律，然后，结合煤炭地质勘探、石油勘探和矿井地质资料，采用计算信息技术，进行多元信息复合分析，编制（1∶5 万～1∶25 万）中比例尺的煤炭资源预测图，并根据预测资料和预测依据的充分程度，评价预测区可靠程度，采取地质块段法、丰度法或其他方法估算预测区的资源量，并对预测区资源地质条件、开采技术条件、开发条件和生态环境进行分析，综合评价矿区煤炭资源的勘查潜力。

三是开展省级煤炭资源预测。在省级尺度上，研究煤炭资源聚集和赋存规律，对矿区级预测提出的预测区进行重新厘定，编制省级煤田地质图、煤田构造图、煤炭资源预测图等相关图件，从全省角度评价煤炭资源潜力。

四是开展全国级煤炭资源潜力评价。在国家级层面上，研究聚煤规律和赋煤规律，对矿区级和省级预测提出的预测区进行再分析、再评价。编制全国级相关图件，从全国角度评价煤炭资源潜力。

二、预测要素的确定

（一）评价层系

本次煤炭资源潜力预测评价的重点层系为晚古生代、中生代和新生代含煤地层。

（1）晚古生代含煤地层。华北、东北、西北赋煤区为晚石炭世—早二叠世含煤地层，华南和滇藏赋煤区为早石炭世和晚二叠世含煤地层。

（2）中生代含煤地层。东北赋煤区为晚侏罗世—早白垩世含煤地层，华北、东北、华南赋煤区为晚三叠世和早—中侏罗世含煤地层。

（3）新生代含煤地层。主要分布于东北、华北和华南赋煤区，为古近纪和新近纪含煤地层。

（二）预测深度

本次煤炭资源潜力预测评价范围为埋深 2000m 以浅的煤炭资源，埋深计算深度的起算点为当地侵蚀基准面。将煤层埋深划分为 0～600m、600～1000m、1000～1500m、1500～2000m 四个深度级别。但南方缺煤省区仅估算到埋深 1500m 以浅，西藏地区则仅估算到埋深 1000m 以浅。

（三）预测单元的划分

预测区是本次煤炭资源潜力预测评价的基本单元，划分原则如下：

（1）预测区边界确定一般以重要构造线、铁路、大的河流等地质地理要素为界。

（2）如果含煤地层赋存状态、煤类等有较大差异时，分别划分预测基本单元。

（3）预测区面积没有具体规定，但预测区面积一般不宜过大。

（四）主要预测依据

煤是沉积矿产，经过几十年的煤炭地质工作，很多地区勘探程度较高，大部分预测区位于老矿区的深部和外围，区内及邻区以往煤炭资源勘探开发资料是重要的预测依据。

（1）根据煤系地层发育情况，研究含煤地层多重地层属性，系统分析含煤地层沉积环境、煤层发育特征，建立典型聚煤模式，总结聚煤规律，指出富煤带的分布特征，并以此预测可能的含煤区。聚煤规律分析是预测的重要依据。

（2）以构造控煤理论为指导，研究煤田构造特征和控煤构造样式，指出煤系保存的完整性和连续性，从而确定预测区。预测区除老矿区外围及深部外，多数为地质工作空白区或工作程度低的地区，可以根据区域赋煤规律，分析含煤地层埋藏深度变化趋势，确定预测深度及范围。

（3）物探（如重磁、电法、地震等）是研究隐伏煤田重要方法，也是探测煤盆地构造的有效手段，其成果是进行煤田预测的重要依据。

（4）利用以往煤质资料，编制煤质、煤类图件，依据煤质及煤变质规律，确定预测区煤质、煤类。

（5）预测区是根据上述预测依据综合确定的，并根据预测依据的多少和可靠性确定预测区的可靠程度。

三、预测等级划分原则

（一）预测资源量的分级

预测可信度反映预测依据的充分程度，根据预测可信度将预测煤炭资源量分为预测可靠的（334-1）、预测可能的（334-2）和预测推测的（334-3）三级。

1. 预测可靠的（334-1）

位于控煤构造的有利区块，浅部有一定的山地工程或矿点揭露以及少量钻孔控制；或有有效的地面物探（地震）工程控制；或位于生产矿区、已发现资源勘查区的外围；或进行了 1：2.5 万及以上大比例尺煤田地质填图的地区，结合地质规律分析，确定有含煤地层和煤层赋存。资源量主要估算参数可直接取得，煤类、煤质可以基本确定。

2. 预测可能的（334-2）

位于控煤构造的比较有利区块，进行过小于 1：2.5 万煤田地质填图；或少量山地工程、矿点揭露和个别钻孔控制；或有较有效地对地面物探工作了解；或可靠级预测区的有限外推地段，结合地质规律分析，确有含煤地层存在，可能有煤层赋存，地质构造格架基本清楚。估算参数与煤类、煤质是推定的。

3. 预测推断的（334-3）

按照区域地质调查或物探、遥感资料，或可能级预测区的有限外推地段，结合聚煤规律推断有含煤地层、可采煤层赋存。估算参数和煤类、煤质等均为推测的。

（二）预测区的分类

根据资源的地质条件、开采技术条件、外部条件和生态环境容量，将预测区分为三类：有利的（Ⅰ类）、次有利的（Ⅱ类）和不利的（Ⅲ类）三类。

1. 有利的（Ⅰ类）

地质条件和开采技术条件好，外部条件和生态环境优越，东部地区煤层埋藏在 1500m 以浅，中、西部地区煤层埋藏在 1000m 以浅，南方缺煤省区埋藏在 600m 以浅，煤质优良。

2. 次有利的（Ⅱ类）

地质条件和开采技术条件较好，外部条件和生态环境较优越，煤层埋藏在 1500m 以浅，南方缺煤省份埋藏在 1000m 以浅，煤质较优良。

3. 不利的（Ⅲ类）

资源量小，地质及开采技术条件复杂、外部开发条件差，或生态环境脆弱，或煤质差，或煤层埋藏在 1500m 以深。

（三）预测区分等（优度）划分

综合预测区分类评价和分级评价结果，进行预测资源潜力的综合评价，将预测资源的勘查前景划分为三等：优等（A）、良等（B）、差等（C）（表7-1）。

表 7-1　预测资源量勘查前景等级划分

预测区类别	可靠级（334-1）	可能级（334-2）	推断级（334-3）
有利的（Ⅰ类）	优等（A）	优等（A）	良等（B）
次有利的（Ⅱ类）	良等（B）	良等（B）	差等（C）
不利的（Ⅲ类）	差等（C）	差等（C）	差等（C）

四、预测资源量估算方法

预测资源量的估算在矿区级的中、大比例尺图件上进行。

1. 比例尺

资源量估算原则上要在 1:5 万及以上比例尺的煤炭资源分布图或煤层底板等高线图上进行，并采用计算机软件进行预测区面积计算和资源量估算。

2. 资源量估算的基本方法

1）地质块段法

根据预测区和邻区资料能够确定估算参数的地区，采用地质块段法进行估算。

估算公式：$Q_K = SMd$。式中，Q_K 为资源量（万 t）；S 为块段面积（万 m^2）；M 为块段煤层平均总厚度（m）；d 为煤视密度（t/m^3）。

煤层倾角过大时，要考虑倾角因素。

2）丰度法

由于资料不足，难以确定估算参数的地区，主要根据区域地质资料和煤的聚集赋存规律进行预测的，可采用资源丰度法进行预测资源量估算。

计算公式：$Q_F = ES$。式中，Q_F 为资源量（万 t）；E 为资源丰度（万 t/km^2）；S 为预测区面积（km^2）。

3. 资源量原始估算值的校正

根据预测区地质构造复杂程度和煤层稳定程度，采用校正系数 β 对原始估算量进行校正。校正公式为：预测资源量 $Q = \beta Q_K$。校正系数 β 按《全国煤炭资源潜力预测评价技术要求》的规定取值（表 7-2），预测区地质构造复杂程度和煤层稳定程度的确定以《煤、泥炭地质勘查规范》（DZ/T 0215—2002）附录 D 为依据，当地质构造复杂程度和煤层稳定程度等级不一致时，取二者中 β 值较小者。

表 7-2　预测区校正系数 β 取值表

地质条件	β 取值
简单构造、稳定煤层	0.8 ~ 1.0
中等构造、较稳定煤层	0.6 ~ 0.8
复杂和极复杂构造、不稳定和极不稳定煤层	0.4 ~ 0.6

4. 估算指标的确定

原则上采用《煤、泥炭地质勘查规范》确定的资源量估算指标。鉴于我国煤炭资源的赋存特点、煤质特征、实际开发利用状况，在预测资源量估算时，硫分和发热量不作为限制条件。

在我国煤炭资源严重贫乏地区，可按各省份的地方要求执行。例如，湖北省此次预测的工业指标是根据国土资源部《〈煤、泥炭地质勘查规范〉实施指导意见》（国土资发〔2007〕40号），要求执行的（表7-3）。

表7-3 煤炭资源贫乏地区资源量估算标准

项目		炼焦用煤	长焰煤、弱黏煤、不黏煤、贫煤	无烟煤	褐煤
煤层厚度 /m	倾角＜25°	≥ 0.6	≥ 0.7		≥ 0.8
	倾角25°~45°	≥ 0.5	≥ 0.6		≥ 0.7
	倾角＞45°	≥ 0.4	≥ 0.5		≥ 0.6
最高灰分 A_d/%		40	不作具体规定		
最低发热量 $Q_{net,d}$/（MJ/kg）			12.5		10.5
最高硫分 $S_{t,d}$/%			3		

注：本次预测硫分、灰分不作要求。

四川省煤炭资源潜力评价估算指标采用《关于印发四川省煤炭资源量估算指标（暂行）的通知》（川国土资函〔2007〕441号）规定，最低煤层可采厚度：二叠系炼焦用煤采用0.40m，非炼焦用煤为0.50m；三叠系上统煤层一律为0.40m；褐煤0.80m。

重庆市地方采用煤层最低可采厚度指标为：二叠系煤层0.4m，三叠系煤层0.3m。

西藏自治区根据煤炭资源的特点，在统计和计算时，将可采煤层厚度下限确定为0.4m。台湾地区最低可采厚度为0.5m。

五、预测成果综述

本次在东北、华北、西北、华南、滇藏五大赋煤区、74个赋煤带、544个煤田、867个矿区（煤产地、远景区）开展预测工作，在其中的397个煤田、647个矿区内预测了新的煤炭预测资源量，共圈定预测区2880个，总面积42.84万km²，预测资源量3.88万亿t，其中，1000m以浅1.44万亿t，重新厘定我国煤炭资源总量为5.90万亿t。

1. 从省份和规划区预测资源看

全国除上海、香港、澳门以外，31个省份均有分布。预测资源量最多的五省份依次为新疆、内蒙古、山西、陕西、贵州，预测资源量为3.19万亿t，占全国预测资源量的82%，新疆预测资源量1.67万亿t，占全国预测资源量的43%。不同规划区预测资源量相差较大，按照预测资源量大小依次为西北、晋陕蒙宁、西南、黄淮海、东北和华南（表7-4）。

表 7-4　全国煤炭资源总量和预测资源量分布　　　（单位：亿 t）

资源区带	规划区	省份	探获资源量	资源总量	预测资源量	0～600m	600～1000m	1000～1500m	1500～2000m	1000m以浅
东部补给带	东北	辽宁	104.89	158.17	53.28	1.44	8.59	36.04	7.2	10.03
		吉林	29.12	98.62	69.5	20.09	17.97	21.69	9.74	38.06
		黑龙江	247.89	449.64	201.75	101.48	40.44	28.88	30.96	141.91
		合计	381.9	706.43	324.53	123.01	67	86.62	47.91	190.01
	黄淮海	北京	27.25	109	81.75	7.97	26.75	26.57	20.45	34.72
		天津	3.83	174.59	170.76		0.38	17.1	153.28	0.38
		河北	374.22	841.94	467.72	9.67	17.99	137.92	302.15	27.65
		江苏	46.44	99.97	53.53	2.91	6.54	25.54	18.54	9.45
		安徽	374.08	820.27	446.19	7.2	38.96	167.2	232.83	46.17
		山东	432.65	578.49	145.84	9.58	27.31	46.17	62.79	36.88
		河南	666.81	1377.55	710.74	10.11	57.39	297.72	345.51	67.5
		合计	1925.27	4001.79	2076.52	47.43	175.33	718.21	1135.55	222.76
	华南	台湾	5.31	8.51	3.2	1.35	0.97	0.88		2.32
		浙江	0.49	0.61	0.12			0.12		0
		福建	14.51	40.23	25.72	9.54	9.76	6.42		19.31
		江西	17.21	64.04	46.83	19.77	14.27	12.79		34.04
		湖北	11.96	27.19	15.23	5.91	4.78	4.55		10.69
		湖南	40.75	102.79	62.04	20.19	22.74	19.11		42.92
		广东	8.27	19.41	11.14	3.4	3.21	4.53		6.61
		广西	36.09	57.08	20.99	14.44	3.99	2.56		18.43
		海南	1.67	2.74	1.07	1.07				1.07
		合计	136.27	322.6	186.33	75.66	59.72	50.94		135.39
中部供给带	晋陕蒙宁	山西	2875.82	6609.01	3733.19	198.99	655.27	1321.96	1556.97	854.26
		内蒙古	8962.69	16299.48	7336.79	1371.96	885.79	2775.73	2303.31	2257.75
		陕西	1815.65	4076.94	2261.29	47.06	121.23	478.77	1614.22	168.3
		宁夏	383.89	1841.59	1457.7	43.05	84.12	292.77	1037.76	127.17
		合计	14038.05	28827.02	14788.97	1661.06	1746.42	4869.22	6512.26	3407.48
	西南	重庆	58.3	195.82	137.52	14.67	19.66	39.08	64.12	34.33
		四川	142.79	401.99	259.2	39.07	55.47	83.48	81.17	94.54
		贵州	707.61	2588.55	1880.94	425.37	452.13	609.06	394.39	877.49
		云南	302.87	752.61	449.74	160.71	98.84	103.7	86.48	259.55
		合计	1211.57	3938.97	2727.4	639.82	626.1	835.32	626.17	1265.91

续表

资源区带	规划区	省份	探获资源量	资源总量	预测资源量	0～600m	600～1000m	1000～1500m	1500～2000m	1000m以浅
西部自给带	西北	青海	70.42	70.42						
		西藏	2.07	11.31	9.24	6.55	2.69			9.24
		新疆	2311.73	18993.58	16681.85	4608.59	4193.42	4268.41	3611.43	8802.01
		甘肃	167.44	1824.25	1656.81	10.22	143.9	826.33	676.36	154.11
		合计	2551.67	21244.03	18692.36	4704.9	4452.41	5192.5	4342.55	9157.31
全国合计			20244.73	59040.85	38796.12	7251.88	7126.97	11752.82	12664.44	14378.85

2. 从赋煤区预测资源量分布看

预测资源量主要集中分布在华北和西北赋煤区，各占 44% 左右，其次为华南和东北赋煤区，分别占 7.6% 和 4%，而滇藏赋煤区则赋存较少，资源规模较小（表 7-5、图 7-1）。

表 7-5　潜在资源预测结果

赋煤区	预测区数量 / 个	预测面积 /km²	面积占比 /%	预测资源量 / 亿 t	资源量占比 /%
东北	182	58269	13.6	1547.98	4.0
华北	485	157287	36.7	17088.68	44.0
西北	311	104583	24.4	17153.47	44.2
华南	1802	104591	24.4	2930.80	7.6
滇藏	100	3650	0.8	75.17	0.2
全国合计	2880	428381	100	38796	100

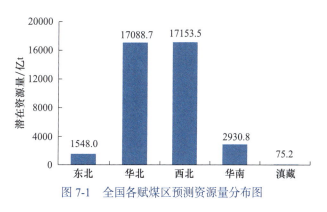

图 7-1　全国各赋煤区预测资源量分布图

3. 从预测区分布范围看

预测区分布广泛，预测面积在 1 万 km² 以上的省份有 11 个，新疆预测面积 9.48 万 km² 居首位，占全国预测面积的 22% 以上，其次为内蒙古 4.76 万 km²，占 11.1%；黑龙江、贵州、山西、甘肃、四川、陕西等，占 5.5%～9.2%，其他省份预测面积较小。从赋煤区看：华北赋煤区预测面积 15.73 万 km²，约占 37%；西北、华南赋煤区相当，各占 24% 以上，滇藏赋煤区预测面积最小，0.35 万 km^2，仅占 0.8%。

4. 从成煤时代资源量分布看

我国聚煤期众多，主要有古生代石炭纪—二叠纪（C—P），中生代的三叠纪、侏罗纪、白垩纪（T、J、K），新生代的古近纪、新近纪（E、N）。预测资源量集中分布在古生代的石炭纪—二叠纪和中生代的侏罗纪，侏罗纪最多，约占全国预测资源量的 65%，其次为石炭纪—二叠纪，约占 30%（表 7-6）。

表 7-6　预测资源量表

赋煤区	潜在资源量 / 亿 t	各时代预测资源量 / 亿 t								
		石炭纪	石炭纪—二叠纪	二叠纪	三叠纪	三叠纪—侏罗纪	侏罗纪	白垩纪	古近纪	新近纪
东北	1548			0.2			78.1	1343.8	110	15.7
华北	17089	10.8	8306.5	712.3	4.4		7991	13.2	27.8	22.5
华南	2931	63.7		2651.5	166.9	0.49	3.7		5	39.3
西北	17153	89.7	35.3		4.2		17016.7	7.5		
滇藏	75	38.2		14.5	8.7			0.2	0.06	13.5
合计	38796	202	8342	3379	184	0.49	25090	1364.8	142.9	91
占比 /%	100	0.5	21.5	8.7	0.5		64.7	3.5	0.4	0.3

5. 按照预测深度统计

预测资源量埋深多在 1000m 以上，600m 以浅仅占 18.7%，1000m 以浅占 37%，且集中分布在西北赋煤区，其次为华北赋煤区，东北和华南基本相当，滇藏赋煤区最少。1000～1500m 占 30%，1500m 以浅占 67%，同样集中分布在西北和华北赋煤区（表 7-7）。

表 7-7　预测资源量按埋深统计表

赋煤区	预测资源量 / 亿 t	不同埋深预测资源量 / 亿 t					
		< 600m	600～1000m	1000～1500m	1500～2000m	< 1000m	< 1500m
东北	1548.0	1259.4	189.0	64.9	34.8	1448.4	1513.3
华北	17088.7	534.9	1872.2	6379.8	8301.8	2407.1	8786.9
西北	17153.5	4713.7	4344.8	4393.7	3701.2	9058.5	13452.2
华南	2930.8	711.7	694.1	898.9	626.2	1405.8	2304.7
滇藏	75.2	32.3	26.8	15.6	0.4	59.1	74.7
全国	38796	7251.9	7127.0	11752.9	12664.4	14378.9	26131.8
占比 /%	100	18.7	18.4	30.3	32.6	37.1	67.3

6. 按煤类统计

预测资源量煤类齐全，以不黏煤和长焰煤为主，分别占 30% 和 22% 以上，其次为气煤和无烟煤，分别约占 14% 和 11%。不黏煤集中分布在新疆（占 53.4%）、内蒙古（占 35.5%）、宁夏（占 10%），其次为甘肃、青海、河北、云南等省份；长焰煤集中分布在新疆、内蒙古、甘肃、青海、陕西、山西等省份；气煤主要分布在新疆、陕西、内蒙古、甘肃、河北等省份；无烟煤主要分布在山西、贵州，分别占全国无烟煤的40%和26%；褐煤则主要分布在内蒙古、新疆、黑龙江等省份（表7-8）。

表7-8 预测资源量按煤类统计表

煤类	赋煤区 / 亿 t					全国 / 亿 t	占比 /%
	东北	华北	西北	华南	滇藏		
褐煤	1248.39	59.59	371.27	39.21	13.13	1731.6	4.5
长焰煤	217.67	867.87	7650.61	5.40	0.3	8741.9	22.5
不黏煤	0	5509.97	6443.59	1.42	2.27	11957.2	30.8
弱黏煤	4.21	837.31	22.18	2.63	0	866.3	2.2
1/2 中黏煤	2.97	6.70	0	0	0	9.7	0
气煤	28.89	3395.36	1880.55	68.69	0	5373.5	13.9
气肥煤	2.01	239.67	321.09	12.80	0	575.6	1.5
1/3 焦煤	1.83	514.30	0.69	75.82	0	592.6	1.5
肥煤	4.22	1135.61	35.97	103.34	1.19	1280.3	3.3
焦煤	27.22	428.82	203.30	433.71	0.19	1093.3	2.8
瘦煤	4.05	546.84	14.16	271.19	0.58	836.8	2.2
贫瘦煤	3.00	187.86	3.54	37.55	0	231.9	0.6
贫煤	0	661.50	103.58	237.12	16.31	1018.5	2.6
无烟煤	3.52	2685.35	92.26	1641.93	41.21	4464.3	11.5
天然焦		11.73				11.7	
混合煤		0.21				0.2	
焦肥煤			10.68			10.7	
合计	1548.0	17088.7	17153.5	2930.8	75.2	38796	100

第二节　东北赋煤区煤炭资源预测

一、概况

东北赋煤区位于我国东北部，其东、北、西界为国界，南为阴山—燕山及辽东湾一线。包括黑龙江、吉林大部及辽宁、河北北部、内蒙古东部，东西长365km，南北宽555km，面积约145万 km²。包括漠河、黑河—小兴安岭、海拉尔、二连、大兴安岭、松辽西南部、松辽东部、张广才岭、三江—穆棱、依舒—敦密、虎林—兴凯共11个赋煤带、73个煤田、156个矿区（远景区）（图7-2）。

二、预测成果

通过预测工作，在58个煤田、94个矿区（远景区），共圈定预测区182个，预测面积58269km²。全区预测资源量1548亿 t。

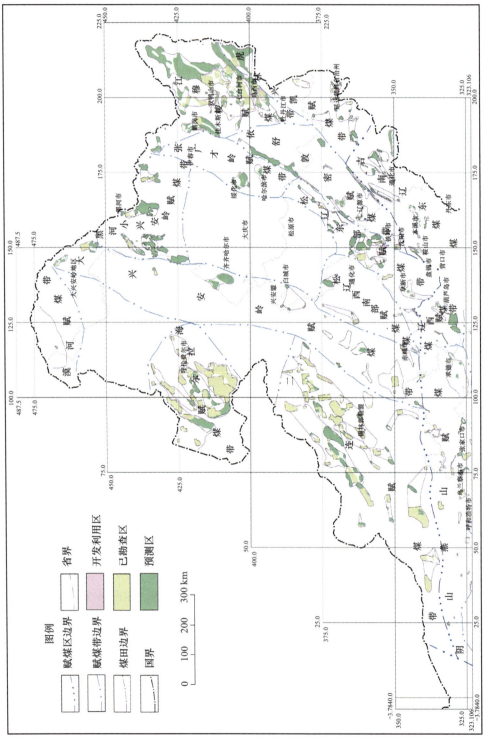

图7-2 东北赋煤区煤炭资源预测

1. 按照可靠程度分

可靠级（334-1）为 832.36 亿 t，占 53.77%；可能级（334-2）为 328.94 亿 t，占 21.25%；推断级（334-3）为 386.68 亿 t，占 24.98%。

2. 按预测深度统计

埋深在 0～600m 的预测资源量 1259.39 亿 t，约占 81%；600～1000m 预测资源量 188.98 亿 t；1000～1500m 预测资源量 64.86 亿 t；1500～2000m 预测资源量 34.78 亿 t。1000m 以浅的预测资源量为 1448 亿 t，占 93%。

3. 按预测煤类统计

该区煤类以褐煤为主，为 1248.39 亿 t，占 80% 以上，长焰煤 217.67 亿 t，约占 14%；其次为焦煤和气煤，主要分布在黑龙江省。

4. 按照煤炭资源潜力评价结果

该区有利的 I 类为 831.84 亿 t，占 53.74%，次有利的 II 类为 204.09 亿 t，占 13.18%，不利的 III 类为 512.05 亿 t，占 33.08%。优等（A）预测资源量 828.13 亿 t，占 53.50%；良等（B）201.43 亿 t，占 13.01%；差等（C）518.42 亿 t，约占 33.49%。从各省份的分布看，内蒙古预测资源量可靠程度较高，I 类和优等均占该区的 62.6%。600m 以浅的预测资源量约占该区的 90%，开发利用前景较好。黑龙江预测资源量可靠级（334-1）约占本省的 39%，优等仅占本省的 16%，勘查前景不佳。吉林、辽宁预测资源量较少，可靠程度较差，勘查前景一般。

三、主要赋煤带分述

（一）三江穆棱赋煤带

三江穆棱赋煤带位于黑龙江省东部，包括嘉荫、汤原、鹤岗、绥滨—集贤、双鸭山、勃利、鸡西、七虎林—兴凯、七星河 9 个煤田、15 个矿区（远景区）。

1. 煤田地质特征

1）含煤地层

以早白垩世鸡西群城子河组与穆棱组为主，宝清—密山为同期的龙爪沟群珠山组及古近纪宝泉岭组与虎林组。城子河组以陆相含煤沉积为主，一般含煤 20～35 层，多为厚度小于 1.5m 的薄煤层，在鹤岗、集贤一带有中厚煤层，东部的含煤性好于西部。穆棱组为陆相细碎屑岩夹凝灰岩，含煤 1～17 层。珠山组分布于完达山及其以东的宝清—密山一带，夹海相层，含煤 20 余层。宝泉岭组、永庆 / 虎林组分布在集贤、萝北、桦川及东部的朝阳、虎林一带，均为湖沼相含煤沉积，为成岩较差的松散碎屑沉积，厚度变化极大，局部含煤。

2）煤田构造

三江 - 穆棱盆地为以佳木斯地块为基底的早白垩世近海拗陷盆地，受后期近南北向继承性拉张断裂的控制，发育北东、北东东向断裂，盆地被切割成不同规模和深度的断块，形成鹤岗、集贤、军垦、绥滨、鸡西、勃利、双鸭山等煤田 / 煤产地。区内褶皱较宽缓，呈向南突出的弧形，北翼缓，南翼陡，局部倒转，断裂发育，伴有玄武岩、辉绿岩、闪长岩、安山岩等岩体侵入，致使构造复杂化，煤层受到破坏。

3）煤质

该区煤的变质程度较高。城子河组煤主要为气煤、肥煤和焦煤，局部岩浆热影响的区域为贫煤或无烟煤；穆棱组煤以气煤为主。

2. 预测成果

本次共在 11 个矿区（远景区）开展预测工作，共圈定 53 个预测区，预测资源量156 亿 t。

按深度统计，埋深在 0～600m 的预测资源量为 75 亿 t，600～1000m 的预测资源量为 25 亿 t。1000m 以浅的预测资源量为 100 亿 t，占 64%，埋深在 1500m 以浅的预测资源量为 127 亿 t，占 81%。

按可靠程度分，其中可靠级（334-1）资源量 76 亿 t，可能级（334-2）资源量 38亿 t，推断级（334-3）资源量 41 亿 t。

根据煤炭资源潜力评价结果，有利的（Ⅰ类）预测资源量为 30 亿 t，次有利的（Ⅱ类）预测资源量为 44 亿 t，不利的（Ⅲ类）预测资源量为 81 亿 t。按预测资源量开发利用优度的划分，优等（A）预测资源量为 27 亿 t，良等（B）预测资源量为 46 亿 t，差等（C）预测资源量为 83 亿 t，优等预测资源量占 17.5%。

3. 重点预测区及预测依据

重点预测矿区为鸡西矿区，是我国主要炼焦煤产区之一。本次预测圈定了滴道—麻山深部、大通沟、滴道深部、城子河深部、杏花深部、连珠山、黑台西、东海深部、穆棱深部、八面通等预测区，面积为 2974km²，预测资源量为 47.93 亿 t。主要预测区为滴道 - 麻山深部预测区、八面通预测区。

滴道 - 麻山深部预测区面积为 264km²。区内的穆棱组、城子河组含有可采煤层，煤层厚度为 2.21～3.17m，煤类为炼焦用煤。煤层埋藏较浅，1500 以浅预测资源量为5.66 亿 t，1000m 以浅尚有 3.3 亿 t。

八面通预测面积 600.53km²。东部与穆棱矿六井、二井相连，浅部有光义煤矿、新曙光煤电厂煤矿等许多小煤矿正在生产，区内有 83-49 号钻孔见穆棱组煤层 2.82m，含煤地层为穆棱组和城子河组，深部含煤地层与浅部连续、构造复杂程度中等，煤层不稳定，煤种为肥煤、气煤和 1/3 焦煤。1500m 以浅 4.82 亿 t。

（二）依舒 - 敦密赋煤带

位于黑龙江、吉林、辽宁三省中部的方正—依兰、双阳、沈北—抚顺一线，呈北东—南西向延展的狭长条带古近纪（老第三纪）断陷煤盆地。包括沈北—抚顺、方正—依兰、舒兰、敦化、梅河—桦甸、伊通、蛟河、辽源、双阳等 9 个煤田，17 个矿区（远景区），预测面积 3997km²。

1. 煤田地质特征

1）含煤地层及煤层赋存

古近纪主要有依兰—伊通的舒兰组或达连河组，敦化珲春组，桦甸组或梅河组，抚顺煤田的抚顺群，沈阳的杨连屯组。含煤性以抚顺群最好，次为杨连屯组。抚顺群自下而上分 6 个岩组，老虎台组煤厚 0.7～27.3m；栗子沟组煤厚 0.3～10.9m；古城子组为主要含煤组，一般煤厚 50～60m，最厚可达 130m，并产烛煤、琥珀；杨连屯组煤厚 5～60m；梅河组下含煤段含可采煤层 3～5 层，煤厚 3～10m。

2）煤田构造

伊通 - 舒兰盆地位于伊佳断裂带中段，为半地堑式的断陷含煤盆地，两侧被北东向堑缘断裂夹持，地堑内有与堑缘平行的断裂存在，构成次一级地堑，并被北西向断裂切割，地堑内古近纪含煤地层呈轴向北东的向斜构造。敦化煤产地为走向北东的单斜，伴有次级波状起伏；桦甸、梅河一带受周边断裂控制，形成被走向断层破坏的北东向狭长向斜；沈阳煤产地为北东向的三角形盆地，其东翼翘起遭受剥蚀，其南翼虽然煤层变薄，仍然可见明显抬起，含煤地层仍有南延之势；抚顺煤产地位于抚顺－密山断裂带的西南段，为呈北东东向带状展布的不对称向斜，西北侧为逆掩断层推覆，古近纪含煤地层走向与盆地延展方向基本一致。

3）煤质

抚顺煤产地煤灰分为 9.9%～22.5%，硫分为 0.31%～0.62%，发热量为 22.45～30.07MJ/kg。沈阳煤产地煤灰分为 17%～25%，一般为 22%，全硫为 0.73%，发热量为 20MJ/kg。桦甸煤产地煤灰分为 28%～29.54%，硫分为 0.95%～1.12%，发热量为 18.33～19.38MJ/kg。以褐煤为主，有少量长焰煤、气煤。

2. 预测成果

本次共在依舒 - 敦密赋煤带内 9 个煤田、11 个矿区（远景区）开展预测工作，共圈定 53 个预测区，面积 3997km²，预测资源量 26 亿 t。煤类主要为褐煤、长焰煤和气煤。

按深度统计，埋深在 0～600m 的预测资源量约 9 亿 t，600～1000m 的预测资源量约 7 亿 t，1000m～1500m 的预测资源量约 7 亿 t。1000m 以浅的预测资源量约为 16 亿 t，占 60.3%，埋深在 1500m 以浅的预测资源量为 23 亿 t，占 87.6%。

按可靠程度分，可靠级（334-1）资源量 16199 万 t，可能级（334-2）资源量约 20 亿 t，推断级（334-3）资源量 51336 万 t，可靠级预测资源量仅占预测资源量的 6.1%。

根据煤炭资源潜力评价结果，有利的（Ⅰ类）预测资源量为 1363 万 t，次有利的（Ⅱ类）预测资源量约 20 亿 t，不利的（Ⅲ类）预测资源量为 58912 万 t。其中，I 类资源量仅占 0.5%。

优等（A）预测资源量为 1363 万 t，良等（B）预测资源量约 18 亿 t，差等（C）预测资源量约 8 亿 t。其中，优等预测资源量仅占 0.5%。

3. 重点预测区及预测依据

敦化煤田各预测区主要依据重力布格异常及航磁负异常区圈定；桦甸煤产地根据沉积分析，预测白垩纪、古近纪和新近纪含煤地层可能赋存可采煤层，如永安屯 - 启新处于抚密断裂带上，沿此条带尚有早白垩世五道沟组、苏密沟组断续分布；大呼兰河屯虽属第四系全掩盖区，但也处于抚密断裂带，有梅河组断续分布，被断层切割较为零乱，从驮佛鳌区揭露的情况分析，区内应保存梅河组。沈阳、抚顺 2 个煤田主要依据矿区外推预测。

（三）松辽东部赋煤带

松辽东部断陷赋煤构造带东以松辽盆地边缘为界，西以伊舒断裂为界，总体为沿着松辽盆地东部边缘呈北东向展布的多个含煤盆地。这些盆地的基底为松辽地块，主要含煤盆地包括辽宁境内的铁法、康平、阜新等煤田和吉林境内的四平—双辽、榆树等煤田。

1. 煤炭地质特征

1）含煤地层

该地层主要为沙河子组、营城组，分别与阜新、铁法煤田的沙海组、阜新组相当，在西部则称沙力好来组、协尔苏组。沙河子组含煤 10 层，可采 1～4 层，分别厚0.4～4.6m。营城组含煤 10～14 层，其中可采 2～10 层，在长春、九台一带发育较好，A、B、C 三个煤层组煤层总厚 11.06m。早白垩世成煤期主要为山间湖盆环境，充填了一套厚度较大的陆相含煤碎屑岩系。

2）煤田构造

本断陷赋煤构造带是晚侏罗世—早白垩世裂陷作用形成的，呈北北东向展布的中生代断陷盆地。区内褶皱较为发育，多为平缓的向斜构造，其规模不一，两翼不对称，两向斜衔接部位常形成背斜构造，其翼部常伴有断层存在，但总体上呈宽缓的复式向斜。赋煤特点表现为东部富煤，西部向深部或构造活动带附近发生明显沉积分异，造成煤系变深、煤层分叉变薄。

3）煤质

营城 - 长春的沙河子组煤以长焰煤为主，营城组煤在羊草沟和刘房子以褐煤为主，具有少量长焰煤。沙力好来、宝龙山、协尔苏和吉尔嘎郎有长焰煤和褐煤。营城煤产地原煤灰分 26%～28%，硫分 0.47%～0.56%，发热量 18～23MJ/kg；官地煤灰分可达41.23%，硫分 1.7%；长春煤产地煤灰分 34%，硫分 0.95%，发热量 18.82MJ/kg。

2. 预测成果

本次在 9 个煤田、15 个矿区（远景区）进行了预测，共圈定预测区 20 个，面积3625km²，全为早白垩世煤，预测资源量 33 亿 t。其中长焰煤 27 亿 t，气煤 6 亿 t。

按深度统计，埋深在 0～600m 的预测资源量为 14282 万 t，600～1000m 的预测资源量为 82205 万 t，1000～1500m 的预测资源量为 23 亿 t，1500～2000m 的预测资源量为 7214 万 t。埋深在 1000m 以浅的预测资源量为 96487 万 t，占 29.2%；埋深在 1500m以浅的预测资源量为 323669 万 t，占 97.8%。

按可靠程度分，可靠级（334-1）资源量 119951 万 t，可能级（334-2）资源量 136436万 t，推断级（334-3）资源量 74496 万 t；可靠级预测资源量占预测资源的 36.3%，可信度较高，但大部埋藏较深。

根据煤炭资源潜力评价，有利（Ⅰ类）的预测资源量为 23550 万 t；次有利（Ⅱ类）的预测资源量为 9.72 亿 t；不利（Ⅲ类）的预测资源量约 21 亿 t。

按预测资源量开发利用优度的划分，优等（A）预测资源量为 16320 万 t，良等（B）预测资源量为 9.7 亿 t，差等（C）预测资源量为 21.73 亿 t。其中，优等预测资源量仅占 4.9%。

3. 重点预测区及预测依据

赋煤带内各预测区多分布于已勘区和开采区的外围延深部分，属于同一构造单元，含煤建造、沉积环境均相同，在构造和沉积环境都有利的环境下赋存较厚煤层。预测区内有少量钻孔控制，有些地段还做过地面物探工作，如亮中煤田（图 7-3）。

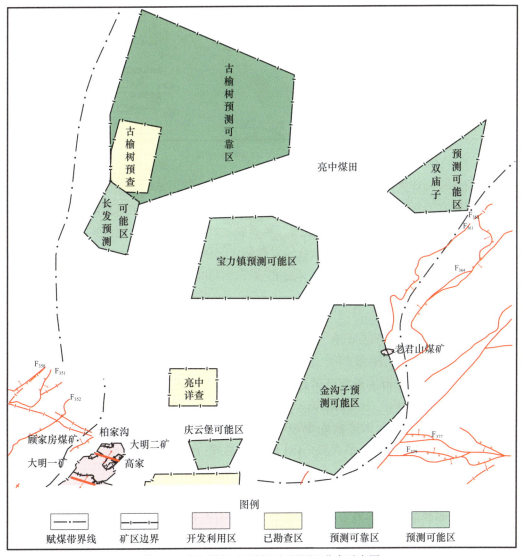

图 7-3 亮中煤田（远景区）预测区分布示意图

235

（四）海拉尔赋煤带

海拉尔赋煤带位于内蒙古自治区的东北部呼伦贝尔盟境内，自北向南为扎赉诺尔、拉布达林 - 鹤门、巴彦山、大雁 - 五九、呼和诺尔 5 个煤田，含煤面积 12410km²。区内已有开发规模较大的扎赉诺尔、大雁及伊敏等煤炭生产基地，还有众多地方、乡镇煤矿（图 7-4）。

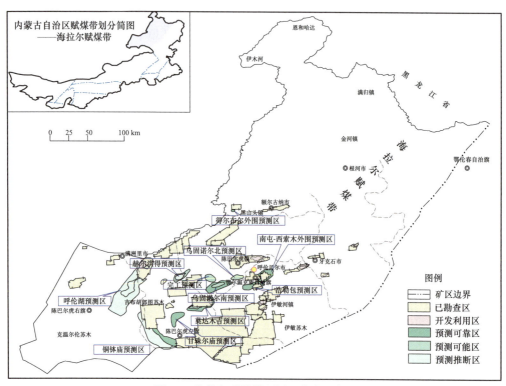

图 7-4　海拉尔赋煤带预测区分布示意图

1. 煤田地质特征

1）含煤地层

它主要为早白垩世大磨拐河组和伊敏组，在区内发育广泛，沉积厚度大，含煤层数多，煤层厚且较稳定。大磨拐河组下段含煤 20 余层，可采 2～3 层，可采总厚 4.0～10.0m；中段含煤 17 层，大部和局部可采，平均可采总厚 85.29m，最大可采厚度 123.8m。伊敏组含煤近 20 层，可采及局部可采 5～17 层，单层一般厚 1.30～2.50m，可采总厚 10～50m。

2）煤田构造

海拉尔断陷赋煤构造带主体位于额尔古纳和大兴安岭两个隆起带之间的海拉尔凹陷，也包括得尔布干断裂西侧的额尔古纳造山带上的少量盆地。基底的主体为喜桂图旗早海西褶皱带，西跨额尔古纳地块，具有寒武系基底。含煤地层为中生代白垩系下统大磨拐河组和伊敏组，主要有扎赉诺尔、大雁、伊敏、呼和诺尔等煤田。总体格局为"四隆三拗"，自西向东为额尔古纳隆起、扎赉诺尔断陷、嵯岗隆起、贝尔湖断陷、巴彦山隆起、呼和湖断陷、大兴安岭隆起。以巴彦山隆起为界，东部拗陷为东断西超，西部拗陷为西断东超。靠近盆地边缘，受大断裂控制，形成双断型拗陷。

3）煤质

大磨拐河组与伊敏组煤均属褐煤。大雁煤田褐煤水分为 10.88%，灰分为 21.65%，挥发分为 45.73%，硫分为 0.57%，发热量为 20.59MJ/kg。伊敏煤田褐煤水分为 12.98%，灰分为 18.43%，挥发分为 47.06%，硫分为 0.38%，发热量为 19.53MJ/kg。扎赉诺尔煤田褐煤水分为 15.18%，灰分为 17.79%，挥发分为 44.51%，硫分为 0.40%，发热量为 18.30MJ/kg。

2. 预测成果

本次在海拉尔赋煤带内 5 个煤田、7 个矿区（远景区）、11 个预测区进行了预测，预测面积 4423km²，预测资源量 407.87 亿 t，煤类主要为褐煤。

按深度统计，埋深在 0~600m 的预测资源量为 343 亿 t，600~1000m 的预测资源量为 64 亿 t，1000~1500m 的预测资源量为 15498 万 t。埋深在 1000m 以浅的预测资源量为 406 亿 t，占 99.6%；埋深在 1500m 以浅的预测资源量占 100%。

按可靠程度分，其中可靠级（334-1）的预测资源量为 69 亿 t，可能级（334-2）的预测资源量为 32 亿 t，推断级（334-3）的预测资源量为 306 亿 t。

根据煤炭资源潜力评价，有利的（Ⅰ类）的预测资源量为 69 亿 t，次有利的（Ⅱ类）的预测资源量为 32 亿 t；不利的（Ⅲ类）的预测资源量为 306 亿 t。分等评价与分类评价结果一致。优等预测资源量占 17%。

3. 重点预测区及预测依据

区内进行多次大面积不同比例尺的重磁、电法勘探，个别地段做过地震勘探，地质工作程度较高，圈定的预测区可靠。各含煤盆地具有构造简单、埋藏浅、覆盖层薄等特点，褐煤资源丰富。在扎赉诺尔、伊敏、大雁、牙克石、免渡河、拉布达林等已知盆地内，根据沉积环境和聚煤规律分析，沿富煤带延展方向，矿区外围具有较好的找煤前景。

（五）二连赋煤带

该带位于内蒙古中部阴山以北的蒙古高原，其范围西起狼山，东至大兴安岭西坡，地跨锡林郭勒盟和乌兰察布盟。

赋煤带内有乌尼特、马尼特、白彦花、赛汉塔拉、扎格斯台—西大仓、巴彦宝力格—红格尔、赛汗高毕、查干诺尔、达来、白音昆地 10 个煤田（煤产地）、42 个矿区（远景区）。

1. 地质特征

1）含煤地层

主要含煤地层为早白垩世霍林河组和巴彦花组，锡林郭勒盟北部有早—中侏罗世阿拉坦合力组零星分布，但范围较小。霍林河组主要分布于霍林河盆地以及胜利、巴彦宝力格等地，分为 6 个岩性段，下含煤段含煤共 5 个煤组，煤层总厚 100m 左右；上含煤段含不稳定薄煤 20 余层。巴彦宝力格以西的大部分地区该组含煤性较差，上含煤段含煤 20 余层，分层厚 1～3m。巴彦花组主要分布在二连—东乌珠穆沁旗一带，含 5 个煤层组，可采煤层 2～30 层，多为复煤层或复杂结构煤层，稳定性较差，厚度变化较大。阿拉坦合力组含 11 个煤组 71 层煤，可采 5～25 层，可采厚 9.1～31.1m。

2）构造

二连断陷赋煤构造带南界为赤峰 - 开源断裂，东界为大兴安岭隆起，北接中蒙边界，西至狼山，盆地基底主要为加里东期、早华力西期和晚华力西期褶皱带和锡林浩特微地块。含煤地层为下白垩统白彦花群，主要的煤盆地有霍林河、白彦花、胜利、巴音和硕等。二连盆地群总体构造格局为两拗加一隆，中部北东向展布的苏尼特隆起上也分布少数小规模盆地。苏尼特隆起的北西为马尼特拗陷、乌兰察布拗陷、川井拗陷；隆起的南东为乌尼特拗陷和腾格尔拗陷。南部拗陷由于受到内蒙地轴的影响，呈北东东向，但内部次级凹陷仍呈北东向展布。凹陷的性质主要为单断式的箕状半地堑断陷和双断式地堑断陷。前者如阿南、额仁淖尔凹陷等，后者如脑木更凹陷等。一般靠近隆起的凹陷呈单断式向隆起上超覆，内部的凹陷则呈双断式的凹陷。

3）沉积环境与聚煤规律

聚煤盆地受同沉积断裂的控制，形成了冲积扇、扇三角洲和湖泊沉积，在扇三角洲平原和淤浅的湖泊发生聚煤作用，形成厚度变化的煤层，有时能形成巨厚煤层。

4）煤质

二连赋煤带以褐煤为主，个别地区有长焰煤。霍林河煤水分约 18.51%，灰分约为 24.12%，挥发分约为 46.92%，硫分约为 0.70%，发热量约为 18.08MJ/kg。

2. 预测成果

本次共对 9 个煤田、20 个矿区（远景区）开展预测工作，共圈定 25 个预测区，面积 6540km^2，预测资源量 857 亿 t，以早白垩世煤为主，局部有少量早—中侏罗世煤赋存。褐煤 699 亿 t，长焰煤 158 亿 t，弱黏煤 1096 万 t。

按深度统计，埋深在 0～600m 的预测资源量为 710 亿 t，600～1000m 的预测资源量为 147 亿 t，1000m 以浅的预测资源量占 100%。煤层埋藏浅。

按可靠程度分，可靠级（334-1）的预测资源量 665 亿 t，可能级（334-2）的预测资源量 192 亿 t，可靠级的预测资源量占 77.6%，可信度较高。

根据煤炭资源潜力评价结果，有利（Ⅰ类）的预测资源量为 723 亿 t；次有利（Ⅱ类）的预测资源量为 60 亿 t；不利（Ⅲ类）的预测资源量为 74 亿 t。优（A）等的预测资源量为 723 亿 t，良（B）等的预测资源量为 60 亿 t，差（C）等的预测资源量为 74 亿 t。其中优等占 84.4%。

3. 重点预测区

主要为乌尼特预测区、额合宝力格预测区，煤质为属低 - 中高灰分，特低硫，高热值长焰煤。预测资源量均分布在 1000m 以浅，预测依据充分，预测成果可靠。

（六）虎林 - 兴凯赋煤带

该带位于吉林延边朝鲜族自治州，包括主要有虎林兴凯湖煤田、老黑山、安图和龙煤田、延吉煤田、珲春煤田、凉水煤田、春化煤田、三合煤产地等煤田。

1. 地质特征

1）含煤地层

主要含煤地层为早白垩世西山坪组和长财组，分布于延吉、和龙、福洞、安图一带，层位与松辽地区的沙河子组相当。西山坪组上部含薄煤 1～5 层，厚 1m 左右，局部可采；长财组含可采、局部可采煤层 7 层，总厚 0～18.2m，单层厚 0～3.41m，在和龙、延吉一带可采 1～2 层。古近纪珲春组在延吉以东零星分布于呈北东向展布的小型盆地中，以珲春、凉水等地的含煤性较好，在珲春煤产地中部含煤段含煤 20～30 层，总厚 0～54.33m，可采 9 层，可采总厚 7.44m；在其他一些小盆地含煤性较差，仅局部可采。

2）煤田构造

虎林 - 兴凯赋煤构造带盆地基底为前寒武纪结晶地块，晚古生代地层褶皱呈北东向，紧闭线型特征明显。中、新生界属短轴开阔平缓的褶皱，受基底构造的控制，北北东向和南北向断裂与东西向断裂交汇部位控制了中、新生代断陷生成和火山喷发活动。断陷带北部的虎林盆地为中、新生代叠合盆地，是重要的含煤区域，构造格局为三个断隆与三个断陷相间排列成垒堑式组合样式。珲春煤田是叠置于中生代盆地之上的新生代断陷盆地，为宽缓而稍有起伏的向斜构造，轴向北东，向南倾伏。受周缘断裂控制，区内以轻微褶皱为主，有古近纪辉绿岩侵入煤系，对煤的变质程度有一定的影响。

3）煤质

该区东部珲春、敬信、凉水、三合等地的古近纪煤均为褐煤，其中珲春煤产地的东部和深部还有部分长焰煤，西部延吉、和龙、安图等盆地的早白垩世煤为长焰煤。珲春组煤灰分为 21.54%～40.32%，硫分为 0.29%～0.51%，发热量为 15.37～23.74MJ/kg。

2. 预测成果

赋煤带内有虎林 - 兴凯湖、安图 - 和龙、珲春 - 凉水、延吉煤田等 4 个煤田、14 个矿区，本次提出 5 个预测区，预测面积 5529km²，预测资源量 28.53 亿 t，主要为早白垩世和古近纪褐煤、长焰煤。其中褐煤 20.37 亿 t，长焰煤 8.16 亿 t。

按深度统计，埋深在 0～600m 的预测资源量为 16.05 亿 t，埋深在 600～1000m 的预测资源量为 12.42 亿 t，埋深在 1000～1500m 的预测资源量为 0.05 亿 t。埋深在 1000m 以浅的预测资源量为 28.4.8 亿 t，占 99.8%；埋深在 1500m 以浅的预测资源量为 13.09 亿 t，占 100%。

按可靠程度分，其中可靠级（334-1）的预测资源量为 2.03 亿 t，可能级（334-2）的预测资源量为 16.81 亿 t，推断级（334-3）的预测资源量为 9.69 亿 t；赋煤带内可靠级预测资源量占预测资源的 7.1%。

按煤炭资源潜力评价结果，有利（Ⅰ类）的预测资源量为 2.03 亿 t；次有利（Ⅱ类）的预测资源量为 17.80 亿 t；不利（Ⅲ类）的预测资源量为 8.69 亿 t；其中Ⅰ类区资源仅占 7.1%。优（A）等预测资源量为 2.03 亿 t，良（B）等预测资源量为 17.57 亿 t，差（C）等预测资源量为 8.93 亿 t。其中优（A）等预测资源量仅占 7.1%。

3. 重点预测区及预测依据

1）兴凯湖预测区

该区重力资料显示为负异常区。北部为虎林县大青山找煤勘查区，含煤地层为新近系富锦组和古近系虎林组，煤层不稳定，构造简单，可采煤层厚度为 2.95m，煤类为低中灰褐煤。预测区与大青山找煤区含煤地层连续，构造类型一致，含煤地层不稳定，沉积环境相同。同时，该区开展过 1∶20 万区域水文地质调查工作，并有调查孔水 18 孔、水 19 孔、水 20 孔见古近系和新近系地层，在密山市东南乌苏里江国界西岸焦家亮子屯西水 23 孔见褐煤 5.41m。预测面积 2588.23km²，预测深度 0～1000m，资源量 10.08 亿 t。

2）兴凯东部预测区

盆地内为第四系覆盖，盆地周边地层有二叠系扬岗组、白垩系裴德组、七虎林河组和云山组基底地层。盆地内见有虎林组含煤地层，其上部覆有船底山玄武岩和第四系，其南部被敦密断裂切割，整体为一向斜盆地，煤类为褐煤。

兴凯东部预测区南东部为虎林县大青山找煤勘探区，北部是七虎林普查找煤区，发现虎林组含煤地层。推测预测区与青山找煤勘探区含煤地层一致，沉积环境相同。预测区内有 3 个钻孔见有虎林组地层，证明含煤地层存在。

预测面积为 659.79km²，预测深度为 0～600m，资源量为 1.79 亿 t。

（七）黑河 - 小兴安岭赋煤带

黑河 - 小兴安岭赋煤带位于松辽盆地的北部，东以嫩江断裂为界，西以双河镇 - 哈尔滨断裂为界，基底为上古生界地层和晚印支期岩体，主要有西岗子、黑宝山 - 木耳气、红绣沟、四季屯、依龙煤田。

1. 煤田地质特征

断陷带内构造以缓波状、幅度不大的褶皱为主，东缘和西缘断裂构造较发育，对断陷的形成、发展具有控制作用。受到蒙古鄂霍次克洋在晚侏罗—早白垩世闭合的影响，基底发生北北东向断裂，沿断裂发育有大规模火山岩和碎屑岩沉积，同时形成许多小型地堑式含煤盆地。该区西缘富裕—泰来一带，呈近南北的北窄南宽的单斜构造带，基底为向东倾的断阶，该区中部拗陷区呈北北东向展布，是松嫩断陷沉降幅度最大的拗陷区，基底为上古生界地层和晚印支期岩体。黑宝山—木耳气等小型含煤盆地形成于火山活动环境，为走向北东的不对称宽缓向斜，北缓南陡，北东、北西向断层较发育。

2. 预测成果

本次黑河—小兴安岭赋煤带内对 5 个煤田、11 个矿区开展预测工作，共提出预测区 13 个，预测面积 7069km²，预测资源量 14.31 亿 t。主要为早白垩世的褐煤、长焰煤、气煤，其中褐煤 7.43 亿 t，长焰煤 6.85 亿 t，气煤 0.03 亿 t。

按深度统计，埋深 0～600m 的预测资源量为 8.77 亿 t，埋深 600～1000m 的预测资源量为 2.30 亿 t，埋深 1000～1500m 的预测资源量为 1.92 亿 t，埋深 1500～2000m 的预测资源量为 1.32 亿 t。埋深在 1000m 以浅的预测资源量为 11.07 亿 t，占 77.3%；埋深在 1500m 以浅的预测资源量 13.09 亿 t，占 90.8%。

按可靠程度分，可靠级（334-1）的预测资源量 1.18 亿 t，可能级（334-2）的预测资源量 3.81 亿 t，推断级（334-3）的预测资源量 9.32 亿 t，可靠级预测资源量占预测资源的 8.2%。

按煤炭资源潜力评价结果，有利（Ⅰ类）的预测资源量为 0.64 亿 t；次有利（Ⅱ类）的预测资源量为 3.91t；不利（Ⅲ类）的预测资源量为 9.76 亿 t。其中，Ⅰ类区资源量仅占 4.4%。优（A）等预测资源量为 0.64 亿 t，良（B）等预测资源量为 4.54 亿 t，差（C）等预测资源量为 9.13 亿 t。其中，优等预测资源量仅占 4.4%。

第三节　华北赋煤区煤炭资源预测

一、概况

华北赋煤区位于我国中、东部，北起阴山—燕山，南至秦岭—大别山，西至桌子山—贺兰山—六盘山，东临渤海、黄海，包括北京、天津、河北大部、山西、陕西大部、宁夏大部、山东及河南、江苏与安徽的北部、甘肃的东部、内蒙古的中部和吉林、辽宁南部。东西长 507km，南北宽 412km，面积 121.52 万 km²。区内有 22 个赋煤带、149 个煤田、207 个矿区（远景区）（图 7-5）。

二、预测成果

华北赋煤区共确定预测区 488 个，预测面积 15.72 万 km²，预测资源量 17092.59 亿 t。

按照预测可靠程度分，可靠级（334-1）的预测资源量为 6882.01 亿 t；可能级（334-2）的预测资源量为 8285.95 亿 t，占 48.5%；推断级（334-3）的预测资源量为 1924.66 亿 t，占 11.3%。

按预测深度分，600m 以浅的预测资源量为 534.91 亿 t，600～1000m 的预测资源量为 1873.16 亿 t，1000～1500m 的预测资源量为 6382.65 亿 t。1000m 以浅的预测资源量为 2407 亿 t，占 14.09%，1500m 以浅的预测资源量为 8793 亿 t，占 51.5%。

按煤类分，不黏煤为 5510 亿 t，占 32%，其次为气煤、肥煤、无烟煤，分别占预测资源量的 20%、16%、8%。

通过煤炭资源潜力评价表明，有利（Ⅰ类）的预测资源量为 2398.5 亿 t，占 14%；次有利（Ⅱ类）的预测资源量为 6414.78 亿 t，占 37.5%；不利（Ⅲ类）的预测资源量为 8279.32 亿 t，占 48.5%。优（A）等的预测资源量为 2257.93 亿 t，占 13.2%；良（B）等的预测资源量为 6249.20 亿 t，占 36.6%；差（C）等的预测资源量为 8580.47 亿 t，约占 50.2%。

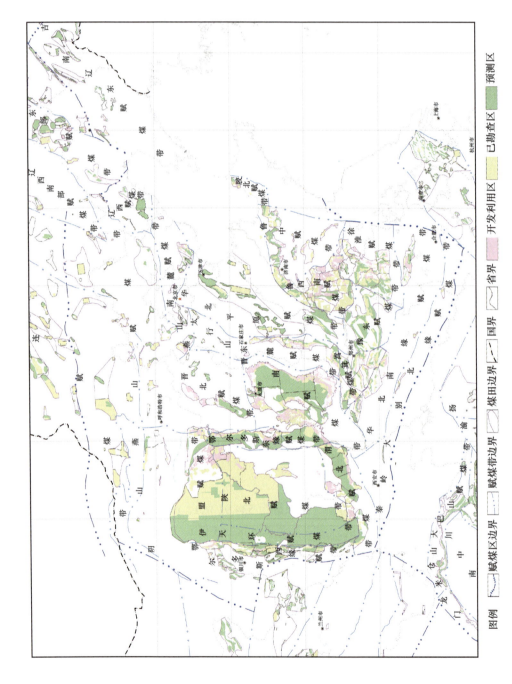

图例 ▭赋煤区边界 ┈┈赋煤带边界 ▭煤田边界 ╌╌国界 ▭省界 ▨开发利用区 ▨已勘查区 ▨预测区

图7-5 华北赋煤区赋煤单元划分图

三、主要赋煤带分述

（一）太行山东麓赋煤带

太行山东麓赋煤带位于河北西南部，自北向南有涞源煤产地、阜平煤产地、元氏煤田、井陉煤田、邯邢煤田、临城煤田、元氏煤产地、安鹤煤田、焦作煤田、济源煤田等重要煤田，预测面积 4140km²。各矿区 / 煤产地都已进行了大规模的勘查与开发，其中以邢台、邯郸矿区开发程度为高。

1. 地质概况

1）含煤地层

含煤地层为石炭纪—二叠纪太原组、山西组。太原组含可采煤层 3～5 层，厚 2.00～5.82m。山西组一般含煤 1～3 层，厚 5.51～6.95m。

2）煤田构造

赋煤带位于华北地台中环带东缘太行山隆起赞皇复背斜的东翼，为走向近南北、向东倾斜的单斜，整体呈"S"形南北展布。地层倾角 10°～25°，局部受断层影响变陡，断裂发育，多为高角度正断层。赋煤带内有岩浆岩侵入。

3）煤质

煤类主要为中高变质煤，山西组煤在武安至沙河主要为无烟煤，向南、北分别依次出现贫煤、贫瘦煤、瘦煤、焦煤及肥煤。煤层灰分一般为 15%～30%，其中井陉、元氏煤产地以中灰为主，向北和向南增高；焦作矿区以特低灰、特低 - 低硫无烟煤为主。太原组煤多为中灰、高硫煤，变质程度高于山西组煤，煤类分布与山西组煤基本相似。

2. 预测成果

通过对 8 个矿区所做的煤炭资源预测，共确定预测区 20 个，面积 1655km²，预测资源量 135 多亿 t，其中石炭纪—二叠纪煤 135 亿 t，新近系煤 5504 万 t。褐煤 5504 万 t，气煤 5.95 亿 t，焦煤 9.56 亿 t，瘦煤 2.34 亿 t，贫煤 6.40 亿 t，无烟煤 11.07 亿 t。

按深度统计，埋深在 0～600m 为 2.35 亿 t，600～1000m 为 32.12 亿 t，1000～1500m 为 58.18 亿 t，1500～2000m 为 42.81 亿 t；1500m 以浅预测资源量占 68%，主要集中于焦作煤田。

按可靠程度分，其中，可靠级（334-1）的资源量 54.70 亿 t，可能级（334-2）的资源量 7.11 亿 t，推断级（334-3）的资源量 73.65 亿 t；可靠级预测资源量占 38.5%，可信度较高，但大部分埋藏较深。

按煤炭资源潜力评价结果分，有利的（Ⅰ类）预测资源量为 13.81 亿 t，次有利的（Ⅱ类）预测资源量为 102.01 亿 t，不利的（Ⅲ类）预测资源量为 19.64 亿 t；其中Ⅰ类区资源仅占 10%，可供近期找煤普查的余地不大。优（A）等预测资源量为 13.81 亿 t，良（B）等预测资源量为 29.94 亿 t，差（C）等预测资源量为 92.25 亿 t。

赋煤带内各预测区多分布于已勘探区和开发区的外围延深部分。各煤田 / 矿区的勘探开发程度都较高，预测区内有钻孔控制。峰峰煤田除有零星找煤孔外，还做过地面物探工作。井陉、元氏煤产地做过地震，但效果差；保定深部有三叠系出露，浅部有小煤矿开采，预测区内有钻孔控制。永阳深部预测区在滑脱构造覆盖下，有钻孔证实；横歧深部预测区有钻孔探及下二叠统，预测依据可靠。

3. 重点预测区及预测依据

该带确定的最具潜力矿区为焦作矿区，其预测资源量潜力较大，1500m 以浅有 3 个预测区，预测资源量均超过 1 亿 t，其中修武预测区预测资源量达到了 4 亿 t 以上，大多位于生产矿井和勘查区的深部（表 7-9）。

表 7-9　太行山东麓赋煤带可安排普查、预查预测区情况

煤田名称	矿区名称	预测区名称	面积 /km²	1500m 以浅预测资源量 / 亿 t	主要煤类
焦作煤田	焦作矿区	周村预测区	21.93	1.55	WY
		照镜预测区	84.97	3.37	WY
		修武预测区	65.09	4.22	WY

注：WY 为无烟煤。

照镜预测区属于新河煤矿的东部延深部位，区内发育的背斜使煤层抬升变浅，为控煤构造的有利区块，以往曾进行过地震勘查，15、16、17、19、21、23 和 25 等地震线穿过该区，二煤组反射波分辨率高并可连续追踪。

修武预测区属于墙南勘探区的东部延深部位，为控煤构造的有利区块；位于该区西部边界附近的 26-1 孔和 31-1 孔分别在孔深 855.13m 和 1021.30m 处见下石盒子组地层；区内尚有 9、11、13、15 和 16 等地震线控制，预测依据充分（图 7-6）。

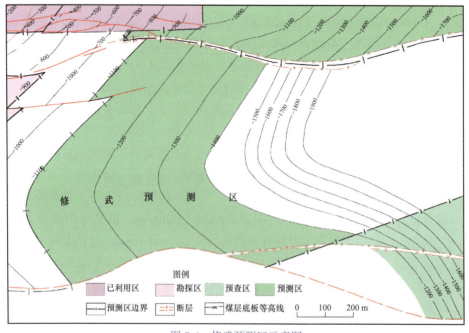

图 7-6　修武预测区示意图

周村预测区位于块村营煤预查区东部，有地震 59 线通过本区，北部 9001 孔左孔深 863.21m 见 O_2m 地层，对煤层露头有控制作用，T_8 波反应明显，预测依据可靠（图 7-7）。

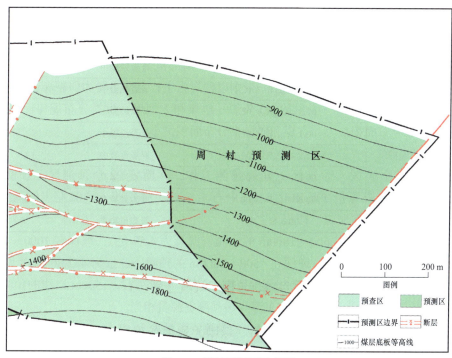

图 7-7　周村预测区示意图

（二）华北平原断陷赋煤带

华北平原赋煤带位于冀中平原中南部和河南东北部，该带内主要发育有河北平原煤田及东濮找煤区，预测含煤面积 3472km²。赋煤带地势平坦，全部被巨厚新生界松散层所覆盖。

1. 地质特征

1）含煤地层

据泊古 1 号孔资料，孔深 1433～1531m 穿过 80m 厚的含煤岩系，含煤 2 层，总厚 12m。南宫 2 号孔在 1566～1781m 孔深穿过 220m 厚的含煤岩系，见煤 12 层，总厚 19.4m，单层最大煤厚 4.8m。根据重力与地震资料，黄骅断陷寨子区有石炭系—二叠系及其上覆三叠系赋存，有 2 个钻孔分别在 1230.5m 与 1249.5m 孔深见到晚石炭世煤系地层，并见到厚 1.5m 与 0.5m 的煤层。在海兴区庄 12 号孔 1145m 厚的新生界下穿过 205m 的石炭纪—二叠纪煤系。广宗区的巨鹿断凹中，经物探和钻探证实，新生界之下即为石炭纪—二叠纪或三叠纪地层。

2）煤田构造

华北平原断陷赋煤带呈北东—南西向反"S"形展布，是叠加在华北克拉通巨型拗陷之上的中、新生代界裂陷盆地。石炭系—二叠系历经中新生代多期不同方向和规模的构造运动，尤其是新生代以来的伸展和差异升降，形成较典型的盆岭构造格局，由一些大型断裂划分成不同的构造单元，平面上呈右阶斜列的裂陷带与隆起带。新近纪以来的区域性沉降，形成统一的华北平原区，使煤系深埋于1000（隆起带上）～10000m（深拗陷中），超过了当前井工开采的深度。

3）煤质

从总体上看，自东向西变质程度逐渐增高，南部范县、台前一带的煤变质程度较低，以气煤、肥煤为主，淇县、濮阳一带则以瘦煤为主；北部主要为弱黏煤、气煤、气肥煤、肥煤、焦煤和贫煤，少量的1/3焦煤、廋煤和无烟煤，煤类分布规律性不明显，气煤和气肥煤分布面积最大，贫煤和弱黏煤分布面积最小。

2. 预测成果

本次在14个矿区（远景区）开展预测工作，共圈定22个预测区，预测面积8474.65km²，预测资源量707.48亿t，其中石炭纪—二叠纪煤685.01亿t，新近系煤22.47亿t。以气煤、气肥煤、瘦煤为主。

按深度统计，埋深在600～1000m的预测资源量为4.59亿t，埋深在1000～1500m的预测资源量为220.09亿t，埋深在1500～2000m的预测资源量为482.80亿t；该区主要预测资源量集中在1500～2000m深度范围内达到70%左右，1500m以浅的预测资源量仅在30%左右，河北平原煤田与东濮煤田预测资源量相当。

按可靠程度分，其中可靠级（334-1）的预测资源量为20.67亿t，可能级（334-2）的预测资源量为354.26亿t，推断级（334-3）的预测资源量为152.55亿t；预测可靠的资源量仅占预测资源量的4%。

按煤炭资源潜力评价结果，有利（Ⅰ类）的预测资源量为4.59亿t；次有利（Ⅱ类）的预测资源量为220.09t；不利（Ⅲ类）的预测资源量为482.80亿t；优（A）等预测资源量为1.89亿t，良（B）等预测资源量为159.28亿t，差（C）等预测资源量为546.31亿t。优等预测资源量占总预测资源量的0.2%，总体来看，几乎没有勘查开发前景。

3. 重点预测区及预测依据

重点预测区有大城深部、海兴北、寨子3个预测区，预测区总面积为793km²，预测资源量31.07亿t，煤层赋存条件及煤炭开发的外部条件较好，资源潜力较大，适当加强勘探工作，可缓解煤炭资源供给的紧张局面（图7-8、图7-9、表7-10）。

（三）鄂尔多斯盆地

鄂尔多斯盆地为华北赋煤区内最为稳定的地区，包括鄂尔多斯盆地西缘赋煤带、鄂尔多斯盆地东缘赋煤带、伊盟赋煤带、天环赋煤带、陕北赋煤带和渭北赋煤带共6个赋煤带，以侏罗纪煤为主，兼有石炭纪—二叠纪煤和少量三叠纪煤，预测面积合计9.6万km²。

1. 地质概况

1）含煤地层

主要含煤地层为中侏罗世延安组及石炭纪—二叠纪太原组、山西组，晚三叠世瓦窑堡组。

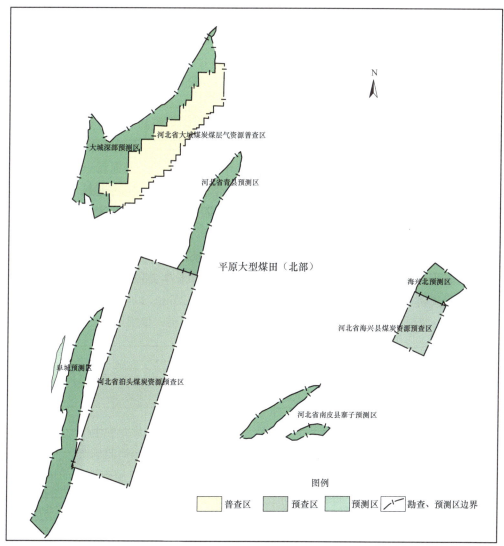

图 7-8 河北平原区北部预测区平面示意图

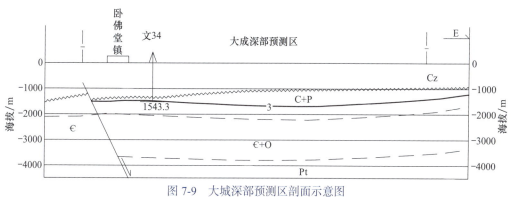

图 7-9 大城深部预测区剖面示意图

表 7-10　河北平原大型煤田（北部）预测资源量

预测区名称	1000～1500m	资源量分级	预测区分类	开发利用分等	煤类
大城深部	18.34 亿 t	334-1	Ⅱ	B	QM
海兴北	11.20 亿 t	334-1	Ⅱ	B	RN
寨子	1.53 亿 t	334-1	Ⅱ	B	RN
合计	31.07 亿 t	334-1	Ⅱ	B	QM、RN

注：QM 代表气煤，RN 代表弱黏煤。

延安组有 5 个煤组，在盆地北部的东胜、神木发育良好，含可采煤层 8～11 层，可采总厚 5.9～21.6m；在南部黄陇和西部灵武—马家滩、固原、华亭以及深部的盐池、庆阳一带含可采煤层 1～4 层，可采总厚 3.0～13.8m。

石炭纪—二叠纪太原组、山西组在盆地的东部发育，沉积稳定，其北段内蒙古准格尔、山西河保偏一带含厚煤层（组）2～4 层，分层可采厚 2.8～10.6m，总厚可达 25m 左右；中段离柳一带含可采煤层 3～5 层，单层厚 1.3～2.6m，以中厚煤层为主，可采总厚达 11.4m；南段乡宁及陕西渭北煤田含可采煤层 4～6 层，单层厚 1.5～7.0m，可采总厚约 8～11m。

晚三叠世瓦窑堡组在陕西子长、大理河凹陷区沉积较厚，含薄煤层多达 32 层，大多数为不可采或局部可采，厚 0.3～2.9m，分布局限。

2）煤田构造

鄂尔多斯盆地以褶皱为主体。北部、东缘赋煤带及陕北、黄陇中生代赋煤带位于华北地台中环弱挤压变形带的西部变形区。北部赋煤带以短轴宽缓褶曲构造为主，地层倾角 5°～15°。东缘赋煤带位于吕梁褶带西侧，以褶皱变形为主，呈向西倾的单斜构造，东侧挤压变形较强，褶皱、断裂较发育。陕北赋煤带和天环赋煤带基本呈向西和向北倾的单斜，倾角平缓，一般 5° 左右。

西部的灵武—鸳鸯湖—萌城、韦州以至华亭一带中生代赋煤带位于华北地台西缘较强挤压带，发育一组南北走向的逆冲推覆带，自西向东依次为丁家梁背斜与向斜、枣泉背斜、马家滩向斜、鸳鸯湖背斜，以及青龙山—平凉逆冲推覆带的青龙山复背斜、韦州复向斜等，褶曲两翼倾角为 20°～30°。华亭煤田位于西南缘南北向和东西向构造交汇端，呈 "S" 形略向西南突出逆冲断裂组，其间为轴向北北西—北西的赋煤向斜。惠安堡 - 砂井子断裂之南盐池及其南部以至庆阳煤产地则为鄂尔多斯台拗的主轴位置，为弱挤压褶皱变形区。

渭北赋煤带位于华北地台南缘外环强挤压带西部挤压变形区，渭北煤田的南部边缘为向北西逆冲的强烈推覆带，北西深部地层倾角变缓，呈陡边平底的单斜构造形态。

3）煤质

北部和东缘赋煤带的石炭纪—二叠纪煤的变质程度自北而南递增，从长焰煤至无烟煤都有。北部赋煤带的准格尔与东缘赋煤带北段的河保偏区为中灰、特低硫 - 中硫、高热值长焰煤、气煤为主；东缘中段离柳区为中灰、特低硫 - 高硫、高热值肥煤、焦煤，深部预测有瘦煤；东缘南段乡宁区为中灰、特低 - 特高硫瘦煤、贫煤及无烟煤。渭北赋煤带石炭纪—二叠纪煤为中 - 高灰、低 - 特高硫、高热值贫瘦煤、贫煤及无烟煤。陕北赋煤带的中侏罗世煤以低灰、特低硫、高热值长焰煤、弱黏煤为主，大部为优质动力用煤。黄陇赋煤带为低 - 中低灰、低 - 中硫长焰煤与弱黏煤。西部赋煤带多为低 - 中灰、低硫长焰煤。陕北赋煤带子长煤产地的晚三叠世煤为中灰、低硫气煤，焦油产率 8% 以上，黏结性由北向南增加。

2. 预测成果

鄂尔多斯盆地 37 个矿区中，共圈定 133 个预测区，预测面积 9.64 万 km²，预测资源量 12399.60 亿 t。石炭纪—二叠纪煤 4421.04 亿 t，侏罗纪煤 7064.39 亿 t，晚三叠世煤 2.02 亿 t。

按煤类分，不黏煤、气煤、长焰煤、弱黏煤、肥煤、无烟煤预测资源量居前六位，其他煤类相对较少，其中不黏煤达到 5507 亿 t，气煤为 3011 亿 t，这两类煤占到鄂尔多斯盆地预测资源量的 68% 以上。

按深度统计，埋深在 0～600m 的预测资源量为 319 亿 t，埋深在 600～1000m 的预测资源量为 1146 亿 t，埋深在 1000～1500m 的预测资源量为 4774 亿 t，埋深在 1500～2000m 的预测资源量为 6160 亿 t。

按可靠程度分，其中可靠级（334-1）的预测资源量为 4894 亿 t，可能级（334-2）的预测资源量为 7193 亿 t，推断级（334-3）的预测资源量为 312 亿 t。

通过煤炭资源潜力评价，有利（Ⅰ类）的预测资源量为 1417 亿 t；次有利（Ⅱ类）的预测资源量为 4854 亿 t；不利（Ⅲ类）的预测资源量为 6129 亿 t；优（A）等预测资源量为 1407 亿 t，良（B）等预测资源量为 4855 亿 t，差（C）等预测资源量为 6138 亿 t。优等与良等预测资源量占到预测资源量的 50% 以上，说明该区的勘查开发前景较好。

3. 重点预测区及预测依据

1）东胜、准格尔煤田

东胜、准格尔煤田共圈定预测区 18 个，预测面积为近 3 万 km²，预测资源量为 5815 亿 t。其中，东胜煤田预测区共包含 12 个预测区，准格尔矿区共有 6 个预测区。两个矿区的煤类主要以长焰煤、不黏煤为主，东胜矿区以长焰煤、不黏煤为主，气煤次之；准格尔矿区预测煤类为长焰煤。预测区主要分布在矿井或勘查区深部，煤层稳定、构造简单，预测区根据地质构造、聚煤规律以及勘查、开发成果等资料的综合分析研究成果确定，依据充分（图 7-10）。

2）鄂尔多斯西缘赋煤带

该带包括正目关、二道岭、呼噜斯太、桌子山、红墩子、横城、灵武、石沟驿、马家滩、萌城、韦州、鸳鸯湖、石嘴山、石炭井、汝箕沟、炭山、王洼、峡门、甜水堡—沙井子、安口—新窑、庆阳等矿区、煤产地，预测含煤面积共 32192km²，预测资源量共有 3182 亿 t，其中 0～1000m 预测资源量为 276 亿 t。预测区均矿井或勘查区的深部，

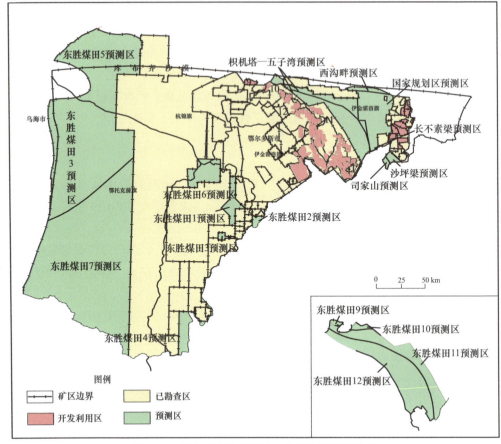

图 7-10　鄂尔多斯盆地东胜、准格尔预测区分布

煤层稳定，并向深部自然延伸，预测依据充分。

　　3）陕北赋煤带

　　该带包括神府、榆横、子长、黄陵、焦坪、旬耀、彬长、靖定远景区等 8 个矿区（远景区）；渭北赋煤带包括韩城、澄合、蒲白、铜川、永陇 5 个矿区，本次只对韩城、澄合、蒲白、铜川、子长矿区，靖定远景区及永陇矿区进行了预测，共圈定预测区 28 个，面积为 19743.16km^2，预测资源量为 1512 亿 t，埋深 1000m 以浅预测资源量仅 137 亿 t。预测区均位于生产矿井或勘查区深部，并结合聚煤规律研究成果确定，依据充分。

　　4）鄂尔多斯盆地东缘赋煤带

　　该带包括河曲、河保偏（图 7-11）、柳林、离石、石楼—隰县、乡宁、府谷、吴堡等 8 个矿区，共确定了 17 个预测区，预测资源量 1891 亿 t，面积 11331km^2，埋深 1000m 以浅预测资源量 163 亿 t，仅占预测资源总量的 9%，煤类以肥煤为主，瘦煤、长焰煤次之，其他煤类所占比例不大。该区构造简单，煤层稳定，预测区是生产矿井和勘查区的自然延伸部分，预测依据充分。

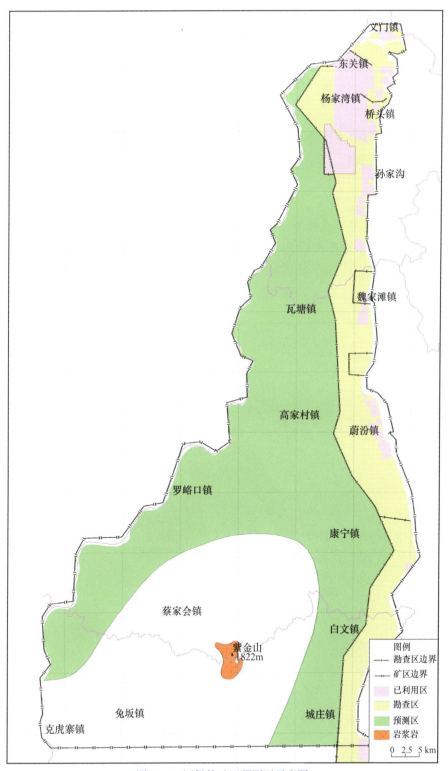

图 7-11　河保偏矿区预测区示意图

从整体上看，鄂尔多斯盆地的预测资源的规模大，可信度高，地质条件好，其中预测可靠的资源量达到 4894 亿 t，可供近期选择进行找煤普查优等资源量为 1407 亿 t，埋深浅于 1000m 的预测资源量为 1465 亿 t，煤炭资源赋存条件及勘查开发条件良好，是煤炭工业建设发展战略西移的重要基地。

（四）晋北赋煤带

晋北赋煤带位于山西北部，包括大同、平朔、朔南、轩岗（图 7-12）、静乐—岚县（图 7-13）、繁峙、浑源、广灵 8 个矿区（煤产地），预测含煤面积 5566km²。

1. 地质概况

1）含煤地层与煤层

大同矿区为中侏罗世大同组和石炭纪—二叠纪太原组、山西组。大同组在口泉矿含煤多达 17 层，以薄 - 中厚煤层为主，主要可采 6 层，总厚 14.6m。太原组含可采煤层 5～8 层，总厚 28.9～31.2m，南部静乐一带稍薄，总厚 19.6m。山西组含局部可采煤层 1～3 层，厚 0～1.95m。

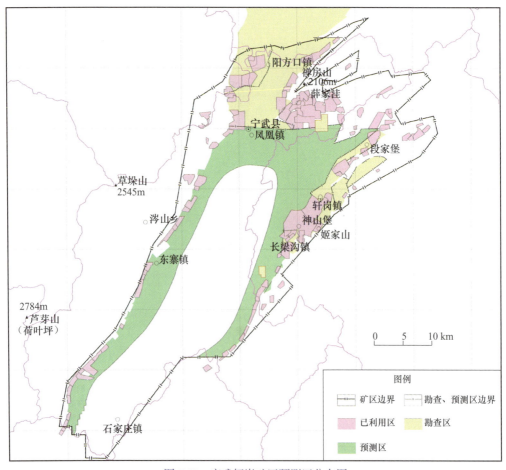

图 7-12　宁武轩岗矿区预测区分布图

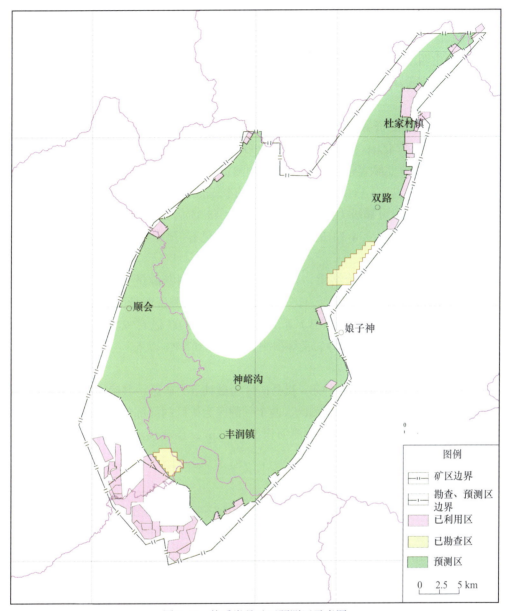

图 7-13　静乐岚县矿区预测区示意图

2）构造

晋北煤系地层主要分布在大同向斜和宁武向斜内。大同煤田东北以青磁窑断裂为界，东南为口泉断裂，南以洪涛山背斜与宁武煤田相隔，西为西石山背斜，主体形态为一北北东向复式向斜构造，西北翼宽缓，东南翼盆缘断层较多，构造较复杂。宁武向斜主要发育晚古生代及中生代含煤地层，盆内煤系构造形态为轴向北北东，向北东突出的弧形复向斜。东西走向的担水沟断裂以北为平朔矿区，石炭纪—二叠纪地层略呈波状起伏，除盆地边缘个别地段煤层倾角略大外，其他地段与盆内倾角一般都在10°以下，断层稀少。

3）煤质

大同矿区的大同组煤多为低 - 中低灰、特低 - 低硫高热值弱黏煤或不黏煤。宁武矿区太原组、山西组煤以气煤为主，南部轩岗、静乐、岚县一带出现肥煤与1/3焦煤，深部预测可能为焦煤、瘦煤，为中 - 高灰、低硫、高热值煤。

2. 预测成果

晋北赋煤带预测资源量297亿t，其中石炭纪—二叠纪煤286亿t，侏罗纪煤2.82亿t，新近纪煤8.47亿t；按深度统计，0～600m预测资源量为23亿t，600～1000m资源量为102亿t，晋北赋煤带1000m以浅的预测资源量占42%。

按煤类区分，以1/3焦煤、肥煤为主，另有长焰煤和气煤及较少的褐煤。

按可靠程度分，可靠级（334-1）的资源量为45.05亿t，可能级（334-2）的资源量为70.62亿t，推断级（334-3）的资源量为181.26亿t，预测可靠的资源量所占比例相对较低。

根据煤炭资源潜力评价结果，有利（Ⅰ类）的预测资源量为124.78亿t，次有利（Ⅱ类）的预测资源量为102.64亿t，不利（Ⅲ类）的预测资源量为69.49亿t。优（A）等预测资源量为70.69亿t，良（B）等预测资源量为99.07亿t，差（C）等预测资源量为127.16亿t，晋北赋煤带优等、良等预测资源量达到55%以上。

3. 重点预测区及依据

晋北赋煤带的轩岗矿区、静乐 - 岚县矿区为最具潜力矿区，共确定两个重点预测区即宁武轩岗预测区、静乐岚县预测区，两个预测区为矿区的深部延伸，结合聚煤规律研究成果确定了不同的预测单元，预测面积554.07km²，预测预测资源量115.66亿t，主要煤类为气煤、肥煤、1/3焦煤。

（五）晋南赋煤带

晋南赋煤带包括霍西煤田、沁水盆地两个石炭纪—二叠纪煤田，含煤面积19099km²；霍州煤田包括霍州、襄汾等2个矿区，为已勘探开发区，且开发程度较高。沁水盆地包括西山古交、东山、太原、阳泉（图7-14）、潞安、沁源、安泽、晋城、平遥等9个矿区/煤产地。

1. 煤田地质特征

1）含煤地层及煤层

主要含煤地层为石炭纪—二叠纪太原组、山西组；太原组含煤2～5层，可采总厚4.2～9.6m，以薄 - 中厚煤层为主；山西组含可采、局部可采煤层1～3层，可采总厚2.4～5.5m，在霍县、长治、高平、晋城一带有中厚煤层，单层厚3.5～6.0m。

2）煤田构造

霍西煤田西侧以紫荆山断裂与鄂尔多斯东缘赋煤带分界，东侧为太岳山 - 霍山断裂。区内总体构造形态为轴向近南北的宽缓向斜，东部断裂构造发育，以北东向为主，中部伴有较大的近东西向断裂。二峰山岩浆岩侵入体对该处煤层有一定的破坏作用。

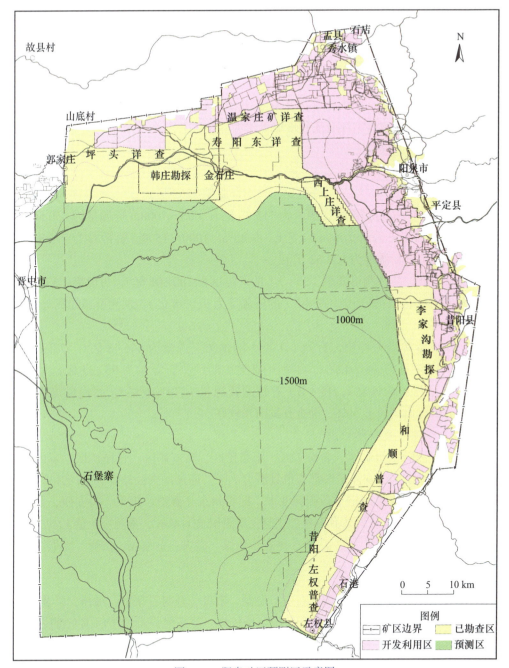

图 7-14　阳泉矿区预测区示意图

沁水煤田主体部分为一北北东向展布的大型宽阔复式向斜，总体上是一个被周缘断裂所围限的矩形断块。其东侧以晋获断裂带与太行山块隆相接，西北部被晋中新裂陷所改造，使太原西山矿区与煤田主体分离。

3）煤质

霍西煤田太原组以肥煤、焦煤为主，次为气煤与瘦煤，多为中灰、中 - 高硫煤。山西组煤的煤类与太原组基本相同，但肥煤、焦煤等中变质烟煤比重有所增多，多为中灰、特低硫煤。沁水赋煤带太原组、山西组煤的煤类包括肥煤、焦煤、瘦煤、贫煤与无烟煤，其中西北部主要为焦煤、瘦煤与肥煤，向东南过渡为贫煤与无烟煤；东翼北部以无烟煤与贫煤为主，浅部有少量瘦煤与焦瘦煤；赋煤带中部的两翼以瘦煤、贫煤为主，有少量焦煤；整个沁水向斜的中深部及南部以无烟煤为主，部分为贫煤。太原组煤多为中灰、中-高硫煤。山西组煤变质程度略低于太原组煤，煤类与太原组煤基本相同，为中灰、低-特低硫烟煤或无烟煤。

2. 预测成果

晋南赋煤带全为石炭纪—二叠纪煤，预测资源量 2265 亿 t。

按深度分：0～600m 预测资源量为 115.87 亿 t，600～1000m 资源量为 450.50 亿 t，1000m 以浅的预测资源量为 566.37 亿 t，占 25%，1000～1500m 资源量为 774.84 亿 t，1500～2000m 预测资源量为 923.52 亿 t。

按可靠程度分，预测可靠级（334-1）的资源量为 1001.01 亿 t，可能级（334-2）的资源量为 347.74 亿 t，推断级（334-3）的资源量为 916.98 亿 t，预测可靠的资源量所占比例达到 50% 以上。

根据煤炭资源潜力评价，有利（Ⅰ类）的预测资源量为 466.48 亿 t，次有利（Ⅱ类）的预测资源量为 844.91 亿 t，不利（Ⅲ类）的预测资源量为 953.35 亿 t。优（A）等预测资源量为 450.54 亿 t，良（B）等预测资源量为 791.76 亿 t，晋南赋煤带优等、良等资源量所占比例大于 50%，勘查开发前景较好。

3. 重点预测区及预测依据

晋南赋煤带的霍州矿区、襄汾矿区、阳泉矿区、潞安矿区、晋城矿区、东山矿区、平遥矿区、沁源矿区、安泽矿区都为最具潜力矿区，通过勘查区外围、生产井田外围并结合聚煤规律研究成果确定了预测区 9 个，即霍州东、襄汾、阳泉、潞安西、晋城北、东山、平遥、沁源东、安泽等预测区，预测含煤面积 12114km^2，预测资源量 1242.30 亿 t，预测煤类齐全，包括气煤、肥煤、1/3 焦煤、焦煤、瘦煤、贫瘦煤、贫煤、无烟煤。

（六）嵩箕、豫东赋煤带

嵩箕赋煤带包括嵩箕的济源、新安、偃龙、荥巩、登封、新密、禹州，以及山西平陆等 8 个矿区 / 煤产地。该带勘探开发程度均较高。豫东赋煤带位于河南东部陇海铁路南侧，京九铁路之西，有通许远景区一个矿区，含煤面积 3469km^2，全区均被新生界松散层覆盖，煤系埋藏较深，区内只进行了部分预查工作尚未勘探开发。

1. 煤田地质特征

1）含煤地层

主要为石炭纪—二叠纪太原组、山西组和石盒子组，另有早—中侏罗世义马组与古近纪渐新世白水组。太原组含可采煤层 2 层，厚 1.0～3.5m，在陕渑—义马、济源以及宜洛、临汝一带煤层厚度较薄。山西组含主要可采煤层 1～2 层，厚 2.9～5.9m。下石盒子组含 4 个煤组，在禹县一带有 3 层可采煤层，厚 1.2～4.3m。上石盒子组含两个煤组，在新密一带含可采煤层 1～2 层，厚 0.36～1.74m。

豫东赋煤带共含 9 个煤组（段），含煤 25 层左右，其中山西组下部含主要可采煤层 1～2 层，厚 2.5～6.5m；太原组含薄煤层 5～8 层，单层厚 0.3～1.2m，大多不可采。

2）构造

嵩箕赋煤带重力滑动构造发育，褶皱与断裂构造均较复杂，主要断裂多为北西向，褶皱多为近东西向，地层倾角 5°～25°，一般 10°～20°，赋煤带内局部有岩浆岩体侵入。豫东赋煤带以发育北西向正断裂为主，断裂间伴有宽缓小型褶曲。

3）煤质

嵩箕赋煤带石炭纪—二叠纪煤以贫煤与无烟煤为主，西南部有焦煤与瘦煤，向北东方向煤变质程度加深，大面积过渡为贫煤与无烟煤。太原组煤为中灰，个别为低灰；山西组煤以中灰为主；石盒子组煤灰分明显增高。硫分一般在 2% 以上，东部较低，西部较高，高的可达 3%～4%。豫东赋煤带石炭纪—二叠纪煤以无烟煤为主，有少量贫煤与瘦煤。

义马组煤多为中灰、特低 - 中硫、低 - 中磷长焰煤。山西垣曲成家组煤为褐煤。

2. 预测成果

本次预测共确定 58 预测区。其中，豫东赋煤带预测面积 10243km²，预测资源量 249 亿 t；嵩箕赋煤带确定 38 个预测区，预测资源量 104 亿 t。煤类为焦煤、瘦煤、贫煤、无烟煤等高变质煤类。

按深度划分，豫东赋煤带埋深在 1500m 以浅的预测资源量为 84.22 亿 t，占预测资源总量的 34%，埋深在 1500～2000m 的预测资源量为 165.19 亿 t；嵩箕赋煤带埋深在 1500m 以浅的预测资源量为 73.86 亿 t，占预测资源总量的 62%，埋深在 1500～2000m 的预测资源量为 44.90 亿 t。

按可靠程度分，豫东赋煤带可靠级（334-1）的预测资源量为 96.02 亿 t，可能级（334-2）的预测资源量为 50.03 亿 t，推断级（334-3）的预测资源量为 103.37 亿 t；嵩箕赋煤带可靠级（334-1）的预测资源量为 35.16 亿 t，可能级（334-2）的预测资源量为 34.35 亿 t，推断级（334-3）的预测资源量为 35.02 亿 t。

根据煤炭资源潜力评价结果，豫东赋煤带优（A）等预测资源量为 24.27 亿 t，良（B）等预测资源量为 118.13 亿 t，差（C）等预测资源量为 106.91 亿 t；嵩箕赋煤带优（A）等预测资源量为 23.27 亿 t，良（B）等预测资源量为 48.01 亿 t，差（C）等预测资源量为 47.17 亿 t；两个赋煤区的优等预测资源量都达到了一定数量，具有一定的勘查前景。

3. 重点预测区及预测依据

嵩箕赋煤带的最具潜力矿区为禹州矿区，重点预测区分别为鸿畅预测区、党寨张楼预测区（图 7-15）、文殊方岗预测区、石寨董村预测区等 4 个预测区，预测含煤面积 268.55km²，预测煤炭资源量 13.86 亿 t，主要预测煤类为贫煤、瘦煤。嵩箕赋煤带的预测区块主要为矿区深部的延伸，由地震、构造、沉积等专题研究后确定。

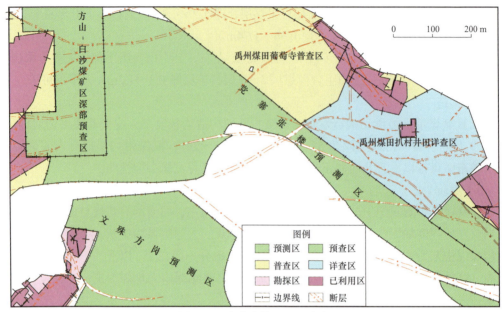

图 7-15　党寨张楼预测区分布

豫东赋煤带的通许远景区为最具潜力矿区，共确定 4 个重点预测区，即杞县 - 睢县预测区、兰考东预测区、太康柘城预测区、扶沟预测区，预测含煤面积 4238.15km²，预测资源量 31 亿 t，主要煤类为贫煤、无烟煤。豫东赋煤带的预测区可依据地震资料、石油钻孔资料以及聚煤规律研究成果确定。

（七）华北南缘赋煤带

华北南缘赋煤带包括河南陕渑、义马、宜洛、临汝、平顶山、确山矿区和安徽淮南煤田的阜东、潘谢、淮南 9 个矿区/煤产地，预测含煤面积 9799km²。

1. 地质特征

1）含煤地层

主要为石炭纪—二叠纪太原组，山西组和上、下石盒子组。豫西含煤区太原组含可采煤层 2 层，厚 1.0～3.5m，在陕渑、义马、宜洛、临汝一带煤层厚度较薄。山西组为主要含煤段，含主要可采煤层 1～2 层，厚 2.9～5.9m。下石盒子组含四个煤组，在平顶山一带有 3 层可采煤层，厚 1.2～4.3m。上石盒子组含两个煤组，在平顶山一带含可采煤层 1～2 层，厚 0.36～1.74m。淮南煤田主要含煤地层为山西组和下、上石盒子组，主要可采煤层 11～19 层，可采煤层平均总厚 24.62m，其中 13-1 号、11-2 号、8 号、1 号煤层为全区可采煤层。

2）构造

陕渑、义马、宜洛、临汝、平顶山矿区重力滑动构造发育，褶皱与断裂构造均较复杂，主要断裂多为北西向，褶皱多为近东西向，地层倾角 5°～25°，一般 10°～20°。淮南煤田主体构造形迹呈近北西西向展布的大型复式向斜，褶皱轴部在西部昂起，复式向斜内含煤地层掩埋在新生界松散沉积层之下，地层产状平缓，除南翼推覆断块内的局部地层倾角陡立、偶呈倒转外，倾角一般为10°～20°，并由一系列的宽缓褶曲组成，自北向南有朱集-唐集背斜、尚塘-耿村向斜、陈桥-潘集背斜、谢桥-古沟向斜。

3）煤质

陕渑、宜洛、临汝、平顶山石炭纪—二叠纪煤以贫煤与无烟煤为主，西南部有焦煤与瘦煤，向北东方向煤变质程度加深，大面积过渡为贫煤与无烟煤。太原组煤为中灰，个别为低灰；山西组煤以中灰为主；石盒子组煤灰分明显增高。淮南二叠纪煤以低-中灰气煤为主。

2. 预测成果

本次确定38个预测区，面积为2084km²，预测资源量为311.32亿t。

按煤类统计，煤类以1/3焦煤、焦煤、瘦煤为主，分别为163亿t、104亿t、28亿t。

按深度统计，埋深0～600m的预测资源量为20.98亿t，600～1000m为27.43亿t，1000～1500m为129.38亿t，1500～2000m为133.52亿t。

按可靠程度分，可靠级（334-1）的预测资源量为206.12亿t，可能级（334-2）的预测资源量为77.73亿t，推断级（334-3）的预测资源量为27.47亿t；预测可靠级占60%以上。

根据煤炭资源潜力评价，优（A）等预测资源量为146.91亿t，良（B）等预测资源量为2.347亿t，差（C）等预测资源量为137.07亿t。优等预测资源量占47%。

3. 重点预测区及预测依据

该赋煤带潘谢矿区具有代表性。该区位于淮南煤田的中部，共圈定大兴集深部、罗园-连塘李深部、潘谢深部、耿村、新集深部等5个预测区，预测至埋深2000m以浅面积451.85km²。预测资源量117.26亿t，其中600～1000m预测为16.57亿t，1000～1500m预测为60.33亿t，预测资源全部为预测可靠的（334-1），各预测区主要为已知矿区深部延伸（图7-16）。

（八）胶北、鲁中、鲁西南赋煤带

鲁中赋煤带包括齐河、章丘、淄博、五图、坊子、沂源、临沂、莱芜、肥城、新汶等煤田（矿区）；鲁西南赋煤带包括兖州、济宁、阳谷—茌平、巨野、曹县、单县、梁山、金乡、鄄城、陶枣、汶宁、藤县等煤田（矿区）；胶北赋煤带包括黄县煤产地；三个赋煤带内所有矿区基本都进行了勘探开发，预测区较少，预测面积小。

1. 地质特征

1）含煤地层及煤层赋存

含煤地层主要为石炭系—二叠系太原组、山西组，早—中侏罗世坊子组，古近系五图组（黄县组、东营组）及新近系馆陶组。太原组一般含煤3～19层，煤厚2.9～15.84m，西南部为2～4层。山西组含煤1～7层，鲁西北多为局部可采的薄煤层。坊子组分布于坊子煤产地，下部含煤5层，可采3层，厚6.06m。五图组含煤3层，厚3.4m。黄县

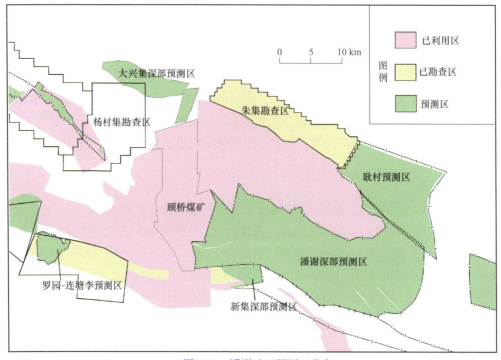

图 7-16 潘谢矿区预测区分布

组分布于黄县煤产地,上、下两个含煤段含煤 6 层,可采煤层总厚 11.97m。东营组分布于河南文留煤产地,含煤 1~4 层,煤厚 0.2~1.0m。馆陶组下部含煤 1~5 层,煤厚0.5~2.0m。

2)煤田构造

鲁中赋煤带构造以断裂为主,主要为北东向、近东西向及北西向三组高角度正断层,其中近东西向断层规模较大,最大落差在 1000m 以上。地层走向自西向东为北北东—北东—近东西向,总体呈向北突出的弧形,向北倾伏,地层倾角一般小于 10°。中部各煤矿区间北西向隆起构造发育,被分割的肥城、莱芜、新汶、沂源等矿区的北侧均被近东西向的断层切割,南缘为弧形剥蚀边界,形成断凹箕斗状小型赋煤盆地。

鲁西南赋煤带东部陶枣煤产地以峄山断层为其西界,北部被近东西向的北山断层切割,形成近东西向的山间断陷含煤盆地。临沂煤田为走向北西—南北、倾向北东的单斜,断裂较为发育。鲁西南拗陷近东西向与南北向的断裂发育,组成断块状复式堑垒构造,含煤区分布于断块内,其间次级宽缓褶曲比较发育,地层倾角一般为 2°~15°。北部汶上 - 宁阳煤田产状变化较大,倾角一般为 15°~25°。

3)煤质

鲁中赋煤带太原组各煤层以低 - 中灰、高硫煤为主,山西组煤以特低 - 低硫为主。西部以气煤与气肥煤为主,少量无烟煤;东部以贫煤为主,次为焦煤、瘦煤、无烟煤及少量 1/3 焦煤与天然焦。坊子组煤多为中灰、特低 - 低硫弱黏、不黏煤,以及因接触变质形成的贫煤、无烟煤与天然焦。五图组煤属高灰、高硫褐煤。黄县组上煤组为褐煤，馆陶组煤为褐煤。

鲁西南赋煤带太原组煤以气煤与肥煤为主，属中灰、高硫烟煤。受岩浆岩侵入影响局部变质程度增高。山西组煤属低 - 中灰、特低硫煤，以气煤、1/3 焦煤为主，局部受岩浆岩侵入影响有少量天然焦。

2. 预测成果

三个赋煤带共确定 25 个预测区，预测面积 5715km²，预测资源量 141.29 亿 t，其中，古近纪煤 13.26 亿 t，中侏罗世煤 1.52 万 t，石炭纪—二叠纪煤 118.06 亿 t。

按深度统计，鲁西南和鲁中两个赋煤带埋深 0~600m 预测资源量很少，仅 1.65 亿 t，埋深 600~1000m 的预测资源量 25.17 亿 t，埋深 1000~1500m 的预测资源量为 58.18 亿 t，埋深 1500~2000m 的预测资源量 61.50 亿 t。相对而言，鲁中赋煤带 1500m 以浅预测资源量相对较多。胶北 7 亿 t 主要为褐煤。

按可靠程度分，其中可靠级（334-1）的预测资源量为 94.28 亿 t；根据煤炭资源潜力评价，有利（Ⅰ类）的预测资源量为 20.72 亿 t，优（A）等预测资源量为 20.72 亿 t。因此，胶北、鲁中、鲁西南赋煤带虽然预测资源量达到了 141.29 亿 t，但可供近期开展普查预查的预测资源量所占比例较小，没有勘查开发前景。

3. 重点预测区及预测依据

鲁西南、鲁中地区确定的具有潜力矿区为茌平矿区、淄博矿区（图 7-17）和章丘矿区。茌平矿区的阿城北预测区面积达到 497.80km²，预测资源量达到 8 亿余 t，预测结果可靠，预测煤类为气煤。鲁中赋煤带的淄博矿区、章丘矿区为最具潜力矿区，共有淮扬、桓台、南定深部、中央深部、曹范预测区、历城外围、章丘北部 6 个重点预测区预测 1500m 以浅资源量 22 亿 t，预测煤类主要为贫煤、瘦煤，适于在近期开展普查及预查工作。

（九）徐淮赋煤带

徐淮赋煤带位于苏鲁皖三省交界处，包括安徽淮北煤田的宿县、临涣、涡阳、濉萧（图 7-18），以及江苏徐州、山东韩台等矿区，含煤面积 3892km²。

1. 地质特征

1）含煤地层及煤层赋存

含煤地层为太原组、山西组、下石盒子组。太原组含煤 10 余层，煤厚 0.7~1.26m；山西组在韩台区含煤 3~4 层，在徐州和淮北含煤 1~3 层，厚 1.9~7m；下石盒子组为含煤区中南部的重要含煤地层，含 1~2 个煤组 3~9 层煤，煤厚 5.56~18.0m；上石盒子组在北纬 34° 以北基本不含煤，以南则在中、下段含煤，层数由 1 层增至 10 层，煤厚 0.6~5.56m。

2）煤田构造

位于华北地台南中环带东部徐宿弧形推覆构造变形区，徐州煤田及濉萧矿区主要受弧形构造控制，其他矿区位于宿县—涡阳、濉溪—亳县凹褶带，断陷或凹褶为主要赋煤

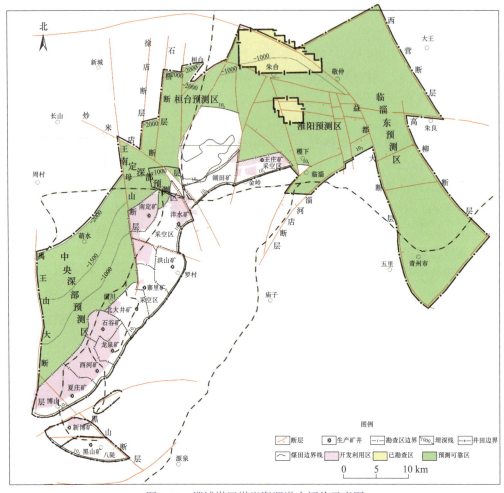

图 7-17　淄博煤田煤炭资源潜力评价示意图

构造。全区被厚层新生界地层所掩盖，隐伏断裂构造发育，有岩浆岩侵入。

3）煤质

太原组煤在韩台为无烟煤、天然焦，徐州为中灰、高硫气肥煤、肥煤。山西组煤在鲁、苏境内有气煤、焦煤、贫煤与天然焦，属中灰、特低硫煤；淮北煤属中灰、特低-低硫煤；下石盒子组煤以中灰、特低硫气煤、肥煤、焦煤为主，上石盒子组煤属中灰、低硫煤。受岩浆岩影响，淮北煤田中部至河南永城矿区为无烟煤。

2. 预测成果

本次共确定 41 个预测区，面积 3892km²，预测资源量 218 亿 t，全为石炭纪—二叠纪煤。以涡阳矿区资源量最多，达到 86 亿 t，睢萧矿区次之，临涣矿区居第三位。

预测资源量中无烟煤 54.03 亿 t、焦煤 52.70 亿 t、1/3 焦煤 45.52 亿 t，气肥煤 10.44 亿 t，其他煤类预测资源量较少。

按深度统计，埋深在 0～600m 的预测资源量约 3.79 亿 t，600～1000m 的预测资源

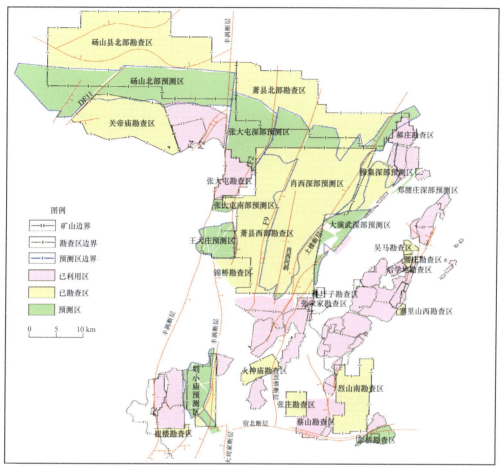

图 7-18　濉萧矿区预测区分布

量为 12.18 亿 t, 1000～1500m 的预测资源量为 66.28 亿 t, 1500～2000m 的预测资源量为 13.09 亿 t, 1000m 以浅仅 16 亿 t 左右。

　　按预测可靠程度分, 可靠级（334-1）的预测资源量为 169.44 亿 t, 可能级（334-2）的预测资源量为 28.06 亿 t, 推断级（334-3）的预测资源量为 20.83 亿 t; 预测可靠级资源量虽然较多, 但多数集中于 1000m 以深。

　　根据煤炭资源潜力评价, 有利（Ⅰ类）的预测资源量为 81.31 亿 t, 次有利（Ⅱ类）的预测资源量为 10.96 亿 t, 不利（Ⅲ类）的预测资源量为 126.06 亿 t, Ⅰ类的预测资源量占总预测资源量的 37%。按开发利用优度的划分, 优（A）等为 71.30 亿 t, 良（B）等为 21.48 亿 t, 差（C）等为 125.55 亿 t; 优（A）等预测资源量占该区总预测资源量的 32%。

　　3. 重点预测区及预测依据

　　徐淮赋煤带共确定最具潜力矿区 6 个, 共确定重点预测区 21 个, 面积达到 1264km², 共有预测资源量 60.65 亿 t（表 7-11）。这些预测区资源前景好、煤质好、埋藏不深, 预测依据充分。

表 7-11　徐淮赋煤带重点预测区情况

煤田	矿区	预测区名称	面积 /km²	预测资源量 / 亿 t	煤类
徐沛煤田	徐州矿区	刘集	52.1	2.32	QM, QF, TR
		凤凰山	43.1	3.21	QM, QF, TR
	丰沛矿区	张黄庄	37.1	1.28	QM, QF, TR
		安国	64.02	1.72	QM, QF, TR
		王小屯	22.7	1.31	QM, QF, TR
		郝砦	57.47	1.64	QM, QF, TR
		丰东	105.6	1.22	QM , JM, PM, TR
		沛栖	92.1	2.22	QM, QF, WY, TR
淮北煤田	涡阳矿区	李楼	44.03	2.12	PM-SM, JM, SM
		涡亳西部	80.47	3.98	WY, TR
		涡亳深部	162.81	9.63	PM, JM, PM, WY, SM
		八里桥	50.34	4.63	1/3JM, FM, JM
	濉萧矿区	砀山北部	140.63	4.54	SM, JM
		张大屯深部	42.15	1.27	SM, JM
		穆集深部	49.8	2.42	JM
		大演武深部	48.9	2.63	1/3JM, SM, SM, PM, TR
		刘小庙	46.43	2.20	WY, TR
	临涣矿区	海孜深部	30.15	2.75	WY, TR
		青疃深部	9.49	1.06	FM, JM
		孙疃—杨柳深部	67.37	5.68	1/3JM, WY
	宿县矿区	南坪深部	17.69	2.82	1/3JM
合计			1264.45	60.65	1/3JM, SM, PM, TR

注：QM 为气煤，QF 为气肥煤，TR 为天然焦煤，JM 为焦煤，PM 为贫煤，WY 为无烟煤，SM 为瘦煤，1/3JM 为 1/3 焦煤。

第四节　华南赋煤区煤炭资源预测

一、概况

华南赋煤区有丽江—楚雄、康滇、滇东、川南黔西、右江、龙门山、川中南部、米仓山—大巴山、川渝、渝鄂湘黔、扬子北缘、江南、湘桂、赣湘粤、浙西赣东、上饶—安福—曲仁、闽西南、雷琼、台湾等 19 个赋煤带、152 个煤田、336 个矿区，具有资源潜力的煤田 120 个、矿区 276 个（图 7-19）。

二、预测成果

本次共提出新的含煤区 1801 个，预测面积 104584km²，预测资源量 2930.70 亿 t，其中，川南黔西赋煤带 1998.87 亿 t，占全区的 68% 以上，其次为滇东 280.96 亿 t、川渝 175.81 亿 t、渝鄂湘黔 111.10 亿 t，分别占 9.5%、6% 和 3.7%，其他赋煤区较少。含煤时代主要为晚二叠世，预测资源量 2715.25 亿 t，占 92%，其次为晚三叠世，预测资源量为 167.44 亿 t，占 5.7%，其他时代少量。

按预测可靠级别统计，可靠级（334-1）的预测资源量为 1518.40 亿 t，占 51.8%；可能级（334-2）的预测资源量为 960.05 亿 t，占 32.7%；推断级（334-3）的预测资源量为 452.27 亿 t，占 15.4%。

按埋藏深度分，600m 以浅 711.56 亿 t，占 24.3%；600~1000m 为 694.14 亿 t，占 23.7%；1000~1500m 为 898.86 亿 t，占 30.7%；1500~2000m 为 626.14 亿 t，占 21.4%。需要说明的是，南方缺煤省区预测资源量仅估算到 1500m（图 7-19）。

按煤类统计，高变质无烟煤最多，为 1641.92 亿 t，占 56%，其次为焦煤、瘦煤和贫煤，分别占 14.8%、9.2% 和 8.1%；其他煤类较少。

根据煤炭资源潜力评价，有利（Ⅰ类）的预测资源量为 491.31 亿 t，占 16.8%；次有利（Ⅱ类）的预测资源量为 1044.45 亿 t，占 35.6%；不利（Ⅲ类）的预测资源量为 139.49 亿 t，占 47.6%。优（A）等的预测资源量为 439.44 亿 t，占 15%；良（B）等的预测资源量为 1035.56 亿 t，占 35.3%；差（C）等的预测资源量为 1455.71 亿 t，占 49.7%。

三、主要赋煤带分述

（一）赣湘粤赋煤带

赋煤带范围包括赣中、赣南、湘南、粤东北地区的萍乐、莲抚、郴耒、连阳煤田、南岭、英翁、兴梅、阳春等煤田、煤产地，主要矿区为镜塘、莲花、丰城、英岗岭、泉上、萍乡、上栗、西村、三石、杨桥、万花、连阳、安福、汝城、石里山、湘永、梅田—鲁塘、大屏山、南桥、文家市、三口—官渡、桃水、黄枫桥等矿区。

1. 煤田地质特征

1）含煤地层

萍乐煤田主要含煤地层为晚二叠世龙潭组和晚三叠世安源组。早石炭世测水组与早侏罗世造上组虽亦含煤，但无工业价值。

赣南煤田主要含煤地层为早石炭世梓山组、二叠世龙潭组，其次为晚三叠世安源组。

郴耒、资汝、连阳煤田主要含煤地层为早石炭世测水组、晚二叠世龙潭组（合山组），晚三叠世含煤地层在湘南分别测出炭垅组、杨梅垅组、三丘田组，在粤北的相当层位则为艮口群红卫坑组、小水组、头木冲组，在宜章、资兴一带早侏罗世唐垅组含劣质煤层，分布零星。

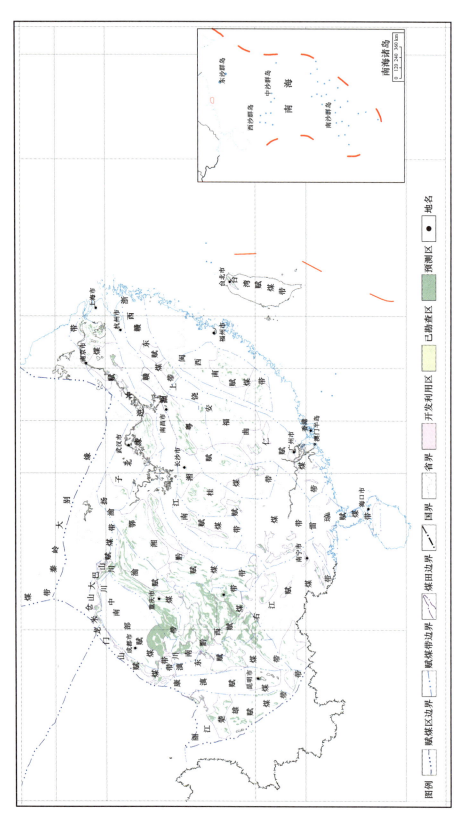

图7-19 华南赋煤区赋煤单元区划图

2）煤田构造

区内构造复杂，褶皱、断裂及滑脱构造均发育，构造线多呈北东及南北向，含煤向斜多呈不对称或复式构造。

3）煤质

萍乡安源组煤以无烟煤为主，并有少量烟煤，各煤田、煤产地梓山组煤均为无烟煤，湘南含煤区测水组、龙潭组煤大多为无烟煤；资兴、南岭晚三叠世煤为肥煤 - 焦煤，局部有气肥煤，个别为贫瘦煤 - 无烟煤。粤北连阳煤田合山组下含煤段一般为无烟煤，上含煤段在西南部寨岗地区为 1/3 焦煤 - 瘦煤。

2. 预测成果

通过对赣湘粤赋煤带 45 个矿区所做的煤炭资源预测，共圈定 158 个预测区，预测含煤面积 4949km²，预测资源量 58.48 亿 t。

按深度统计，赣湘粤赋煤带埋深在 0～600m 的资源量为 20.34 亿 t，600～1000m 为 20.08 亿 t，1000～1500m 为 17.97 亿 t；上饶 - 安福 - 曲仁赋煤带埋深 0～600m 为 5.72 亿 t，600～1000m 为 6.05 亿 t，1000～1500m 为 5.79 亿 t。

按可靠程度分，可靠级（334-1）资源量为 13.72 亿 t，可能级（334-2）资源量为 22.14 亿 t，推断级（334-3）资源量为 22.52 亿 t。

按煤炭资源潜力评价结果，有利（Ⅰ类）的预测资源量为 5.10 亿 t，次有利的（Ⅱ类）预测资源量为 41.13 亿 t，不利（Ⅲ类）的预测资源量为 12.15 亿 t。优（A）等预测资源量为 3.79 亿 t，良（B）等预测资源量为 29.85 亿 t，差（C）等预测资源量为 24.74 亿 t。

按煤类统计，以高变质煤为主，无烟煤 43.48 亿 t，贫煤 4.72 亿 t，焦煤 4.63 亿 t，其他煤类相对较少。

（二）川南黔西赋煤带

川南黔西赋煤带位于赫章—纳雍—黔西—息烽一线以北，南川 - 遵义断裂以西地区，包括四川南广、芙蓉、筠连、古叙等矿区，贵州六盘水矿区、黔西北矿区、贵阳矿区、织纳矿区、黔北矿区、兴义矿区，云南镇威煤田、绥江煤田、昭通煤田，预测含煤面积 30758km²。

1. 煤田地质特征

1）含煤地层

主要含煤地层为晚二叠世宣威组、龙潭组、吴家坪组及其上的长兴组，其次为晚三叠世须家河组或火把冲组、二桥组，还有早石炭世祥摆组、万寿山组及早二叠世梁山组。

2）煤田构造

赋煤带位于康滇古陆东侧川黔滇叠加褶皱带及黔东隔档褶皱带。川南煤田位于川鄂湘黔隆褶带与四川隆褶带东缘的结合部位，娄山褶皱带西北边缘，其背斜构造内高角度逆断层较发育，以北西西和东西向为主，并有北东向构造穿插其间。黔北、黔西北属黔北隆起的主体部分，区内构造形迹除可乐向斜构造较简单外，其余构造零乱、复杂。滇东北镇雄位于滇东台褶带的东北部及西北部，构造较简单，以褶皱为主，一般向斜较宽缓，含煤岩系保存较好，背斜较紧密。各向斜均为北西翼陡，南东翼缓，显示为不对称的箱状褶皱。

六盘水煤田处于扬子地台川南黔西迭加褶皱带，康滇隆起东侧，同沉积构造和后期改造作用明显，迭加褶皱发育，类型多样，以轴向北东、北西，连续宽缓的褶皱群为特征，翼部倾角 20°～30°，局部达 50° 直立倒转，走向与横向断层也较发育。煤层赋存于隔档式褶皱的向斜部位（图 7-20）。

图 7-20　六盘水煤田北东向地质剖面图

黔东地区位于黔东隔槽式褶皱带，煤田由数条复向斜和复背斜组成，断裂构造南、北差异较大。南部断裂主要为南北向，发育于向斜的翼部或轴部，对煤系的破坏十分严重；北部除向斜翼部或轴部被南北向断裂严重破坏外，还发育一组彼此间距 10～25km 的北东向走滑断裂，由南往北排列，将向斜中保存的含煤地层切割成数段，破坏了含煤地层的连续性。

3）煤质

龙潭组煤层以低中灰、中灰煤为主，硫分由西到东增高，纳雍、大方、毕节硫分一般小于 1.0%，而桐梓、遵义一般为 4%～5%。兴义区硫分 3.19%～5.4%。

总体来看，川南黔西赋煤带煤变质程度自西向东、由南向北逐渐增高，西部以焦煤、瘦煤、贫煤为主，东部以无烟煤为主，南部以 1/3 焦煤、焦煤、瘦煤、贫瘦、无烟煤为主，北部以贫煤、无烟煤为主。六盘水煤田煤类齐全，煤的变质程度由西向东增高。盘县、水城以气、肥煤为主，东部和南部以贫煤、无烟煤为主。黔北绝大部分为无烟煤，仅在北东部有贫煤和瘦煤；黔西北煤类为焦 - 瘦煤，向东过渡为贫煤。

贵阳煤田祥摆组煤属中灰、特高硫贫煤 - 无烟煤，灰分为 16.64%，硫分为 6.0%。吴家坪组煤属中灰、高硫焦煤 - 无烟煤，焦煤主要分布在贵阳近郊，向北、向南均依次为瘦煤、贫煤和无烟煤。筠连须家河组煤，属中灰、中硫的 1/3 焦煤。

2. 预测成果

通过对川南黔西赋煤带的 107 个矿区进行分析，共圈定了 369 个预测区，预测面积 30758km²，预测资源量 1998.87 亿 t。

按深度统计，埋深 0～600m 的预测资源量为 425.49 亿 t，600～1000m 的预测资源量为 476.25 亿 t，1000～1500m 的预测资源量为 658.60 亿 t，1500～2000m 的预测资源量为 438.52 亿 t。

按可靠程度分，可靠级（334-1）的预测资源量为 1182.88 亿 t，可能级（334-2）的预测资源量为 649.26 亿 t，推断级（334-3）的预测资源量为 166.72 亿 t；

按煤类统计，无烟煤 1322.78 亿 t、贫煤 134.74 亿 t、瘦煤煤 152.38 亿 t、焦煤 256.52 亿 t、贫瘦煤 134.74 亿 t，其他煤类相对较少。

根据煤炭资源潜力评价，有利（Ⅰ类）的预测资源量为 303.22 亿 t；次有利（Ⅱ类）的预测资源量为 727.66 亿 t；不利（Ⅲ类）的预测资源量为 967.98 亿 t；优（A）等的预测资源量为 296.56 亿 t，良（B）等的预测资源量为 721.23 亿 t，差（C）等的预测资源量为 981.07 亿 t；

3. 重点预测区及预测依据

1）重点预测区

川南黔西赋煤带共确定出黔北矿区、六盘水矿区、织纳矿区、兴义矿区、贵阳矿区、以古矿区等 6 个矿区为最具潜力矿区，共确定了 135 个重点预测区。

2）预测依据——以六盘水矿区为例

六盘水煤田发育上、下三角洲平原相和潮坪 - 潟湖相。以上三角洲平原聚煤最好，过渡带三角洲平原聚煤较好，下三角洲平原聚煤一般，潮坪 - 潟湖较差。研究区划分 3 个三级层序，9 个体系域。其中层序Ⅱ和层序Ⅲ聚煤很好，层序Ⅰ较差。体系域中海侵体系域最有利于成煤，高位体系域次之，低位体系域最差。

六盘水矿区勘查开发程度较高，现已有 118 个井田（或勘查区、煤矿）开展过预查、普查、详查、勘探，现有煤矿 408 个，大中型煤矿 19 个。本次煤田预测共划分 23 预测单元（含煤小区）72 个预测区，预测面积 4149.13km² （图 7-21），预测区主要分布在勘查区的深部和外围，预测依据充分。

（三）川渝赋煤带

川渝赋煤带位于四川盆地东南部，总体呈北东向长条形展布于荣昌—重庆—邻水—大竹—达川一线。主要包括华蓥山煤田、渝东煤田、南桐煤田 3 个煤田、30 个矿区，含煤面积 3976km²。

1. 煤田地质特征

1）含煤地层

主要含煤地层为晚二叠世龙潭组及晚三叠世须家河组、小塘子组。

华蓥山含煤区龙潭组为海陆交互相沉积，含可采煤层 1～9 层，总厚 0.85～9.85m，煤厚和层数由北向南逐渐增加，属稳定至较稳定煤层。须家河组以陆相沉积为主，含可采和局部可采煤层 1～8 层，厚 0.40～5.82m，以上部的第六段含煤性最好。各煤层厚度变化大，北部较厚，南部较薄，属较稳定至不稳定型煤层，呈似层状或藕节状产出。

渝东煤田龙潭组分布于北部，含薄煤层，厚 0～1.2m，局部可采。须家河组以陆相沉积为主，其四段含可采煤层 2～3 层，单层厚 0.40～1.63m；二段含可采或局部可采煤层 2 层，在西山、新店子、古佛山、螺观背斜中含可采煤 2～5 层，单层厚 0.40m 以上，最大总厚 2.55m。小塘子组称下煤组，一般含煤 1～3 层，其中局部可采 1 层，最厚 0.80m 左右。

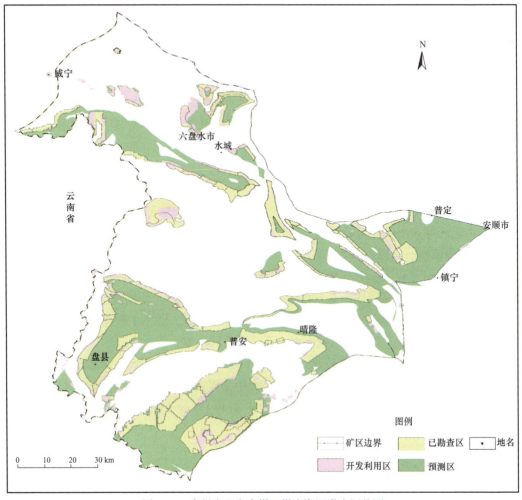

图 7-21　贵州省六盘水煤田煤炭资源潜力评价图

南桐煤田的龙潭组，属海陆交互相沉积，含可采煤层 1~8 层，厚 0.60~12.97m，煤层稳定 - 不稳定。

2）煤田构造

华蓥山煤田北部于扬子地台西部川东隔档式褶皱带。华蓥山含煤区主体构造为华蓥山复式背斜、中山背斜。褶皱轴线均呈北北东向，其间背斜紧密，为狭长的梳状构造，向斜平缓而开阔。次一级构造龙王洞背斜隆起最高，对煤层具有一定破坏作用。华蓥山煤田南部由一组北东—南西向呈帚状分布的背斜组成，背斜核部出露三叠系，各背斜陡翼往往有平行或近于平行背斜轴的逆断层，使须家河组上部地层缺失。渝东煤田内褶皱呈北东—北东东—东西向弯转，构成向北西突出的"万县弧"，主要包括飞龙—黄草峡、大池干、黄泥塘、龙洞坝、铁峰山、龙池坪、龙驹坝和方斗山等背斜、七曜山背斜的北翼（或石柱向斜南东翼）等构造。构造形态总体由高陡背斜与宽缓向斜相间，从而构成"隔档式"褶皱系列，含煤地层以紧密背斜的两翼及相对宽缓的向斜形式赋存。

南桐煤田位于川鄂湘黔隆褶带与四川隆褶带东缘的结合部位，娄山褶皱带西北边缘，其背斜构造内高角度逆断层较发育，以北西西和东西向为主，并有北东向构造穿插其间。

3）煤质

龙潭组煤属中 - 高灰、中 - 高硫焦煤，灰分为 13.04%～39.73%，硫分为 1.23%～9.79%，发热量 20.47～36.06MJ/kg。

须家河组煤灰分 3.17%～46.13%，硫分一般低于 1.0%，发热量 15.23～34.6MJ/kg，为中 - 高灰、低 - 特低硫气煤、1/3 焦煤和焦煤。

2. 预测成果

通过对川渝赋煤带赋煤带的 30 个矿区进行分析，共圈定了 369 个预测区，预测面积 30758km²，预测资源量 176.36 亿 t。

预测资源量按深度统计，埋深在 0～600m 的预测资源量为 14.06 亿 t，600～1000m 的预测资源量为 26.55 亿 t，1000～1500m 的预测资源量为 52.82 亿 t，1500～2000m 的预测资源量为 82.39 亿 t。

按可靠程度分，川渝赋煤带可靠级（334-1）的预测资源量为 42.95 亿 t，可能级（334-2）的预测资源量为 39.12 亿 t，推断级（334-3）的预测资源量为 93.74 亿 t。

按煤类统计，预测煤类以中、高变质煤为主，其中，无烟煤 15.57 亿 t、贫煤 13.74 亿 t、瘦煤 45.65 亿 t、焦煤 47.38 亿 t、1/3 焦煤 18.67 亿 t、肥煤 18.77 亿 t、其他煤类相对较少。

根据煤炭资源潜力评价，有利（Ⅰ类）的预测资源量为 23.47 亿 t；次有利（Ⅱ类）的预测资源量为 39.09 亿 t；不利（Ⅲ类）的预测资源量为 113.25 亿 t；优（A）等预测资源量为 23.47 亿 t，良（B）等预测资源量为 38.03 亿 t，差（C）等预测资源量为 114.32 亿 t。

3. 重点预测区及预测依据

川渝赋煤带华蓥山煤田的达竹矿区、观音峡矿区为最具潜力矿区，其中达竹矿区的重点预测区有铁山、达县 - 桐子湾、龙门峡北 - 立竹寺预测区（图 7-22），预测含煤面积 276km²，共预测优等、良等资源量 4.61 亿 t，预测主要煤类为焦煤、1/3 焦煤、无烟煤、瘦煤等；观音峡矿区预测含煤面积 34.33km²，预测优等、良等资源量 1.16 亿 t，预测主要煤类为瘦煤。

预测区多位于隔档式构造的翼部和转折端，地质构造复杂程度属较简单 - 复杂。预测区地层裸露，其浅部地质工作程度较高，含煤地层为三叠系上统须家河组，含煤 26 层，可采、局部可采 7 层，煤层平均总厚 1.35～5.09m，煤系地层分布连续稳定，煤层较稳定。据聚煤规律研究分析，达竹矿区晚三叠世煤层主要形成于三角洲平原以及滨浅湖沼泽环境，利于成煤。浅部大多开展了煤炭资源勘查工作，很多地段煤炭资源已经被开发，预测区主要位于勘查开发区的深部和外围，地质依据充分。

图 7-22　达竹矿区预测区分布

（四）湘桂赋煤带

湘桂赋煤带位于湖南中部的湘中地区、桂东北地区，以及桂中地区，主要包括韶山煤田、涟邵煤田、兴全煤田、罗城煤田、红山煤田、柳州煤田、南丹里湖蛮降煤产地、宜山百旺煤田、南丹月里煤田、合山煤田、贤按煤田、泡水煤田等 10 个煤田、33 个矿区，预测含煤面积 3815km²。

1. 煤田地质特征

1）含煤地层

湘中地区主要含煤地层为早石炭世测水组、晚二叠世龙潭组。测水组上段一般不含可采煤层，下段在中南部含煤 1～7 层，其中 3 煤、5 煤为主要可采煤层，3 煤一般厚 0.6～3m，5 煤一般厚 0.6～2.4m；在北部含煤 1～3 层，局部可采，煤厚 0.7～1.5m。龙潭组在北部仅发育上段，含煤 1～4 层，主要可采煤层 2 层，上煤厚 0～8.08m，下煤厚 0～11.76m。在煤炭坝发育较好，平均厚 3.95m。南部邵阳煤产地上段含煤 6 层，其中 2 煤可采，一般厚 1.10～2.10m，1 煤局部可采，厚 0.20～0.80m，可采总厚 2.36m；下段不含煤。桂北主要发育二叠系梁山组和合山组，梁山组主要分布于罗山一带，含可采煤层 1～2 层，厚 0～2.95m，一般为 0.77～1.56m。合山组在宜山、百旺一带灰岩占 90% 以上，中上部含可采及局部可采煤层 4 层，合山地区的 4 煤为主要可采煤层，该煤层在宜山厚 0～5.92m，平均 1.27m；在百旺厚 0.32～10.20m，一般厚 2.0～3.5m。

2）煤田构造

湘桂赋煤带湘中地区处于华南褶皱系西侧雪峰山、衡山隆起之间的湘中滑覆带。涟邵区西部为叠瓦状逆断层带，中部为隔档式褶曲带，东部为宽缓褶曲带，其中向斜宽缓，保存了煤系，背斜狭窄，且因断裂发育而不完整，部分地段逆断层、逆冲推覆构造较发育，总体构造线方向中部为北东向，南部由北东转为南北或北西向而形成弧形。北部构造极复杂，褶皱断裂均发育，褶皱轴向在煤产地西部呈北西向，南部和东部呈北东向。含煤向斜一般不完整，被一系列纵横及斜交断裂破坏。滑脱构造在该区发育，坪塘矿区就是推覆体（主要由板溪群组成）下原地系统的龙潭组煤。

桂中含煤区位于华南褶皱系桂中断块褶皱带，褶曲和断裂都比较发育。向斜为主要赋煤构造。在河池—宜州—柳城一带为近东西向的弧形构造带，褶曲紧密，断层较发育。其余地区主要为近南北向构造，局部为北北东向，褶皱宽缓，断裂不十分发育。桂北的褶皱仍具隔槽式的特点，但断裂及断块作用更加明显。背斜、向斜均呈北北东向展布。茂兰向斜以断块形式保存煤系，红山向斜东翼被正断层切割，煤系保存在西翼。红山向斜东侧的明伦向斜轴向与雪峰隆起边缘平行。桂北罗城矿区为北东向向斜的北西翼 - 四把单斜，矿区中部发育的北北东向断裂，属溆浦 - 三江 - 罗城断裂带的组成部分。

3）煤质

湘中地区测水组煤在潭宁煤产地为高灰、高硫瘦煤或贫煤、贫瘦煤；涟源煤产地一般为中灰、低硫无烟煤；邵阳煤产地为低 - 中灰、中 - 高硫无烟煤。龙潭组煤在潭宁为低 - 中灰、高硫气煤或贫煤；涟源、邵阳则有肥煤、焦煤、瘦煤、贫煤、无烟煤及气煤等。桂中、桂东北地区合山组煤主要为贫煤，局部为无烟煤或焦煤，灰分为 31.34%～44.33%，硫分为 6.05%～8.26%，发热量为 17.14～18.93MJ/kg。

2. 预测成果

通过对湘桂赋煤带的 32 个矿区、煤产地进行分析，共确定了 99 个预测区，预测含煤面积共 4652km^2，预测资源量 37.32 亿 t。

预测资源量按深度统计，0～600m 为 18.41 亿 t，600～1000m 为 12.17 亿 t，1000～1500m 为 9.47 亿 t。

预测资源量按可靠程度分，可靠级（334-1）为 15.35 亿 t，可能级（334-2）为

19.12 亿 t，推断级（334-3）为 7.67 亿 t。

预测资源量按煤炭资源潜力评价结果，有利（Ⅰ类）的为 8.29 亿 t；次有利（Ⅱ类）的为 16.24 亿 t；不利（Ⅲ类）的为 15.52 亿 t；优（A）等的为 7.92 亿 t，良（B）等的为 16.32 亿 t，差（C）等的为 15.81 亿 t。

预测资源量按煤类统计，无烟煤为 22.25 亿 t、贫煤为 6.74 亿 t、瘦煤为 2.00 亿 t，焦煤为 2.62 亿 t，贫瘦煤为 134.74 亿 t，其他煤类相对较少。

（五）滇东赋煤带

滇东赋煤带位于云南东部，东北界彝良—宣威—弥勒一线，与川南黔北滇东北含煤区及六盘水含煤区相邻，西北界大关—寻甸—宜良一线，与昆明开远含煤区分界，包括昭通及宣威煤田、会泽、曲靖煤产地，预测含煤面积 1111km²。区内主要有会泽煤田、曲靖 - 宣富煤田、圭山煤田，包括恩洪、羊场、来宾、倘塘、宝山、落木、后所 - 庆云、老厂、圭山、阿岗、雨禄菱角、靖安、弥勒、小龙潭等矿区、远景区。

1. 煤田地质特征

1）含煤地层

主要为新近纪上新世昭通组（茨营组）、中新世小龙潭组，其次为晚二叠世宣威组、晚三叠世火把冲组以及早二叠世梁山组、万寿山组。

昭通组分布于昭通、红卫、洒渔、寻甸等新近纪含煤盆地中，在昭通盆地含巨厚煤层 2 层，最大纯煤厚度 193.77m。茨营组分布于者海、会泽、君武等山间盆地，含不稳定煤层 0～3 层，厚 1～5m，可采煤层多位于中下部。小龙潭组在昆明一带新近纪盆地内含可采煤层，其下含煤段上部及中上部为厚 - 巨厚褐煤层，厚达 60～80m，在开远一带煤层一般厚 72m，最大厚度达 215.68m，中下部及下部也含煤 1～3 层，厚 3～11m。

晚二叠世宣威组主要分布于滇东会泽、曲靖一带，含煤 4 层，煤厚 0.4～1.0m，分布局限。早二叠世梁山组与早石炭世万寿山组均很薄，仅含薄煤层，偶尔达可采厚度。

2）煤田构造

该区位于康滇古陆东侧以地台为基底的新近纪含煤盆地群。昭通区处于滇东北台褶束的南端，由一系列北东向的褶皱、断裂及少数北西向断裂组成，背斜较狭窄紧密，向斜开阔平缓。会泽区位于滇东台褶带中部的会泽台褶束单元内小江深大断裂带与牛栏江断裂之间，以北东、北东东向褶皱为主，断裂次之，含煤地层在向斜中保存较完好。曲靖区位于滇东台褶带南部曲靖台褶束的宣威凹褶区内，以褶皱、断裂同等发育为特点，构造线以北东向为主，曲靖附近局部尚有弧形构造，走向北西的断裂对煤系的破坏较大。

3）煤质

万寿山组煤属煤质较佳的无烟煤，属低灰、低硫煤；昭通组煤为中灰、低硫、低热值年青褐煤；会泽梁山组煤为无烟煤；宣威（曲靖）梁山组煤灰分变化大，硫含量高，在沾益花山一带为气煤，其余地区为贫煤及瘦煤；宣威组煤以焦煤为主，煤变质程度由北向南逐渐降低，灰分为 16.90%～40.66%，硫分为 0.14%～0.40%，发热量为 17.95～

26.89MJ/kg；茨营组煤为年青褐煤。

2. 预测成果

通过滇东赋煤带 14 个矿区的预测工作，共确定了 149 个预测区，预测含煤面积共 4448km²，滇东赋煤带 280.96 亿 t。

预测资源量按深度统计，埋深在 0～600m 为 69.61 亿 t，600～1000m 为 63.47 亿 t，1000～1500m 为 81.27 亿 t，1500～2000m 为 66.61 亿 t。

预测资源量按可靠程度分，可靠级（334-1）为 121.18 亿 t，可能级（334-2）为 88.29 亿 t，推断级（334-3）为 71.49 亿 t。

预测资源量按煤炭资源潜力评价结果，有利（Ⅰ类）的为 106.91 亿 t；次有利（Ⅱ类）的为 98.76 亿 t；不利（Ⅲ类）的为 75.30 亿 t；优（A）等为 68.28 亿 t，良（B）等为 119.24 亿 t，差（C）等为 93.44 亿 t。

3. 重点预测区及预测依据

1）重点预测区概况

滇东赋煤带的镇威煤田的牛场 - 以古矿区、宣富煤田（图 7-23）的恩洪矿区、羊场矿区、倘塘矿区、宝山矿区、圭山煤田、老厂矿区、圭山矿区、阿岗矿区为最具潜力矿区，预测含煤面积 2599km²，预测优等、良等资源量 186.35 亿 t。

2）预测依据——以恩洪矿区为例

恩洪矿区位于云南省富源县城以南，是宣富煤田聚煤中心和宣富煤田的聚煤中心和主要的赋煤区域，矿区内资源丰富。矿区内已提交的 80 余份各类煤炭勘查报告，根据地质勘查报告和 150 多个生产煤矿的资料，预测范围内有含煤地层广泛分布，可采煤层多达 10 余层，可采总厚一般 8～15m；煤质多为低 - 中灰、低 - 中硫；煤类以焦煤为主，北段有少量 1/3 焦煤，南段中下部煤层有部分瘦煤；煤层以较稳定煤层为主，构造中等偏复杂。矿区内控煤构造较复杂，桃园断裂以东，格宗向斜、燕麦山向斜、翁克背斜和克依黑向斜呈左行雁列展布，控制恩洪矿区煤系的展布，断层对煤系的改造作用明显，也对预测区的范围起到了限定的作用。确定的重点预测区有龙海沟预测区、扒弓预测区、大河预测区、恩洪已勘探区下伏预测区。

（六）闽西赋煤带

闽西赋煤带位于福建西南部及广东东北部，含闽西南、粤东兴梅煤田、将乐煤产地、邵武煤产地，以早二叠世煤为主，以及晚二叠世及晚三叠世煤。闽西南煤田包括清流 - 连城、永安、大田、漳平、龙永、天湖山、德化—尤溪等矿区，兴梅煤田包括梅东、梅西、甘村、武平等矿区、煤产地。

1. 煤田地质特征

1）含煤地层

早二叠世童子岩组为主要含煤地层，在各含煤区内均有分布；晚二叠世翠屏山组局部含煤，但分布范围有限；晚三叠世大坑组 / 文宾山组（焦坑组）在武夷山、邵武、南平一带含不稳定局部可采煤层。

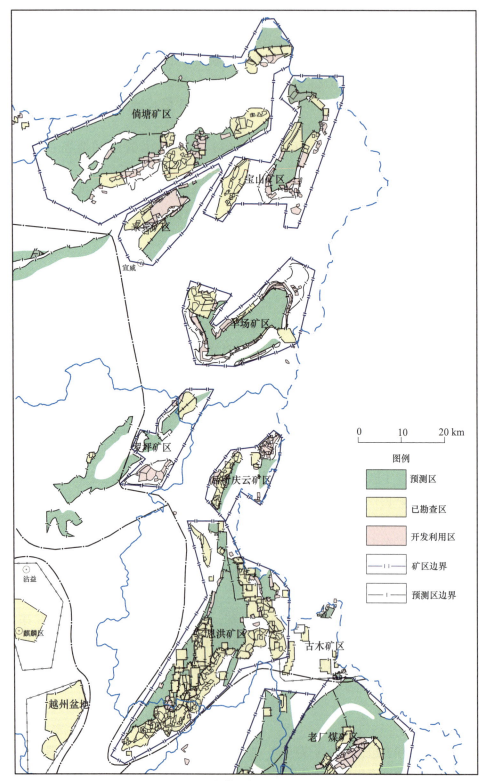

图 7-23　宣富煤田各矿区预测区分布

2）煤田构造

三个含煤区同处于华南褶皱系武夷山东侧闽西南褶皱滑覆为主的拗陷中。将乐、邵武煤产地处闽中断拗连城断凹，次级构造多为复式向斜，主构造线呈北东—北北东向。主要断裂有北东、北西向两组，北部蒲城-武夷山、邵武等区分别位于蒲城-洋源隆起的西缘与武夷山-宁化断陷带和建瓯台凸的西部凹陷带，区内褶皱断裂都较发育，致使含煤地层失去连续性。

清流-连城、永安矿区为褶皱滑覆带闽中断拗的中南段。一系列的北东、北北东向褶皱、断裂和大量岩浆侵入、火山喷发，使区内构造复杂化，断裂褶皱发育，对煤系影响较大的断裂构造是"推"、"滑"缓倾角断裂，既对煤系造成破坏，又不利于煤系的保存。建瓯-南平位于建瓯台凸东部的凹陷带，为受南北和北东向断裂控制的复式向斜构造，断裂发育，煤系地层沿走向失去连续性。广东兴梅煤田位于兴梅-惠州断陷内，区内以北西向褶皱控煤构造、走滑控煤构造、滑片型滑覆控煤构造及叠加型滑脱构造为主。

大田、漳平、龙永、德化-尤溪矿区位于褶皱滑覆带闽中断拗东侧之大田复向斜的东翼。大田复向斜长约120km，宽约10km，北东向展布。自核部向两翼出露三叠系至二叠系，东翼东部被侏罗纪火山岩覆盖，赋煤构造为低序次较宽缓的褶曲，轴向北东，局部近南北，断裂较少，以北北东向正断裂为主。南端伸入粤东北的兴梅煤田，呈向南凸出的弧形，滑、推叠加型构造为其形变特征。

3）煤质

受后期岩浆岩叠加变质作用和剧烈的构造变形影响，区内煤层大多为无烟煤。闽西含煤区除武夷山煤产地个别煤层属贫煤外，其余各煤产地、各煤层均属无烟煤。如连城庙前为特低灰、特低硫一号无烟煤，清流-连城为低-中灰、低-中硫一号无烟煤，将乐为中灰、特低-低硫一号无烟煤，蒲城-武夷山属中灰、特低硫无烟煤，邵武为中灰、中硫无烟煤。大田、漳平等矿区童子岩组煤属特低硫、低-中灰无烟煤。焦坑组煤属特低-中硫、中灰无烟煤。漳平矿区大坑组的D煤组和文宾山组的F煤组均为瘦-贫煤，有少量无烟煤。闽东含煤区童子岩组煤为中灰、特低硫无烟煤，文宾山组煤属特低硫、中灰无烟煤。

2. 预测成果

通过对闽西南赋煤带13个矿区进行预测分析研究，共确定了105个预测区，预测含煤面积共1793km²，共预测资源量30.20亿t。

预测资源量按深度统计，埋深0～600m为9.80亿t，600～1000m为11.20亿t，1000～1500m为9.20亿t。

预测资源量按可靠程度分，可靠级（334-1）为11.82亿t，可能级（334-2）为13.48亿t，推断级（334-3）为1.24亿t。

预测资源量根据煤炭资源潜力评价统计，有利（Ⅰ类）的为10.30亿t，次有利（Ⅱ类）的为13.48亿t，不利（Ⅲ类）的为1.94亿t；优（A）等的为9.68亿t，良（B）等的为12.96亿t，差（C）等的为3.08亿t。

3. 重点预测区及依据

闽西南赋煤带的重点预测区有龙永矿区的新罗预测区、新祠预测区，漳平煤田的员当南、员当北预测区，清流 - 连城矿区的罗口预测区，预测面积 418.2km²，预测资源量 7.29 亿 t。

下面以员当南、员当北二预测区为例。

员当预测区位于漳平市赤水乡西部和南部。该区 20 世纪 70 年代以来，先后开展矿点检查，1∶2.5 万～1∶5 万地质填图及找煤和勘查工作。

经员当井田勘查证实，预测区逆冲推覆断裂和正滑断裂发育，推覆体主要为石炭系林地组及泥盆系天瓦岽组地层，呈飞来峰覆于煤系地层之上。因此，推断员当南、员当北之天瓦岽及林地组地层为外来岩系，两预测区推覆体下煤系乃有保存。员当南有较大面积溪口组及翠屏山组，因 F_1、F_2 缓断裂的存在有利于勘查。区内岩浆活动强烈，燕山期花岗岩多处出露，"吞"掉部分煤系地层；南园组火山岩在员当南一带覆盖在煤系地层之上。

第五节　西北赋煤区煤炭资源预测

一、概况

西北赋煤区（图 7-24）位于我国西北部，东至狼山—桌子山—贺兰山—六盘山一线，南界为塔里木盆地南缘昆仑山—秦岭一线，包括新疆、甘肃、青海北部、宁夏西部、内蒙古西部地区，面积 259.6 万 km²。区内有准噶尔盆地、伊犁盆地、塔里木盆地、吐哈盆地、柴达木盆地等大型聚煤盆地，包括准西、准北、准东、准南、吐哈、三塘湖、塔西北、塔西南、塔东南、塔东北、中天山、北山—阿拉善、祁连、走廊、柴北缘、东昆仑、伊犁 17 个赋煤带、60 个煤田、113 个矿区，其中，52 个煤田、84 个矿区预测有煤炭资源量。

二、预测成果

西北赋煤区预测资源量 17153.46 亿 t，其中新疆 16681.85 亿 t，占全区的 97% 以上，其次为青海 292.47 亿 t，占 1.7%，其他省份均较少。含煤时代主要为石炭纪—二叠纪、晚三叠世、早—中侏罗世、早白垩世。以早—中侏罗世为主，预测资源量约占全区的 99% 以上，其他成煤期很少。

预测资源量按深度统计，600m 以浅 4713.67 亿 t，占 27.5%；600～1000m 为 4344.83 亿 t，占 25.3%；1000m 以浅 9058.51 亿 t，占 52.8%；1000～1500m 为 4393.72 亿 t，占 25.6%；1500m 以浅为 13452.23 亿 t，占 78.4%。

预测资源量按预测煤类统计，以长焰煤和不黏煤为主，其次为气煤，其他煤类较少。青海省祁连赋煤带另有肥焦煤 10.68 亿 t。

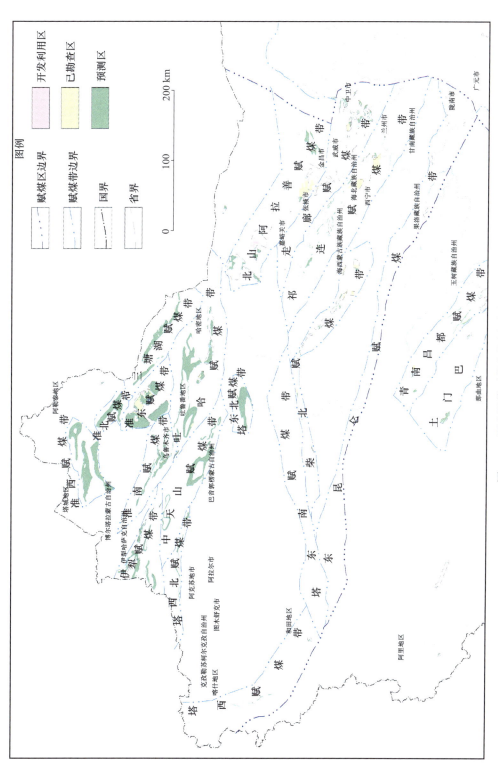

图7-24 西北赋煤区煤炭资源预测图

按照预测资源量可靠程度分，可靠级（334-1）为 6403.17 亿 t，占 37.4%；可能级（334-2）为 2600.65 亿 t，占 15%；推断级为 8149.66 亿 t，占 47.6%。

根据煤炭资源潜力评价结果，有利（Ⅰ类）的为 6240.46 亿 t，占 36.4%；次有利（Ⅱ类）的为 4472.37 亿 t，占 26.1%；不利（Ⅲ类）的为 6440.64 亿 t，占 37.5%。优（A）等为 6257.17 亿 t，占 36.5%；良（B）等为 3817.28 亿 t，占 22.3%；差（C）等为 7079.01 亿 t，占 41.2%。

三、主要赋煤带分述

（一）准噶尔盆地

新疆准噶尔盆地是我国重要的煤油气综合能源盆地，包括准西、准北、准东、准南和三塘湖五个赋煤带，含煤面积 3 万 km²。

1. 煤田地质特征

1）含煤地层

主要含煤地层为早侏罗世八道湾组及中侏罗世西山窑组，其间的三工河组只含薄煤及煤线，均不可采。

准西、准北含煤区托里—和什托洛盖煤田八道湾组含煤 10～30 层，可采 2～15 层，可采总厚 2.85～30.18m，从盆缘向深部煤层变好。在克拉玛依含煤 1～7 层，可采 2～6 层，可采厚 2.7～9.8m。西山窑组在托里 - 和什托洛盖含煤 11～34 层，可采 7～13 层，可采总厚 12.79～29.52m。在克拉玛依含煤 2～13 层，厚 4.3～2.2m。

准东含煤区卡姆斯特煤田八道湾组含可采煤层 7～9 层，总厚 6.48m；东部含可采煤层 1～3 层，厚 0.8～6.2m；西部 2～15 层，最大可采厚度达 35m。西山窑组在东部含可采煤层 3～15 层，厚 33.38～57.1lm，西部 1～10 层，厚 0.8～35m。

准南含煤区八道湾组含可采煤层 5 层，总厚 25.6m；阜康区含煤 7～24 层，厚 12～68m；乌鲁木齐含煤 4～46 层，厚 7～30m；西山窑组在乌鲁木齐河以东含煤 22～35 层，总厚 21.98～151.94m，最厚达 182.83m；乌鲁木齐河以西含煤 5～32 层，总厚 18.32～86.47m。阜康区三工河—四工河一带含可采煤层 5～6 层，总厚 8.86～46.84m。玛纳斯、头屯河—宁家河一带含可采煤层 2～19 层，总厚 14.45～52.53m。

2）构造

准噶尔盆地赋煤亚区南界和东界均为拉那提断裂 - 艾比湖居延海断裂，西界大致为和布克赛尔 - 托里断裂，北界大致为额尔齐斯深断裂 - 托让格库都克断裂东段。构造复杂程度由内而外逐渐加大，盆地周缘煤系遭受强烈挤压，紧闭褶皱、逆冲推覆或冲断构造，内部煤系以宽缓褶皱变形为主；由于天山—兴蒙造山带的作用，该赋煤亚区内南部赋煤构造单元构造作用较北部强烈，对煤系的破坏较大。

3）煤质

八道湾组和西山窑组煤均以长焰煤为主，北部含煤区属中灰、低硫煤，预测深部为气煤。东部西山窑组属中 - 低灰、特低硫煤，八道湾组以中灰、特低硫长焰煤为主，东部水西沟一带胶质层厚度 6.5～26mm，黏结性较好，小龙口一带最高达 30mm，属气煤、气肥煤。南部八道湾组煤在水西沟一带为气煤和长焰煤；阜康一带以气煤为主，有少量不黏煤、气肥煤和长焰煤；乌鲁木齐一带以长焰煤、弱黏煤为主；头屯河以西至石河子、四棵树多为长焰煤，局部为不黏煤；西山窑组煤以长焰煤为主，在乌鲁木齐西山一带有气煤，阜康三工河一带因煤层自燃叠加"烘烤变质"，挥发分降低，黏结性变差，灰分增高，形成类似贫煤或无烟煤的煤类。从总体上看，南部西山窑组煤为低 - 中灰（9.97%～24.56%）、低硫（＜1%）、高挥发分（31%～48%）的气煤为主，局部为气肥煤。

2. 预测成果

本次在五个赋煤带 10 个煤田、22 个矿区开展预测工作，共圈定 33 个预测区，面积 64194km²，预测资源量为 9399.28 亿 t，全为早侏罗世（早期）八道湾组及中侏罗世（早期）西山窑组煤。其中不黏煤 5616.63 亿 t，其次为长焰煤 3060.31 亿 t，气煤 406.85 亿 t，气肥煤 315.48 亿 t。

按深度统计，埋深 0～600m 的预测资源量为 2340.20 亿 t，600～1000m 的预测资源量为 2325.42 亿 t，1000～1500m 的预测资源量为 2327.18 亿 t，1500～2000m 的预测资源量为 1777.14 亿 t；埋深 1000m 以浅的预测资源量为 4665.62 亿 t，占 53.2%。

按可靠程度分，可靠级（334-1）的预测资源量为 3465.10 亿 t，可能级（334-2）的预测资源量为 1350.46 亿 t，推断级（334-3）的预测资源量为 3954.38 亿 t；可靠级预测资源量占预测资源的 39.5%。

根据煤炭资源潜力评价，有利（Ⅰ类）的预测资源量为 3354.05 亿 t；次有利（Ⅱ类）的预测资源量为 2540.39 亿 t；不利（Ⅲ类）的预测资源量为 2875.5 亿 t；其中Ⅰ类资源仅占 38.2%。优（A）等预测资源量为 3371.67 亿 t，良（B）等预测资源量为 2016.35 亿 t，差（C）等预测资源量为 3381.93 亿 t。其中优（A）等预测资源占 38.4%。

3. 重点预测区及预测依据

重点预测区位于淖毛湖矿区和三塘远景区中，预测面积 5134.36km²，煤层埋深 0～1000m，潜在煤炭资源量 1568.44 亿 t，预测煤类为长焰煤（CY）、不黏煤。

三塘湖—淖毛湖煤田受沉积环境和后期构造运动影响，煤田内出现多个沉积中心和富煤带，富煤中心与沉积中心呈正相关关系。富煤中心向外煤层分岔变薄，层数增多。淖毛湖预测区富煤带主要在浅部，向深部有变薄趋势。三塘湖预测区受断裂构造控制，富煤带分布在不同的断块内，在西部、中部和东部均有富煤带出现。

1992 年新疆煤田地质局 161 煤田地质勘探队在巴里坤县三塘湖煤矿进行了普查工作，提交了《新疆维吾尔自治区巴里坤县三塘湖煤矿生产地质报告》。2005 年以前，本区地质工作以区调为主，地质工作及研究程度较低。2007 年后，广汇及华电等集团公司先后在该区开展了煤矿普详查工作。2009 年"358"项目在该区开展了大面积的预查，为本次资源量预测提供了较为可靠的依据。该区煤层稳定，厚度大，预测区分布于勘查区的周边或深部，预测依据充分。

（二）塔里木盆地

围绕塔里木盆地周缘，展布着包括塔西北、塔西南、塔东南、塔东北和中天山五个赋煤带，含煤面积 5143km^2。

1. 煤田地质特征

1）含煤地层

塔北含煤区含煤地层为早侏罗世塔里奇克组和中侏罗世克孜勒努尔组。塔西含煤区为同期的康苏组和杨叶组。

塔里奇克组含煤 2～12 层，可采总厚 5.5～24.53m；克孜勒努尔组含煤 2～19 层，可采总厚 5.1～27.97m，以阳霞一带发育为最好。在乌恰一带康苏组、杨叶组含煤 4 层，厚 1.15～6.0lm。

2）煤田构造

受天山南麓阿尔金山北缘、塔里木河、北民丰—罗布庄等深大断裂控制，呈北东向的地堑、地垒式向斜盆地，地堑是主要赋煤盆地。在罗布泊一带出露侏罗纪含煤地层，煤层埋藏较浅。塔里木赋煤构造亚区由天山造山带与昆仑造山带之间的刚性地块和周边造山带组成，北缘和南缘为指向盆内的逆冲推覆构造带，东南缘为阿尔金断裂。包括塔西北、塔西南、塔东南、塔东北和中天山五个赋煤构造带，煤系形成后，多期造山运动引起盆地周围山系快速上升，外环带煤系变形强烈，以紧闭 - 等斜 - 倒转褶皱及其伴生的逆冲断层为特征，内环带煤系埋藏深，变形以东西向大型隆起为核心，向两侧转化为平缓向斜，剖面形态呈"W"形。

3）煤质

塔北含煤区煤的变质程度从东向西增高，东部俄霍布拉克以气煤为主，部分弱黏结煤和长焰煤，为低灰、特低硫、富油 - 高油煤；拜城一带多为低 - 中灰、特低硫焦煤和 1/3 焦煤，西部温宿一带多为特低 - 低灰、中 - 高硫、高热值贫煤，少量贫瘦煤。塔西含煤区莎车—叶城、乌恰、陶克陶煤产地一些矿点上的康苏组、杨叶组煤以不黏煤和弱黏煤为主，少量气煤。塔东含煤区侏罗纪煤推测以气煤为主。

2. 预测成果

本次在塔里木盆地五个赋煤带 11 个矿区开展预测工作，共圈定 41 个预测区，面积 13997km^2，预测资源量 2039.15 亿 t，全为早、中侏罗世长焰煤 - 无烟煤。其中气煤 1348.60 亿 t，占 66.1%，长焰煤 331.07 亿 t，占 16.2%，其次为不黏煤、焦煤、贫煤等。

按深度统计，埋深 0～600m 的预测资源量为 142.87 亿 t，600～1000m 的预测资源量为 586.79 亿 t，1000～1500m 的预测资源量为 673.29 亿 t，埋深在 1500～2000m 的预测资源量为 636.19 亿 t；埋深在 1000m 以浅的预测资源量为 729.66 亿 t，占 35.8%；埋深在 1500m 以浅的预测资源量为 1402.96 亿 t，占 68.8%。

按可靠程度分，可靠级（334-1）168.77 亿 t，可能级（334-2）资源量 105.52 亿 t，

推断级（334-3）资源量 1764.85 亿 t；可靠级占预测资源的 8.2%。

根据煤炭资源潜力评价结果，有利的（Ⅰ类）预测资源量为 160.89 亿 t；次有利的（Ⅱ类）预测资源量为 493.72 亿 t；不利的（Ⅲ类）预测资源量为 1384.53 亿 t；其中Ⅰ类资源仅占 7.9%。优（A）等预测资源量为 175.50 亿 t，良（B）等预测资源量为 412.98 亿 t，差（C）等预测资源量为 1450.67 亿 t。其中优（A）等资源仅占 8.6%。

3. 重点预测区及预测依据

1）焉耆煤田（矿区）

该煤田位于新疆中天山赋煤带，库尔勒市以北的博斯腾湖盆地和库米什凹陷中。

焉耆煤田含煤岩系为中下侏罗统克拉苏群，共含煤 13 组，自下而上划分为下侏罗统哈满沟组和中侏罗统塔什店组。塔什店组含 7 个煤组（达 20 层），煤层平均总厚 14.27m，煤层稳定性较好，为本次预测工作的对象。

区内进行过 1∶20 万区域地质测量工作。共提交煤炭普查、勘探报告 15 件，勘查工作主要集中在煤田西南缘的他什店、哈满沟一带，预测区位于已知区外围和深部。共圈定库尔勒、博湖、焉耆、和硕、和静 5 个预测区，面积 5467km^2；煤层埋深 0～2000m，预测资源量 719.78 亿 t，预测煤类为长焰煤、气煤。

2）阳霞煤田（矿区）

阳霞煤田含煤地层为中下侏罗统的克孜勒努尔组、阳霞组和塔里奇克组，共含煤 22 层，煤层较稳定 - 不稳定、结构简单 - 复杂、厚度变化较大。其中，塔里奇克组含可采煤层 2 层，煤层厚约 8.28m。阳霞组含 B 组煤 8 层，煤层厚度 13.5m。克孜勒努尔组含 C 煤组煤 14 层，可采 10 层，煤层厚度 17.85m。

阳霞煤田大地构造位于塔里木地台北部库车凹陷内，煤田总体构造为北东东—东西—南东东向弧形展布的复式向斜盆地，由侏罗系地层组成的短轴背斜成排成束、近东西向展布；断裂以高角度北倾走向逆断层为主。

阳霞煤田各煤层为中水分、特低 - 低灰、中高挥发分、特低硫、低磷、中高发热量的不黏煤。

该区已进行了 1∶20 万地质测量工作，提交各类勘查报告 7 件，现有生产煤矿井 1 处，对本次预测工作具有实际意义，预测区位于勘查区周边和深部，预测依据充分。

（三）伊犁赋煤带

该带位于新疆西北部北天山西段的伊宁地区，自北而南依次为伊宁、尼勒克、昭苏 - 特克斯 3 个煤田，呈近东西向展布，含煤面积 6069km^2。

1. 煤田地质特征

1）含煤地层

含煤地层为早侏罗世八道湾组和中侏罗世西山窑组。八道湾组在伊宁北含可采煤层 3～11 层，可采总厚 16.12～44.16m；在昭苏 - 特克斯仅含煤线或劣质煤；在尼勒克含可采煤层 7 层，总厚 8.8m。西山窑组在伊宁北含可采煤层 3～11 层，可采总厚 5.87～

38.95m，自西向东煤层变厚；在伊宁南含煤 12 层，厚 53.38m；在昭苏、尼勒克 B、C 煤组可采总厚 40m。

2）煤田构造

含煤区位于天山褶皱带西部，主要为一系列北西西—东西向并列展布的复式或断陷式向斜构造。伊宁煤田北部为开阔的不对称褶曲和挠曲，发育有北西西向逆断层和次级的北西、北东向两组平推断层；南部以向北倾斜的单斜为主，东端为两对北西西—东西向并列背向斜褶曲。新源 - 巩留煤田为东西延展向西倾没的向斜。尼勒克煤田为一系列北西西—东西向展布的开阔或紧闭的不对称向斜，南部断层发育。昭苏 - 特克斯煤田为两排东西向展布的向斜。

3）煤质

含煤区以不黏煤和长焰煤为主，西山窑组煤为低 - 中灰、特低 - 低硫长焰煤。八道湾组煤在尼勒克一带为气煤，其他地区仍以长焰煤、不黏煤为主，均为低灰、特低 - 低硫、无黏结性的动力用煤。

2. 预测成果

本次在赋煤带内的 3 个煤田、8 个矿区和远景区开展预测工作，共圈定 14 个预测区，面积 7534km²，预测资源量 2580.49 亿 t，全为早侏罗世八道湾组及中侏罗世西山窑组煤。其中长焰煤 2296 亿 t，不黏煤 178.29 亿 t，气煤 70.96 亿 t，焦煤 20.17 亿 t，弱黏煤 15.06 亿 t。

按预测深度统计，埋深 0～600m 的预测资源量为 581.36 亿 t，600～1000m 的预测资源量为 551.27 亿 t，1000～1500m 的预测资源量为 772.80 亿 t，1500～2000m 的预测资源量为 675.05 亿 t；埋深在 1000m 以浅的预测资源量为 1132.63 亿 t，占 43.9%。

按可靠程度分，可靠级（334-1）的预测资源量为 749.09 亿 t，可能级（334-2）的预测资源量为 575.41 亿 t，推断级（334-3）的预测资源量 1255.99 亿 t；可靠级占预测资源的 29%。

根据煤炭资源潜力评价结果，有利（Ⅰ类）的预测资源量为 801.54 亿 t；次有利（Ⅱ类）的预测资源量为 767.04 亿 t；不利（Ⅲ类）的预测资源量为 1011.91 亿 t；其中Ⅰ类资源占 31%。优（A）等的预测资源量为 794.05 亿 t，良（B）等的预测资源量为 760.34 亿 t，差（C）等的预测资源量为 1026.10 亿 t。优（A）等预测资源占 30.8%

3. 重点预测区及预测依据

伊宁煤田位于新疆伊犁赋煤带北西部，包括伊宁矿区、察布查尔矿区、霍城矿区、伊宁东矿区；其中在伊宁矿区和察布查尔矿区内圈定了 4 个预测区，自西而东依次霍城、伊宁、伊宁东、察布查尔预测区。

伊宁煤田大部分地带工作程度较高，新疆煤田地质局几十年来，做过大量的煤炭资源调查工作。本次预测工作，充分利用第三次煤田预测成果及近年来煤田地质勘查、开采资料，参考了 2009 年伊犁盆地煤炭资源调查的资料，结合 1：5 万和 1：20 万区域地质调查、物探、遥感资料分析和聚煤规律、控煤构造研究成果，提出预测区，预测依据充分。

（四）吐哈盆地赋煤带

赋煤带位于新疆东部，西起吐鲁番盆地西端，东至哈密以东的梧桐窝子泉，近东西向展布三个含煤条带。西带为艾维尔、托克逊煤田；中带为鄯善、哈密煤田；南带为吐鲁番、沙尔湖、大南湖 - 梧桐窝子、野马泉等煤田，含煤面积合计 20298km²。

1. 煤田地质特征

1）含煤地层

该地层为早侏罗世八道湾组及中侏罗世西山窑组。八道湾组在艾维尔沟含可采煤层 12 层，总厚 37m，最厚达 75.63m；托克逊 - 克尔碱区含可采煤层 1～4 层，厚 2.46～8.17m。鄯善浅部含可采煤层，厚 2.9m，北部和深部增至 11 层，厚 39.2m；哈密含可采煤层 2～4 层，厚 2.85～43.53m，平均可采总厚 14.92m。吐鲁番、野马泉的八道湾组含可采煤层 2～15 层，厚 13.6～28.3m。西山窑组在艾维尔沟、托克逊克尔碱区含可采煤层 5 层，总厚 9.6～19.7m；在鄯善含可采煤层 2 层，厚 3m 左右，深部可采层多达 4～11 层，厚 16.4～33.7m；在艾丁湖、大南湖一带含可采煤层 9～24 层，厚 15.6～45.6m，钻孔单孔见煤达 25 层，总厚 182.24m（大南湖 201 号孔）。

2）煤田构造

含煤区位于准噶尔盆地赋煤构造亚区外环带的东南部，由于天山 - 兴蒙造山带的作用，该赋煤亚区内南部赋煤构造单元构造作用较北部强烈，煤系遭受强烈挤压，呈紧闭等斜褶皱、逆冲推覆或冲断构造；对煤系的破坏作用较大。中央凹陷为鄯善煤田；西南缘凹陷形成吐鲁番煤田，东部为哈密凹陷，呈近东西向展布。东南缘凹陷形成沙尔湖、大南湖 - 梧桐窝子煤田，为呈东西、北东东向斜列的断陷构造型向斜盆地。

3）煤质

含煤区的煤类较复杂，总的趋势是东、西两端变质程度较高，中部低。艾维尔沟自东向西依次为气煤—肥煤—焦煤—瘦煤，为新疆少有的中 - 低灰、低硫、黏结性良好的炼焦用煤。托克逊克尔碱区为低中灰、特低硫、富（含）油长焰煤。鄯善、哈密一带的煤类、煤质与托克逊区相似，以不黏煤及长焰煤为主。在吐鲁番、野马泉，八道湾组煤为中低灰、低硫气煤，西山窑组煤为中灰、特低硫肥焦煤、焦瘦煤。

2. 预测成果

本次在吐哈盆地赋煤带内，7 个煤田（矿区）开展预测工作，共圈定 21 个预测区，面积 14481.78km²，预测资源量 3287.20 亿 t，全为早侏罗世八道湾组及中侏罗世西山窑组煤。其中长焰煤 2140.82 亿 t，不黏煤 745.27 亿 t，褐煤 363.70 亿 t，其次为肥煤、焦煤和气煤。

按深度统计，埋深 0～600m 的预测资源量为 1542.26 亿 t，600～1000m 的预测资源量为 726.78 亿 t，1000～1500m 的预测资源量为 495.12 亿 t，1500～2000m 的预测资源量为 523.04 亿 t；埋深在 1000m 以浅的预测资源量为 2269.04 亿 t，占 69%。

按可靠程度分，可靠级（334-1）的预测资源量为 1824.35 亿 t，可能级（334-2）的预测资源量为 450.60 亿 t，推断级（334-3）的预测资源量为 1012.26 亿 t；可靠级预测资源量占预测资源的 55.5%。

根据煤炭资源潜力评价结果，有利（Ⅰ类）的预测资源量为 1833.02 亿 t，次有利（Ⅱ类）的预测资源量为 473.04 亿 t，不利（Ⅲ类）的预测资源量为 981.14 亿 t；其中Ⅰ类资源仅占 55.8%。优（A）等预测资源量为 1829.96 亿 t，良（B）等预测资源量为 477.27 亿 t，差（C）等预测资源量为 979.97 亿 t；其中优（A）等预测资源占 55.7%。

3. 重点预测区及预测依据

哈密煤田（矿区）共圈定了 2 个预测区，即木垒东预测区和哈密预测区，预测面积 6039km²，预测资源量 744.34 亿 t，预测煤类为不黏煤。

艾维尔和托克逊区两区的预测区多为已勘区（或矿区）外围及其延深部位。鄯善、哈密在 1：20 万区调的基础上进行了找煤和普查，石油部门也进行了地面物探，施工了一批找油钻孔，为煤炭资源预测提供了可靠依据。吐鲁番、艾丁湖、沙尔湖、大南湖等区做过 1：5 万远景地质调查和找煤，区域性工作较多，石油部门在深部所做的工作可供预测借鉴。

（五）柴北缘赋煤带

柴北含煤区位于青海柴达木盆地北缘，呈北西—南东向的狭长条带，长约 500km，自西向东为格斯、赛什腾、鱼卡、全吉、乌兰、德令哈等 6 个煤田，含煤面积 1490km²。

1. 煤田地质特征

1）含煤地层

主要含煤地层为石炭纪—二叠纪太原组、山西组、羊虎沟组，中侏罗统石门沟组（J_2s）和大煤沟组（J_2d），还有晚石炭世扎布萨尕秀组。

柴北含煤区石门沟组在鱼卡、赛什腾出露较全，含可采或局部可采煤层 1～3 层，厚 0.7～5.97m；赛什腾、冷湖、高泉一带厚 3～12m。在全吉大煤沟大煤沟组发育较好，含可采煤层 2～4 层，厚 2.4～16.2m；全吉、德令哈一带最厚达 22.78～30m。在乌兰旺尕秀附近扎布萨尕秀组发育，含煤 8 层，总厚 8.10m。

2）煤田构造

该赋煤带主体构造展布方向为北西—北西西，组成明显的三条隆起带，南部为锡铁山—埃姆尼克山隆起带，中部为绿草山—欧龙布鲁克山—牦牛山隆起带，北部为赛什腾山—达肯大坂山—宗务隆山隆起带。由此分隔三条凹陷带，由南向北为赛昆凹陷、鱼卡—乌兰凹陷、德令哈凹陷。赋煤带总体构造规律是：走向逆冲断层构成主体构造格架，多具压扭性，平面上呈平行、雁行、反"S"形排列，成带分布，剖面上具叠瓦扇组合特征，被小规模斜向断裂切错呈分段性，褶皱以背斜构造为主，规模一般较小，多为短轴褶皱、轴向与断裂平行，褶皱形态不完整，两翼多被断裂破坏或与断裂相伴生，与其具有成因联系。

3）煤质

柴北含煤区乌兰旺尕秀及石灰沟，晚石炭世扎布萨尕秀组煤为肥煤，局部有焦煤、气肥煤。石门沟组及大煤沟组煤多属中 - 低灰、低硫长焰煤，少量不黏煤、弱黏煤，仅尕斯金鸿山深部变质程度高，为贫煤。

2. 预测成果

本次在柴北缘赋煤带 5 个煤田、7 个矿区开展预测工作，共圈定 51 个预测区，预测面积 1342km²，预测资源量 156.57 亿 t，煤类以贫煤（77.65 亿 t）、长焰煤（62.09 亿 t）为主，不黏煤、焦煤、肥煤、瘦煤少量。

按深度统计，埋深 0～600m 的预测资源量为 14.70 亿 t，600～1000m 的预测资源量为 50.95 亿 t，1000～1500m 的预测资源量为 54.66 亿 t，1500～2000m 的预测资源量为 36.25 亿 t；埋深在 1000m 以浅的预测资源量为 65.65 亿 t，占 41.9%。

按可靠程度分，可靠级（334-1）的预测资源量为 65.08 亿 t，可能级（334-2）的预测资源量为 41.74 亿 t，推断级（334-3）的预测资源量为 49.74 亿 t；可靠级占预测资源的 41.6%。

根据煤炭资源潜力评价结果，有利的（Ⅰ类）预测资源量为 5.42 亿 t；次有利的（Ⅱ类）预测资源量为 45.11 亿 t；不利的（Ⅲ类）预测资源量为 106.03 亿 t；其中Ⅰ类资源占 3.5%。优（A）等预测资源量为 5.42 亿 t，良（B）等预测资源量为 41.55 亿 t，差（C）等预测资源量为 109.59 亿 t。优（A）等潜在资源占 3.5%。

3. 重点预测区及预测依据

鱼卡矿区主要预测区为滩间山预测区、尕秀西段预测区和羊水河预测区。

1）滩间山预测区

该区位于滩间山与嗷唠山东端的山间凹地。滩间山东端边缘有中侏罗统大煤沟组（J₂d）含煤地层及上统地层出露，东侧嗷唠河边 TC18 号探槽，曾见 D 煤（中煤）和 C 煤（下煤），可采总厚度约 12m，煤层稳定。其余绝大部分被新生界地层覆盖。

从沉积特征和层序地层学分析，在层序 3 沉积期，古气候及古地理条件适宜，该地区受湖平面变化、气候、构造的综合影响，主要发育曲流河三角洲沉积体系，分流间湾沼泽广泛发育，有利于厚煤层的发育；在布格重力异常图上，反映为向南东敞开的"箕形"，为山间向斜的翘起端。据此推测，区内可能有煤层赋存，为预测可能区。

2）尕秀西段深部预测区

该区位于尕秀西段北西走向的逆断层上盘，马海尕秀背斜的北翼，在重力异常剖面图上反映为相对宽缓的斜坡。

区内除背斜轴部有上侏罗统地层出露外，其余均为古近系掩盖区。据区东侧 Y40 钻孔资料，层序 3 沉积了中侏罗统大煤沟组低位体系域、湖侵体系域和高位体系域，煤层形成于湖侵体系域下三角洲平原，该孔 787m 及 799m 处钻遇煤 7，煤厚分别为 2.0m、1.3m，孔深 965m 未见基底，预测深部应有煤 7 更厚的分煤层发育。

3）鱼卡西及羊水河预测区

这两个区位于呼图森预测区的南东侧，它们之间被北东东向的平推断层所隔，东以鱼卡煤田东部勘探区为邻，两区之间以南东向北倾逆断层为界。

该区仅有呈近东西向的鱼卡背斜轴部有上侏罗统地层出露，其余大部均为古近系掩盖区，两个预测区分处背斜两翼，沉积了一套从上三角平原到下三角洲平原再到滨浅湖的沉积序列，在上三角洲平原上有厚度较大的煤层发育。区内石油鱼33孔于1530m见中侏罗含煤地层，并见煤多层，孔深1850m未见基底；东侧ZK11-1孔于500m以浅钻遇侏罗系主可采煤层煤7，煤厚7.51m。

第六节　滇藏赋煤区煤炭资源预测

一、赋煤区概况

滇藏赋煤区位于我国西南部，北界昆仑山，东界龙门山—大雪山—哀牢山一线，包括西藏、新疆—青海南部、云南—四川西部。赋煤区东西长733km，南北宽399km，面积187.63万km²。区内有青海—昌都、土门—巴青、腾冲—潞西、保山—临沧、兰坪—普洱5个赋煤带，19个煤田（煤产地）、47个矿区，共确定预测区100个，预测含煤面积3527km²。

二、预测成果

本次在滇藏赋煤区（图7-25）的青南—昌都、土门—巴青、腾冲—潞西、保山—临沧、兰坪—普洱5个赋煤带、19个煤田（煤产地）、31个矿区开展预测工作，共圈定预测区100个，预测含煤面积3527km²，其中青海预测面积最大，为1708km²，占48%，其次为云南1361km²，占38.6%，西藏预测面积较小581km²，仅占16%；预测资源量75.17亿t，按成煤时代统计，早石炭世预测资源量最多，38.14亿t（占50.7%），其次为晚二叠世14.53亿t（占19.3%），新近纪13.47亿t（占17.9%），晚三叠世8.75亿t（占11.6%）；其他时代少量。

预测资源量按预测深度统计，西藏地区仅估算到1000m，其他省份均估算到2000m。其中，600m以浅32.28亿t，占42.9%；600～1000m为26.84亿t，占35.7%；1000～1500m为15.61亿t，占20.8%；1500～2000m为0.44亿t，占0.6%。

预测资源量按煤类统计，无烟煤41.22亿t，占54.8%；其次为贫煤16.31亿t，占21.7%；褐煤13.13亿t，占17.5%。另外，有少量不黏煤、肥煤、瘦煤、长焰煤和焦煤。

预测资源量按预测级别统计，可靠级（334-1）43.33亿t，占57.6%；可能级（334-2）15.9亿t，占21.2%；推断级（334-3）15.94亿t，占21.2%。

预测资源量根据煤炭资源潜力评价，有利（Ⅰ类）的34.90亿t，占46.4%；次有利（Ⅱ类）的20.76亿t，占27.6%；不利（Ⅲ类）的19.51亿t，占26%。优（A）等的为

图 7-25 滇藏赋煤区赋煤单元划分示意图

32.03 亿 t，占 42.6%；良（B）等的为 27.45 亿 t，占 36.5%；差（C）等的为 15.69 亿 t，占 20.9%。

本次煤炭资源潜力评价，充分利用了以往各类地质勘查研究成果，依据沉积聚煤规律、构造控煤理论等，预测区均位于成煤期沉积环境分析的有利成煤区、成煤期古构造分析的稳定区域；预测依据充分，所预测煤炭潜力资源较可靠。

三、主要赋煤带分述

（一）青南—昌都赋煤带

青南—昌都赋煤带位于青海南部唐古拉山东侧的杂多—囊谦一带，向南东延入西藏东部的昌都—芒康，北西—南东向延长约 560km。含煤区处于青藏高原南端他念他翁山和芒康山之间的高山区，海拔标高 3500～5000m，山势陡峻，地形复杂，交通困难。区内自北向南分布有乌丽远景区、扎曲远景区、马查拉煤产地、妥坝煤产地等。

1. 煤田地质特征

1）含煤地层

含煤地层有早石炭世马查拉组，晚二叠世妥坝组，晚三叠世巴贡组或尕毛格组。马查拉组在马查拉一带中上部含煤段含煤 7～43 层，可采及局部可采 4 层，一般厚

0.59～0.95m，煤层薄且不稳定。妥坝组仅在昌都妥坝、芒康一带含可采煤层，含煤性变化大，据妥坝矿点调查，含可采或局部可采煤层 2～14 层（妥坝），多为薄煤层，单层最厚不超过 2m（瓦日）。晚三叠世上部孕毛格组在扎曲、毛庄一带含可采煤 3～7 层，厚 0.50～0.74m（白浪昂）。巴贡组在昌都、芒康一带含煤 6～68 层（夺盖拉），可采或局部可采 1～6 层，总厚不超过 6.8m。

2）煤田构造

含煤区位于滇藏褶皱系羌塘地块群的东北部分，地质构造复杂，以紧密线性褶皱伴有走向断裂发育为特征，形成许多狭长的断块，构造线走向由北西西转向北北西。他念他翁—澜沧江断层东侧及马查拉复背斜、开心岭—囊谦背斜核部出露马查拉组 / 俄博群组，昌都—芒康复式向斜翼部出露妥坝组和巴贡组。

3）煤质

早石炭世煤均为无烟煤。昌都马查拉煤矿马查拉组煤灰分为 14.09%，挥发分为 9.35%，硫分为 1.02%，发热量为 28.46MJ/kg。妥坝组煤为焦煤—瘦煤类，灰分为 21.89%，挥发分为 15.62%，硫分为 1.24%，发热量为 27.12MJ/kg（妥坝煤矿）。孕毛格组煤在毛庄一带可能为不黏煤，但昌都—芒康巴贡组都为中变质烟煤，以肥煤—焦煤为主，灰分为 26.63%，挥发分为 21.94%，硫分为 2.09%，发热量为 25.12MJ/kg。

2. 预测成果

该赋煤带 4 个煤田 / 煤产地共 37 个预测区，预测面积 3429km²，预测资源量 39.51 亿 t，以扎曲远景区预测资源最多，乌丽矿区次之。按含煤地质时代区分，石炭纪煤 33.99 亿 t，二叠纪煤 14.50 亿 t，三叠纪煤 5.04 亿 t。

预测资源量按深度统计，0～600m 为 16.44 亿 t，600～1000m 为 21.74 亿 t，1000～1500m 为 14.94 亿 t，1000～2000m 为 0.42 亿 t。

预测资源量按级别统计，其中 334-1 级别 35.35 亿 t，334-2 级别 9.81 亿 t，334-3 级别 8.38 亿 t。

该带预测煤类以贫煤、无烟煤为主，其他煤类较少，其中无烟煤 35.41 亿 t，贫煤 15.06 亿 t，不黏煤 2.26 亿 t。

预测资源量根据煤炭资源潜力评价，有利（Ⅰ类）的为 26.91 亿 t，次有利（Ⅱ类）的为 14.68 亿 t，不利（Ⅲ类）的为 11.96 亿 t；优（A）等为 26.76 亿 t，良（B）等为 15.10 亿 t，差（C）等为 11.68 亿 t。

3. 预测依据

青海境内的扎曲、毛庄区主要根据 1：20 万区调资料及近年来小煤矿勘探及路线检查资料，在编制 1：20 万煤田地质图的基础上进行预测。西藏境内昌都 - 芒康间仅根据煤矿点踏勘与检查，以矿点资料外推预测，依据欠充分。

（二）滇西赋煤亚区

该区包括腾冲潞西赋煤带、保山临沧赋煤带、兰坪普洱赋煤带 3 个赋煤带。

1. 煤田地质特征

1）含煤地层

滇西含煤区主要含煤地层为新近系，分布于兰坪普洱赋煤带的新安、大勐连、牛洛河一带。

新近系中新统（N_1）：零散分布于大小不一的山间盆地中，各含煤盆地沉积岩性及厚度差异较大，地层厚度数十米至千余米，一般为300～500m，景谷盆地最厚达2394m。

新近系上新统（N_2）：一般成岩程度差，为河湖相或湖沼相含煤建造，岩性以浅灰、灰色、灰绿色黏土岩、砂质黏土岩为主，夹砂岩、碳质泥岩及褐煤，地层厚度一般为150～400m。

2）聚煤规律

可采煤层一般赋存在新近系含煤地层的中部，大部分盆地的煤炭资源丰度均远低于滇东赋煤区，已探获煤炭资源量上亿吨的盆地仅有保山盆地和龙陵大坝盆地两个。

沉积体系主要为冲积扇-湖泊-沼泽体系，沼泽规模常大于冲积扇体或与之相当。聚煤中心严格受成煤期构造和沉积环境的影响。压陷盆地、走滑盆地、走滑兼压陷复合性质的盆地含煤性相对较好，特别是拗陷型、楔型、走滑-断拗型其含煤性及富煤程度普遍较高，纯张裂成因盆地的含煤性及富煤程度普遍较差。

3）构造特征

滇西地区东界为小金河—三江口断裂带（F_{10}）、金沙江—哀牢山断裂（缝合）带（F_7），西至国界，与缅甸为邻，即西藏—三江造山系（Ⅶ）云南省境内区域，包含扬子西缘多岛-弧-盆系（Ⅶ-2）、怒江—昌宁—孟连结合带（Ⅶ-4）、保山微陆块（Ⅶ-8）、冈底斯弧盆系（Ⅶ-5）四个Ⅱ级构造单元。区内由西往东依次有怒江断裂带、澜沧江断裂带、昌宁—孟连断裂带、小金河—三江口断裂带、金沙江—哀牢山断裂带，断裂带也是区内三个赋煤带（兰坪普洱、保山临沧、腾冲潞西）的围限边界。赋煤带内次级断裂十分发育。

含煤区内新近纪盆地构造受基底构造影响较大，一般赋煤盆地内基底及盆缘附近多伴有稀疏的断层，盆地盖层多为宽缓向斜构造，构造复杂程度一般属简单类。各盆地含煤不均一，有的盆地局部地段含煤，含煤1～10层，可采1～5层，煤层总厚一般数米，个别盆地20余米，煤层一般属较稳定至不稳定，煤层结构一般较复杂。

4）煤质

区内除上三叠统为中高灰低硫贫煤（PM）外，新近系煤盆地多为中至高灰、低至中硫、中等发热量褐煤（HM）为主，少量为中灰、低硫，较高发热量长焰煤（CY）。

2. 预测成果

预测面积为1641.05km²，埋深2000m以浅预测资源量13.94亿t，其中埋深1000m以浅资源量13.26亿t，

1）兰坪—普洱赋煤带

预测资源量2.65亿t，全部资源量埋深均小于600m，除大午塘、红潭预测区属晚

三叠世外，其余均赋存在新近纪盆地中。其中，可靠级（334-1）资源量为 0.8 亿 t，可能级（334-2）资源量为 0.03 亿 t；推断级（334-3）资源量为 1.82 亿 t。

2）保山 - 临沧赋煤带

预测资源量 7.54 亿 t，均赋存在新近纪盆地中，除陇川预测区的 2.5 亿 t 外，其余资源量埋深均小于 600m。可靠级（334-1）资源量为 4.39 亿 t，可能级（334-2）资源量为 2.55 亿 t；推断级（334-3）资源量为 0.6 亿 t。

3）腾冲 - 潞西赋煤带

预测资源量 3.75 亿 t，均赋存在新近纪盆地中，预测资源量埋深除陇川盆地为 2000m 以浅外，其余均位于 600m 以浅。其中，可靠级（334-1）资源量 0.42 亿 t，可能级（334-2）资源量为 2.15 亿 t，推断级（334-3）资源量为 1.18 亿 t。

第七节　煤炭资源潜力分类评价

通过本次预测，共提出预测区 2880 个，总面积 42.84 万 km^2，预测资源量 3.88 万亿 t。但是，预测区的分布、埋藏深度、开采开发条件和可靠性显著差异，需要对预测资源量进行潜力评价。

一、预测资源量分类分等评价

根据本书提供的资源潜力评价方法，对预测资源量潜力进行了评价，得出如下评价结果。

（1）按照预测资源量可靠程度分。可靠级（334-1）15676 亿 t，占总量的 40%；可能级（334-2）12190 亿 t，占 32%；推断级（334-3）10930 亿 t，占 28%。

（2）按照分类评价分。Ⅰ类预测资源量 9996 亿 t，占 25.9%；Ⅱ类 12167 亿 t，占 31.6%；Ⅲ类 16647 亿 t，占 42.5%。

（3）按照分等评价。优等预测资源量 9815 亿 t，占 25%；良等 11345 亿 t，占 29%；差等 17650 亿 t，占 46%。

二、矿区资源潜力分类

（一）矿区资源潜力分类原则

以矿区或远景区为单元，评价煤炭资源潜力，将矿区或远景区划分为最具潜力矿区（远景区）、中等潜力矿区（远景区）和较小潜力矿区（远景区）。

（1）最具潜力矿区（远景区）。构造简单—中等、煤层稳定—较稳定、煤层厚度大，煤质优良、煤层埋藏浅，外部开发条件好，优等、良等预测资源量在 10 亿 t 以上（炼焦用煤 5 亿 t 以上）；其中优等预测资源量占优等 + 良等预测资源量的 20% 以上。

（2）中等潜力矿区（远景区）。构造中等，煤层较稳定，煤层厚度较大，煤质良好，煤层埋藏浅，外部开发条件较好，优等良等预测资源量在 5 亿 t 以上（炼焦用煤 2 亿 t 以上）。

（3）较小潜力矿区（远景区）。构造复杂，煤层不稳定，煤层厚度较小，煤质较差，煤层埋藏深，外部开发条件一般，非优等、中等潜力矿区。

（二）矿区煤炭资源潜力评价分类结果

按照矿区（远景区）资源潜力评价和分类划分要求和原则，我国共有矿区或远景区 870 个，这里对有预测资源量的 647 个矿区或远景区进行了评价。其中，最具潜力矿区 123 个，中等潜力矿区 86 个，较小潜力矿区 438 个。我国最具潜力矿区与中等潜力矿区相对较少，分别占 19%、13%，较小潜力矿区最多占 68%（图 7-26）。

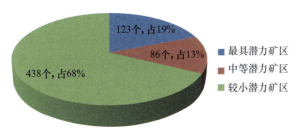

图 7-26 全国煤炭预测资源矿区潜力分类图

全国最具潜力矿区集中分布在少数省份内，新疆有 31 个居首位，占 25.2%；其次为内蒙古 21 个，占 17.1%；山西 16 个，占 13.0%；以上三个省份占到 55% 以上，其他省份较少。

在 123 个最具潜力矿区中，华北赋煤区 51 个，占 41%；西北赋煤区 34 个，占 28%；其次为华南、东北赋煤区分别为 20 个和 16 个；滇藏赋煤区最少，仅 2 个。中等潜力矿区共 86 个，华北赋煤区 39 个，占 45.3%；其次为华南、西北和东北赋煤区；滇藏赋煤区为零个（图 7-27）。

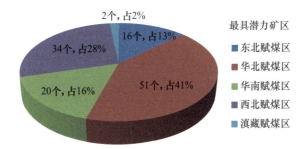

图 7-27 全国各赋煤区煤炭预测资源最具潜力矿区分布

三、煤炭资源潜力评价

通过煤炭资源预测和潜力评价，可以清楚看出，我国预测资源量十分丰富，资源潜力巨大。但是，不同区域、不同煤种资源潜力显著不同，需要客观认识和科学评价。

1. 东北规划区

从预测深度看，埋深1000m以浅资源仅有190.01亿t，主要分布于黑龙江省。可靠级只有65.04亿t，优等资源量仅有31.56亿t。最具潜力的矿区仅有黑龙江鸡西和七台河矿区，中等潜力矿区有黑龙江双鸭山矿区和辽宁亮中远景区两个，为今后普查找煤的重点区域。1500m以浅尚有276.62亿t，可供今后普查找煤选区。

2. 黄淮海规划区

黄淮海规划区预测资源量2076.52亿t。从预测深度看，埋深1000m以浅资源仅有222.76亿t，占10%。可靠级只有47.09亿t，优等资源量仅有54.71亿t，找矿潜力不大。最具潜力的矿区有17个，主要分布在安徽省，为今后普查找煤的重点区域。1500m以浅尚有941亿t，可供今后普查找煤选区。

3. 华南规划区

华南规划区预测资源量186.33亿t。从预测深度看，埋深600m以浅资源仅有75.66亿t，可靠级资源为54.59亿t。该区属于南方缺煤地区，无最具潜力的矿区，1000m以浅尚有135.39亿t，可为今后普查找煤选区，力争在南方缺煤地区实现找煤突破。

4. 晋陕蒙宁规划区

晋陕蒙宁规划区预测资源量14789亿t。从预测深度看，埋深1000m以浅资源有3407亿t，具有巨大的找矿潜力。最具潜力的矿区48个，为今后普查找煤的重点区域。

5. 西南规划区

西南规划区预测资源量2727亿t。从预测深度看，埋深1000m以浅资源尚有1266亿t，具有巨大的找矿潜力。最具潜力的矿区20个，为今后普查找煤的重点区域。

6. 西北规划区

西北规划区预测资源量16682亿t，主要分布在新疆。从预测深度看，埋深1000m以浅预测资源有9157亿t，其他各省份资源量很少。新疆地区具有巨大的找矿潜力。最具潜力的矿区37个，为今后普查找煤的重点区域。

第八章　煤炭资源保障程度及勘查工作部署

第一节　煤炭资源供需形势

一、能源结构及变化趋势

（一）世界能源结构现状

过去 10 年，全球能源资源消费快速增长，能源资源储量消耗较大，但是，能源资源勘查工作进展较快，能源资源储量增长显著，全球能源资源格局发生重大变化。

1. 世界能源资源状况

2011 年，全球石油储量 2343 亿 t，比 2000 年增长 52%，增量的 62% 源自美洲的非常规石油。由于重油、油砂资源的发现和勘查，委内瑞拉、加拿大石油储量地位上升到前三位，委内瑞拉占 20%，沙特占 16%，加拿大占 10.6%，伊朗占 9%，伊拉克占 8%，中国仅占 1%。全球石油储量分布格局发生巨大变化，对全球石油政治尤其是美国石油战略产生重要影响。2010 年全球石油潜在资源 2981 亿 t，美洲储量增长空间巨大。

2011 年，全球天然气储量 208 万亿 m^3，比 2000 年增长 35%，储采比为 63.6 年。天然气资源主要分布在俄罗斯、伊朗等国，中国仅占全球资源的 1.5%，分布格局变化不大，美国天然气储量增长较快，主要得益于页岩气储量的快速增长。

2011 年，全球煤炭储量 8609 亿 t，储采比为 111 年。

2. 全球能源结构发展趋势

当今，全球能源版图正在发生一系列显著变化，在未来几十年中，这些变化将会重新定位不同国家、不同地区、不同能源在全球能源体系中的地位与作用。全球能源需求将继续增长，化石燃料仍占据主要地位。到 2035 年，全球能源需求增长将超过 1/3，而中国、印度和中东将占这一增幅的 60%。

可再生能源作用日益凸显，水电、风能和太阳能成为全球能源不可或缺的一部分。报告分析，到 2035 年，可再生能源将占全球总发电量的近 1/3，其中太阳能的增速最快，生物能源的供应也大幅增加。

（二）我国能源结构现状

随着中国经济和社会的发展，中国的能源消费增长速度稳居世界前列。2011 年我国能源消费总量 34.8 亿 t 标准煤，比 2010 年增加 7%，消费总量仅次于美国。但从人均能源消费量来看，我国去年人均为 2.59t 标准煤，人均占有能源远低于美国、日本等发达国家，未来还有较大的增长空间。2011 年能源消费总量的 34.8 亿 t 标准煤中，煤炭占了七成以上。

1. 中国能源消费增长迅速

随着我国经济的迅速发展，能源消费快速增长，近五年的增速达 5.9%，是世界平均增速的一倍。能源消费中，化石能源仍然占有主要地位，石油则是消费增长最快的能源之一。自 1993 年开始，我国成为石油净进口国，2002 年超过日本，成为世界第二大石油消费国。

2. 中国能源结构调整

2011 年，中国煤炭消费总量 35.7 亿 t，约占一次能源消费总量的 72.8%，远远高于世界平均水平，能源结构需要战略性调整。

在我国政府的大力推动下，近年来，清洁能源发展步伐加快，2013 年全国风电装机容量已超过 6000 万 kW，光伏发电装机已达到 300 万 kW，成为全球光伏发电增长最快的国家。到 2015 年各类可再生能源的发展目标是：水电装机容量 2.9 亿 kW，风电 1 亿 kW，太阳能发电 2100 万 kW，太阳能热利用累计集热面积 4 亿 m²，生物质能利用量 5000 万 t 标准煤，各类地热能开发利用总量达到 1500 万 t 标准煤。到 2020 年，非化石能源占能源消费比重将达到 15%。

（三）煤炭高效清洁利用在未来中国能源发展中的地位和作用

煤炭是中国的主体能源和重要的工业原料，如何把煤变成高效、洁净能源，是我国十分重要而迫切的任务。根据有关权威机构和专家预测，到 2020 年，中国煤炭消费量仍将占一次能源消费总量的 65% 以上，消费总量达到 45 亿 t 左右；到 2050 年，煤炭消费比重还将占一半以上，在今后很长一段时期，煤炭需求总量仍将保持适度增长。

在全面建成小康社会和国内生产总值到 2020 年翻两番的目标要求下，中国必须获得多元化、安全、清洁和低成本的能源供应，这就要求中国的能源必须走可持续发展的道路，煤炭高效清洁利用在未来中国能源发展中的地位和作用越来越重要。

二、我国煤炭需求预测（2020 年、2030 年、2050 年）

（一）国际煤炭需求趋势分析

根据 2013 年的《BP 世界能源统计》，2012 年全球煤炭产量为 78.65 亿 t，同比增长 2.0%；全球煤炭消费量为 3730 百万 t 油当量，同比增长 2.5%。中国煤炭生产和消费占全球比重分别为 47.5% 和 50.2%。

从 20 世纪 80 年代末开始，世界煤炭消费进入缓慢增长阶段。许多国家为保护环境而减少煤炭消费量，2000 年世界煤炭消费量首次低于天然气消费量，经济发达国家的煤炭消费量趋减，所占比重下降。经济合作与发展组织成员国的煤炭消费量占世界煤炭消费总量的比例，从 1997 年的 46.29% 下降到 2006 年的 37.91%；发展中国家的煤炭消费量增速较快，年均增长 5.34%。从消费地区看，亚洲太平洋地区煤炭消费量增长最快，北美洲次之，欧洲和欧亚大陆多数国家的煤炭消费量呈下降趋势。从煤炭消费量看，煤炭消费量前七位的国家依次是中国、美国、印度、日本、俄罗斯、南非、德国，前七位国家的煤炭消费量占世界煤炭消费总量的77.8%。在全球煤炭消费增长中，包括中国、日本、韩国和印度及澳大利亚在内的亚太地区占了90%，同样，这一地区也占全球煤炭产量增长的80%，亚太地区已成为全球煤炭最有潜力的市场和生产地。

国际能源机构发表的《2011年世界能源展望》中称，在过去10年中，煤炭满足了全球能源需求增长的几乎一半。到2035年时，煤炭消费将会再增加65%，超越石油成为全球能源结构中占比最大的燃料。国际能源机构认为，更高效的燃煤电厂和二氧化碳捕集与封存技术的广泛运用，将有利于煤炭工业长期稳定发展。

（二）我国煤炭消费需求预测

1. 能源资源供需状况

过去10年，中国工业化快速发展带动全球经济持续增长，能源消费进入高增长周期并达到空前程度。石油天然气资源保障程度持续下降，对外依存度增加，分别达到52%和11%。煤炭消费快速增长，2012年我国煤炭消费达到36.5亿t，占世界煤炭消费量的51%，受国际煤炭市场的影响，煤炭进口大量增长，达到2.56亿t。

2. 能源矿产资源需求预测

1）未来我国经济社会发展的基本特征

一是经济将由高速发展逐渐向快速稳定发展过渡。近期，我国提出了国内生产总值年均增长7%的目标，综合考虑西方发达国家经济发展的历史轨迹，预计我国经济在2020年以前将保持高速发展，之后增速有所放缓。

二是产业结构继续优化。战略新兴产业发展取得突破，第三产业增加值占国内生产总值的比重不断提高，高附加值、高端产业和服务业持续发展，环保、新能源、航天航空、电子科技等新兴产业快速增长，将减少主要矿产品的消费需求。

三是人口将保持低速增长。综合考虑联合国人居委员会等机构的分析结果，预计我国人口增长率将持续下降，到2030年以后人口可能会出现零增长。

四是节能减排发展绿色能源是今后能源领域发展的主旋律。我国已向世界承诺，到2020年非化石能源占一次能源消费总量的比重要达到15%左右，单位GDP二氧化碳排放比2005年下降40%~45%。积极发展核能、风能、太阳能、生物质能以及水电等清洁能源，降低能耗，减少温室气体和污染物排放将是未来我国能源的发展方向。

2）能源需求预测

2012年，我国GDP总量达到8.3万亿美元，人均6000美元。未来30年中国经济将持续增长，预计2015年中国人均GDP超过1万美元，2030年超过2万美元。中国一次能源需求总量2020年将达到44.6亿t标准煤，2030年将达到50.9亿t标准煤，2050年为59.0亿t标准煤。未来20年中国能源需求强劲，能源结构调整任重道远。2030年煤炭占比仍将超过60%，2050年仍将达到50%以上，煤炭仍是我国主体能源。未来30~40年，石油在能源消费结构中所占比例将持续下降，2030年和2040年分别下降至15.8%

和 13.8%。天然气在能源消费结构中所占比例将快速增长，2030 年将达到 10%，2040 年将达到 11.3%。核能所占比例增速将远快于三种化石能源。2030 年占比将达到 8.5%，2040 年将超过 10%。未来 30 年，非化石能源在中国能源消费结构中的比例将持续增长，2030 年和 2040 年将分别超过 22% 和 27%。

3. 煤炭资源需求预测

1）煤炭消费现状

21 世纪以来，我国工业化和城镇化进程明显加快，煤炭消费量大幅增长，2012 年煤炭消费量达到 37 亿 t，较 2002 年增加 17.3 亿 t，平均每年增加 2 亿 t，年均增速高达 10%（图 8-1），主要集中在电力、钢铁、建材、化工四大行业，占全国的 80%，四大行业中以电力为主，消费量达 17.6 亿 t，占全国的 53%。

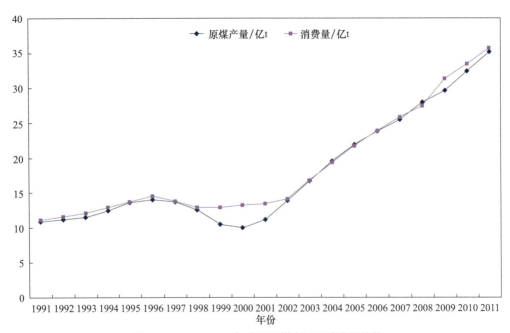

图 8-1　1991～2011 年我国原煤产量及消费量趋势

2）煤炭需求量预测

本章采用主要耗煤部门法进行预测。目前，电力、钢铁、建材和化学工业耗煤量约占全国煤炭消费总量的 80%，是我国四大主要耗煤行业。主要耗煤部门法是建立在对主要煤炭消费部门产品产量发展和节能技术进步而进行预测的一种方法，此法考虑因素较全面，可靠性较高。

根据主要耗煤部门法预测，2015 年、2020 年、2030 年和 2050 年全国煤炭需求总量为 39.11 亿～42.16 亿 t、43.02 亿～46.04 亿 t、47 亿～49 亿 t 和 49 亿～51 亿 t。

4. 煤炭进出口预测

随着国民经济的快速发展，煤、电、油、运高位运行，国内煤炭供应偏紧，煤炭价格不断上涨，东部沿海远离煤炭主产区，煤炭紧缺，加之，国际煤炭价格低，煤质好且比较稳定，具有明显的优势，因而煤炭进口大幅增加，2009 年后煤炭进口量大幅增长，2012 年达到了 2.5 亿 t。预计未来几年，我国煤炭进口市场不确定性较大，近年来，煤炭进口量激增的态势进一步延续的可能性较小，但考虑到全球煤炭需求态势和煤炭市场发展，煤炭进口量仍将缓慢增长。

第二节　煤炭产能分析与趋势

一、现有煤矿产能

2012 年我国煤炭产量达到 36.5 亿 t，核定生产能力约 35 亿 t。

1. 东部补给带现有产能

现有煤矿产能约为 9 亿 t，约占全国煤炭产能的 25%，其中，东北规划区约 2 亿 t，黄淮海规划区约 6 亿 t，华南规划区约 1.3 亿 t。

东北规划区现有矿井开发时间长，强度大，资源条件差，开采技术条件复杂，后备资源短缺，且多为褐煤，如果找煤没有重大突破，煤炭产能将以较快的速度下降。

黄淮海规划区现有煤炭产能约 6 亿 t。北京门头沟矿区是北京的生态保护区，煤炭生产规模受到严格控制。河北、山东、江苏、河南等省份的矿井服务年限较长，煤炭资源查明程度高，后备资源短缺，现有后备资源仅能满足现有煤矿接续，难以增加新的产能。安徽资源条件较好，现有矿井服务年限尚短，煤炭产能尚有一定的上升空间，但余地不大。

华南规划区现有产能约 1.3 亿 t，该区煤层薄且不稳定，构造极其复杂，开采条件差，煤矿机械化水平低，多为炮采和原始的人工采煤方法，现有煤矿开采年限长，浅部资源已经枯竭。随着煤矿安全、环境和保护耕地要求的提高，煤炭成本将大幅度上升，煤矿产能将会大幅度下降。

2. 中部供给带现有产能

晋陕蒙宁规划区是我国煤炭主产区，资源丰富，开采条件简单，适宜建设大型特大型矿井，具有较大的发展空间，现有产能约 20 亿 t。

西南规划区是我国南方主要煤炭资源富集区，现有煤炭产能 3 亿～4 亿 t。云贵两省资源丰富，具有较大的发展空间；四川、重庆资源条件稍差，近期可以稳定产能。

3. 西部自给带现有产能产能

西北规划区新疆、青海煤炭资源丰富，多数整装煤田未开发，甘肃省煤炭资源条件一般，东部华亭、庆阳资源条件较好，煤矿产能可以适度扩大，现有产能 1 亿～2 亿 t。

二、保有资源储量产能

截至 2009 年年底，保有资源储量约为 14800 亿 t，显然，保有资源储量不能完全被采出。根据我国煤炭设计规范，可以计算出在当前技术经济条件下的煤炭产能。

（一）区域煤炭产能估算方法

按照《煤炭工业矿井设计规范》（GB 50215—2005），可以估算区域煤炭产能：区域煤炭产能＝保有资源储量 × 区域煤炭采出率/（服务年限 × 储量备用系数）

我国煤矿井型和服务年限如下：

井型	服务年限
600 万 t 以上	70 年
300 万～500 万 t	60 年
120 万～240 万 t	50 年
45 万～90 万 t	40 年

为了保证地区煤炭开采的稳定，区域煤炭开发服务年限应该比单一井田服务年限要长。华南区煤矿井型一般较小，服务年限取 30 年，其他地区取 60 年。储量备用系数一般采用 1.4，华南规划区采用 1.5。

区域煤炭采出率是指一定区域内煤炭资源采出量与煤炭资源量的百分比，估算区域煤炭产能的关键是测算区域煤炭产出率。根据煤炭技术政策和 60 多对主要生产矿井的统计，理论矿井回采率平均约为 50%，其中，黄淮海地区约为 45%，晋陕蒙宁地区为 55%。规范要求的仅仅是理论矿井回采率，在矿井实际开采时，由于很多薄煤层、构造死角、开采技术条件复杂的煤层难以开采或开采不经济，实际矿井回采率要比理论值低。2006～2007 年国土资源部组织开展首批煤炭国家规划矿区资源评价，对尚未利用资源量进行了概略评价，平均采出率约 40%，其中石炭系—二叠系煤层为 33%，侏罗系煤层为 44%。

由于铁路、公路、河流、自然保护区等因素压覆了大量可采储量而不能开采。同时，在一个较大的区域中（规划区、省区、发展区带）煤炭资源储量的构成十分复杂，具有各种不同勘查程度、不同开发状态和各种开采条件，因此，区域煤炭资源采出率一般大大低于矿井回采率。根据历史开采数据和资源条件，可以估算出各省区区域采出率（表 8-1）。

表 8-1　各省份煤炭资源产出系数

省份	产出系数	省份	产出系数	省份	产出系数
辽宁	0.35	安徽	0.35	湖南	0.30
吉林	0.35	江苏	0.35	广东	0.30
黑龙江	0.35	河南	0.35	广西	0.30
北京	0.35	浙江	0.30	山西	0.35
天津	0.35	江西	0.30	内蒙古	0.35
河北	0.35	福建	0.30	陕西	0.35
山东	0.35	湖北	0.30	宁夏	0.35

省份	产出系数	省份	产出系数	省份	产出系数
重庆	0.30	云南	0.30	新疆	0.30
四川	0.30	甘肃	0.30	西藏	0.30
贵州	0.30	青海	0.30		

（二）区域煤炭产能分析

据区域煤炭产能公式估算，全国保有资源量 14800 亿 t，约能形成 62 亿 t 产能（表 8-2）。其中，东部补给带区域煤炭产能为 7.45 亿 t 左右，中部供给带区域煤炭产能为 43.78 亿 t 左右，西部自给带区域煤炭产能为 8.97 亿 t 左右。

表 8-2　全国保有资源储量产能估算　　　　（单位：亿 t）

发展区带	规划区	省份	保有资源储量	区域产能	经济的资源量	经济的产能	机械化资源量	机械化产能	安全资源量	安全开采产能	绿色资源量	绿色产能
全国合计			14807.19	61.70	9731.96	40.55	14400.81	60.00	14677.49	61.16	5386.19	22.44
东部补给带	东北	辽宁	84.19	0.35	10.04	0.04	76.78	0.32	79.05	0.33	84.19	0.35
		吉林	20.76	0.09	1.03	0.00	18.47	0.08	20.76	0.09	18.94	0.08
		黑龙江	202.15	0.84	28.15	0.12	198.33	0.83	202.15	0.84	201.53	0.84
		小计	307.1	1.28	39.22	0.16	293.58	1.22	301.96	1.26	304.66	1.27
	黄淮海	北京	19.21	0.08	3.96	0.02	6.41	0.03	19.21	0.08	19.21	0.08
		天津	0	0.00	0	0.00	0	0.00	0	0.00	0	0.00
		河北	268.05	1.12	135.5	0.56	181.05	0.75	257.72	1.07	266.06	1.11
		江苏	36.03	0.15	26.11	0.11	31.68	0.13	35.95	0.15	36.03	0.15
		安徽	323.56	1.35	230.81	0.96	298.25	1.24	305.34	1.27	323.56	1.35
		山东	369.61	1.54	298.17	1.24	364.82	1.52	369.61	1.54	369.61	1.54
		河南	374.67	1.56	266.37	1.11	369.35	1.54	331.87	1.38	373.2	1.56
		小计	1391.13	5.80	960.92	4.00	1251.56	5.21	1319.7	5.50	1387.67	5.78
	华南	浙江	0.29	0.00	0.01	0.00	0.14	0.00	0.29	0.00	0.29	0.00
		福建	8.35	0.06	7.3	0.03	6.64	0.03	8.35	0.03	8.35	0.03
		江西	12.27	0.08	4.37	0.02	7.34	0.03	11.91	0.05	12.27	0.05
		湖北	7.38	0.05	0.33	0.00	5.9	0.02	7.38	0.03	7.38	0.03
		湖南	31.46	0.21	18.86	0.08	27.42	0.11	31.35	0.13	31.46	0.13
		广东	4.79	0.03	1.53	0.01	2.99	0.01	3.77	0.02	4.79	0.02
		广西	24.48	0.16	4.09	0.02	23.09	0.10	24.48	0.10	24.48	0.10
		海南	1.67	0.01	0	0.00	0	0.00	1.67	0.01	1.67	0.01
		小计	90.69	0.60	36.49	0.15	73.52	0.31	89.2	0.37	90.69	0.38
	合计		1788.92	7.45	1036.63	4.32	1618.66	6.74	1710.86	7.13	1783.02	7.43

续表

发展区带	规划区	省份	保有资源储量	区域产能	经济的资源量	经济的产能	机械化资源量	机械化产能	安全资源量	安全开采产能	绿色资源量	绿色产能
中部供给带	晋陕蒙宁	山西	2449.75	10.21	1923.92	8.02	2416.81	10.07	2449.75	10.21	2114.93	8.81
		内蒙古	5598.58	23.33	2904.43	12.10	5515.08	22.98	5597.56	23.32	1.04	0.00
		陕西	1215.71	5.07	1042.91	4.35	1215.41	5.06	1215.71	5.07	207.04	0.86
		宁夏	353.42	1.47	283.37	1.18	345.95	1.44	353.42	1.47	275.64	1.15
		小计	9617.46	40.07	6154.63	25.64	9493.25	39.56	9616.44	40.07	2598.65	10.83
	西南	贵州	475.25	1.70	182.09	0.76	448.76	1.87	461.83	1.92	475.25	1.98
		云南	285.76	1.02	90.63	0.38	284.63	1.19	285.23	1.19	279.46	1.16
		重庆	35.43	0.13	8.27	0.03	28.18	0.12	30.78	0.13	35.43	0.15
		四川	93.75	0.33	14.84	0.06	93.49	0.39	86.54	0.36	93.52	0.39
		小计	890.19	3.18	295.83	1.23	855.06	3.56	864.38	3.60	883.66	3.68
	合计		10507.65	43.78	6450.46	26.88	10348.31	43.12	10480.82	43.67	3482.31	14.51
西部自给带	西部	西藏	1.61	0.01	0	0.00	0	0.00	0	0.00	0	0.00
		青海	61.15	0.22	52.1	0.22	57.47	0.24	61.15	0.25	0.78	0.00
		甘肃	152.54	0.54	133.55	0.56	151.08	0.63	152.54	0.64	120.08	0.50
		新疆	2295.32	8.20	2059.22	8.58	2225.29	9.27	2272.12	9.47	0	0.00
		小计	2510.62	8.97	2244.87	9.35	2433.84	10.14	2485.81	10.36	120.86	0.50
	合计		2510.62	8.97	2244.87	9.35	2433.84	10.14	2485.81	10.36	120.86	0.50

三、各种约束条件下的产能分析

我国煤炭资源分布与生态环境、水资源呈逆向分布，开采技术条件差，开采的经济性和安全性差异明显。从生态约束方面看，晋陕蒙宁地区和西部地区水资源短缺，生态环境脆弱，煤炭产能发展受到制约，应当加以适当控制。西南地区由于高硫煤，利用受限制。

从煤炭资源禀赋及开采条件约束看，中国煤炭资源中有相当一部分不适宜机械化规模开采。从煤炭开采安全性看，受地质和水文开采条件以及技术条件约束，也有相当多的煤炭资源难以实现安全开采。

（一）水资源约束条件下的煤炭产能

晋陕蒙宁规划区是我国煤炭的主产区，但是，该地区资源性缺水和工程性缺水并存，水资源利用程度相对较高，部分区域依靠区外调水来满足社会发展的需要。本章以主要矿区所在地省级行政区的当地多年平均水资源可利用量、过境水资源的引水量及现已开工建设的规划调水工程的调水量之和作为水资源供需平衡的基础，进行远期水平年2030年及2050年国民经济社会发展的水需求预测。在扣除居民生活需水量、其他工业需水量和农业需水量之后，得到可供煤炭开采的水资源量。然后，用定额法求出可用水量支撑的煤炭开采规模（即用煤炭开采可供水量除以不同水平年的煤炭开采用水定额），综合矿区煤炭可采资源约束进行修正，得出：2030 年、2050 年四省区水资源约束下的合计煤炭开采规模为 24 亿～26 亿 t（表 8-3）。其他地区水资源对煤炭产能影响不大，我国水资源约束下的煤炭产能为 38.5 亿 t。

表 8-3　晋陕蒙宁地区水资源约束下的煤炭开采规模　（单位：亿 t）

煤炭开采规模		山西	内蒙古	陕西	宁夏
水资源约束规模	2030 年	11.45	227.91	6.89	1.09
	2050 年	8.73	247.85	6.53	2.0
煤炭资源约束修正	2030 年	8.7	9.55	5.89	1.09
	2050 年	7.5	10.31	6.5	2.0

（二）生态环境约束下的煤炭产能

生态环境是制约我国煤炭开采的主要因素之一。煤炭开采造成的生态环境问题大致可分为两类：一类是通过政策的引导、激励和强制手段，加大环境治理投入，借助管理和技术手段可以得到有效解决，如采煤产生的矸石、污水等环境污染问题，这是影响煤炭开采规模的软约束。另一类是由于采煤造成了持续永久和不可逆的生态问题，如井工采煤方式致使地层结构发生变化，导致土壤环境与地下水循环系统发生了根本改变，由此而引起的生态退化在短时间内无法恢复，或者即便恢复也不可能恢复到原有状态。这类生态问题集中反映在"水、土"两类生态系统上，而土地资源与水资源的承载能力是决定煤炭开采规模的硬约束。理论研究和实证分析表明，产煤地生态环境的恶化趋势与该地区煤炭开采规模高度相关。

晋、陕、蒙、宁规划区是生态环境脆弱敏感区，新疆是生态环境也很脆弱，为了确保煤炭开发与矿区生态环境建设协调发展，适度控制煤炭的产能是解决煤炭开发和生态环境保护协调发展的基本前提。

本书采用层次分析法建立生态环境承载力模型

$$P = \sum_{i=1}^{m} P_i \cdot W_i + \sum_{j=1}^{n} P_j \cdot W_j$$

式中，P 为区域综合环境承载力相对剩余率；P_i 为某发展类单项指标的环境承载率相对剩余率；P_j 为某限制类单项指标的环境承载率相对剩余率；m 为指标体系中发展变量的个数；n 为指标体系中限制变量的个数；W_i、W_j 为各指标的权重。

区域综合环境承载力相对剩余率反映了区域实际的环境承载量与其理论上的环境承载力之间的量值关系。当某一环境要素的相对剩余率大于 0 时，说明该要素的承载量尚未超过其可容量承载力的范围；反之，则说明该要素的实际承载量已超过其允许的承载力限度，有可能引发相关的环境问题。根据研究表成果，估算准格尔矿区综合环境承载力相对剩余率为 0.29，当矿区煤炭总产量为 9980 万 t/a 时，矿区环境承载力达到满载，即矿区综合环境承载力相对剩余率为 0。

通过对内蒙古准格尔矿区煤炭开发与生态环境协调发展研究的典型分析，预测出晋陕蒙宁规划区在环境承载力允许的条件下的开发规模。准格尔矿区煤炭资源储量约为 280 亿 t，在环境承载力达到满载时煤炭生产规模约为 1 亿 t。也就是说，要使煤炭开发对生态环境的影响控制在环境承载力允许的范围内，280 亿 t 的资源储量仅能形成 1 亿 t 产能。

准格尔矿区是晋陕蒙宁规划区的典型矿区，生态环境具有代表性，资源丰度约为 2000 万 t/km^2，考虑到资源丰度的不均一性，以资源丰度系数对产能进行校正。产能生态环境制约下的产能模型如下：

$$M = K \times T / 280$$

式中，M 为区域产能；K 为资源丰度系数 = 资源丰度 /2000；T 为资源储量。

山西省的石炭系—二叠系资源丰度平均约为 1500 万 t/km^2，陕西省侏罗纪煤田资源丰度约为 1500 万 t/km^2，内蒙古资源丰度约为 1700 万 t/km^2。通过计算，晋陕蒙宁规划区的生态环境约束条件下的煤炭产能为 21 亿～23 亿 t。

根据煤炭资源生态环境评价，我国易绿色开发的保有资源储量 898.59 亿 t，产能 3.75 亿 t；通过适当加大生态环境建设成本、加强技术研发，可以实现绿色开采的资源储量 4487.58 亿 t，产能 18.70 亿 t。

（三）煤矿安全高效集约化生产约束下的产能

从我国安全高效矿井建设的实践分析，我国煤炭资源赋存的地质条件相当复杂，影响煤矿安全、高效生产的因素很多，安全生产客观存在着一系列难以逾越的地质难题，由此而带来的安全生产隐患将成为我国煤炭工业可持续发展必须解决的一个重大难题。

煤矿开采技术条件的复杂性制约着煤炭的产能。保有资源储量中，煤矿安全开采技术条件好的资源储量 8887 亿 t，约占保有资源储量的 60%，煤矿安全开采技术条件较好的资源储量 5791 亿 t，约占保有资源储量的 39%，煤矿安全地质条件差的资源储量约占保有资源储量的 1%。按照 35% 平均区域采出率估算，适宜安全开采的产能为 61 亿 t。

（四）产需空间分离格局制约下的煤炭产能

我国煤炭运输主要通过铁路、水运和公路三种方式。我国北煤南运、西煤东运的格局长期存在，能否在煤炭主产区和煤炭主消费区之间建立高效畅通的现代综合运输体系，将成为制约煤炭持续稳定供给的重要制约因素。

从总体上看，我国现有运输能力并不适应未来增长的煤炭运输需求，主要表现在：一是铁路瓶颈仍然存在，主要铁路煤炭运力（大秦、朔黄、石太、太焦等）已经接近饱和或达到饱和；现有铁路通道布局不够合理，如晋陕蒙宁煤炭外运铁路通道，除西康铁路和宁西铁路外，均为东西向布局，煤炭往南方运输一般要先向东再转到南北干线上，造成迂回运输。二是煤炭下水港口吞吐能力不足，北方沿海七港口超能力 10.5% 装船。部分港口铁路输送能力不足，如天津港公路承担的集运量占到 1/3 左右，成为港口周边环境污染的重要因素。三是长距离公路运输是以汽油换取煤炭，对社会资源、生态和大气环境产生很大的负面影响。运输中大量存在"超载"、"逃费"、"涨吨"等，给交通安全带来了隐患。四是预计未来铁路运输扩能将主要从中西部地区的黄土高原通过，该地区复杂的地理、地形条件和脆弱的生态环境无疑将会进一步加大建设成本。目前的运输能力，基本达到饱和，因此，煤炭运输能力严重制约煤炭产能。

（五）大气环境保护压力下的煤炭产能

我国煤炭消费量巨大，煤炭利用过程中的环境影响日趋严重，已成为制约我国煤炭工业可持续发展必须面对的重大问题。电力行业用煤呈快速增长的态势，是国内煤炭消费增长的主要因素，约占煤炭消费量的 70%，以煤炭燃烧为主的火力发电在发电过程中生成的 SO_2、NO_x 排放，使火力发电厂成为我国大气污染物的主要排放源。

为了控制大气污染，一方面，要加强脱硫脱灰技术研究，发展洁净煤技术，控制 CO_2 和 SO_2 排放，另一方面，控制高硫高灰煤的生产规模，不失为一项现实、经济和可行的措施。我国华南、西南地区煤的硫分高，华南地区由于煤炭需求量大，后备资源十分紧缺，限制高硫煤的生产和消费不太现实，这部分煤炭生产规模应尽量维持，主要通过发展洁净煤技术，控制 CO_2 和 SO_2 排放。西南地区煤炭资源相对丰富，应控制高硫煤的生产，限制煤炭产能。这个地区中，高硫煤约占总资源储量的一半以上，因此，煤炭产能应控制在 3 亿 t 比较适宜。

结合生态环境环境，得出我国生态环境约束下的煤炭资源产能为 38.2 亿 t。

（六）煤炭工业科学发展前提下的综合煤炭产能预测

通过对资源储量、安全高效、水资源、生态环境、产需分离格局、环境保护等约束条件下的产能分析，估算了不同约束条件下的产能，这些分析都是单因素分析。

本书建立多约束评估模型：

$$F=\sum_{j=1}^{n}F_j=\sum_{j=1}^{n}\min(F_{ij}), \qquad i=1,2,\cdots,6; j=1,2,\cdots,n$$

式中，F 为各种条件约束下的区域产能；F_j 为 j 地区各种条件约束下的区域产能；F_{ij} 为 j 地区 i 种条件下的区域产能。分别对各区域的煤炭供给能力进行评估，得出以下结论：全国保有资源储量可形成 62 亿 t 区域产能，考虑到各种因素的影响，按照煤炭工业可持续发展要求，保有资源量区域产能控制在 40 亿 t 以内为宜（表 8-4）。

表 8-4 六种约束条件下我国煤炭持续供应能力 （单位：亿 t）

项目	保有资源储量	机械化开采	安全开采	生态环境	水资源	运输	科学经济
全国	61.70	60.00	61.16	22.44	38.5	28	40.55
东部调入带	7.45	6.74	7.13	7.43	7.6	7.6	4.32

续表

项目	保有资源储量	机械化开采	安全开采	生态环境	水资源	运输	科学经济
东北	1.28	1.22	1.26	1.27	1.6	1.6	0.16
黄淮海	5.80	5.21	5.50	5.78	4.86	4.86	4.00
华南	0.60	0.31	0.37	0.38	1.12	1.12	0.15
中部供给带	43.78	43.12	43.67	14.51	27.9	19	26.88
晋陕蒙宁	40.07	39.56	40.07	10.83	24	16	25.64
西南	3.18	3.05	3.09	3.18	3.94	3	1.23
西部自给带	8.97	8.69	8.88	0.50	3	2	8.02
西部	8.97	8.69	8.88	0.50	3	2	8.02

第三节　煤炭资源保障程度

所谓煤炭资源保障程度，是指满足一定时期国民经济和社会发展对煤炭资源需求的程度。随着国民经济和社会的发展，对煤炭需求量将会持续增长，对煤质要求不断提高，由于煤矿生产能力是有限制的，就必须建设新井以满足日益增长的煤炭需求。因此，不仅需要可供建井的勘探（精查）资源量/储量，还需要一定比例的详查、普查资源量作为基础，开展必要的资源调查和基础研究工作，保持找煤工作的后劲，形成资源/储量梯形结构。同时，从科学发展观高度，需要勘查优质环保型煤炭资源，提供煤炭开发的水资源，还需要做到煤炭资源开发利用和环境保护协调发展。

一、概念与分类

为了定量评价煤炭资源保障程度，本书提出了煤炭资源保障程度评价指标和概念如下。

（1）储采比。它是指储量与产能之比，即储量/（产能×1.4）。

（2）资采比。它是指可采资源量与产能之比，即可采资源量/（产能×1.4），可采资源量是指可以采出的资源量，即保有资源储量乘以区域采出率。

（3）区域资采比。它是指区域资源可采出量与区域产能之比，即区域资源可采出量/（区域产能×1.4）。

（4）供需差。区域煤炭需求与区域产能之差。

（5）矿区保障程度分类。根据矿区、煤产地资采比或服务年限对矿区的资源保障程度进行分类：高保障程度程度矿区，服务年限在50年以上；中保障程度程度矿区，服务年限在30～50年；低保障程度程度矿区，服务年限在30年以下。

（6）区域保障程度分类。按照区域资采比或服务年限、供需差对区域煤炭资源保障程度进行分类（表8-5）。

表 8-5　煤炭资源保障程度评价指标

指标	保障程度			
	高	中等	低	极低
资采比	＞70	50～70	30～50	＜30
供需差	＞3 亿 t	0～3 亿 t	0～3 亿 t	＜-3 亿 t

二、矿区煤炭资源保障程度分析

（一）东北规划区

东北规划区保有资源储量 308 亿 t，矿区核定总生产能力为 1.84 亿 t。通过估算，高保障程度矿区 7 个，矿区核定生产能力合计为 3471 万 t；中保障程度矿区 3 个，矿区核定生产能力合计为 2306 亿 t；低保障程度矿区 44 个，矿区核定生产能力合计为 12638 万 t。生产能力在 10 万 t 以下的为远景区，处于待开发阶段。

（二）黄淮海规划区

黄淮海规划区保有资源储量 1374.26 亿 t，矿区核定总生产能力为 6.03 亿 t。根据矿区保障程度评价，高保障程度矿区 25 个，矿区核定生产能力合计为 1.76 亿 t；中保障程度矿区 17 个，矿区核定生产能力合计为 2.10 亿 t；低保障程度矿区 28 个，矿区核定生产能力合计为 2.19 万 t。生产能力在 10 万 t 以下的为远景区，处于待开发阶段。

（三）华南规划区

华南规划区保有资源储量 98.16 亿 t，矿区核定总生产能力为 1.21 亿 t。经过矿区保障程度评价，高保障程度矿区 9 个，矿区核定生产能力合计为 613 万 t；中保障程度矿区 11 个，矿区核定生产能力合计为 607 万 t；低保障程度矿区 91 个，矿区核定生产能力合计为 1.07 亿 t。生产能力在 10 万 t 以下的为远景区，处于待开发阶段。

（四）晋陕蒙宁规划区

晋陕蒙宁规划区保有资源储量 6951.62 亿 t，矿区核定总生产能力为 13.01 亿 t。根据矿区保障程度评价，高保障程度矿区 51 个，矿区核定生产能力合计为 9.88 亿 t；中保障程度矿区 12 个，矿区核定生产能力为 1.75 亿 t；低保障程度矿区 23 个，矿区核定生产能力为 1.57 亿 t。生产能力在 10 万 t 以下的为远景区，处于待开发阶段。

（五）西南规划区

西南规划区保有资源储量 847.93 亿 t，矿区核定总生产能力为 2.69 亿 t。根据矿区保障程度评价，高保障程度矿区 21 个，核定生产能力合计为 1.52 亿 t；中保障程度矿区 12 个，核定生产能力为 2155 万 t；低保障程度矿区 74 个，核定生产能力为 2.12 亿 t。生产能力在 10 万 t 以下的为远景区，处于待开发阶段。

（六）西北规划区

西北规划区保有资源储量 2363.51 亿 t，矿区核定总生产能力为 10247 万 t。根据矿区资源保障程度评价，高保障程度矿区 34 个，核定生产能力为 5455 万 t；中保障程度矿区 6 个，核定生产能力为 1712 万 t；低保障程度矿区 21 个，核定生产能力为 3032 万 t。生产能力在 10 万 t 以下的为远景区，处于待开发阶段。

综上可见，各规划区中，晋陕蒙宁规划区矿区资源保障程度最高，其次为西北、黄淮海、西南和东北规划区，华南煤炭资源保障程度最低（表 8-6、图 8-2）。

表 8-6　各规划区矿区煤炭资源保障程度　　（单位：个）

规划区	高保障程度矿区	中保障程度矿区	低保障程度矿区
东北	7	3	44
黄淮海	25	17	28
华南	9	11	91
晋陕蒙宁	51	12	23
西南	21	12	74
西北	34	6	21

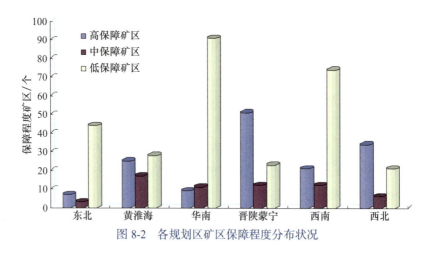

图 8-2　各规划区矿区保障程度分布状况

三、区域煤炭资源保障程度分析

（一）保有资源储量保障程度分析

根据保有资源储量保障程度分析，东部补给带煤炭资源保障程度低，其中，华南规划区煤炭资源保障程度极低。各省份煤炭资源保障程度如下。

极低保障程度省份：吉林、福建、江西、湖北、湖南、广西、重庆。

低保障程度省份：辽宁、江苏、四川。

中保障程度省份：黑龙江、河北、安徽、山东、河南。

高保障程度省份：北京、山西、内蒙古、陕西、宁夏、贵州、云南、甘肃、青海、新疆。

各规划区煤炭资源保障程度如图 8-3 所示。

极低保障程度规划区：华南。

低保障程度规划区：东北。

中保障程度规划区：黄淮海、西南。

高保障程度规划区：晋陕蒙宁、西北。

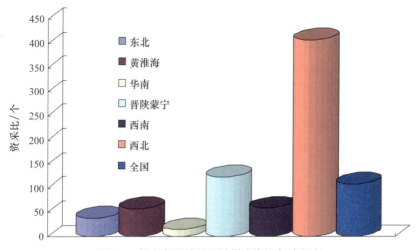

图 8-3　保有资源储量区域煤炭资源保障程度

（二）生产矿井保有资源储量保障程度分析

低保障程度省份：吉林、福建、江西、湖北、湖南、广西、重庆、四川、贵州、云南、甘肃、青海。

中保障程度省份：辽宁、黑龙江、北京、河北、江苏、安徽、山东、河南、内蒙古、陕西。

高保障程度省份：山西、宁夏、新疆。

低保障程度规划区：华南、西南。

中保障程度省份：东北、黄淮海、晋陕蒙宁。

高保障程度规划区：西北（图 8-4）。

四、煤炭供需差与资源保障程度

我国是煤炭生产和消费大国，煤炭供应主要立足国内，产销基本上趋于平衡。但是，由于煤炭资源分布约束，煤炭主产区与主要消费区距离远，煤炭运输制约煤炭安全供应，区域供需矛盾十分突出。东部补给带煤炭缺口很大，2011 年供需差达到 17.3 亿 t，对外依存度达到 2 亿余吨。中部供给带煤炭产量远远大于当地消费量，大量煤炭销往东部地区和四川、重庆等地区。西部自给带产销基本平衡，呈现出自给自足状态。我国

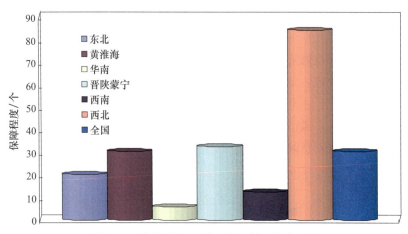

图 8-4 不同规划区已占用资源储量保障程度

煤种分布与需求脱节，尤其是优质炼焦用煤少，集中分布与山西、河北、黑龙江等少数地区，东南沿海及西部一些钢铁厂需要进口，区域调配困难，供需矛盾也比较突出。

根据煤炭需求预测，2015 年、2020 年、2030 年和 2050 年全国煤炭消费总量分别为 39.11 亿～42.16 亿 t、43.02 亿～46.04 亿 t、47 亿～49 亿 t 和 49 亿～51 亿 t。

1. 2015 年煤炭资源保障程度

2015 年供需差约为 7 亿 t，目前，在建井规模达 11 亿 t，差 2 亿 t 可以从国外进口，从全国看，2015 年供需基本平衡，无须再建新井（表 8-7）。但是，东部缺口加大，缺口达 17 亿 t 左右，除了从中部调入外，还需要从西部新疆调入，缺口部分需进口，四川、重庆等中部省份，煤炭资源也比较短缺，缺口加大。

由于煤炭消费量大，回采率低，煤炭资源储量消耗大，如果按照 35% 的区域采出率测算，到 2015 年，全国煤炭剩余资源储量为 14184 亿 t，资采比降到 104 年。华南仅为 10 年左右（表 8-7）。

表 8-7 2020～2050 年我国分区域煤炭供需求平衡预测 （单位：亿 t）

项目	2015 年			2020 年			2030 年			2050 年		
	需求	供给	供需差	需求	供给	供需差	需求	供给	供需差	需求	供给	供需差
合计	42	35	−7	45	35	−10	48	35	−13	50	35	−15
东部	27	9.7	−17.3	28.5	9.7	−18.8	29	9.7	−19.3	25	9.7	−15.3
中部	13	23.3	10.3	14	23.3	9.3	15	23.3	8.3	20	23.3	3.3
西部	2	1.5	−0.5	2.5	1.5	−1	4	1.5	−2.5	5	1.5	−3.5
进口		2	2		2	2		2	2		2	2

2. 2020 年煤炭资源保障程度

根据煤炭需求预测，到 2020 年，我国煤炭需求将达到 43.02 亿～46.04 亿 t。目前，煤炭生产能力为 35 亿 t，煤炭产量达到 36.5 亿 t，在建井规模为 8 亿 t，煤炭供需缺口

10 亿 t，需要建设新井予以弥补。东部缺口较大，达到 18.8 亿 t，需要从中部大量调入的同时，还需要从新疆调入和进口。

到 2020 年，全国煤炭剩余资源储量为 1.35 万亿 t，资采比降到约 75 年（表 8-8）。华南仅为 6 年左右，西南和东北规划区资采比将降为 30 年左右，变为极低保障区域。

表 8-8　2015～2050 年我国分区域煤炭资采比

规划区	2015 年资采比	2020 年资采比	2030 年资采比	2050 年资采比
东北	34.80	31.23	24.09	9.80
华北	53.83	50.26	43.11	28.83
华南	9.64	6.06	−1.08	−15.36
晋陕蒙宁	118.71	87.68	78.93	64.64
西南	52.29	26.60	19.45	5.17
西北	173.01	77.66	50.31	27.64
全国	103.63	75.10	63	52.62

3. 2030 年煤炭资源保障程度

2030 年，我国煤炭需求将达到 47 亿～49 亿 t，按照目前的生产能力 35 亿 t 计算，煤炭供需缺口 12 亿～14 亿 t，需要建设新井予以弥补。东部缺口则更大，达到 18 亿～20 亿 t，需要从中部大量调入的同时，还需要从新疆调入和进口，届时新疆的产能将达到 7 亿～8 亿 t，同时，还需要进口 2 亿 t，煤炭对国外的依存度加大。

到 2030 年，全国煤炭剩余资源储量为 1.2 万亿 t 左右，资采比降到 63 年。华南资源基本消耗殆尽。西南和东北规划区资采比将降为 20 年左右，变为极低保障区域。

4. 2050 年煤炭资源保障程度

根据煤炭需求预测，到 2050 年，我国煤炭需求将达到 49 亿～51 亿 t，按照现有煤炭生产能力 35 亿 t，煤炭供需缺口达到 14 亿～16 亿 t，需要建设大量新井予以弥补。东部缺口则更大，达到 16 亿～17 亿 t，需要从中部大量调入的同时，还需要从新疆调入和进口，考虑到能源的安全，煤炭进口量不宜太大，进口量控制在 2 亿～3 亿 t 为宜。届时，新疆的产能将需要达到 12 亿～13 亿 t。

到 2050 年，全国煤炭剩余资源储量将为 9300 亿 t 左右，资采比将降到 53 年。华南现有资源资源耗竭。除了晋陕蒙宁规划区以外，其他地区资采比均降到 30 年以下，将变为极低保障区域。

从总体上看，2050 年资源保障程度很低，需要开展大量的煤炭资源勘查工作。届时，煤炭开发布局将发生根本性变化，主要产能将分布在中部和新疆，东部进入深部（1200m 以深）开采期，产能很小。

五、基于安全绿色科学开采理念的煤炭资源保障程度

我国粗放的煤炭开采方式，在支撑国民经济快速发展的同时，也付出了沉重的代

价，大量的人员死亡事故，严重的生态环境破坏，给煤炭开发利用带来不利影响。不顾资源条件和环境约束，盲目地追求规模和速度，给煤矿安全、环境及区域经济协调发展埋下隐患，大大超出了本行业在资源、技术、环境、安全等方面所能承载的能力。以科学发展观为指导，改变"以需定产"的行业发展模式，进行科学开采，彻底扭转我国煤炭工业"高危、污染、粗放、无序"的行业现状，实现煤炭产业的可持续发展，势在必行。

我国煤炭产能提升受到诸多不利因素的制约与限制，实现煤炭安全、绿色、开采，不仅受到技术、经济的制约，同时，受到特定的水资源和生态环境的制约，不合理的开发有可能造成水资源系统的严重破坏，不合理的开发可能导致生态环境系统的崩溃。适度控制晋陕蒙宁和西南等地区的煤炭产能，对于保护我国整个水资源和生态环境系统至关重要。今后煤炭开发既要通过先进的采煤技术实现煤炭安全、绿色、科学、开采，同时，又要暂时搁置不易安全开采、不易绿色开发、不经济煤炭资源，控制不合理的煤炭区域产能，整体实现煤炭行业安全、绿色、科学开发。

因此，满足国民经济发展需求的产能应该是安全、绿色、科学的产能，衡量煤炭资源保障程度的基点应该是煤炭安全、绿色、科学开发和煤炭洁净消费的统一和协调。

根据《煤炭安全绿色开采战略研究》（国家能源局，2013），我国现有煤炭产能中仅有约 1/3 煤炭生产能力符合科学产能标准，约 1/3 煤炭生产能力需要通过技术改造和加强矿区环境治理，逐步实现科学开采，约 1/3 的煤炭生产能力与科学产能的要求差距较大，需要通过兼并重组和关闭停采等手段进行淘汰。

依据本次煤炭资源综合评价，尽管我国已经探获了大量煤炭资源，但是，很多是难以实现安全、绿色、经济、科学开采的煤炭资源，很多是与煤炭工业布局和发展不合理的资源，这些资源难以形成科学合理的产能。上述科学产能分析表明，我国现有保有资源储量仅能形成 40 亿 t 左右的科学经济的产能（表 8-4），仅能满足 2015 年的煤炭需求。40 亿 t 科学经济的产能主要分布在晋陕蒙宁规划区和西北规划区，分别占 62% 和 20%。东部补给带科学经济产能仅 4.32 亿 t，与地区煤炭需求差距很大。

综上所述，从煤炭安全绿色科学开采角度，无论是总体上还是区域上，煤炭资源保障程度都不高，尤其东部地区煤炭安全、绿色、科学产能不能满足煤炭地区需求，缺口太大。因此，在加大煤矿安全、环保投入和技术改造力度，提高现有煤矿安全科学开采水平的同时，要加大找煤力度，寻找易于实现煤炭安全、绿色、科学、经济开采的煤炭资源，增加煤炭安全绿色供应能力。

六、后备资源对煤炭资源勘查开发的保障程度

衡量煤炭资源保障程度的一项重要内容是后备资源要能满足建井和扩大延伸的需要，能形成良性的勘探（精查）、详查、普查和预查资源量梯形结构，煤炭地质基础研究和资源调查工作能满足普查找煤的需要，同时，从科学发展观和煤矿安全、绿色开发的高度，需要勘查优质环保型煤炭资源，提供煤炭开发的水资源，还需要做到煤炭资源

开发利用和环境保护协调发展。

到 2015 年、2020 年、2030 年、2050 年我国煤炭缺口将分别达到 7 亿 t、10 亿 t、13 亿 t 和 15 亿 t。按平均区域采出率 35%，服务年限按 60 年估算，分别需要匹配 1680 亿 t、2400 亿 t、3120 亿 t 和 3600 亿 t 资源量。

截至 2009 年年底，尚未利用勘探（精查）资源量 2508 亿 t，其中，经济的资源量 1665.87 亿 t，次经济的资源量 521.77 亿 t，欠经济的资源量 344.95 亿 t。总体上可以满足 2015 年建井所需的资源储量。可供优选建井资源储量的 90 处，精查资源储量 1070.49 亿 t，但大多分布在内蒙古东胜、陕西神木、宁夏、新疆等地，主要为动力用煤。

根据历史经验，精查、详查、普查的资源储量的良性结构（比例）以 1∶2∶5 为宜。截至 2009 年，精查、详查、普查煤炭资源量的比例为 1∶1.17∶2.1。精查、详查、普查经济的资源量的比例为 1∶0.78∶2.29（图 8-5）。显然，精查、详查、普查资源量的比例结构不合理，经济的资源量比例则更不协调。因此，加大勘查力度，寻找科学经济的煤炭资源任重道远。

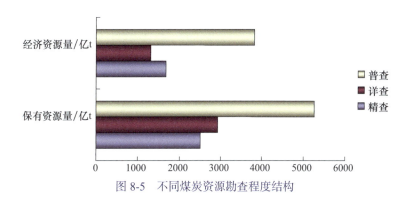

图 8-5　不同煤炭资源勘查程度结构

截至 2009 年年底，预查资源量为 4772 亿 t，但是，主要分布在晋陕蒙宁规划区，占 86%，且集中分布在内蒙古东胜煤田深部，占 69%。因此，预查资源量尽管较多，但是，分布过分集中于内蒙古东胜煤田深部，符合规划要求的经济、绿色资源量不多，因此，加强煤炭资源调查、预查工作仍然是今后一个很长时期的重要任务。

总之，我国煤炭资源保障程度整体较高，基本能满足近期国民经济和社会发展对煤炭的需求，从长远看，煤炭资源保障程度尚低，仍然需要加大煤炭资源勘查开发力度，满足日益增长的煤炭需求。巨大的保有煤炭资源量也只能形成约 62 亿 t 煤炭产能，其中，科学经济的产能仅为 40 亿 t 左右，从煤炭安全绿色科学开采角度考量，煤炭资源保障不容乐观。我国东部煤炭开发程度高，生产矿区资源保障程度低，后备资源短缺。中部、西部地区煤炭资源保障程度高，甚至部分省份存在勘查工作超前现象，探获了很多欠经济、难绿色开发的资源。优质炼焦用煤依然稀缺，保障程度低，开采难度大，缺乏国际竞争力，对外依存度提高。从煤炭资源综合利用角度，按照煤炭安全绿色科学开采和可持续发展思路，还需要开展大量的煤炭地质工作。

第四节　煤炭工业发展趋势

我国煤炭资源开发已经进入深度开发阶段，形成了庞大的生产规模。经过近几年的结构调整和发展方式的转变，煤炭工业发生了重大变革，一幅集约化、集团化、安全高效、绿色开发、可持续发展蓝图正呈现在我们眼前。

煤炭工业发展取得长足进步，但是，煤炭产业集中度仍然不高，煤炭资源规划研究滞后，不合理开发依然存在，煤炭资源节约和合理利用问题尚待有效解决，煤炭资源开发与环境保护的矛盾依然突出，主要表现为以下几个方面：

其一，资源保障仍然不适应经济发展需求。东部找煤没有取得根本性突破，后备资源严重不足；优质炼焦用煤短缺，资源调配困难，部分依赖进口；西部资源准备不足，严重影响西部开发战略部署；煤炭资源与水资源、生态环境保护协调发展问题没有得到很好解决；洁净煤技术地质基础研究严重滞后，化工用煤资源评价滞后；煤系共伴生矿产研究和勘查刚刚起步；煤炭地质基础研究滞后，严重影响找煤突破。资源破坏浪费严重，资源开发和利用方式难以支撑经济社会长远发展。

其二，生产与消费布局矛盾加剧。东部煤炭资源日渐枯竭，产量萎缩；中部受资源与环境约束的矛盾加剧，煤炭净调入省份增加；资源开发加速向生态环境脆弱的西部转移，不得不过早动用战略后备资源。北煤南运、西煤东调的压力增大，煤炭生产和运输成本上升。

其三，整体生产力水平较低。采煤技术装备自动化、信息化、可靠性程度低，采煤机械化程度与先进产煤国家相比，仍有较大差距。装备水平差、管理能力弱、职工素质低、作业环境差的小煤矿数量仍占全国的80%。生产效率远低于先进产煤国家水平。

其四，安全生产形势依然严峻。煤矿地质条件复杂，瓦斯含量高，水害严重，开采难度大。占1/3产能的煤矿亟待进行生产安全技术改造，占1/3产能的煤矿需要逐步淘汰。重特大事故尚未得到有效遏制，煤矿安全生产问题仍突出。

其五，煤炭开发利用对生态环境影响大。煤炭开采引发的水资源破坏、瓦斯排放、煤矸石堆存、地表沉陷等，对矿区生态环境破坏严重，恢复治理滞后。煤炭利用排放大量二氧化碳等有害气体，应对气候变化压力大。

我国煤炭工业面临着严峻的挑战和良好的发展机遇。低水平的煤炭产能与高科技的现代采煤技术形成鲜明对比，过低的产业集中度与激烈的市场竞争态势呼唤大企业大集团建设，巨量的煤炭需求与恶化的环境压力日益突出，这些矛盾已经到了不得不解决、不得不认真面对的关键时刻，必将促进煤炭工业的重大变革。国民经济和社会发展对煤炭工业的要求，决定了煤炭工业的基本走向和发展趋势。

第一，煤炭开发朝大集团、大基地方向发展。建设大型现代化煤矿，提升煤矿管理水平，推进煤矿企业兼并重组，发展大型企业集团，有序建设大型煤炭基地，保障煤炭稳定供应，建立煤炭应急储备体系，是今后煤炭工业发展的基本方向。

第二，煤炭开发朝科学化方向发展。现代科学技术的飞速发展，为煤炭开发带来了勃勃生机，促使煤炭开发朝机械化、自动化，安全管理信息化方向发展，综合机械化采煤工艺成为煤炭开采主流，建立安全监测系统，采掘人员定位系统、生产设备监控系统等将成为现代煤矿之标志。

第三，积极推进洁净煤技术。发展洁净煤技术是世界煤炭利用主要方向，也是各国争夺的高科技领域之一。煤炭液化和气化技术为煤炭清洁利用创造了条件，煤炭清洁开采技术和洗选新技术成果的推广应用，将极大提高煤炭质量，减少污染，加强煤炭低碳和绿色利用，为煤炭工业开拓新的发展空间。

第四，煤炭资源开发向国际化发展。煤炭开发国际化能够弥补国内资源和市场的不足，保障国内短缺煤种的安全和稳定供应。充分利用国际国内两个市场、两种资源，参与境外煤炭资源开发利用，进一步拓展煤炭国际贸易，将成为我国煤炭全球化战略方向。

第五节　煤炭工业布局及发展态势

现有煤炭产量和产能主要集中在中部和东部地区，东中西部的煤炭产能分别占全国的27%、68%和5%。到2015年煤炭生产能力布局变化不大，东部补给带生产能力为9.78亿t，中部供给带29.04亿t，西部自给带2.41亿t。

当前，煤炭工业布局存在严重不足。东部煤炭产能与资源不匹配，进一步加大开发力度，将加速东部煤炭资源的枯竭，加剧煤炭生产的区域不平衡和供需矛盾。

中部地区煤炭产能过大，与水资源可供量比匹配，与生态环境容量不协调，不合理的开发将严重破坏地下水资源，不恰当的开发将严重影响生态系统，可能导致地下水系统和生态系统的崩溃。

西部地区煤炭产能较小，可开发的资源潜力较大，环境容量尚有一定余地，适当加大新疆等地煤炭资源开发力度，将能延缓东部煤炭资源的枯竭，减轻中部地区水资源和环境压力。

我国煤炭工业布局是由煤炭资源分布所决定的，未来很长一个时期，煤炭开发的基本布局是"控制东部、稳定中部、发展西部"。东部开采历史长，可供建设新井的资源少，应该控制开发强度，维持现有供应能力。中部资源相对丰富，开发强度偏大，应该放缓开发增速，保障稳定供应。西部资源丰富，开发潜力大，应该提高供应能力，增加调出量。

现有及规划的煤炭开发布局及运输布局主要考虑的是煤炭实物生产和调运，但是，生产与消费矛盾、运输瓶颈制约问题并未完全得到根本性解决。在洁净煤技术发展的大背景下，应该综合研究煤炭气化、液化、就地转化等煤炭利用和运输新思路，大力发展煤化工，将煤炭实物转化为油、气、电和浆，通过西电东送、西气东输途径，以此建立煤炭资源开发利用新的战略布局。

世界优质煤炭资源可以弥补我国稀缺资源的不足，平衡东部煤炭资源需求，保障资源安全和稳定供应，促进我国经济可持续发展；"走出去"能够促使我国煤炭企业在更大范围、更广领域和更高层次上参与国际合作与竞争，提高国际竞争力。

因此，从全球煤炭资源开发和消费的态势看，在国内"控制东部、稳定中部，发展西部"战略基础上，还需要按照"两种资源、两个市场"战略思路，做好海外煤炭资源的开发。建立"两种资源，两个市场"和"控制东部、稳定中部，发展西部"的"二三"战略布局。

第六节　煤炭资源开发战略

我国煤炭开发受到水资源、生态环境、开采技术条件、安全、环境保护、运输等条件的制约，合理开发利用煤炭资源，是保障我国煤炭安全供应和煤炭工业可持续发展的重要抓手。

根据"科学布局、集约开发、安全生产、高效利用、保护环境"的煤炭工业发展方针，现阶段煤炭资源开发战略应该从以下几个方面进行思考。

一、实施大企业、大集团战略

我国煤矿产业集中度低，煤炭市场无序竞争，严重影响我国煤炭市场的稳定和煤炭安全供应。要大力推进煤矿企业兼并重组，淘汰落后产能，发展大型企业集团，提高产业集中度，有序开发利用煤炭资源。一要推进煤矿企业兼并重组，鼓励各类所有制煤矿企业以及电力、冶金、化工等行业企业，以产权为纽带、以股份制为主要形式参与兼并重组，减少开发主体，进一步提高产业集中度。二要加强资源评价和矿区总体规划，编制矿区总体规划，合理划分井田，研究煤炭资源开发利用方案，实施资源整合，有序推进乡镇煤矿及其他经济实体的不合理的小煤矿资源整合工作。鼓励优势企业整合分散的矿业权，提高资源勘查开发规模化、集约化程度。三要培育大型企业集团。大型煤炭基地内资源优先向大型煤炭企业配置，支持大型企业跨地区、跨行业、跨所有制兼并重组，鼓励"煤、电、运"一体化经营，促进规模化、集约化发展，培育一批具有国际竞争力的跨国集团。

二、大型煤炭基地建设战略

根据我国煤炭工业发展和煤炭安全供应的需要，国务院首先确定了13个大型煤炭基地，后又将新疆主要煤田纳入大型煤炭基地的范畴，目前，我国共有14个大型煤炭基地。要以大型煤炭企业为开发主体，加快陕北、黄陇、神东、蒙东、宁东、新疆煤炭基地建设，稳步推进晋北、晋中、晋东、云贵煤炭基地建设。要通过大型煤炭基地建设，形成稳定可靠的商品煤供应基地和煤炭深加工基地。

（一）建设优质炼焦煤基地

晋中基地、冀中基地、云贵基地、鲁西基地等，煤炭低灰、低硫、强黏结性、可选性较好，高热值，宜用于铸造焦和冶金焦的冶炼，应充分发挥本区焦煤之优势，选用大型焦炉和先进工艺，发展炼焦煤化工产业，进而形成以焦化和焦油加工为主的煤化工产业链。

（二）建设优质动力煤和煤化工基地

晋北、神东、陕北、黄陇、两淮、新疆等煤炭基地，煤属特低灰 - 低灰，特低硫 - 低硫、特低磷 - 低磷，特高热值 - 高热值的长焰煤及不黏煤，有害元素含量低，是优质的环保动力用煤；煤对 CO_2 反应性较好，热稳定性好，抗碎强度高，是良好的工业气化用煤；同时，煤层富油，是良好的低温干馏用煤。应在建立煤电基地的同时，与鄂尔多斯丰富的石油、盐岩相结合，发展煤化工产业，生产甲醇、二甲醚、PVC 等石油替代产品和化工原料，实施煤炭的间接液化或制作水煤浆，替代石油产品。利用东胜、榆神、新民等特低灰、特低硫的特性制作特纯煤产品，用于高炉喷吹。

（三）建设优质无烟煤及煤化工基地

晋东、河南、云贵等大型煤炭基地以无烟煤著称。主要用途为化工和动力用煤，其次可作为气化用煤。在生产民用和电煤的同时，要适应合成氨、电石 - 乙炔生产和高炉喷吹的需要，生产其他煤炭品种，以晋城、潞安和阳泉矿区为基础，建设我国合成氨、优质特殊民用煤生产和高炉喷吹煤化工基地。

（四）建设煤制天然气产业基地

新疆基地，作为我国重要的能源战略后备基地，实行保护性开发，强化可持续发展，重点做好规划，优先建设大型露天煤矿，生产开发规模要与生态环境承载力和水资源条件相适应，以满足区内需求为主，适度加大外调量，重点发展煤制天然气产业。

三、绿色煤炭发展战略

煤炭资源分布与水资源、生态环境的关系，决定了我国煤炭工业必须走一条与其他世界主要产煤国不同的绿色、可持续发展之路：一是控制煤炭生产规模；二是加强煤矿区生态环境治理。

（一）晋陕蒙宁及西北地区

煤炭开发与水资源利用和生态环境保护协调发展是晋陕蒙宁规划区及西部地区亟待解决的重大课题。丰富的煤炭资源、特殊的煤炭战略地位、脆弱的生态环境背景，促使该区必须走出一条绿色煤炭发展之路。

一是控制煤炭生产规模。根据晋陕蒙宁规划区水资源、生态环境现状及评价结果，煤炭生产规模应控制在 20 亿 t 的年生产能力为宜。西北地区尤其是新疆地区煤炭开发程度低，可适当加大开发规模。二是整合小煤矿。乡镇及其他经济实体的小型煤矿点多面广、开采深度浅，对水资源、生态环境的破坏极大，要通过整合、关闭等强有力手段，尽快减少煤矿数量和开采主体，减少水资源和生态环境扰动和破坏区域，促进煤矿区生态环境的改善。三是要切实加强煤矿区环境治理。煤炭开发必然要对原有的生态环境系统进行改造，要使矿区生态环境朝好的方向发展，关键是要加强矿区环境治理，只要根据矿区生态环境的本底特征，因地制宜地制定治理措施，煤炭开发引起的环境问题是可以解决的。四是要科学合理利用水资源。地表水总量是有限的，主要是满足非煤工业、农业和生活用水，煤炭开发用水主要靠地下水和矿井水的再利用进行解决，当务之急是要加强地下水资源评价和勘查工作，摸清矿区地下水资源状况，研究煤矿开采对地下水的破坏机理，制定有效的地下水保护措施，排供结合、循环利用地下水。

（二）东部调入区带

该区国民经济发达，煤炭需求量大，城市化发展速度快，煤矿开发强度大，煤炭开发与土地保护之间的矛盾十分突出。由于资源和煤炭需求压力，该区煤炭产能应保持在8亿～9亿t为宜，要统筹做好煤炭开发和土地保护、城市发展的综合规划，城市发展和道路建设应合理避开煤炭资源储量丰富地区。同时，要重点做好煤矿区环境治理和土地复垦工作，加强三下采煤技术研究和推广，最大限度地减少压煤和采矿损失，切实做到煤炭开发与城市建设、土地保护协调发展。

（三）西南规划区

西南规划区煤炭硫分高，中高硫、高硫煤占查明资源量的50%以上。高硫煤开发利用将形成酸雨，对大气环境产生重大影响。为了减少大气污染，控制高硫煤的产能是首选措施。该区查明煤炭资源量可形成3.9亿～4亿t的区域产能，应选择低硫煤和中硫煤进行开采，区域产能应控制在3亿t左右为宜。同时，要大力发展脱硫技术和硫的综合利用技术，最大限度地减少SO_2的排放，减少大气污染和土壤污染。

四、煤矿安全开采战略

坚持安全发展，深入贯彻落实安全第一、预防为主、综合治理的方针，有效防范重特大事故，加强职业健康监护，进一步提高煤矿安全生产水平。加强重大灾害防治，建立矿井瓦斯抽采系统，做到先抽后采、抽采达标；按照预测预报、先探后掘、先治后采的原则，加强煤矿水文地质勘探和主要含水层监测，做好采空区、断层、陷落柱等重点部位水患排查，落实防治水措施，提高防治水系统能力。在火灾防治方面，重点做好煤层自燃发火监测、采空区注浆注氮等工作，综合防治火灾事故。实施重大安全工程，做好安全矿井评估体系建设，开展安全地质条件评价，为煤矿安全生产提供地质依据。

五、煤炭高效清洁利用战略

煤炭利用的根本出路就是大力发展洁净煤技术。要大力发展煤炭洗选加工，有序建设现代煤化工升级示范工程，促进煤炭高效清洁利用。一是强化煤炭洗选加工，大中型煤矿要配套建设选煤厂，以大型煤炭基地为单元，建设一批国际先进水平的大型选煤厂，推广先进的型煤生产应用技术，加强褐煤提质技术的研发和示范，提高炼焦精煤、高炉喷吹用煤产品质量和利用效率，提高动力煤入选比例。二是稳步推进煤炭深加工示范项目建设。选择煤种适宜、水资源相对丰富的地区，开展煤制油、煤制天然气、煤制烯烃、煤制乙二醇等升级示范工程建设，支持开展二氧化碳捕集、利用和封存技术研究和示范。

六、资源综合利用战略

我国煤矿区中蕴藏着丰富的煤层气和稀有金属、硫铁矿、高岭土、膨润土、硅藻土、石灰石、石墨、天然焦等共伴生矿产资源。煤炭生产和利用过程中产生了大量的矸石、煤泥等废弃物。要积极推进煤炭和煤层气综合勘查、综合开发、综合利用，深入评价煤系共伴生矿产，在煤炭开采的同时，兼顾共伴生矿产资源开发利用。充分利用煤矸石、煤泥等矿山废弃物，变废为宝，促进矿区循环经济的有序发展。健全体制机制，推进采煤采气一体化开发。加大煤层气（煤矿瓦斯）勘探开发利用力度，遏制煤矿瓦斯事故，增加清洁能源供应，减少温室气体排放。大力发展煤层气产业，推进大华北区煤层气勘探开发试验，加快开展新疆地区低阶煤盆地、西南高应力区和中部低渗透三软煤层煤层气勘查与开发评价。重点建设沁水盆地和鄂尔多斯盆地东缘煤层气产业基地。

七、煤炭资源节约和保护战略

山西西山古交矿区、柳林、离石、乡宁、霍州的低灰、低硫、强黏结性、可选性较好的焦煤、肥煤、瘦煤等优质炼焦用煤，晋东南的低灰、低硫、高发热量的优质无烟煤，东胜、新民和榆神矿区的特低灰、特低硫的优质动力用煤是稀缺煤种，在我国乃至国际市场上均享有盛誉，应实施保护性开采。首先是确定上述稀缺煤种的分布区域，制定优质稀缺煤种资源管理办法和保护措施。其次是控制稀缺煤种的生产规模，限量投放市场，继续实施出口配额制度，限制出口数量。最后是深入研究煤质特征和工艺性能，明确最佳利用途径。

坚持资源开发和节约并重，将节约放在首位的原则；经济手段、法律手段和行政手段相结合，治标和治本相结合，近期和长远相结合，改革管理体制和技术创新相结合，政府监管和市场监督相结合；明确责权，齐抓共管，全面提高煤炭资源回采率，促进煤炭资源的合理利用，构建保护节约型煤炭资源开发监管体系。

八、全球煤炭勘查开发战略

我国是以煤炭为主体能源的少数国家之一，全球石油天然气资源的逐步枯竭，在新能源利用技术尚未根本性突破的形势下，煤炭将成为一些国家的主要能源，煤炭资源勘查开发将成为全球关注的焦点。我国中西部煤炭资源的开发受到多种因素的制约，从国际煤炭市场、运输、经济等综合因素分析，到 2020 年、2030 年和 2050 年，我国东部煤炭需求部分需要从周边国家解决。因此，应加大对澳大利亚、东南亚、蒙古、俄罗斯等国家的煤炭资源勘查开发利用的力度，建立海外煤炭生产、开发基地，解决东部地区，尤其东南沿海煤炭供应不足问题，掌控国际煤炭市场。

第七节　煤炭地质勘查部署

一、煤炭地质勘查面临的形势

国民经济和社会发展和煤炭工业发展战略为煤炭地质勘查指明了方向，提出了新的任务，煤炭地质勘查任务艰巨，形势严峻。

第一，东部煤炭供需矛盾突出，后备资源紧缺。东部现有煤矿产能约为 9.69 亿 t，需求约 27 亿 t，缺口约 17 亿 t，南方供需矛盾尤为突出。保有资源量仅能形成 9 亿 t 左右产能，后备资源短缺，很多矿区资源面临枯竭。

第二，中部煤炭供应能力受到环境和水资源制约，资源评价严重滞后。晋陕蒙宁规划区是我国煤炭主产区，既有优质的动力、化工用煤，又有优质的炼焦用煤，煤层气、铝、铀、锂、稼等煤系共伴生矿产丰富。但是，该区水资源短缺，生态环境脆弱，环境承载力低，缺乏对优质煤炭资源和特殊用途资源的深入评价，缺乏对煤系共伴生矿产的综合勘查、评价，缺乏对水资源、生态环境深入调查和评价，缺乏煤炭资源开发与水资源、生态环境保护协调发展的研究；西南规划区煤的硫分高，大量利用易造成酸雨等严重的环境污染，寻找和评价低硫优质煤炭资源，将成为该区煤炭地质工作的重点。

第三，西部煤炭资源准备不足，影响煤炭资源合理开发。新疆等主要西部省区煤炭资源勘查程度低，严重影响矿区规划和井田划分，严重影响煤炭资源合理开发利用，严重影响煤制天然气等煤化工工业的布局。

第四，区域煤种调配困难，寻找优质稀缺煤炭资源紧迫。焦煤、肥煤、瘦煤等主要炼焦配煤稀缺，炼焦用煤集中分布在山西、黑龙江等少数省份；优质无烟煤集中分布在山西、河南和贵州等省份。煤种分布的不均衡，不仅加剧了地区间煤炭供需矛盾，也加重了煤炭的运输压力，寻找优质稀缺煤种是当前煤炭地质勘查工作的重点之一。煤变质规律和煤质评价深度不够，影响优质稀缺煤种找矿工作的突破，影响煤炭资源合理利用，影响煤炭液化、气化等煤化工工业布局和进程。

第五，煤系共伴生矿产综合勘查、综合评价不足。煤系煤层中蕴含的丰富的铝、铀、稼、锗、锂等我国紧缺矿种和新兴产业发展急需的"三稀"资源，以往的勘查过程中往往被忽视，工作程度较低，调查和勘查工作亟待加强。

第六，煤矿区生态环境和水资源调查亟待加强。根据煤炭资源现状分析和评价，中西部地区煤炭资源开发利用受到生态环境、水资源严重制约，如何合理控制煤炭产能，确定合理的开采方式，促进煤炭开发与生态环境建设和水资源保护协调发展，成为煤矿区生态环境调查和水资源评价的重要课题。

第七，煤炭地质基础研究薄弱。以往的煤炭地质工作偏重于资源勘查，缺乏对含煤盆地整体深入研究和系统评价，缺乏以赋煤带、煤田、矿区为单元的煤炭资源赋存规律研究；洁净煤技术地质基础研究严重滞后，影响找煤突破、洁净煤技术和产业发展。

第八，煤炭资源保护和节约需要加强煤炭地质工作。我国煤炭资源回采率低，一方面是不合理的开采造成的，另一方面是水文、瓦斯等地质条件未查明，勘查精度不高，造成煤炭资源储量的大量呆滞，如华北煤田受奥灰水威胁的储量就达 200 余亿吨。进一步查明水文、瓦斯等地质条件，可以拓展数百亿吨煤炭资源储量，对于稳定东部煤炭产量，保护和节约煤炭资源意义重大。

二、指导思想和目标任务

（一）指导思想

以科学发展观为指导，紧紧围绕着煤炭工业发展规划，按照"控制东部、稳定中部、发展西部"的煤炭工业布局战略思想，部署煤炭资源调查和煤炭地质勘查工作。强化东部找煤与深化西部资源评价相结合，寻优找缺和整装勘查相结合，煤炭资源调查与水资源、生态环境调查相结合，煤炭资源勘查与煤系共伴生矿产综合评价相结合，地质基础研究与找煤评价相结合，资源勘查和资源节约、保护相结合，努力增加东部后备资源，扩大优质稀缺煤炭资源储量，科学评价中西部煤炭资源，保持东部煤炭产能，改善煤炭工业布局，为煤炭工业战略西移做好资源储备，促进煤炭资源保护、节约和合理开发利用。

（二）目标

通过 5～10 年煤炭地质勘查工作，在东部地区寻找一批新的煤产地，稳定东部煤炭产能。晋陕蒙宁规划区煤炭资源、水资源和生态环境综合评价进一步深化，为煤炭资源合理开发提供科学依据；西南规划区低硫煤资源评价取得新进展，寻找探获一批优质煤炭产地。西部新疆地区煤炭资源调查全覆盖，基本摸清新疆煤炭资源分布规律。优质稀缺炼焦用煤找煤取得新突破，煤系共伴生矿产调查评价取得新成果，发现一批可供勘查的煤炭及煤系共伴生矿产新基地。化工用煤资源评价战略起步，为煤炭洁净利用提供科学依据。通过二三十年的不懈努力，为煤炭工业可持续发展提供适宜安全绿色开采的资源和一流地质服务，为国民经济和社会科学发展提供资源保障。

（三）主要任务

1. 系统开展煤炭资源调查

根据煤炭资源潜力评价结果，制定煤炭资源调查规划，优选煤炭资源调查区，确定煤炭资源调查顺序。以煤矿区（远景区）为单元，以煤田地质研究为先导，以 1：5 万煤炭地质填图为重点，物探概查、钻探验证，分批开展煤炭地质填图煤炭资源调查工作。

2. 合理安排煤炭资源预查普查

依据煤炭资源调查结果，选择资源前景好、煤层埋藏浅、煤质优良、煤种稀缺、资源规模大的区块，开展煤炭资源预查和普查工作，努力实现东部找煤新突破，增加优质、稀缺煤炭资源储量，建立新的煤炭资源开发基地和储备基地。

3. 择优详查、对口勘探

根据煤炭资源勘查和开发现状分析和资源评价结果，优选资源规模大、煤质优良、开发条件好、生态环境优良的矿区开展详查工作。从国家煤炭供需高度和企业意愿两个方面，实施对口勘探。

4. 全面开展煤系共伴生矿产综合评价

重点开展煤层气、页岩气等新型能源资源勘查评价，开展煤系共伴生的铝、铁、高岭土等我国紧缺的矿产资源勘查评价，做好煤中锂、镓、锗等新兴产业发展急需的矿产资源评价工作，实施煤铀兼探，开展煤油气综合勘查工作。

5. 开展中西部煤矿区水资源和生态环境调查评价

以煤矿区为单元，系统开展煤矿区水资源评价，进行煤矿区生态环境本底调查，从而深入研究煤炭开发对水资源、生态环境的影响和破坏，开展煤炭开发的可行性评价，制定北方中西部煤矿区生态环境治理和水资源保护措施。

6. 加强洁净煤技术的基础地质研究，开展煤炭液化、气化等煤化工用煤资源评价

按照洁净煤技术要求，开展煤岩、煤的结构、煤质特征研究，提出煤炭洁净有效途径，按照化工用煤技术要求，开展化工用煤资源评价，为煤的液化、气化产业发展准备资源。

7. 加强煤炭地质基础研究工作

重点开展新疆吐哈、准格尔、伊犁、塔里木等盆地聚煤规律和资源评价，加强东部构造控煤规律与找煤研究，深入研究煤质特征和煤变质规律，指出煤的综合利用方向，开展稀缺优质煤的成因机制与分布规律研究。

三、勘查工作部署

（一）部署原则

1. 系统调查、顺序推进原则

以煤炭资源潜力评价成果为基础，重点选择最具潜力的矿区或远景区，系统开展煤炭资源调查工作。

2. 东西差异、储备为先原则

预查普查工作以煤炭资源调查为基础，东部地区优选1500m以浅，中西部地区选择1000m以浅，优等、良等、可靠级的优质煤炭资源预测区进行部署，优先安排（炼焦用煤资源量大于5000万t，动力用煤预测资源量大于1亿t）预测区进行预查和普查

工作。

3. 择优详查对口勘探原则

根据资源条件评价结果和煤炭工业规划，优选项目进行部署。

4. 基础研究与勘查实践相结合原则

结合煤炭资源资源调查、普查找煤工程，开展聚煤规律、生态环境、水资源，洁净煤技术基础研究。

（二）部署意见

根据煤炭地质工作指导思想、主要任务和勘查工作部署原则，拟组织煤炭资源调查特别计划，开展东部深化找煤工程、晋陕蒙宁"煤、水、环"综合评价工程、优质炼焦用煤找矿工程、化工用煤评价工程、煤系共伴生矿产评价工程和煤矿地下水、采空区勘查工程，实施煤炭地质勘查科技创新，即"161"工程（一项煤炭资源调查评价计划，6项煤炭资源普查找矿工程，一项煤炭地质科技创新）。

1. 煤炭资源调查特别计划

以新疆为重点，选择勘查工作程度低的地区，系统开展煤炭资源调查评价工作。项目原则上以矿区或远景区为单元进行部署，根据矿区或远景区资源潜力评价结果，优选最具潜力矿区优先开展煤炭资源调查评价工作。

1）东北赋煤区

重点部署七台河矿区和鸡西矿区炼焦用煤资源调查评价，同时，部署内蒙古乌尼特矿区、达来矿区、娜仁宝力格矿区和马尼特庙矿区煤炭资源调查评价，力争炼焦用煤找煤突破。

2）华北赋煤区

根据煤炭资源潜力评价，重点布置炼焦用煤、无烟煤和优质动力用煤矿区、远景区的煤炭资源调查工作。重点为安徽阜东矿区、山西静乐矿区、陕西靖定矿区。

3）西北赋煤区

西部赋煤区最具潜力的矿区或远景区重点分布在新疆，主要为优质动力用煤。炼焦用煤资源调查评价重点部署在新疆库拜、塘坝、阜康等矿区或远景区。优质动力用煤重点部署在托里、玛纳斯、察布查尔等矿区和远景区。

4）华南赋煤区

华南赋煤区最具潜力的矿区集中分布在云贵川三省，预测主要为优质炼焦用煤和无烟煤。炼焦用煤重点部署在贵州六盘水，云南圭山、恩洪，重庆观音峡等矿区和远景区。除在优选重点矿区或远景区开展煤炭资源调查外，兼顾南方缺煤省区找煤工作。

5）滇藏赋煤区

滇藏赋煤区煤炭资源潜力很小、仅青海南部具有少量资源分布。该区仅选青海扎曲远景区开展煤炭资源调查工作。

2. 东部深化找煤工程

重点选择资源保障程度低、资源潜力大的矿区作为整装勘查区，系统开展煤炭地质基础研究、物探、钻探工程，力争找煤突破。

3. 优质、稀缺煤炭资源找矿工程

为了实现优质、稀缺煤种找煤突破，应优先开展优质、稀缺煤炭资源赋存特征研究和资源综合评价工作。在炼焦用煤方面，重点开展山西西南部主要炼焦用煤赋存特征与资源评价，黑龙江东部主要炼焦用煤赋存特征与资源评价，安徽两淮煤田主要炼焦用煤赋存特征与资源评价，云贵接壤地区主要炼焦用煤赋存特征与资源评价，新疆库拜地区主要炼焦用煤赋存特征与资源评价。主攻特低灰特低硫优质低变质烟煤和无烟煤，近期优先部署新疆、内蒙古、陕西优质低变质烟煤资源评价和沁水盆地、黔西北、豫西优质无烟煤资源评价工作。

4. 优质动力化工用煤评价工程

在系统研究洁净煤技术现状和发展趋势的基础上，开展煤炭液化、气化用煤煤质特征、工艺性能研究，根据煤化工发展规划和化工用煤技术导则，选区开展化工用煤资源评价。

5. 煤系共伴生矿产调查评价

重点开展煤中铝资源调查评价，研究煤中锂、锗、镓等稀有元素分布特征，实施煤铀兼探。中期根据国内的经济形势的发展和矿产资源需缺程度，选择国家急需矿种在全国范围内分区、分片展开煤中伴生矿产资源勘探和评价工作。

1) 煤中铝调查评价

煤中铝资源主要分布在阴山造山带临近的内蒙古准格尔煤田、大青山煤田煤层中。近期重点以准格尔矿区煤中铝为重点开展煤中铝土矿资源评价，为粉煤灰中提取氧化铝产业发展提供资源基础。继后，系统开展全国煤及煤系铝土矿资源调查评价。

2) 战略性新兴产业矿产调查评价

通过解读国家战略性新兴产业发展战略，分析"三稀"资源供需状况、发展趋势；总结"三稀"金属成矿规律和共、伴生赋存规律，明确"三稀"资源战略调查及综合评价的重点矿种和重点地区，在此基础上，开展重要煤矿区稀有、稀土和稀散金属矿产远景调查和评价，圈定一批找矿靶区，发现一批新的矿产地，提供一批稀有、稀土、稀散金属矿产后备勘查和综合评价基地，促进战略性新兴产业发展。

(1) 煤中锂。重点安排山西平朔矿区、准格尔矿区石炭、二叠系煤层中锂的调查评价，同时兼顾煤中镓、稀土等伴生矿产资源的调查评价工作。

(2) 煤中镓。根据前人研究成果，煤中镓在准格尔、大同、阳泉、渭北、平朔、西山古交等矿区均有富集，资源量规模较大矿区为准格尔和大同矿区，工业品位达到工业开发价值。近期应部署这一区域煤中镓的调查评价工作。

(3) 煤中锗。煤中锗赋存的主要典型矿区内蒙古胜利、伊敏煤田和云南临沧、耿马地区。依据煤中锗的富集规律和成矿层位的特点，近期应重点安排内蒙古海拉尔煤盆地群和云南临沧、耿马地区煤中锗的调查评价工作。

6. 晋陕蒙宁煤水环综合评价工程

系统开展煤矿区水资源调查评价、生态环境本底调查，在此基础上，深入研究煤炭开发对地下水系统和生态环境影响评价，研究煤炭开发适宜规模，提出煤炭开发战略。

7. 煤矿地下水与采空区勘查工程

水害是煤矿安全的第二杀手。我国有很多煤矿受水害威胁，形成大量呆滞储量，直接影响矿井服务年限。据统计，华北型煤田受岩溶水威胁的煤炭资源储量约为 200 亿 t，随开采深度加大，许多矿区处于带压开采状态。经过几十年煤炭大规模的开采，采空区面积不断增大，加上小煤窑无序开采，使得采空区分布异常复杂，老空水已成为煤矿开采的主要威胁之一，开展煤矿地下水和采空区勘查工程意义重大。按照统一规划，突出重点、分步部署的原则，综合应用"3S"技术、水文物探、现代钻探等先进技术，获得多元数据信息，从表面调查到深部探测，从区域宏观层面分析到微观层次研究，全面调查煤矿水文地质特征、演化规律及老空区分布。重点区域包括山西、河北、山东、河南、湖南、四川等七个水害重点防治规划区和宁东、神东、陕北、黄陵、晋北、晋中、晋东、冀中、鲁西、河南等 10 个大型煤炭基地，水文地质调查面积约 12.79 万 km^2，老空区调查面积约 3.28 万 km^2。

8. 煤炭地质科技创新工程

1）找煤基础地质研究

（1）充分做好全国煤炭资源潜力评价的成果转化工作，力争在煤田地质基础研究方面取得创新，进一步优选找矿靶区，促进找煤工作新突破。

（2）开展中国东部攻深找盲找煤新模式研究，进一步深化东部找煤。组织开展新疆吐哈、准噶尔、伊犁、塔里木盆地聚煤和赋煤规律研究"、"二连、海拉尔煤盆地群煤变质及烟煤赋存规律研究"等课题。

（3）结合煤炭资源调查评价，组织矿区（远景区）级煤炭资源聚集和赋存规律研究。

2）洁净煤技术地质基础研究

建议开展煤炭液化、煤制天然气、煤制烯烃等化工用煤煤的结构、煤岩煤质特征和工艺性能研究。在此基础上，开展"全国煤制油资源评价"、"全国气化煤资源评价"等煤化工用煤资源评价。

3）建立煤矿安全高效地质保障预警系统

发展高分辨率地震、电法等物探技术，准确探明和评价影响煤矿安全生产的构造、瓦斯、地下水、煤尘、煤火、顶底板问题，加强煤矿区煤和瓦斯突出机理研究，提出地质灾害预警、防治措施。

4）建立煤矿区水资源和环境地质保障系统

重点做好国家大型煤炭基地水资源、生态环境调查，组织开展"区域含水层保护研究""煤矿岩溶突水机理与预警预报技术研究""生态脆弱区煤炭开发环境影响机制研究""大型煤炭基地环境承载力评价"等课题。实施煤矿区供水和环境治理工程。

9. 煤炭详查和勘探工作部署

为了进行矿区总体规划，合理划分井田，国家出资开展重点矿区详查工作是必要的。根据煤炭资源勘查现状分析和资源评价，拟优选资源规模大、煤质优良、埋藏较浅、经济的，对煤炭工业发展具有重大意义的普查区进行详查工作。

炼焦用煤拟部署安徽宿县矿区桃园 - 祁南深部、山西沁源矿区沁安—沁源、新疆库拜矿区阿艾等勘查区开展详查工作。

动力用煤拟重点部署内蒙古东胜矿区及深部矿区、陕西榆神矿区、新疆西黑山矿区的普查区开展详查工作。

无烟煤拟重点部署河南永夏、安泽、晋城、沁源等区开展煤炭详查工作。

精查（勘探）工作属于商业行为，宜结合国家规划建井需要和企业意愿，实行对口勘探。

第九章　煤炭资源信息系统

第一节　概　　述

煤炭资源信息系统建设是煤炭资源管理的一项重要工作。随着计算机信息技术的高速发展，国家及省级国土资源、地勘单位和科研院校等部门和单位建立了很多煤炭资源数据库、信息系统，如《中国煤种数据库》《中国煤炭资源信息系统》（中国煤田地质总局，1997）、《中国煤炭地质勘查工作程度数据库》《中国矿产地数据库（煤炭部分）》《中国矿产储量数据库》。但是，由于管理体制和数据库更新机制等原因，很多数据库或信息系统未能及时得到更新，很多数据库未能发挥应有的作用，煤炭资源信息化建设严重滞后于煤炭地质勘查和煤炭工业发展，不能满足国民经济和社会发展需求。本章利用地理信息系统技术和数据库技术等先进技术手段，在统一的煤炭资源信息标准与规范下，收集、整理煤炭资源预测潜力评价属性和图形数据，统一属性和图形数据格式，以矿井（勘查区、预测区）为单元，以矿区（远景区）、省（自治区、直辖市）煤炭资源数据库为基础，建立中国煤炭资源信息系统，实现一体化查询检索、制图、统计分析等功能，为各级管理部门以及其他用户提供实时、高有序度的资源数据及辅助决策支持。

第二节　系统整体框架

一、系统构成

《中国煤炭资源信息系统》是以煤炭资源勘查开发现状、聚集和赋存规律、煤炭资源潜力评价等各类数据为基础，以 GIS 技术和大型数据库技术为手段，集成煤炭资源潜力评价的成果的综合信息系统。整体结构可分为三个层次，最底层是基础数据层、中间层是数据库层，最高层是系统软件层。总体结构图如图 9-1 所示。

1. 基础数据层

基础数据层是信息系统开发和运行分析的基础，这些数据以全国、省级、矿区（远景区）、矿井（勘查区、预测区）四级基于 MapGIS 平台的属性、图形数据，经过数据转换、拼接、入库，形成统一的底层基础数据，为"中国煤炭资源信息系统"提供各类分析条件，是系统运行的基础。

2. 数据库层

数据库层是整个系统的数据管理与输入输出交换中心。它包括地理数据、地质数

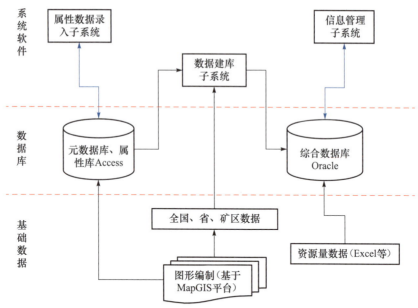

图 9-1　中国煤炭资源信息系统结构

据、属性数据三大类数据。全国、省级及矿区级的图件均存储在这个数据内。其中，Access 数据库是小型数据中心，作为属性数据及图形数据提交存储中心。Oracle 数据库是大型网络数据库，作为全国、省级的汇总数据库。

3．系统软件层

系统软件层是信息系统的核心，具有相对独立的三部分功能，一是用于数据录入的属性录入子系统；二是对属性及图形数据进行检查导入的建库子系统，三是用于信息查询、统计、资源量计算分析、评价的信息管理系统。其中，信息管理系统是三个子系统中的主系统，可对煤炭资源信息进行评价和管理。

二、数据组织

（一）图形的分层管理

系统主要包括中国煤田地质图、中国煤田构造图、中国煤类分布图、中国煤炭资源勘查开发现状图、中国煤炭资源预测图、中国煤炭资源潜力评价图等图件及省级、矿区级相应图件，此外，还有大量基础研究图件。为便于整体组织管理数据，采用 1∶250万地理图层作为索引图，并作为系统的主界面，可以由全国—省—矿区查询相关数据，也可以采用其他浏览查询方式（图 9-2）。

（二）空间数据无缝管理

该系统采用无缝方式进行组织和管理，所有涉及空间信息的图形数据在入库时统一采用无投影的地理坐标格式，不同省级的同一类专题图形可同时进行显示，以便于比较对比，进行全国范围内基于空间位置的地理统计、分析，以及生成新的专题图。

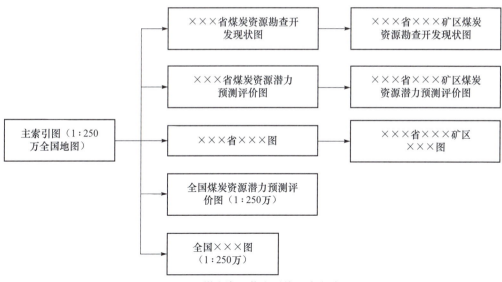

图 9-2 煤炭资源信息系统查询方式

三、应用系统结构

该系统采用"客户机／服务器（client/server（C/S））"的体系结构，所有图件数据均集中存放在数据服务器中，通过大型数据库平台以及应用系统进行统一管理，在数据服务器和系统之间建立空间连接，作为 GIS 平台与数据库系统之间联结的桥梁，实现了空间数据的关系型方式存储（图 9-3）。

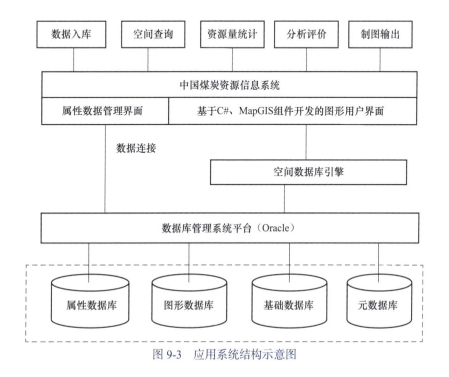

图 9-3 应用系统结构示意图

四、系统功能模块设计

系统主要功能包括日常管理（数据视图浏览、图件调图查看、数据打印输出、数据量算等）、数据入库（资源量数据入库、各类图件入库、文档数据入库等）、查询统计（各类报表数据查询统计、文件报告检索浏览等）、统计报表（按设计报表自动统计数据等）、系统管理（用户管理、权限管理等）。其中煤炭资源数据表格21种。

本系统模块充分考虑了今后煤炭资源管理和预测工作常态化，特别编写数据入库及维护程序。目前，计算机技术及其数据库系统、地理信息系统等软件更新速度很快，煤田地质勘查和地质研究工作进展迅速，图件更新也很快，本系统充分考虑到各类系统软件版本升级问题和图件更新问题，可以浏览不同时期、不同版本下的图件（图9-4）。

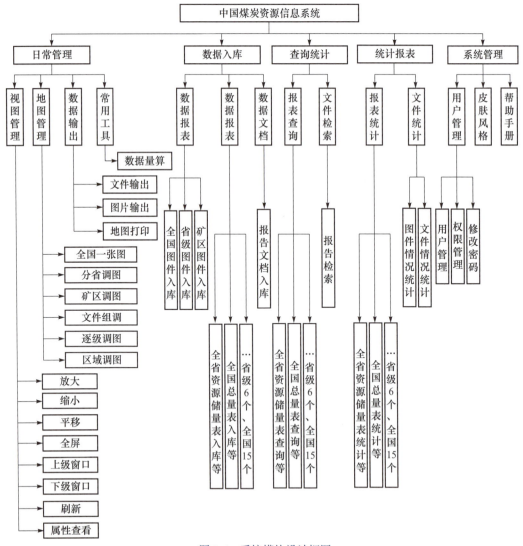

图 9-4　系统模块设计框图

第三节　属性数据库

一、编码体系

根据煤炭资源地质条件，将全国煤炭资源划分为五级：赋煤区、赋煤带、煤田、矿区、井田（勘查区）。

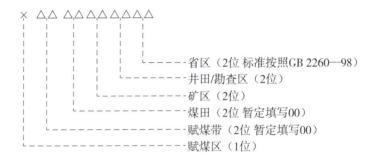

二、属性数据库结构

本系统属性数据库主要包括煤炭资源储量数据库和预测资源量数据库。

（一）煤炭资源储量数据库

本次所建立的煤炭资源储量数据库主要字段包括勘查、开发状况、利用情况、煤类、探获资源量、保有资源量、储量、基础储量、资源量、矿井类别、核定生产能力、产量等反映矿井、勘查区煤炭资源基本特征的主要指标。要建立完善的煤炭资源储量数据库，尚需进一步开展数据库的建设工作。煤炭资源储量数据库结构见表9-1。

表 9-1　煤炭资源储量数据库结构

字段名称	字段别名	类型	长度	备注
ID	序号	长整型		自动编号
SF	省份	文本型	20	
MT	煤田	文本型	50	
KQ	矿区	文本型	50	
XS	县市	文本型	20	
KJBM	矿井（勘查区）编码	文本型	20	
CMSD	成煤时代	文本型	20	
KCCD	勘查程度 / 开发状况	文本型	20	
KJMC	矿井（勘查区）名称	文本型	50	

续表

字段名称	字段别名	类型	长度	备注
MJ	面积	双精度型		
LYQK	利用情况	文本型	20	
ZYML	主要煤类	文本型	50	
LJZYL	累计探获资源储量	双精度型		
BYZYL	保有资源储量	双精度型		
CL	储量	双精度型		
JCCL	基础储量	双精度型		
ZYL	资源量	双精度型		
KJLB	矿井类别	文本型	20	
HDSCNL	核定生产能力	双精度型		
2009CL	2009 年产量	双精度型		
KJS	矿井数	长整型		
BZ	备注	文本型	255	

（二）预测资源数据库

预测资源数据库是主要包括预测面积、预测依据、预测资源量分级、分等、分类、预测资源量、预测深度、煤质特征指标、构造复杂程度、煤层稳定性、煤层厚度、资源丰度等预测区主要指标（表9-2）。

表 9-2 预测资源量数据库结构

字段名称	字段别名	类型	长度	备注
ID	序号	长整型		自动编号
SF	省份	文本型	20	
YCQBM	预测区编码	文本型	50	
MT	煤田	文本型	50	
KQ	矿区	文本型	50	
DS	地市	文本型	50	
XS	县市	文本型	50	
YCQMC	预测区名称	文本型	50	
CMSD	成煤时代	文本型	20	
MJ	面积	双精度型		
YCYJ	预测依据	文本型	200	

续表

字段名称	字段别名	类型	长度	备注
ZYLFJ	资源量分级	文本型	20	
ZYLFL	资源量分类	文本型	20	
ZYLFD	资源量分等	文本型	20	
QZZYL	预测资源量	双精度型		
600	0～600m	双精度型		
1000	600～1000m	双精度型		
1500	1000～1500m	双精度型		
2000	1500～2000m	双精度型		
ML	煤类	文本类型	50	
St	$S_{t,d}/\%$	双精度型		
Ad	$A_d/\%$	双精度型		
Qgr	$Q_{gr,ad}/(MJ/kg)$	双精度型		
GZFZCD	构造复杂程度	文本类型	20	
MCWDX	煤层稳定性	文本类型		
MCZH	煤层总厚 /m	文本类型	20	
ZYFD	资源丰度	文本类型	20	
BZ	备注	文本类型	255	

在煤炭资源储量数据库和预测资源量数据库基础上，可生成多种表格：煤炭资源总量及构成表，煤炭资源储量表，煤炭资源勘查开发状况表，分煤类保有资源量表，按灰分煤炭资源储量表，按硫分煤炭资源储量表，预测资源量煤类统计表，预测资源量灰分统计表，预测资源量全硫统计表，预测资源量按级别、类别、等别统计表，煤炭预测资源量可靠程度统计表，煤炭预测资源量按等级统计表，煤炭预测资源量按深度统计表，煤炭预测资源量灰分统计表，全国煤炭预测资源量硫分统计表，不同赋煤区煤炭资源统计表等。

三、元数据库结构

元数据主要记录各省级图件编制时的基础信息。元数据库中规定了元数据信息、标识信息、数据集质量信息、空间参照系信息、内容信息、引用和负责单位信息 6 个方面的内容。每一项都必须按照下列对应填写说明表详尽填写，不能留有空项，没有信息可用特定含义的字符来代替，其中：字符串类型数据以"#"表示，日期型填写 2013-01-01，其他选项填写 NULL（表 9-3）。

表 9-3   ××元数据信息表

元素名	定义	类型	值域	填写说明
元数据名称	元数据的名称	String	自由文本	图件或者数据库名 +"元数据"
元数据创建日期	元数据的审定日期	Date	CCYYMMD（GB/T 7408—1994）	元数据的审定日期
语种	元数据使用语言	String	"汉语"，"英语"，自由文本	汉语
字符集	元数据采用的字符编码标准	Class	MD_字符集代码（代码表）A.1	GB2312（029）
元数据标准名称	执行的元数据标准名称	String	自由文本	地质信息元数据标准
元数据标准版本	执行的元数据标准版本号	String	自由文本	2006
+联系单位	对元数据信息负责任的单位或个人	Class	CI_负责单位	对元数据信息负责任的单位或个人
+标识信息	描述地质数据集的基本信息	Class	MD_标识	描述地质数据集的基本信息
+数据质量信息	提供数据集质量的总体评价信息	Class	DQ_数据质量	提供数据集质量的总体评价信息
+空间参照系信息	数据集采用的空间参照系的信息	Class	RS_参照系	数据集采用的空间参照系的信息，数据集类型为图形，则包含一个空间参照系信息类；数据集类型为数据库，则为空
+内容信息	数据集数据的内容信息，包括要素类目等	Class	MD_内容描述	数据集数据的内容信息，仅填写一个内容信息类

第四节 图形数据库

一、图层命名规则

数字化图件以图幅为单位，以图层为单元建立 GIS 系统。图层按照类型总体分为公用图层（地理图层）和专业图层。为保证多幅图拼接后每个图形信息及相应属性信息的独立性，避免重复，图层需要按照规则编码命名。

（一）公用图层命名

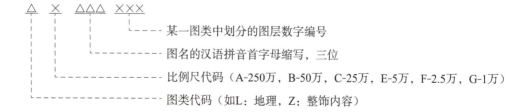

某一图类中划分的图层数字编号

图名的汉语拼音首字母缩写，三位

比例尺代码（A-250万，B-50万，C-25万，E-5万，F-2.5万，G-1万）

图类代码（如L：地理，Z：整饰内容）

当图名超过 3 个汉字时，则取前两个字和最后一个字的汉语拼音的首字母，若出现重名时，则前两位不变、第三位改为数字顺序编号。图类代码为相关专业术语的汉语拼音的首字母，如首字母与已有图类代码相同，则为专业术语第二个字拼音的首字母。每一图类还可分若干图层，由编码结构中最后两位数字顺序编号。其中，图名编码部分可直接采用国标分幅编码，并编制与上述方案中三位代码的对照表，以实现数据交换。

（二）专业图层命名

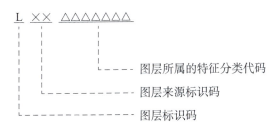

"L"见表 9-4。

第 2～3 位，图层来源标识码，见表 9-5。

第 4～10 位，图层所属的特征分类代码。

（三）图件、图层、数据库、数据表的命名标识码见表 9-4。

表 9-4　命名标识码表

约定内容	约定标识码	描述
图件	M	取单词 "Map" 的首字母，表示图件命名
图层	L	取单词 "Layer" 的首字母，表示图层命名
数据库	D	取单词 "Database" 的首字母，表示数据库命名
数据表	T	取单词 "Table" 的首字母，表示数据表命名

（四）图件、图层、数据库、数据表的来源标识码见表 9-5。

表 9-5　数据来源标识码表

约定内容	约定标识码	描述
来源于地质背景课题组	DZ	取 "地质背景" 中 "地质" 的拼音首字母，表示源于地质背景课题组
来源于成矿规律及预测课题组	GC	取 "成矿规律" 中 "规" 的拼音首字母，取 "成矿预测" 中 "测" 的拼音首字母，表示源于成矿规律及预测课题组
来源于化探信息课题组	HT	取 "化探信息" 中 "化探" 的拼音首字母，表示源于化探信息课题组
来源于重力信息课题组	ZL	取 "重力信息" 中 "重力" 的拼音首字母，表示源于重力信息课题组
来源于航磁信息课题组	HC	取 "航磁信息" 中 "航磁" 的拼音首字母，表示源于航磁信息课题组
来源于遥感信息课题组	YG	取 "遥感信息" 中 "遥感" 的拼音首字母，表示源于遥感信息课题组

续表

约定内容	约定标识码	描述
来源于重砂信息课题组	ZS	取"重砂信息"中"重砂"的拼音首字母，表示源于重砂信息课题组
属于基础地理信息	DL	取"地理信息"中"地理"的拼音首字母
属于辅助成图信息	FZ	取"辅助成图信息"中"辅助"的拼音首字母

（五）特征分类代码

依据特征所属的特征分类，从《全国矿产资源潜力评价数据模型专业谱系及特征分类分册》中选择能表示特征的特征分类代码，作为特征分类代码值。

二、有关参数

1. 数据项名及代码

数据项名及代码按 GB/T 9649 规定填写，具体见各图层属性表及数据项说明。

2. 平面坐标系统

采用以"1980 西安坐标系"为大地基准。

3. 投影方式

采用高斯-克吕格或兰伯特投影，按 6 度分带。

4. 高程基准

采用"1985 国家高程基准"。

5. 数据提交格式

最终数据提交格式为 MapGIS 数据格式。

三、分层方案

对所有 GIS 数据图层结构，均分为点文件、线文件、面文件，在 MapGIS 中，文本注记是作为点类型进行记录。因此，在分层方案汇总，所有图层都以点、线、面这三类文件进行划分。

各类图元采用两种方式分层：一种是地理图层、整饰图层，另一种是专业图层（主要是地质类要素）。系统图层由公用图层与专业图层共同组成。公用图层包括地理图层和整饰图层。专业图层指每一类图特有的地质图层。

第五节　系统建设

一、系统建设目标

本系统主要为各类、各级用户提供煤炭资源查询、统计、分析及评价服务，主要实现以下目标：

（1）建立煤炭资源空间数据库。

（2）实现全国以及各省份煤炭资源快速查询检索。

（3）充分利用地理信息系统功能，实现基于空间位置的任意范围相关资料的统计。

（4）为用户提供煤炭资源综合分析与评价工具。

二、系统建设步骤与流程（图9-5）

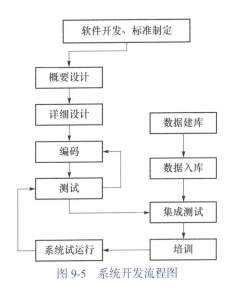

图 9-5 系统开发流程图

（1）编制省级数据采集数据标准及规范，明确编码方案、属性表结构和图形要素采集要求。

（2）开发省级属性数据录入及图形数据检查软件，进行技术培训，指导各省份进行资料录入工作。

（3）开发煤炭资源信息系统程序，完成数据导入与检查程序模块。

（4）省级数据检查汇总，将各省份煤炭资源潜力预测成果图件及属性数据导入到综合数据库中，完成空间数据库的构建。

（5）完成煤炭资源信息系统信息查询、资源量统计、空间分析、专题制图等功能模块的开发。

（6）进行技术培训，提交应用程序。

三、系统开发方法

针对省级和国家级这两类不同用户，系统将开发两套程序。

（1）省级程序主要用于属性数据的录入以及检查图形数据的规范性。系统采用 MicroSoft .net 框架下的 C# 进行开发，采用 ADO 方式直接连接 Access 后台数据库。

（2）汇总后的管理系统采用 MapGis 平台组件进行开发，采用 Oracle 数据库管理系统作为数据库平台，开发环境使用 MicroSoft .net 框架下的 C#，数据入库部分的功能将包括在此管理系统部分，对汇总后属性数据的管理程序开发将采用 ADO 方式直接连接 Oracle 数据库，但管理系统的界面将与图形操作界面进行整合，使之成为一体化的信息管理系统。由于采用 ADO 方式连接数据库，这样，在不启动空间数据引擎时也可以单独对属性数据进行查询、统计等操作。

四、系统功能实现

（一）省级软件

（1）录入：提供用户友好的录入界面（图 9-6），对于具有固定表格模式的尽量在界面上与表格形式一致，对录入的数据同时进行有效性验证，每个属性表提供一个录入程序。

图 9-6　煤炭资源储量数据库录入界面

（2）修改、删除：对已录入数据进行修改或删除，在设计时应考虑数据的一致性，保证一个地方数据更改后，相关联的属性记录也能自动更改。

（3）专题查询：根据专题项目进行查询，如按照预测区编号、地层单位名称、行政区名称等常用项目进行查询。

（4）组合查询：可根据属性表的任意字段进行组合查询（图 9-7）。

（5）属性数据检验：检查录入的数据项是否符合规范要求，包括编码是否符合规范、关联表的一致性检查等。

（6）图形数据检查：分类检查各图件拓扑是否正确，属性项填写是否齐全、属性项编码是否符合规范等。

图 9-7 煤炭资源数据库查询界面

（7）打印：可以简表或表格方式打印录入的属性数据或查询的结果，便于用户进行数据核对。

（二）煤炭资源潜力评价信息系统软件

（1）属性数据入库：实现 Access 数据库中各属性表自动向 Oracle 数据库的导入，自动实现索引的构建。

（2）图形数据入库：实现各省 MapGIS 数据的导入，构建空间索引，以便于空间数据的查询检索（图 9-8）。

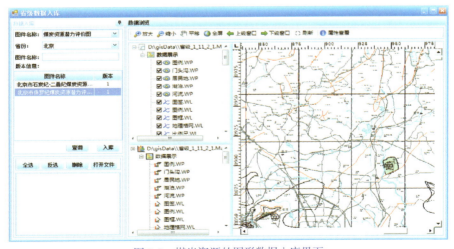

图 9-8 煤炭资源的图形数据入库界面

（3）基本视图操作：能够进行放大、缩小、充满、漫游等基本视窗操作。

（4）图层管理：根据图形要素的分类分层设置，对数据库中各图层要素可任意组合显示。

（5）调图功能：①全国一张图调阅；②省级图件调阅；③矿区图件调阅；④区域调阅；⑤逐级调阅；⑥文件组合调阅（图9-9）。

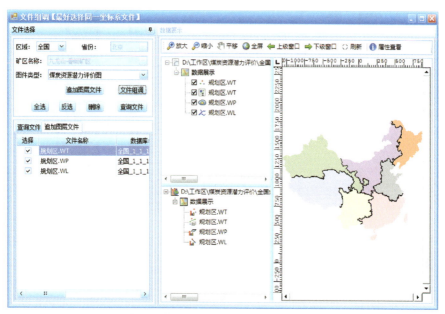

图9-9　煤炭资源信息系统图形调阅界面

（6）空间查询：直接在图形上点击查看关联的属性信息，如预测区名称、面积、产量等信息（图9-10）。

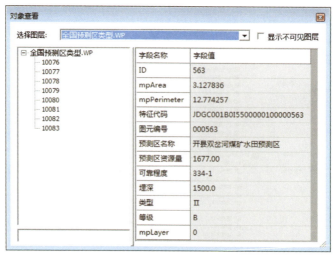

图9-10　煤炭资源信息系统空间查询界面

（7）空间统计：在图中圈定范围，系统快速查询出该范围内的分类信息，如各预测区名称、分类预测面积、汇总面积等；根据统计结果生成直方图、饼图、折线图等统计图形（图 9-11）。

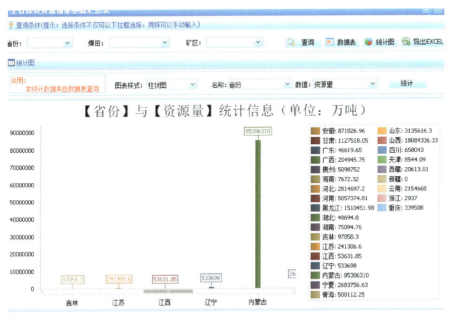

图 9-11 煤炭资源信息系统空间统计界面

（8）空间定位：按属性查找满足条件的图形，可根据某一预测区编号、井田编号等定位显示到相应位置；查询方式有精确匹配、模糊查询、组合查询等（图 9-12）。

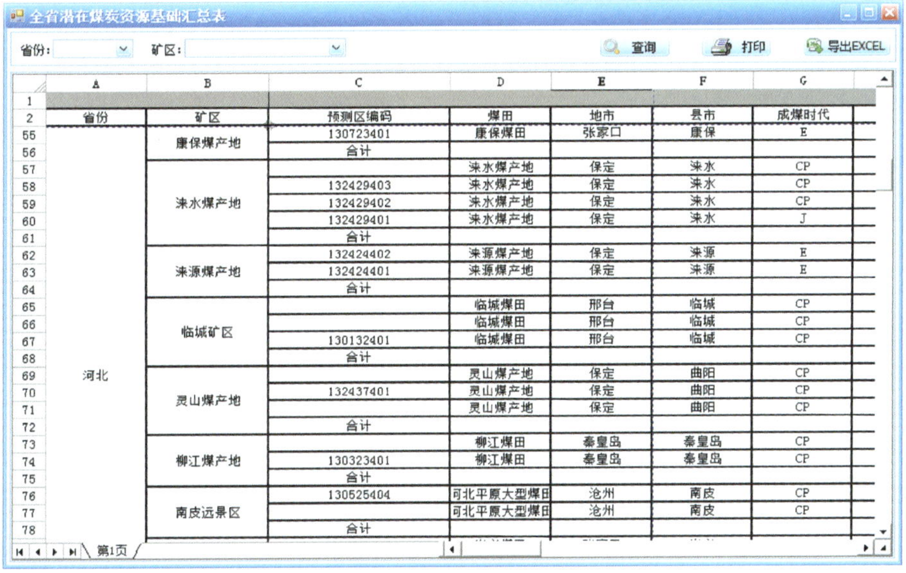

	A	B	C	D	E	F	G
1							
2	省份	矿区	预测区编码	煤田	地市	县市	成煤时代
55		康保煤产地	130723401	康保煤田	张家口	康保	E
56			合计				
57				涞水煤产地	保定	涞水	CP
58			132429403	涞水煤产地	保定	涞水	CP
59		涞水煤产地	132429402	涞水煤产地	保定	涞水	CP
60			132429401	涞水煤产地	保定	涞水	J
61			合计				
62			132424402	涞源煤产地	保定	涞源	E
63		涞源煤产地	132424401	涞源煤产地	保定	涞源	E
64			合计				
65				临城煤田	邢台	临城	CP
66				临城煤田	邢台	临城	CP
67		临城矿区	130132401	临城煤田	邢台	临城	CP
68			合计				
69	河北			灵山煤产地	保定	曲阳	CP
70		灵山煤产地	132437401	灵山煤产地	保定	曲阳	CP
71				灵山煤产地	保定	曲阳	CP
72			合计				
73				柳江煤田	秦皇岛	秦皇岛	CP
74		柳江煤产地	130323401	柳江煤田	秦皇岛	秦皇岛	CP
75			合计				
76			130525404	可北平原大型煤田	沧州	南皮	CP
77		南皮远景区		可北平原大型煤田	沧州	南皮	CP
78			合计				

图 9-12 煤炭资源信息系统空间定位界面

（9）量测功能：量算任意两点或多点之间的距离，计算任意封闭图形的面积、周长等。

（10）数据字典操作：提供完整的数据字典表，并实现数据字典的增、删、改、查功能。

（11）数据导出：可导出为国土资源部标准 vct 格式、dwg 等常用格式的数据文件以及 bmp、jpg、pgn 等常用栅格数据文件（图 9-13）。

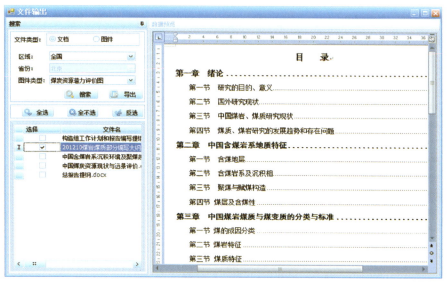

图 9-13　煤炭资源信息系统数据导出示例

（12）专题制图：对入库的图形数据进行综合取舍，并进行符号化处理，生成新的专题图件。

（13）打印输出：对属性数据以及图形数据可进行打印设置，并打印输出（图 9-14）。

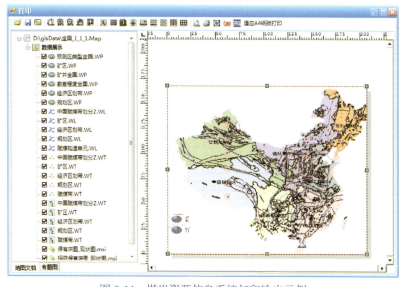

图 9-14　煤炭资源信息系统打印输出示例

第十章 主要成果与建议

本书从含煤地层、沉积环境、聚煤规律、煤田构造、煤质等多个方面系统研究，进一步深化了煤炭资源的聚集和赋存规律的认识，重新厘定全国煤炭资源总量为 5.90 万亿 t，其中已探获煤炭资源量为 2.02 万亿 t，预测资源量 3.88 万亿 t。本书为我国煤炭工业宏观决策提供了重要依据，进一步丰富了煤田地质理论。

一、主要成果和结论

（一）含煤地层

（1）按照三级地层区划方案，采用"构造单元 - 沉积类型 - 古植物群 - 成煤期"四位一体的方法，将中国晚古生代以来的含煤地层划分为 5 个含煤地层区（东北、西北、华北、滇藏、华南含煤地层区（含海域区））及下属的 34 个含煤地层分区。

（2）依据成煤植物的地理分区和植物界演化特点，将我国地史上的聚煤期分为 14 个，以晚石炭世—早二叠世、晚二叠世、早—中侏罗世和早白垩世 4 个聚煤期更为重要。

（3）应用多重地层理论，进行我国含煤岩石地层、生物地层和年代地层划分和对比。

（二）沉积环境与聚煤规律

（1）提出了各聚煤期沉积相类型，总结出不同的聚煤模式并对比了其成煤特征。通过对露头、钻孔岩心剖面的野外观察分析，认为石炭纪—二叠纪聚煤环境以海陆过渡相的河流 - 三角洲、障壁岛 - 潟湖、河流冲积平原为主；中新生代则以冲积扇、扇三角洲、辫状河 / 曲流河、河流三角洲、湖泊等沉积体系为主。

（2）建立了主要聚煤期等时的层序地层格架，并提出了聚煤区范围内的层序及体系域的对比方案。早石炭世大塘中期测水组划分为 2 个层序、南方晚二叠世发育 3 个层序、华北石炭二叠纪划分为 7 个层序、华南晚三叠世含煤岩系划分为 4 个层序、北方早—中侏罗世含煤地层划分为 5 个层序，东北早白垩世含煤岩系划分为 5 个层序，并总结出我国主要聚煤期层序地层格架内厚煤层分布特征与迁移模式。

（3）绘制出主要聚煤区分层序岩相古地理图以及全国主要聚煤期岩相古地理图，提出了有利聚煤古地理单元及富煤带分布。石炭纪—二叠纪有利聚煤的古地理单元为潟湖、潮坪、三角洲平原和河流冲积平原，而中新生代有利的聚煤古地理单元有辫状河三角洲平原、三角洲间湾及湖湾，并据各聚煤期古地理图预测出各聚煤期的富煤带的分布。

（三）煤田构造研究

（1）提出赋煤构造单元的概念，用以描述复杂而有序的我国煤田构造空间展布规律。建立了赋煤构造区→赋煤构造亚区→赋煤构造带→赋煤盆地（拗陷、隆起）→赋煤块段（凹陷、凸起）等五级赋煤构造单元区划，确定了赋煤构造单元的地理名称＋构造属性的二重命名原则。将中国赋煤构造单元格局划分为东北赋煤构造区、华北赋煤构造区、华南赋煤构造区、西北赋煤构造区和滇藏赋煤构造区等五大一级赋煤构造单元、15个赋煤构造亚区，74个赋煤构造带，总结了赋煤构造单元的煤田构造发育规律。

（2）从煤系变形控制因素角度，归纳总结了我国煤田构造格局的分区分带特征：①贺兰山—龙门山南北向一级构造带分划东部煤田构造区域和西部煤田构造区域；②两条东西向一级构造带（阴山 - 燕山复合造山带、昆仑 - 秦岭复合造山带）与南北向一级构造带组合分划的五大赋煤构造区：东北赋煤构造区、华北赋煤构造区、西北赋煤构造区、华南赋煤构造区、滇藏赋煤构造区；③北北东向重力梯度带表征的大兴安岭 - 太行山 - 武陵山构造带与贺兰山 - 龙门山南北向构造带分划的三大煤系变形带：东部复合变形带、中部过渡变形带、西部挤压变形带。

（3）从煤盆地基底属性、盆地形态、盆地规模、地球动力学环境、聚煤作用、盆地演化和煤系变形等角度，提出煤盆地构造类型划分方案，研究了主要聚煤期古构造格局及其对成煤盆地发育的控制作用。提出成煤盆地→构造变动→赋煤单元的观点，从原型成煤盆地经历多旋回构造变动、分解破坏、反转叠合，形成不同级别赋煤构造单元的思路，恢复煤田构造演化历程，揭示煤田构造成因机制。

（4）在综合省级煤炭资源潜力评价成果的基础上，进一步完善了控煤构造样式划分方案，归纳为伸展构造样式、压缩构造样式、剪切和旋转构造样式，反转构造样式、滑动构造样式、同沉积构造样式等六大控煤构造样式类型。总结了各赋煤构造区控煤构造样式类型与分布特征，结合典型实例，阐明了煤田构造样式对煤炭资源赋存状况的控制作用。

（四）煤质研究

（1）以新的煤岩煤质煤变质理论与洁净煤地质理论为指导，系统总结了各赋煤区、各聚煤期煤岩特征，揭示了中国煤岩与显微组分分布规律，圈定了中国特殊显微组分树皮体的富集分布范围，分析了华北太原组的富氢镜质体、中生代富过渡组分等煤岩特征，厘定了煤级与煤类概念，分析总结了全国各省份的煤化作用类型与煤级分布，制作了新的全国煤类分布图（1：250万），探讨了煤岩、成煤环境与煤类的关系，进一步凝练出了煤类分布规律。

（2）从影响煤质变化的成因角度，归纳总结了中国煤质分区分带特征，总结了煤中灰分、硫分以及挥发分、发热量、黏结指数等煤质指标的分布规律，编制了华北晚石炭世和华南晚二叠世煤中硫的等级图，揭示其分布规律；按不同聚煤期，总结了煤中微量元素赋存特征，展示其空间分布特征；初步分析了各省省份煤的特殊与稀缺性，为煤的综合利用途径指明了方向。

（五）煤炭资源勘查开发现状与评价

（1）在煤炭资源储量分类的基础上，提出了有利于煤炭工业宏观决策和易于社会理解的煤炭资源归类统计系统。

（2）全面摸清了我国煤炭资源家底。截至 2009 年年底，累计探获资源量 2.02 万亿 t。其中，生产井、在建井已占用约 4200 亿 t，尚未占用资源量约 1.5 万亿 t，保有资源量约 1.5 万亿 t。

（3）提出了"三带六区"煤炭资源综合区划方案。深入分析了我国煤炭资源赋存和分布特征、区域经济发展水平和经济区划、气候特点和气候分区、生态环境特点和生态环境区划、降雨量和水资源分布特点、煤炭消费特征，综合研究了煤炭资源与经济、煤炭需求、水资源、生态环境关系，在总结了我国煤炭工业规划和资源管理特点的基础上，将我国煤炭资源划分为三带（东部补给带、中部供给带、西部自给带）、六区（东北、黄淮海、华南、晋陕蒙宁、西南、西北），四级（资源区带、规划区、煤田、矿区（远景区））。这一划分方案得到了我国能源、矿产资源管理部门和中国工程院等研究机构的广泛认同和采用。

（4）在总结以往煤矿区划分和资源综合区划的基础上，首次从煤田地质和资源分布特点角度，系统划分了我国煤田和矿区（远景区），这一划分方案将对我国煤炭地质勘查和资源管理具有重要的指导意义。

（5）提出煤炭资源勘查程度定量评价指标和矿区勘查程度分类，将矿区勘查程度分为高勘查程度、中勘查程度和低勘查程度矿区三类，并以此对我国煤矿区、远景区和规划区、省级勘查程度进行了系统评价。

（6）提出煤炭资源开发程度定量指标和矿区开发程度分类，将矿区划分为高开发程度矿区、中开发程度矿区和低开发程度矿区三类，以矿区为单元，对我国煤炭资源开发现状进行了分析评价。

（7）研究提出煤炭资源多目标综合评价法。以科学发展观为指导，按照煤炭安全、绿色、科学开发理念，建立煤质评价、开采地质条件评价、安全地质条件评价、生态环境评价和科学经济综合评价指标体系，不同评价目标分类标准，对我国已经探获资源进行综合评价，为煤炭勘查开发优选提供了重要依据。

第一，按照煤的可洁净性分，易洁净煤占 60.28%，可洁净煤占 34.02%，难洁净煤占 5.7%。

第二，按煤质和用途评价分，我国动力用煤约 1.4 万亿 t，其中优质动力用煤占 62.68%；非优质动力用煤占 37.32%，其中褐煤占非优质动力用煤的 62.80%。优质炼焦用煤占主要炼焦用煤的 15.09%；亚优质炼焦用煤占 39.59%；非优质炼焦用煤占 45.84%。无烟煤贫煤中优质贫煤无烟煤仅 87 亿 t，非优质无烟煤贫煤 2544 亿 t。

第三，按照机械化难易程度分，易机械化开采的煤炭资源占 73%，可机械化开采煤炭资源占 26%，难机械化开采煤炭资源 1%。

第四，按照安全地质条件分，安全地质条件好（易安全开采的）煤炭资源约占 64%，安全地质条件较好（可安全开采的）煤炭资源占 35%，安全地质条件差（难实施安全开采的）煤炭资源仅占 1%。

第五，按照煤矿区生态环境评价分，易绿色开发资源占 13%，可绿色开发资源占 64%，难绿色开发资源占 23%。

第六，按照煤炭资源科学经济评价，经济的资源量占 70%，次经济的资源量占 15%，欠经济的资源量占 15%。

（六）煤炭资源预测与潜力评价

（1）系统归纳总结了煤炭资源预测理论和方法，提出了预测资源量分级、分等、分类标准和煤炭资源潜力评价方法（程爱国等，2010）。

（2）本次预测圈定预测区 2880 个，总面积 42.84 万 km²，预测资源量 3.88 万亿 t，并进行了分级、分等、分类评价。

第一，按照预测深度分，埋深 600m 以浅预测资源量占 18.7%，600～1000m 预测资源量占 37%，1000～1500m 预测资源量占 30%，1500～2000m 预测资源量占 14%。1000m 以浅预测资源量约 1.5 万亿 t。

第二，按照预测资源量可靠程度分。可靠级（334-1）预测资源量占 41%，可能级（334-2）预测资源量占 31%，推断级（334-3）预测资源量占 28%。

第三，按照煤炭资源潜力评价结果。Ⅰ类预测资源量占 25.7%，Ⅱ类占 32%，Ⅲ类占 42.3%。优等预测资源量占 25%，良等占 29%，差等占 46%。

第四，预测资源量煤类齐全，以不黏煤和长焰煤为主，其次为气煤和无烟煤。

第五，提出矿区或远景区煤炭资源潜力评价分类方案，以矿区或远景区为单元，对全国 647 个矿区或远景区预测资源量潜力进行了评价，最具潜力矿区 123 个，中等潜力矿区 86 个，较小潜力矿区 438 个。

（七）煤炭资源保障程度和勘查开发战略

（1）客观分析了我国煤炭供需形势，进行了我国未来煤炭需求预测。对我国煤炭产能现状和发展趋势进行分析。

（2）按照煤炭安全、绿色、科学开发要求，提出了安全产能、绿色产能和科学产能的概念，按照区域煤炭产能估算方法分别估算了我国各项约束条件下的煤炭产能。根据估算，我国保有资源量可形成 62 亿 t 区域产能，按照煤炭工业可持续发展要求，保有资源量区域产能控制在 40 亿 t 以内为宜。

（3）建立煤炭资源保障程度评价指标体系，提出了矿区和区域煤炭资源保障程度评价方法和分类标准，以矿区为单元，系统开展了我国现有煤矿区和区域煤炭资源保障程度评价，分析了 2015 年、2020 年、2030 年、2050 年煤炭资源的保障程度和基于煤炭安全、绿色、科学开发理念下的煤炭资源保障程度，提出了煤炭开发战略建议和煤炭资源勘查部署的指导思想、目标、任务、部署原则和建议。

（八）煤炭地质编图工作

编制的矿区级、省级和全国级煤炭资源报告九类系列图件 5000 多张，建立了煤炭地质基本框架，无疑为一项重大煤炭地质系统工程。这些图件对于煤炭资源找矿突破和勘查开发具有重要实用价值。

（九）煤炭资源信息系统建设

根据煤炭资源特点，研制煤炭资源数据模型，采用 MapGIS、Oracle 和 MicroSoft.net 框架下的 C# 等系统软件，研发了煤炭资源信息系统软件，建立了以探获煤炭资源储量、预测区属性库和全国、省级、矿区级煤田地质图形数据库为基础的煤炭资源信息系统，为煤炭资源动态管理、煤炭工业科学决策提供了实时、高有序度、科学的资源数据及辅助决策支持。

二、存在问题

（1）本书煤炭资源数据截至 2009 年年底，由于项目时间跨度很长，近年来，煤炭地质勘查工作进展很快，一些煤炭资源储量数据发生了较大变化，一些预测区已经安排了勘查工作。因此，需要根据煤炭地质勘查工作的变化，逐步更新煤炭资源储量数据。

（2）本书所做的资源区划和矿区划分主要根据煤炭资源地质条件进行划分，可能与各级政府部门、煤炭企业所做的资源区划和矿区划分方案不一致，因此，成果主要应用于指导煤炭地质勘查工作，进行煤炭资源管理，仅供有关政府部门和煤炭企业参考。

（3）本书是一项系统工程，工作量巨大，参加单位多，项目时间长，会有很多不足，如煤炭地质研究的深度不够、矿区级编图工作比较薄弱，需要在今后的常态化工作中予以加强。

（4）由于我国煤矿区生态环境本底调查工作薄弱，矿区生态环境数据收集比较困难，在一定程度上影响矿区生态环境评价结果的准确性。

（5）中国煤炭资源信息系统建设是基于本次煤炭资源潜力评价成果，数据量、数据内容和系统功能尚难完全满足煤炭资源管理、地质勘查工作和煤炭工业宏观决策的需要。

三、建议

（1）实施煤炭资源潜力评价工作常态化。应将煤炭资源潜力评价工作列入政府地质工作计划，建立常态化工作机制，安排专门机构、专人、专项资金负责煤炭资源潜力评价工作。

（2）本书在煤炭资源聚集和赋存规律研究过程中，形成了很多很好的研究成果，如含煤地层岩石地层单位的厘定，年代地层划分与对比；层序地层划分和对比方案；赋煤构造单元区划、煤田构造样式和不同赋煤带构造样式的总结；煤炭质量分类；煤炭资源区划方案，煤炭资源多目标评价方法，预测理论和方法，等等。建议有关部门列专项进一步深化研究，进一步厘定含煤地层单位，完善层序地层划分方案、赋煤构造单元划分方案、煤炭资源区划方案和煤炭资源预测评价理论，并制定标准或指南，用于指导煤炭地质勘查和研究工作。

（3）列专项开展新疆主要聚煤盆地煤炭资源聚集和赋存规律，东部煤炭资源赋存规律研究工作，提高煤炭地质研究程度，指导找煤工作。

（4）系统开展煤炭资源调查工作。在本次煤炭资源潜力评价的基础上，以 1∶5 万煤田地质填图为基础，适度布置物探工程和少量钻探工程的工作方法，开展煤炭资源调查工作。

（5）在完善煤炭资源区划方案的基础上，补充完善并系统编制矿区级煤炭地质图件，进一步深化煤炭资源预测和潜力评价，为普查找煤提供依据。

（6）进一步建立中国煤炭资源信息系统。在全国煤炭资源潜力评价信息系统的基础上，综合其他煤炭资源信息系统成果，根据煤炭资源勘查、开发和管理的需求，研究煤炭资源信息系统的数据结构、模型和模块功能，进一步收集煤炭资源数据，建立真正意义上的"中国煤炭资源信息系统"。

参 考 文 献

曹代勇. 1990. 华北聚煤区南部煤田滑脱构造研究. 北京：中国矿业大学（北京）博士学位论文

曹代勇. 2007. 煤田构造变形与控煤构造样式 // 煤炭资源与安全开采技术新进展. 徐州：中国矿业大学出版社

陈克强，高振家，魏家庸. 2001. 全国地层多重划分对比研究（地层清理）项目成果简介. 中国区域地质，（2）：33-35

陈钟惠. 1988. 煤和含煤岩系沉积环境. 武汉：中国地质大学出版社

程爱国，魏振岱. 2001. 华北晚古生代聚煤盆地层序地层与聚煤作用关系的探讨. 中国煤田地质，13（2）：7-8

程爱国，曹代勇，袁同星. 2010. 全国煤炭资源潜力评价技术要求. 北京：地质出版社

程爱国，宁树正，袁同兴. 2011. 中国煤炭资源综合区划研究. 中国煤炭地质，23（8）：5-8

程裕淇. 1994. 中国区域构造地质. 北京：地质出版社

代世峰. 2002. 煤中伴生元素的地质地球化学习性与富集模式. 北京：中国矿业大学（北京）博士学位论文

高彩霞，邵龙义，李大华，等. 2011. 四川盆地东部上三叠统须家河组层序 - 古地理特征. 煤炭学报，36（10）：1659-1667

高迪，邵龙义，李柱. 2012. 三江盆地早白垩世层序古地理与聚煤作用研究. 中国矿业大学学报，41（5）：746-752

高文泰，曹代勇，钱光谟，等. 1986. 构造控煤的几种型式. 煤田地质与勘探，（6）：19-24

国家能源局. 2013. 煤炭安全绿色开发战略研究

韩德馨. 1996. 中国煤岩学. 徐州：中国矿业大学出版社.

韩德馨，杨起. 1980. 中国煤田地质学（下册）. 北京：煤炭工业出版社

黄克兴，夏玉成. 1991. 构造控煤概论. 北京：煤炭工业出版社

李宝芳，温显端，李贵东. 1999. 华北石炭、二叠系高分辨层序地层分析. 地学前缘，（增刊）：81-94

李河名，费淑英，等. 1996. 中国煤的煤岩煤质特征及变质规律. 北京：地质出版社

李思田. 1988. 断陷盆地分析与煤聚积规律. 北京：地质出版社

李廷栋. 2006. 中国岩石圈构造单元. 中国地质，33（4）：700-710

李增学. 1994. 内陆表海聚煤盆地的层序地层分析——华北内陆表海聚煤盆地的研究进展. 地球科学进展，9（6）：65-70.

李增学，魏久传，韩美莲. 2001. 海侵事件成煤作用——一种新的聚煤模式. 地球科学进展，16（1）：120-124.

刘焕杰，贾玉如，龙耀珍，等. 1987. 华北石炭纪含煤建造的陆表海堡岛体系特点及其事件沉积. 沉积学报，5（3）：73-80.

刘焕杰，张瑜谨，王宏伟，等. 1991. 准格尔煤田含煤建造岩相古地理学研究. 北京：地质出版社

刘永江，张兴洲，金巍．2010．东北地区晚古生代区域构造演化．中国地质，37（4）：943-951

卢绪琨．2014．中国主要矿区煤中有害微量元素含量分布特征研究．北京：中国矿业大学（北京）硕士学位论文

马杏垣．1982．中国东部中、新生代裂陷作用和伸展构造，地质学报，56（1）：22-32

毛节华，许惠龙．1999．中国煤炭资源预测与评价．北京：科学出版社

潘结南，侯泉林，琚宜文．2008．华北东部中生代构造体制转折及其深部控煤作用 // 深部煤炭资源及开发地质条件研究现状与发展趋势．北京：煤炭工业出版社

彭苏萍，韩德馨，张鹏飞，等．1991．南煤田二叠系三、四含煤段古水系特征．沉积学报，9（3）：1-10

钱大都，魏斌贤，李钰，等．1996．中国煤炭资源总论．北京：地质出版社

全国地层委员会．2001．中国地层指南及中国地层指南说明书．北京：地质出版社

全国地层委员会．2002．中国区域年代地层（地质年代）表指南．北京：地质出版社

任德贻．2006．煤的微量元素地球化学．北京：科学出版社

任纪舜．1991．论中国大陆岩石圈构造的基本特征．中国区域地质，4：289-293

任纪舜．1994．中国大陆的组成、结构、演化和动力学．地球学报，3-4：5-12

任战利，崔军平，史政，等．2010．中国东北地区晚古生代构造演化及后期改造．石油与天然气地质，31（6）：734-742

萨尔瓦多．2000．国际地层指南：地层分类、术语和程序．金玉玕，戎嘉余，陈旭，等译．北京：地质出版社

尚庆华，曹长群，金玉．2004．全球上二叠统的年代对比．地质学报，（4）：448-456

邵龙义，陈家良，李瑞军，等．2003．广西合山晚二叠世碳酸盐岩型煤系层序地层分析．沉积学报，21（1）：168-174

邵龙义，董大啸，李明培，等．2014a．华北石炭—二叠纪层序 - 古地理及聚煤规律．煤炭学报，39（8）：1725-1734

邵龙义，高彩霞，张超，等．2013．西南地区晚二叠世层序 - 古地理及聚煤特征．沉积学报，31（5）：856-866

邵龙义，李英娇，靳凤仙，等．2014b．华南地区晚三叠世含煤岩系层序—古地理．古地理学报，16（5）：613-630

邵龙义，肖正辉，汪浩，等．2008．沁水盆地石炭 - 二叠纪含煤岩系高分辨率层序地层及聚煤模式．地质科学，43（4）：777-791.

邵龙义，张超，闫志明，等．2016．华南晚二叠世层序—古地理及聚煤规律．古地理学报，18（6）：1-15

邵龙义，张鹏飞，刘钦甫，等．1992．湘中地区下石炭统测水组沉积层序及幕式聚煤作用．地质论评，38（1）：52-59

邵龙义，张鹏飞，田宝霖，等．1993．黔西织纳地区晚二叠世含煤岩系层序地层及海平面变化．地学探索，（8）：1-10

邵龙义. 1989. 湘中地区下石炭统沉积学和地球化学研究. 北京：中国矿业大学（北京）博士学位论文

邵龙义. 1997. 湘中早石炭世沉积学及层序地层学. 徐州：中国矿业大学出版社

孙克勤，史晓颖，崔金钟. 2000. 全球石炭纪和二叠纪植物地理分区. 植物学通报，（3）：193-203

唐书恒，秦勇，姜尧发，等. 2006. 中国洁净煤地质研究. 北京：地质出版社

唐修义，黄文辉. 2004. 中国煤中微量元素. 北京：商务印书馆

唐跃刚，程爱国，王海生，等. 2013. 山西省太原组和山西组煤质特征分析. 煤炭科学技术，41
（7）：10-15

唐跃刚，郭亚楠，王绍清. 2011. 中国特殊煤种——树皮煤的研究进展. 中国科学基金，（3）：154-
163

田山岗. 2001. 中国煤炭资源有效供给能力态势分析. 中国煤田地质，（增刊）（S1）：85-89

汪新文. 2007. 中国东北地区中 - 新生代盆地构演化与油气关系. 北京：地质出版社

王成善，李祥辉，陈洪德，等. 1999. 中国南方二叠纪海平面变化及升降事件. 沉积学报，17（4）：
537-541

王成源. 2005. 重视主导化石门类，推进国际地层表的应用——对我国区域地质工作的几点建议. 世
界地质，24（04）：319-333

王东东，邵龙义，张强，等. 2013. 张文龙二连盆地群下白垩统含煤地层聚煤特征分析. 中国矿业大
学学报，42（2）：257-265

王桂梁，曹代勇，姜波. 1992. 华北南部逆冲推覆、伸展滑覆和重力滑动构造. 徐州：中国矿业大学
出版社

王桂梁，琚宜文，郑孟林，等. 2007. 中国北部能源盆地构造. 徐州：中国矿业大学出版社

王鸿祯，史晓颖，王训练，等. 2000. 中国层序地层研究. 广州：广东科技出版社

王立杰. 1996. 煤炭资源经济评价的理论与方法研究. 北京：煤炭工业出版社

王伟铭. 1992. 中国晚第三纪孢粉植物群的变迁. 微体古生物学报，9（1）：81-95

王文杰，王信. 1993. 中国东部煤田推覆、滑脱构造与找煤研究. 徐州：中国矿业大学出版社

王熙曾. 1990. 煤炭资源技术经济评价方法——层次分析法在煤炭资源评价中的应用（研究报告）.
西安：煤炭科学研究总院西安分院

王泽九，黄枝高. 2006. 中国区域年代地层研究取得重要进展. 地质论评，（4）：54-58

魏同，张先尘，王玉浚，等. 1995. 中国煤炭开发战略研究. 太原：山西科学技术出版社

吴冲龙. 1992. 煤炭资源的分类模糊综合评价系统（CRCVS）. 北京：地质出版社

许惠龙，程爱国，宗金锋，等. 1996. 中国煤炭资源综合评价的基本思路和方法. 煤田地质与勘探，
25（1）：25-28

杨殿中，于漫. 2006. 吐哈盆地铀有机地球化学研究与侏罗系划分. 北京：地质出版社

杨基端、曲立范、周惠琴，等. 1990. 中国非海相三叠纪生物地层及其界限研究. 中国地质科学院院
报，20（1）：14-16

杨起，韩德馨. 1979. 中国煤田地质学. 北京：煤炭工业出版社

杨起. 1996. 中国煤变质作用. 北京：煤炭工业出版社

叶茂，张世红，吴福元. 1994. 中国满洲里一绥芬河地学断面域古生代构造单元及其地质演化. 长春地质学院学报，24（3）：241-245

袁三畏. 1999. 中国煤质论评. 北京：煤炭工业出版社

张鹏飞，金奎励，吴涛，等. 1997. 吐哈盆地煤沼沉积环境和煤成油. 北京：煤炭工业出版社

张鹏飞，彭苏萍，邵龙义，等. 1993. 含煤岩系沉积环境分析. 北京：煤炭工业出版社

张韬. 1995. 中国主要聚煤期沉积环境与聚煤规律. 北京：地质出版社

张一勇. 1995. 中国早第三纪孢粉植物群刚要. 古生物学报，34（2）：212-227

中国煤田地质总局. 1993. 中国煤炭地质勘探史：第一卷综合篇. 北京：煤炭工业出版社

中国煤田地质总局. 1996. 鄂尔多斯盆地聚煤规律及煤炭资源评价. 北京：煤炭工业出版社

中国煤田地质总局. 1997. 华北地台晚古生代煤地质学研究. 太原：山西科学技术出版社

中国煤田地质总局. 1999. 华南二叠纪含煤盆地特征及聚煤规律. 南昌：江西科学技术出版社

中国煤田地质总局. 2001. 中国聚煤作用系统分析. 徐州：中国矿业大学出版社

Dai S, Han D, Chou C. 2006. Petrography and geochemistry of the Middle Devonian coal from Luquan, Yunnan Province, China. Fuel, 85(4): 456-464

McClay K R, Price N J. 1981. Thrust and nappe tectonics. London: Geological Society of London, Special Publication

Mitchum R M, van Wagoner J C. 1991. High-frequency sequences and their stacking patterns: Sequencestratigraphic evidence of high-frequency eustatic cycles. Sedimentary Geology, 70(2-4): 131-164

Ren J S, Niu B G, Wang J, et al. 2013. Advances in research of Asian geology—A summary of 1:5M international geological map of Asia project. Journal of Asian Earth Sciences,72: 3-11

Shao L Y, Zhang P F, Gayer R A, et al. 2003.Coal in a carbonate sequence stratigraphic framework: The Late Permian Heshan Formation in central Guangxi, southern China. Journal of Geological Society London, 160(2): 285-298

Vail P R, Mitchum R M, Thompson S. 1977. Seismic stratigraphy and global changes of sea-level, Part 4, global cycles of relative changes of sea-level//Payton C E. Seismic stratigraphy: Applications to hydrocarbon exploration. American Association of Petroleum Geologists, Memoirs, 26: 83-97

Wernicke B, Burchfiel B C. 1983. Modes of extensional tectonics. Journal of Structural Geology, 4(2): 105-115